東亞民俗學稀見文獻彙編
第二輯

第三卷第一～六號

民俗學

第四冊

民俗學

民俗學

第參卷　第壹號

昭和六年一月

民俗學會發行

民俗學會會則

第一條　本會を民俗學會と名づく
第二條　本會は民俗學に關する知識の普及並に研究者の交詢を目的とす
第三條　本會の目的を達成する爲めに左の事業を行ふ
イ　毎月一回雜誌「民俗學」を發行す
ロ　毎月一回例會として民俗學談話會を開催す
　　但春秋二回を大會とす
ハ　隨時講演會を開催することあるべし
第四條　本會の會員は本會の趣旨目的を贊成し會費（半年分參圓　壹年分六圓）を前納するものとす
第五條　本會會員は例會並に大會に出席することを得るものとす　講演會に就いても亦同じ
第六條　本會の會務を遂行する爲めに會員中より委員若干名を互選す
第七條　委員中より幹事一名、常務委員三名を互選し、幹事は事務を執行し、常務委員は編輯庶務會計の事務を分擔す
第八條　本會の事務所を東京市神田區北甲賀町四番地に設く

附則

第一條　大會の決議によりて本會則を變更することを得

私達が集つて此度上記のやうな趣意で民俗學會を起すことになりました。

考へて見ますと學問が大學とか研究室とかに閉ぢこめられてゐた時代は何時まで何時までつゞくものではないといふことが云はれますが、然し大學とか研究室とかいふものを必要としなければならない學問のあることも確かに事實です。然し民俗學といふやうな民間傳承を研究の對象とする學問こそは眞に大學も研究室も之を獨占することの出來ない學問であります。然しされぱといつてそれは又一人一人の篤志家や學究が個々別々にやつてゐたのでは決してものになる學問ではありません。出來るだけ多くの、出來るだけ廣い範圍の協力に待つしかないものと思ひます。日本に於て決して民間傳承の資料の蒐集なり研究なりが閑却されてゐたとはいへません。然しそれがまだ眞にまとまるところにまとまつてゐるとはいはれないのが事實であります。かう云ふ事情の下にある民俗學の現狀をもつと開拓發展せしめたいがために、民俗學會といふものを發起することになつた次第です。そして同樣の趣旨のもとに民間傳承の研究解說及び資料の蒐集を目的として、會員を募集し、會員諸君の御助力を待つてこれらを發表する機關として「民俗學」と題する雜誌を發行することになりました。どうかこの一般國民生活の中に深く生きてゐる事實の意義及び傳承を生かす爲めに、そして民間の學問としての學的性質を達成せしむる爲に、本會の趣旨を御諒解の上御入會御援助を賜りたく御願ひ申します。

委員

石田幹之助　宇野圓空　折口信夫
金田一京助　小泉鐵　松村武雄
松本信廣（在京委員）
秋葉隆　移川子之藏　西田直二郎
（地方委員）

昭和六年一月發行

民俗學

第三卷第一號

目次

豐玉姫傳說の一考察（下）

松本信廣

（三）

コスカンの指摘したやうに南洋では、此形式の說話は、海洋型と陸上型の二つに分れてをる。一より三までは前者に、四、五が後者に屬してをる。その中日本神話に近いのは前者であり、殊にパラウの傳說は、その成立した社會を推察せしめて興味ある。此話に於て鉤針の魔力は、原料たる眞珠貝のせいにされてをる。此眞珠貝は、最初甥の所有物であり、父は自分の子の目にそれが觸れ、之を慾しがることを恐れてをる。これは子供が父の財產を承繼すべき父系の社會であれば問題がないがパラウの社會は母系の社會である。かゝる社會組織にあつては父子關係よりも叔父甥の關係の方がより密接である。なんとなれば甥は姉妹の子であり、同氏族に屬し、叔父甥間の財產權が或程度まで共通であるからである。またパラウでは、酋長の妻よりもその姉妹の方が上位である。主人公が鉤針を失つたとき父が激昂し、「道端で拾つた愚母の子」と云つてはづかしめたのは、父が妻を輕んじてをること、及びその子には父の財產要求權の存在しなかつたことを察つせしめる。また母に對する嘲弄は、パラウの社會においては女に對する非常な侮辱であつた。なんとなれば此國においては女は男性より優越し、夫が妻を嘲弄することは、良風俗に背く行爲と考へられ、嚴しく處罰されたからである。母の侮辱に發憤した主人公は海中に鉤を求めに行く。その際呪術師に忠言を受くること、魚が隨行すること、泉のそばで乙女にあふことは日本の傳說に類似してをる。そして病人であつた女の頸から自分の針を取返す。ついでその女が自分の母方の祖母であることを發見し、針を拔いた御禮として祖母の國から何でも漁してよいことを許される。かくて主人公は、單に鉤針を取得したのみならず、無限の富を保證されて歸る。一體母系の國にあつては、子供は、母族より財產を承繼する。また母族によつて成年式を行つてもらふ。彼は、その男たる資格、及び財產を母方の緣族から授かるのである。パラウの說話は、その說話の行はれた社會の習俗をよく反映してをる。

第一、第二、第三の傳說には主人公の結婚の挿話が缺けてをる。この點は第四のバタク傳說の方が日本神話に近い。第五の話では鈷を取返す話と結婚の挿話とが別々になつてをるが、之は熊男ジャン系の說話（前々號六四八頁參照）と相交錯した變化であらう。ミナハッサ傳說に見ゆる魚の背に乘り、歸國する話、歸國後薄情な友に復讐を加へ、しかも大雨を降らせる話は、第三のケイ傳說に於ける兄に對する復讐の挿話と共に日本傳說と驚くべき一致を示してをる。

以上の南洋類話と比較して日本神話の特異點は、見てはいけないのに竊み見てついに夫婦關係が斷絕するといふ一條である。此一節は、これだけ獨立して各國に分布してをるけれども、太平洋沿岸に分布してをる豐玉姫系傳說の中にやはり一要素として古くから取入れられてゐたらしい。次に擧ぐる一群の類話は、以上の傳說と一脈の聯關ある物語であり、吾人の視界を一層擴大して吳れる。

一、アイヌ族にて採集された話

若きアイヌラックルが物に憑かれてをる。育ての老翁が、之に父の時繩を切つて逃げ去つた二才熊を探しにやる。

彼は、山路を上り、水源に着くと、神山に達する。そこに大きな家がある。その中に眞黑な衣をつけた翁と婆とがをる。翁がいふには、「我は獄の神だが、我兒をアイヌラックルのもとにつかはしたら、繩のまゝ逃げて還つてきた。その繩を解きかゝつたが、どうしても解けない。してみれば人間の手で縛つた繩は神の世へ來てはもう神の手に解けないものなのでからなのだ。そのためもう死にそうになつてをる。よい所に迎へに來て呉れた。さあ、連れて行くがよい」といふ。みると若い男が死にそうな樣子をしてをる。その肉の中にめりこんで葡萄蔓の皮の繩がついてある。早速その繩を我手にとつて曳いて下つた。人界にかへつてくると若者はいつか熊になつてをる。それを我家の背戸につなぐと育ての老爺は感心して讃めたゝへる。それから盛大な祭をしてその若熊を送つた。かくしてアイヌラックルの狂態もひとりでに止んでしまつたのである。（アイヌの神と熊の説話　金田一京助「宗教研究」新三の六）

此説話によつてもわかるやうに動物が本國に於て人間のやうな生活をしてをり、それが人界に出てくる時は動物の形をとつてくる。動物は人間に捕へられて食せられる方が動物にとつて却て幸福なのである。殺されて篤く遇せられ、款待され、澤山御土産を貰つて送られれば、動物の靈は悦んで國に歸り、その仲間の神を招待し、神の中で豪くなる。これがアイヌの宗教思想なのである。送られずに繩を切つて逃げだした二才熊は、神の世で頸の繩が解けずに死になんなんとする。若きアイヌラックルは、神の國に至つて此熊の危難を救ひ、これを人界に齎し、手篤く送つたため彼自身も狂態を脱して立派な人間となることが出來る。此話と比較して考へねばならぬのは、知里幸惠の「アイヌ神謠集」に現れた梟の歌である。梟の神は、同情した貧乏人の子の手に自分からかゝり、殺されて送られる。そしてその貧乏人の子はその報ひによつて出世する。神たる動物を殺し送ることによつて若者は一人前になる。

アイヌ人の話と同じ樣な話はアメリカ印度人の間に發見せられる。次にフロベニウスの書から之を拔き出してみやう。

二、ヌトカ Nutka にて採集されしもの

クヲチアス Kwotiath 或時自分の小舟で鰈と鱈を獵に出る。釣をしやうとすると鮫が出て舟の周圍を泳ぎまはり、魚を皆追ひはらつてしまふ。クヲチアス大いに激昂して、岸に上り、一位の木で扠を作り、鮫が今度來たら捕獲せんと用意する。愈々獵に出掛けると忽然として鮫が出て來る。彼は之をその扠で衝く。すると鮫は、直ちに海底に沈んでしまふ。クヲチアスは、家に歸り、次の朝鮫を尋ねに出發する。岸沿ひに辿り行くと暫くして曾て見も知らぬ村を發見する。彼はその傍に坐し、一軒の家の中で呪術者の歌ひ踊るのを耳にする。歌の途絶えた時クヲチアスは戶外で聲はりあげてその眞似をする。幾度も叫んだので一人の女が之を聞きつけ、一奴隸を使ひとし、外來者が呪術者であるかどうか尋ねしむる。使者は外に出でクヲチアスに「私共の所で御主人の女が一人病氣なのだが、お前さんは呪術師ですか、そしてその女の人を癒せますかしら」と聞く。「癒せるとも」とクヲチアスが答へたので奴隸は、早速彼を家に引き入れた。見れば病人の背中に自分の槍がさゝつてをり、クヲチアスさては鮫の村に來たなと悟る。然し鮫の方はその武器を見ることが出來ず、たゞ大きな蟲が病人にとりついたと信じて居る。クヲチアスは自分の歌を聲高く唱する。病人の緣戚は、彼が癒して吳れたら娘一人を妻として進上するからといふに對し、彼は二人吳れろと請求する。緣戚達は二人を吳れるやうに約束したので彼は歌を唱しつゞけつゝ槍を摑んで、抽き出し、之を戶外に投げ棄てる。すると病人は病氣が何處かに去つてしまつたやうな氣が

するといひ、みるみる中に全快する。そこでクヲチアス約束した娘と結婚し、共々に家に歸る（Frobenius, Das Zeitalter des Sonnengottes, p. 296—297）。

三、ニムキッシュ Nimkisch で採集された話

ヤクスタトル Yaqstatl が河に降りて鮭を捕り、その兄弟が、それを臺に乘せて火に炙り乾かす。夕方彼は再び鮭の魚梁にをり、その兄弟に鮭を番する樣にたのむ。翌日歸ると鮭が皆なくなつてをる。そこで兄弟が皆之を食つてしまつたのであると信じ、之を叱る。しかし彼は、あくまでその無實を言ひはり次の晩徹夜して番をすると約束する。しかし次の夜も疲れて眠りこんでしまひ、次の朝目が覺めると全ての鮭は、なくなつてをる。第三夜も同樣であつたのでヤクスタトルが自分で番をすることに決意する。彼は、家の奧に隱れ、手に弓矢を持し、大膽な侵入者を射とめやうとする。曉き近き頃誰か近寄る音を聞く。二つの大い手が戶を掩ふてをる帷をかきわけ、巨人の樣な腕を伸ばして、乾燥臺から鮭をとり、背にしてをる籠の中につめこむ。ツォノコア Tsonokoa といふ怪物である。ヤクスタトルは、弓矢をつがへ、巨人の胸をまともに貫く。すると巨人は、高く苦痛を訴へつつ、大木を踏みたほしつゝ逃走する。ヤクスタトルは、その兄弟に「おれはツノコアの後を追ひ、矢を取り返して來るから」といひ、澤山の鮭を捕つて、之に彼の不在の間後顧の憂ひなからしめ、頸に環を卷き、ツノコアの跡を追ふ。倒れた木のあとを辿つてゆき、ついに小い湖水に到着する。水浴して岸に坐してをると、暫くして若い娘が近くの家から水を汲みに出て來る。これはツノコアの娘で母は病氣で家に寢てをる。誰もどうして此巨人が病氣であるのかわからぬ。といふのはヤクスタトルの射た矢は、彼を除き誰の目にも見へぬのだ。娘が外者が池邊にをるのを見、之が杉の皮の頸輪をしてをるのを認め、その巫であることを知り、そのそばにいつて家には

いり、その母をなほさんことを懇願する。娘のあとについて家に入ると、ツノコアの胸に矢のさゝつてをるのを早速發見する。この女をなほしたら報酬として何を呉れるかと尋ね、若い娘を妻として呉れ、また生命の水を呉れた時始めて納得する。彼は四日間を其處に送り、それから故鄉にと引き歸す。その間兄弟は、既に死んでしまつてゐたが、その骨を再びかき集め蘇生せしめる（Frobenius, ibid, 297—298）。

四、ハイルックにて採集せられしもの

魚の罠が創造され、それで多くの魚がとれ、二人の兄弟が之を吊り下げ、妹が之を調製してをる。ところがまもなく魚が盜まれる。兄は、その妹を眠らせ、一人弓矢をもつて徹宵する。眞夜中に巨人マスマサラニク Masma-salaniq が來る。頭のない、胸の兩側に眼のある大人である。若者は幾度も之を射たが、それにも拘らず巨人は鮭を捕り、其處から驅け出す。靑年が之を三山三谷を越えて追ひかける。最後に彼はマスマサラニクの家を海に沿ふ平原中に見いだす。巨人は中に驅けこんだ。途中で彼を幾度も射たが、之を射殺すことが出來ぬ。彼は海岸に坐してをるとまもなく家の中にガラ〳〵いふ音、太鼓の鳴る音がする。マスマサランクは病氣が重態で、横になりたいのだが、身體は矢が一杯で寢ることが出來ぬ。誰もしかし彼のなやみの原因がわからぬ。といふのは矢が彼とその眷族の目に見へぬのだ。若い英雄は、病魔拂ひの呪術者とふれこみ、中に呼び入れられ、もし癒したら報酬として娘を受ける約束をする。上座に坐してをるその娘は若者の氣に入る。彼はそこでこつそりマスマサラニクの身體から矢を拔きとる。若者は、その國に四年止まつたが四日しかたゝないやうな氣がする。彼等はまた子供を設けた。そこで家に歸る決意をなす。山で杉の木を切り倒し、小舟をつくり、男がどうして海まで下ることが出來やうといぶかしがつてをるのを女は安心させ、食物を積め込み、そして彼等は船中に乘りこむ。場所は山のてつぺんである。しかし妻は尿をする。するとそれで大きな川が出來し、その上をつたはつて彼等は海に乘り出す。男は命ぜられた通りマントをもつて頭をくるんでをる、その間女は兩手で舟の外側をたゝく。すると舟は自然に進む。故郷に着いて、若者は、初めて頭から掩ひを取る。彼家族は、もう死に絶えてゐたが、呪力で再び蘇生させられる。妻は、夫に子供をなぐつてはゐけないと、戒しめてゐたが或時夫はこの禁止に違犯した。妻は頗る激昻し、子供をつれ、小舟に乘り込み、その側面をたゝき、急ぎ去つてしまふ（Frobenius, ibid, p. 288—300）。

五、ミクマクで採集された話

老婆が幼兒を見つけて養育する。此兒は非凡の力を持つてをる。次第に成長して射手となり、だん〳〵大い獸を倒す。老女は沼地の或方向にいつてはならぬと若者に忠告する。彼は命令をきかず其沼地にゆき、クルー Cul-loo といふ人さらひの大鳥を養母の髮の毛を弦とした弓で射る。その巨鳥は、矢のさゝつたまゝ逸走する。若者はその跡を追ひ、ついにクルーの老酋長のすむ村に來る。その奴隷の中に彼はその兩親達を發見する。奴隷は、皆明日殺される運命である。そこに酋長の息子が來て、外から來た若者に病める酋長をなほすことが出來るかも知れぬと思ひ、之を自宅に招待する。若者が見ると彼の射た矢がその老酋長の心臟につきさゝつてをる。彼は斧を振つて老クルーの息の根を止め、ついでその眷族を皆殺しにする。たゞ一番若い族員だけが一人許され、之が主人公のために妻の心配をする（Frobenius, ibid, 300）。

アメリカ印度人のみならず、この型の傳説は南方アジアにも分布してをる。此處にスキートのマレイ半島で採集した一例を擧げやう。

六、セランゴル Selangor のラブ Labu に於て一度ならず象族が、シアムの國境に、自分達の都を有し、人間のやうに家の中に生活し、人間の姿をしてをるといふ物語を聞いた。次の話は、最初 Jĕlĕbu の Ungku Said Kĕchil によつて語られた。

ラボ Laboh といふ一マレイ人が或日その稻田に行き、象が稻をあらしてをるのを發見した。彼は長さ一キュービット半の蔾鉄（カルトロップ）を加害者の道筋に植ゑつけた。その晩一象が、その蔾鉄の一つで足を怪我し、痛みにはへなきつゝ走り去る。夜が明けるとラボは、きづつける象の足跡を辿つて出發する。しかし道を失つて三日三晩旅行した後、新しい見知らぬ國の境につく。直ちに彼は一老人に遇ひ、「今日は、おぢいさん、あなたのお國は滅法界靜かではありませんか」と問ふ。老人は答へていふ、「左樣、音をたてることが一切禁ぜられてゐるからだ。王樣の公主が御病氣なのだから」と云ふ。「一體どうしてです」とラボが聞くと、老人は、彼女が蔾鉄を踏みつけたからと返事する。ラボは「一つ私に試しに治療させて下さらぬか」と賴んだので老人は、王のもとに至り事情を具申し、王は命じてラボを引見する。（ラボの達つした國は、シアムの國境の美しい廣濶な境土で Pak Hĕnang と呼ばれてをり、その住民は、象族であるが、皆人間の姿で住んでをる。その國の境をすぎると象の形に變形してしまふのである。）

ラボはリムブット姫（Rimbut）と呼ぶ王女が、彼の植ゑつけた蔾鉄の一によつて艱んでをることを發見する。そこで彼は、これをその足から引き拔いてやる。すると王女は、全快し、王は、ラボに報ゆるためこれに王女をめあはせる。

結婚して久しくたち、二人の子供を得てから、或日ラボは、故鄉に歸りたくなり、その妻に一生懸命同行を説きすゝめる。王女は、之に對し「宜しい、然しけして食事時に皿に木の芽をつけないと緊く約束して下されば參りませう」と承諾する。かくて約束なり、出發する。第一日の旅の終りに彼等は、休憩し、座して食事をとり始める。しかしラボは、妻の禁止を忘れ、木の芽をその米と一共に皿につける。すると妻は、抗議し「食事に木の芽をつけてならぬとあれほど約束したではありませんか」といふ。しかしラボは、頑固で「なにかまふものか」と素氣ない返答をする。そこで妻はたちまち象と變り、藪林の中に飛び込んでしまふ。ラボは泣いて彼女の跡を追ふが、すでに象になつてしまつたので歸ることをこばむ。それでもなほ彼は、妻を一日中追跡する。しかしどうしても彼のもとに立歸ることを承諾せぬので、彼は子供をつれて淋しく家に歸る。以上の話に註してスキートは、マレイ人は、竹の子をカレイと一共に食べると逃べてをる (Skeat, Malay Magic, p. 151—153)。

此地方に於て、古代竹の子が象のトーテム氏族にとつて何等かの理由でタブーされ、こういふ挿話が成立したのではあるまいか。此話とアメリカ印度人、ことにハイルックの話とはよく類似してをる。傷けたものが娘であり、之と結婚する點は、他の南洋類話に似寄つてをる。

七、ハルマヘラ島ガレラにて採集されたる話

昔猪にあらされるのを防ぐため畑で番をしてゐた男があつた。或晩一猪を槍でつく。しかし手負の猪は、槍をつけたまゝ逸走する。次の日その足跡を追ふて男は、岩に深い割目を見付け、地の下におり、町の中央にいで一軒の家に達っする。中に入ると、戸口に自分の槍のたてかけてあるを見、隣室から病人のうめきが聞ゆる。やがて一人の男が出てきて來意を聞く。昨晩猪にとられた槍をとりにきたのだといふと、男は、「それではお前が私の子を傷つけたのだ。お前が之をなほし全快したら結婚しなければいけぬ」といふ。槍を探しにきた男は、ふと見上げて猪の皮の束が、椲(タルキ)に下つてをるのを見、この下界の人が地上に畑を荒しに來る時、これを着てくるのである

ことを知る。彼は、ついに男の申し出でを承諾し、女の傷をなほしてやり、結婚をする。暫くしてから男は故郷に歸りたくなり、女のいふとほり猪の皮をかぶつて地上に赴く。三ヶ月はかくして過ぎ去つたが、或日男は、他のものと地上に來り、人々に「目を閉ぢ、よいと云ふまで開いてはならぬ、今後猪が畑を荒しにきたら、之に手荒のことをせず、口でこの畑に來てはならぬ、外にゆけと呼べ、さうすれば必ず外の畑にいつてしまふから」と訓戒される。そのいひつけどほりに守り、目を開くと、その身はもとの人間のからだになつて、自分の畑にをり、永久に地下界の妻の姿を見失つてしまふ（Dixon, ibid., p. 213, 214 ディクソンはこの話を Van Dijken. "Fabeln. verhalen en overleveringen der Galelareezen," in Bijdragen tot de Taal-, Land- en Volkenkunde van Nederlandsch-Indië, XIV. 192—290; 387—564 (1895) によつてをる。）

此説話がボルネオ・バタクの話に關聯してをることは云ふまでもない。共に傷けた女と結婚する型になつてをる。ハルマヘラに於ては男は、自分の畑を野猪から保護する術を得て靈界から歸つてくる。卽ち動物と緣戚ある者がその動物に對する呪術を獲得する型に屬してをる。

（四）

かやうに同種の話が、北太平洋の兩岸に、また南太平洋の大陸方面・島嶼方面にかけてひろく分布してをることは注目すべき現象である。北アメリカの説話の如き舊アジア文明との一聯關を證する興味ある材料である。そして是等の話を研究してゆくとその成立した社會がかつて大體似かよつた文化圏內にあつたことが推察される。

豐玉姫の傳説は、根本に於て此説話系統の一異體である。

たゞ比較的高度の社會に行はれ、皇室の傳承の中に取り入れられた結果、著しく複雜化してをることに氣がつく。南洋のパラウ、ケイその他の類話では、主人公は、鈎を呑んで病める魚の家に至り、之を癒すといふ形式になつてをる。日本では、命は、海神の國にいたり、海神が魚族をあつめて、鈎を呑んだものを求める形式となつてをる。これはヨーロッパの説話にも見る型で、日本神話は、やゝ高等の社會に行はれた結果こういふ外の型と一共になり、原始形を失つたと推定される。此時代の日本人は、動物の間に於てもやはり有力なものがゐてこれを號令してをると考へてゐたのであり、こういふものが臣下をあつめて犯人を尋ねるといふやうな説話形式は、實際存在してゐた慣習に促されて發生したものであらう。スキートは、その「マレイ巫術篇」の中に次の如き記述をなしてをる。「鰐の男巫は、鰐族を召び集め、その中から人間を食つたものを發見する能力ありと考へられてをる。最近の實見者がこういふ場景を予に物語つてくれた。一マレイ人が、ラルトといふ所で鰐にさらはれて呑まれてしまつた。ナコダ・ハッサンといふ字（あざな）の一呪術者が犯人を見出ださんとし、普通の祭用米捏粉とサフロン米を河上にふりまき、聲高に河中のあらゆる鰐族を呼びよせ、表面にあらはれしめた。報告者は、八匹又は十匹を下らぬ鰐が實際水面にあらはれたといつてをる。呪術者は、これに罪ある一匹を除き、全て水底に歸れと命じた。すると瞬時に、たつた一匹の鰐だけが水上にのこつた。これが屠殺され、腹を剖かれ、中から犠牲となつた不幸な人間の衣が發見された。鰐の巫の熟練せることについての同様な話が、ジャゾ人の間にも存してをる。(Skeat, Malay Magic, p. 293)。

此話と比較すべきは、出雲風土記　安來郷の條に見ゆる毘賣埼で語臣猪麻呂の女が和爾にあつて賊はれ、父猪麻呂が、大いに憤り、天神地祇國神海神の荒魂に乞ひ、同情を懇願する。すると暫くして和爾百餘靜かに一の和爾を圍み、猪麻呂のもとに近附き、進まず、退かぬ。猪麻呂その鉾を擧げ、中の一の和爾を殺して捕ふ。已にして百余の和爾は、ちりぢりになつてしまふ。猪麻呂殺した和爾を割きみれば中より女子の一脛が出づる。よつて和爾をさいて串に掛け、路の垂(ほとり)に立てたといふ話である。

實際古代日本人は、和邇を支配し、これに命ずることの出來る巫術的能力のあるものゝ存在を信じてゐたのであらう。

肥前風土記では佐嘉郡佐嘉川の條に、その川上に石神あり、名を世田姫といひ、海の神である。わにが逆流をくゝり上りて此神のもとにいたる。海底の小魚多く之に相從ふ。或人その魚を畏むものは殃なく、これを捕り食へば死するあり　此魚二三日を經て還りて海に入るとある。

この話と比較して考ふべきは、出雲風土記仁多郡の條に見ゆる、和爾阿伊村に坐す玉日女を戀ひ、上り到るとき　姫石をもつて川を塞いだといふ話である。是等は水界の魚族を支配する能力ありと考へられた女巫の存在を語る古傳說ではなからうか。かゝる巫術の存する社會に於て魚族の主長が輩下を集め、その中から鉤針を呑んだ犯人を見出すといふ說話形式の生れ來るのは當然と考へられる。

自分は　日本の豐玉姫傳說の古代形は、やはりその迎へられる家の娘が鉤針を呑んだ魚であり、その病氣を癒すことによつてその婿がねになるといふ型であつたのだらうと推察する。

上に列擧した第二の類話の中、アイヌの話を除いて後の何れの傳說に於ても主人公がその傷けたもの或ひはその娘その他と結婚する筋になつてをる。ハイルック及びマレイの話に於て主人公は妻の禁止に違犯してその怒りに觸れ　ついに結婚が破綻を生ずる。之が豐玉姫傳說の結末と類似してをる。

こういふ破綻の物語が發生した原因は、神話學者は結婚時のタブーを夫婦の一方のものが守らずに犯し、他方を怒らしめ、その結果生じた背反にあるといふ（Andrew Lang, Custom and myth, p. 64—86）。折口信夫教授は、その「妣が國へ・常世へ」の中に、異族結婚の社會において異族の國から來た母が父といさかいして歸つた悲劇の印象が若者達の心に海の果なる懷しい妣の國といふ考へを生んだのだと說かれ（古代硏究、民俗篇一、五頁）、「信太妻の話」の中にもその異族がちがつた族靈團體（トーテム）であり、男の村へ連れてこられた女は、かはつた生活樣式を男の家庭に持ちこみ、亭主側との間に折合ひがつかなかつたのだらうと說明されてをる（同、三七二頁）。

諸先輩の所論の上になにもまた新たにつけくはへて論ずる必要がないやうに思はれるが、自分は此處に上述した諸傳說を比較考究することにより上代人の把持してゐた異說に對する態度を今少しつきつめてみたい。是等の說話に共通し、注目すべきは、魚族または動物が自分の本國で人間の樣な生活をしてをる點である。ことに病氣の眞因が病人にもはたの者にもわからぬ。たゞ人間にだけ了解されるといふ形式になつてをる。アイヌの話に於ける動物は、人間にとつて食はれることを別に苦痛としない。動物の靈魂は、食されて盛大に送られゝば悅んで本國に歸る。たゞ人間に殺されきらず、途中で繩つきなどで逃げ歸ると病氣になり、それが人間の手によらねばなほすことが出來ぬと考へられてをる。こういふ考へ方は古代に於ては弘く普及してゐたものであらう。アメリカ印度人にもアイヌ人の樣に魚族が人間にとられて全部食ひ盡されず、保存されると、その本國で魚族の靈は病氣になつて苦しむといふ思想がある。そういふ目にあつた鮭の王が、人間の國の王子を自分の國に招き寄せて、鮭の食ひ方を習はせ、また子を失つた親が巫の告によりたゝりの原因を知り、函の中の大鮭を食つてしまつた時鮭の王はじめて全快し、眷族をつれて河を遡行し、人間に捕られ、その腹部から王子を生き返らせるといふ筋の話がある（註一）。こういふ動物に對するごく原始的な考へ方が豐玉姫系傳說の發生した時代の人々を支配してゐたらしい。

日本神話はかなり複雜化してをるけれども、それでもなほ注意すべき文句が殘つてをることを見逃してはならぬ。紀のCに海神が口女に制して「你口女從レ今以往不レ得ニ呑餌一、又不レ得レ預ニ天孫之饌一、卽以ニ口女魚一所ニ以不レ進ニ御者（オホンモノ）一此其緣也」といつてをる。鉤を呑んだ口女は、以後釣針の餌を食ふことを禁止せられる。これは釣られて食せられることの魚にとつて却て光榮だといふ思想を前程にして考ふべきではなからうか。これを禁止せられることは却て魚族にとつて罰なのである。口女は、それ以後天孫の食料に供せられることを禁ぜられてしまふ。古代日本民族の間にも矢張り動物は人間に食せられることを悦ぶといふごく素朴な概念の存してをつたことを認めねばならぬ。

食用動物が、人間と同じ樣な生活を本國に送つてをるといふ考へ方は、人間の團體が或動物と密接な關係を持つてゐた所謂トーテミズムの社會を前程にして考へらるべきであらう。卽ち或部落の者が人にして同時に動物だといふ樣な原始的な信念から生れて來たものであらう。そういふ異族の社會との交渉が、古代人の宗敎的生活の上に可成後まで重要な意義を持つてゐたらしい。異族と異族との間に結婚が行はれた一つの利益は之によつて相手の族靈（トーテム）動物を食用として澤山捕獲することの出來る利益を齎したことであつた。少くとも次に擧ぐるアメリカ印度人の傳説は、そういふ異族との結婚による男の致富、また彼が妻のタブーに違反して女を怒らせ、妻と食物とを同時に失つた由來をよく物語つてをる。

一、ツエムセム Txämsem（元來は烏、チンシアン部族に一切を與ふる英雄神）が或日饑餓に迫り海でなにか食物を得んと銛で漁つてをると、美しい女が霧の中から出て來てカノーのへさきに腰かけ笑みかける。これは鮭の女である。ツエムセム之に結婚を申し込み、女は危害を加へず、大事にすればといふ條件で承引する。家に歸り、ツエムセムは女に鮭を小河に來させることを依賴する。翌日朝早く女は、靜かに起きて入江に行き、その爪先を海につける。たゞちに澤山の春鮭が水にピチ〳〵飛びこむ。そして夫を起して之を見させて悅ばせる。それから夫の醜い髮を梳つてブロンドの毛に變へてしまふ。またそのあらい皮膚を柔かに白くかへてしまふ。その中に春鮭が、河を上り始め、ツエムセムは、これを捕つて澤山乾す。次の朝女は、水に入つて膝まで漬かる。すると鮭が飛びはねる。そこで女は夫を起し、入江は銀鮭で一杯であるといふ。果して河は鮭で滿ち滿ちて水もなくなる位である。彼は澤山の鮭を捕獲し、二軒の大きな家を作り、干鮭で之を一杯にしてしまふ。あまり食料に豐かになつたので、ツエムセムは、少したかぶつてくる。彼は每日散步に出て、遲く歸つたとき妻を叱りつける。或日彼が、起きて散步に出やうとした時妻がその髮を梳つてやる。すると家を出やうとした時春鮭の脊骨が髮に捲きこまれてゐるのを發見し、彼は之をとり、家の隅に投げすて、「女の裸かな身體から出て來て、おれの毛にひつかゝる奴め！」といふ。女は、頭をたれて泣く。しかしツエムセムは、之を嘲弄して出ていつてしまふ。夕方まへに歸つてきて、彼は、また春鮭の脊骨をブロンドの毛の中に捲きこまれてあるのを發見し、これを家の片隅になげすて、前と同じ文句を繰り返す。女は、いきなり立ち上り、干鮭に向ひ、「おいで同族達、さあ行かう。」こう云つて口笛を吹く。忽ち全ての干鮭は、家の外に飛び出してしまふ。ツエムセムのブロンドの毛は、焦茶色となり、その皮膚は、もとの樣にあらくなる。そして女も鮭も皆海の中に入つてしまふ。ツエムセムは女をかゝへんとしたが彼女は、煙と化してしまひ、彼は、もとの如く貧乏人となつてしまふ（Boas, Tsimshian Mythology, p. 76—79）。

二、大昔人々は、動物、鳥、蛙、蝸牛、鼠等と結婚する習慣であつた。ある大酋長が獨身なので臣下が幾度も集つて酋長に妻を迎へんと相談する。酋長は、彼等に「駒鳥の族の女をつれてきたら結婚しやう。また鋸嘴の鴫の女をつれてきたら結婚しやう」といふ。そこでその部族の一同が大集會をなし、その問題について論じ、狩人を選んで、酋長の好む女を探しに赴かしむる。そこで狩人たちは、齋戒し、或者は山へ、他は海に向つて出發する。山に向つたものは、大きな原の中に大邑を見出だし、その酋長の家に招かれて客になる。火のそばに敷いた敷物の上に坐ると、早速鼠の女が狩人の一人のそばに來て、此處が駒鳥の村で、この頭目が美しい娘を持つてをることを敎へてくれる。食事の歎待が終つてから、客人は、酋長にその娘を自分等の酋長のために貰ひたいと申しこむ。駒鳥の酋長は部族の集會を開いてこれを承諾し、冬季娘と婿が食料をとりに來ることを許し、當座の引出物として二つの小い籃、一つは新鮮の肉と脂、一つは種々な漿果（ベリー）で滿されてをるものを與へる。狩人は家路につき、山越え、谷越えて歸國する。若き酋長は美しい娘を見て大いに悅び、之と結婚する。その籃をあけると豐富な食料が溢れ出る。酋長はこの食料で全ての部落の酋長を悉く集め、大宴會を開く。

一方海に出た獵人は、砂濱を步む若き鋸嘴鴨の女に遇ひ、之を連れ歸る。其女の容色は駒鳥の女に劣るので酋長は之をあまり愛さぬ。

冬になると食物が少くなる。駒鳥の女は、父の約束を想起し、若人と共に生國訪問に出掛ける。スキーナ河のはりつめた氷を駒鳥の嘴で溶かしながら、父家に達すると父の駒鳥は、約束通り全部落民を集め、澤山の山羊及び熊の肉と脂、いろ〳〵の種類の漿果、あらゆる種類の食物を集めしめ、これを二隻のカノーに積んで娘の國に贈物として運ばせる。婿の酋長は、喜んで全部族を集め、御馳走をなす。つゞいて次の日にも諸部落の酋長及びその家族を集めて大饗宴を開く。

この日丁度鋸嘴鴨の女が、その父の國からもたらした海の食物を積んだ二隻のカノーが歸つてくる。彼女は駒鳥の女の澤山の食料を齎したのを見て、自分も故郷にゆき、豐富な贈物を得てきたのである。しかるに途中彼女は岩に懸つてをる累々たるイガヒをとり、その船べりに置く。酋長は、突然の舟の到着に驚き、自分の今一人の妻の物を積んで父の國から歸つてきたことを知り、更に人をやつてその物の何たるやを見させる。使者は見あやまつて、女がイガヒを積んで歸つたと報告したので、酋長は滿座の客人の前で大恥をかき、怒つて二隻のカノーをくつがへしむる。山と積んであつた鯨や海象、あざらしの肝、あらゆる種類の魚類は、皆海中に浮いて、岩に化してしまふ(Boas, Tsimshian Mythologie, p. 179—185)。

此二話から推察出來るやうに異族との結婚は、異族の國から富が一方に流れ込む原因であつたのである。此話の行はれてゐるチンシャン部族の社會は相互に結婚しあひ、內部の婚姻は禁ぜられた所謂異族結婚團體に分れてをる。その團體の名は主に動物である。その所屬者は主として動物の飾章(クレスト)を使用し、動物と超自然的關係を結んでをる。此族の結婚は、男の方から財産を提供する所謂購買結婚であるが、しかし單純な購買にあらず、結婚の饗宴が開かれ、その際男が殘余の結納金を拂ふとその夕べ女の氏族の親戚が莫大な財産を婿に與へ、婿は之を己れの氏族の親戚の間に分配し、所謂ポトラッチをやる。卽ち結婚は、之によつて女族から莫大の富が男族に流入する結果を生ずる。

北アメリカ印度人の一部族クワキウトゥルに於ては結婚の際婿の支拂ふ嫁資に對する御返しとして舅は生れた孫の成年式が冬の祭に行はれる際同じく莫大な財産及び宗敎上の寶を婿に讓與する。母系制から父系制に移らんとする此部族に於ては、かゝる制度により母系承繼と父系承繼の二つが調和されてをるのである。こういふ社會制から豐玉姬系傳說の二三の謎が解ける氣がする。卽ちパラウの島の話に於てアトモロコトは、母族に行き、初めて富を授かる。母系であるかの島ではもと彼は父の甥の持物さへ自由にならなかつたのである。ヒコホホデミの命も海神の國から授つてきた珠で兄神を征服し、富める者となる。女の里は富の國と云ふ聯想を伴ふてゐたらしい。そしてその國は、妣の國といふ觀念とも結んでをる。異族結婚の社會に於て母の國が、また自分の妻を迎ふる國であることは申すまでもない。上代日本に於ては母族側が、子供の成長に世話をやき、その富を保證した時代が存した樣である。

更にまたアイヌラックルの話では、主人公が逸走した熊を連れ歸り、之を殺し、その靈を送り歸すことによつて己れの本心を恢復し、狂態から脫する。此話は、梟神を射止めたことにより若い子が富を得る話と同じく、若者が動物の形をとつて表現された魂を獲得することによつて一人前となる說話の部類に屬し、豐玉姬系傳說に於ける重要な一面を說明して呉れる。卽ち動物標章を獲得することは動物を殺し之を送ることである。その肉を皆で仲よく食すれば、動物の靈は悅んでその本國に歸ると信ぜられてをる。豐玉姬系傳說に於ては、主人公は動物を傷け、之を殺さない中に、獲物は、銛つき又は鉤つきのまゝ逸走する。そして動物の本國に於て艱む。丁度アイヌラックルの救つた熊が、人界に結ばれた頸の繩のため本國で苦んでをるのと同樣である。

犧牲になるべきものが途中で逸走して犧牲になりきらずにおれば病氣で艱まなければならぬ。主人公は、之を醫し、之と結婚して報ひを受ける。未開人の考へ方に從へば結婚は、犧牲と同樣、それによつて相手と合一する手段である。主人公は、此方法によつて異族と緣（えにし）を結び、その報ひを得ることになる。卽ち此話は、外物魂が、動物の形で表はされ、それを獲得することにより若人が出世することが出來るといふトーテム標章獲得の話の一分化である。

豐玉姫の物語が、もとまで遡ると神婚談であり、神たる動物の犧牲の話であるとすると、此物語が季節祭と關係深いのに不思議はない。紀によると征服された兄神の子孫隼人は、俳優となり、帝室に仕へて滑稽な舞踏をしてをる。後の記錄によれば此隼人の舞は大嘗祭に際して行はれた。そして大嘗祭は、もと新嘗の祭と同樣であり神歡待、大饗宴を伴ふ季節祭である。

常陸風土記に見ゆる「山幸海幸の爭ひ」の樣な獲物を得る多寡により、何れが祥瑞に惠まれてをるかを判ずる話は、こういふ季節祭につきものの競技の習俗から來てゐるのであらう。豐玉姫の說話の人名が山幸彥、海幸彥であるのもやはりこういふ幸爭ひの思想から生れてをる。アイヌの「梟神を射る話」に於ても子供達が射を競ふ一條があるのは注意しなければならぬ。誰でもがトーテム標章たる動物を獲得するわけではないのである。それには一定の條件を具へた人間でなければならない。他に優つた靈力を持つた者でなければならぬ。そしてその靈力は、その人の道德的性質によつて決定されるのである。こういふ季節祭に際しての第一の義務は、寬裕なるべきことである。神や隣人に對し物を惜まぬことである。私有權は或程度まで制限される必要がある。豐玉姫の話に於て海幸彥は、こういふ理想から最もかけ離れてをる人物である。彼は、山幸彥の借りてなくした釣針をあくまで返せと催促する吝嗇な人間であつたのである。之に反し山幸彥は、己れ自ら犧牲の役割を演ずる人間である。籠の中に入り、海中の國に行き、水界の女と結婚する。彼は、身を捨てることにより一躍して神の眷顧を得る。そして彼の獻身は、千倍萬倍の報ひを彼に齎すのである。「アイヌ神謠集」の梟神の話では、神は富める根性の惡い子供よりも善良なしいたげられる子供の手に投じて捕獲せられる。之によつてそのまづしい子供は標章を獲得し、富めるものとなる。豐玉姫の物語に於ても吝嗇なる海幸彦は貧しくなり、被征服者となり、山幸彦の方が吳族から寶を獲得して勝利者となる。全て利己的動機よりも部族精神の傳統に忠實な者卽ち寛裕な者に最後の勝利が歸するのである。豐玉姫の傳說は極めて複雜化してはをるが古代人が有してゐた素朴な部族的道德觀、宗敎觀を吾人にかいまみさせて吳れる點に於いて貴重な傳承である（註二）。

註一　Boas, Tsimshian mythology, p. 192—206

註二　此話を民俗學談話會でなした時折口信夫先生から極めて暗示的な批評を賜はつたことを感謝する。此小論の後半は、それ以來書き改めて見たものである。不戈却てその敎示をはづかしめんことを恐る。

朝鮮の儉繩と日本のシメ繩にてて

今村　鞆

朝鮮に於て、內地のシメナワに酷似したものを張る事が、現在に於ても全土に普及されて、行はれて居る。

此れは、日本のシメナワの原始型のものと想はれ、且又日鮮古代に於ける、風俗の共通を語るもので、土俗學上研究に價する、趣味津々たるものである。

第一、其の名稱

儉繩或は因繩、又は左索と稱せられ、土語にては인줄(インチュル)と呼ばれる。

第二、其の形態

日本のシメナワに比して、甚形狀が甚だ單純である。普通は唯左撚(ナ)ひの藁繩であり、其の長短は、張る場所と使用の目的により異なる。間々藁の根元を、間隔を置きて、シメに下げたるものを見受くる。

第三、シメ繩を張らるゝ場合

一、出產ありたる家は、其の門口へ、横に目通り以上の高さに張らるゝ、其の期間は、出產の卽時より、一週間乃至二十日位迄にして、此れを張りたる時は、他人は絕對に出入せず、近隣の家は砧打(キヌタ)を止め、其他產婦の安靜を害する如き、音響を遠慮し、產婦に同情を表する。

二、傳染病流行の際、各家の門口へ張り、又は部落の入り口に張る。以上の場合、枝付の松の木を樹てゝ、夫に張る事も行はれる。又每年上元の日に、其歲の傳染病豫防等の目的で、部落の入口に年中行事的に張る風ある所もある。

三、鬼神樹(タイシンナム)と稱せられ、其木に神靈ありとして、在前より崇拜せられある鴨脚樹(イチョウ)槐櫸等の大樹が村落にある。此の古樹には、內地の村社同樣に、部落共同のものとして、祭祀するものがあり、其樹の目通り以上の所に、部落共同の仕事として張りまわさるゝ、而して此の左索は、每年上元(正月十五日)に新らしく取替ゆる風がある。

以上のものとは別に、同じく鬼神木(タイシンナム)と稱せらるものに、杉に似た針葉樹の、小さき木の叢を爲したる場所を、崇拜するものがあり、此の叢の前方、又は周圍に、祈願者が左索を張りまわす。

四、家屋の新築に際し、上築の時、酒饌を供へて、上築神を祭る時に、其の屋根の主たる、棟材の上部へ、方形に張る。

五、業位様と稱し、邸内の一部を掘り下げ、瓶を埋め、穀粒少許を納れ、其上を藁にて筒狀に包み置きて、崇拜するものがある。これは蛇の崇拜とも、財神とも、農神とも云ふべきものの、合併したるが如きもので、右の藁の周圍に、張る事も行はれる。

六、酒、醬油、味噌等は朝鮮では、大瓶にかもし、屋外一定の所に、垳を作り、其上に並べ置く風がある。其の內容物の變敗を防ぐ意味をもつて、其瓶の周圍に、張ることも行はれる。

七、天下大將軍（一名張承）と稱し、部落へ惡疫の侵入するを防ぎ、且つ惡魔の邪視に對抗すべく、建てらるゝ、グロテスクな面貌を持てる、一種の鬼神がある。祈願者が此の像の下部に張りまわす。

八、兩班の墓地には、墳形の前方に左右對向して、等身大の石像を建てる風があり、此の石人の胴に、祈願者が張りまわす。

九、傳染病（痘瘡を除き）其他の病人ありたる際、門の入口に張りまわす。又は頭痛を病む時、其人の額に張りまわす等の事も行はれる。

一〇、儒教の法則からする、祭祀以外の祭り、例之は、盲人巫女等を招き、攘禍招福等の意味を以てする、祭りを、家宅內で行ふ場合、其數日前より門口に張られる。

一一、尊族親が死して麻の喪服を着る場合の、頭部の紐、腰に締る紐、ワラヂの紐等は、皆左綯ひにする。

第四、其の地理的分布

左索を張る風習は、全鮮的に普及されて居るが、概して云ふ時は、中央より南部にかけて濃厚に、北西部は稀薄である、前項一より十迄列擧したるのは、地方々々により行事を異にするが、其中でも、最普遍的に全鮮に行はれ居るものは、第一項の出產時の時の風であり、九十九パーセントまでは、實行せられて居る。

第五、左索に挿むもの

左索に挿むものに付ては、種々の物品がある、先づ、最普遍的に行はれて居る、出產時に付て述ぶれば、

	男の子のとき	女の子のとき
第一例	唐辛一つ木炭一つ	木炭一つ
第二例	唐辛一つ木炭一つ松の小枝一つ	木炭一つ松の小枝一つ
第三例	唐辛一つ松の小枝一つ	木炭一つ松の小枝一つ
第四例	唐辛一つ木炭一つ	木炭一つ松の小枝一つ
第五例	松の小枝一つ	松の小枝二つ
第六例	唐辛一つ木炭一つ	松の小枝一つ稻の附きし藁少許

第七例　以上諸例の中男の一方又は男女の双方へ乾しワカメ少許

第八例　以上諸例中の松を杉に似た針葉樹又は竹の枝に代ゆるもの及び松の小枝を一以上挿むもの

以上の例は、大體地理的に異なるものであるが、必ずしも然らず、同一地方でも、仕方を異にするものもある。又以上の種類は大體であつて、猶細かく檢索せば數十種となる。

出產以外の場合に付ては

一、松及杉に似た針葉樹、竹、以上の小枝。
二、桃の枝、特に東方に向ひたる小枝。
三、稻穗の付きし藁。
四、トンガラシ、これは出產以外には稀に用ゐらる。
五、木炭。
六、布片、麻、木綿、絹等の小片れを用ひ、形狀も色も一定せぬ、多くは衣服に作りなる、裁ち屑を用ゐらるゝ。
七、紙片、紙には、唯の紙片と、幣狀に截つたものとがある。
八、乾ワカメ少許。

第六、前項の物品に對する考察

左索に關する、其本體の考察は後段に讓り、玆には先づ、其の左索に挿む、物品に關しての考察を試むることゝし、以下順次に卑見を述ぶ。

トンガラシ

此の植物が、朝鮮に渡來した時期は、不明ではあるが、初め日本から渡つたらしく、慶長年代と推せられ、餘り古いもので無い。以上左索へ此品を挿む風習も、甚だ新らしく、附加されたものである。現在は子供出生の場合に、陰莖に象とりて、其生れた子の、男子たることを示す表徴に使用せられて居れど、出產の時の左索以外の左索にも、稀にはトンガラシを挿む風があり、猶他にも獨立して、此品を鬼神よけに使用せらるゝ風がある所より觀れば、一番最初は、其眞紅の色と、シンラツなる辛さとを以て、鬼神を攘ふことに使用せられたものが、後に至り出產時男子のシンボルと變化したものである事は、疑の無い所である。（附言）朝鮮の鬼神觀念は、內地とは大に趣を異にするものである、後段に說明する。

炭

炭を左索に挿むことは、出產の時に多く用ゐらるるも、猶他の場合にも、稀には同樣に用ゐられて居る。其理由に付ては、唯淡然と古來の習慣を趁ふて居るに過ぎない。或は說を爲して曰く、炭には惡魔を攘ふ魔力があると、或は又人が道路で誤まつて轉倒して、負傷でも仕た時には、其下を掘れば、炭が屹度埋もれて居る。此れを除けば、爾來人が倒れなくなると。

炭を正月のシメナワに挿むことは、現在でも中國九州の山谷に行はれ居り、『野語述語』にも……今民間正月、往々松を門の前に立て、其枝に炭を懸く……云々とあり、又『徒然草參考』にも……晴明が說に、巨旦が墓の木を學びて、松を門に立て、其の火葬の火を學びて、炭を結び付け……云々とあり『年中行事大成』『守貞漫考』等に三都共に正月のシメナワに炭を挿みし事が、出て居る。之れは日鮮古代共通の古い土俗と察せられ、『古事記』のイザナキの命が、黃泉國より逃げ歸らるゝ時に、追手の鬼神軍を防ぐべく、墨坂に炭を置き云々……とある記事にも一縷の系統を引くものと思はれる。

要之、炭をはさむ事は、古代の崇大思想から出でて、門火を焚く事の略式であると推せらるゝ、而して內地の昔に於て、正月門松の下に、薪の如きものを置く風も、此の一變化と見らるる。

稻穗

稻穗（稻無き土地は粟の穗を用ゐるものもあり）を挿むは、稀に行はれるもので、これは鬼神への供物思想の變形であることは、疑の無い所である。恐らくは日本の七五三と下げるワラシデの原形であらう。

布片

布片を挿むことは、鬼神祭享、又は祈願の場合に行はるゝ事で、多くは衣類の裁ち屑の如きものを用ゐらるゝは、常民の經濟生活が貧弱なる爲めでもあり、此れは一面には、鬼神に供する幣帛の略式であり、又他の一面には、自己の身代りとして、平素着用すべき衣服を、供ふる事の省畧である事は、巫女がする祈禱の場合や、他の惡病鬼神よけの、禁厭呪咀の場合に、自己の衣服を脫ぎて、使用する事が行はれ居る事に、照合して考へ得らるゝ。

紙片

紙片も亦布片と同じく、鬼神に提供物の意味である。

ワカメ

干ワカメを挿むは、出產時の左索に限らる、之れは朝鮮一般の風として出產後には、產婦に乳汁の分泌をよくすべく、ワカメの汁を必ず食用せしめる事との關聯である。

松葉の小枝

出產の時、何故に、左索に松の小枝を使用するかと問へば、或は曰く、松は千年の齡を保つ目出度き樹であるとか、又松葉は枯れて落ちても、二つが離れない、其れを女子の貞操に象つたもので、その緣起によるものであると、併し此說は、牽强附會である。元來は松葉の針で、鬼神を防ぎ、產婦と產兒を保存する意味に、濫觴した事は明白である。

松葉を鬼神除けに使用する風習は、鮮內一般に、廣く行はれて居る、其場合を列擧すれば、

一、家に病者ある時、松の枝を門に建て、又は屋上に置き、或は軒下に挿む、又門楣に括り付ける。

二、傳染病流行の時、其侵入を防ぐべく、部落の入口に松を立て、或は其れに左索を張り、又松葉の枝を堆積し、其上に石を置く。

三、痘瘡流行のとき、萩の籠を作り、其中に餅と松葉を入れ、て門口に吊るす。

四、舊曆二月一日には、屋內外の大掃除を爲し、屋根に松葉を挿し、門內に松葉を撒布し「香娘閣氏千里去」と書きて貼る。

五、孫閣氏と云ふ、處女にのみ取憑く淫魔式の惡鬼につかれ、夫れが爲、娘が死したるときは、夫れを葬る時に、倒さまに穴に落して葬り、其周圍を、松枝やトゲのある枝で包み、其惡鬼が再び世に出ぬやうにする。

松葉の枝を、他のトゲある木枝と共に、鬼神よけに使用する風習は、猶數多く行はれて居るも、記載を省略する。

松が惡魔よけになると、朝鮮人一般が信じて居る事の證とすべき、左の傳說がある。

纖緯の書『鄭湛錄』の中に、彼の壬辰の亂（豐公文祿の役）を豫言したる句があり、併せて其の難を避けるには、松に緣るべしとの句があつた。果して驗をなし、日本軍は明の李如松に破られ、又其の當時、松林に逃込みたる者は難を免がれ、又屋根に松を挿した家も、兵禍を遁れた。且つ全鮮中、一人の日本兵も入らざりしは、唯慶尚道の青松郡一つであつた云々……。

第七、日本の正月の松飾に付いて

シメナワの日鮮古俗共通を說く上に於て、之れと關聯して除外すべからざるは、正月の松飾の一事である。

正月の松飾りは、日本の古風では無い。正月の慶祝の行事として、其の千年の齡や、常盤の綠色に緣由付けるのは、後代の技巧であつて、元來は朝鮮と同じく、惡魔よけに出たるものである事は、疑が無い所である。此れは古い民俗行事で無い事は、元來土俗に幾多の例證がある。

『古今要覽』に……本朝與題詩惟宗孝言の詩の自注に……世俗正月に門松を立つるは、謂れ無き事であつて、余は榊を以て之れに代ゆ……云々とあり、又顯季卿除夜の歌に……賤が門松とあり、禁中の行事には門松無し、其始めは延久承保頃よりなり……又應永の頃には、升を立てたり……詮文の旅行記によれば、東海道藤枝邊は、正月に樒を充つる……云々とある。

『野語述談』にも……今民間往々正月に、松を門前に立つ、其枝に又炭をかく……云々とあり、『倭訓集』には……門松の事は、福岡は國姓爺より始まる……云々『甲子夜話』にも、對馬の宗家は、門外に松を立てず、椿を立つ、松浦侯は椎を立て、佐竹侯には無し……又大阪には門松なし、唯松の小枝を、家の入口に柱に釘付にするものあり……云々。

猶正月以外に、松を立てる風は、『年中故事』に……竈を塗替へた時に、松と榊を立てる、云々と記されてあり、石川縣能是郡には、三昧（野外火葬場）に松を植へ、又埋葬と同時に、一週期或は四十九日迄、墓上に松枝を挿す風習があり、又各地神社、神田の御田植の時に、門松と同一のものをする風習があり、彼のテンテコ祭りで有名な、三河の八幡神社の祭禮にも、鳥居の前に松飾りをする風習がある。日本の上代に人が死して之れを埋葬したる後に、其埋めた上に、松を植ゑた事は、天武天皇の時に出來たと云ふ『葬喪記』と云ふ本に載つて居る事が『南山領遺稿』に出て居る。

以上は皆朝鮮と同じく、松を惡神除けに使用したる、思想の一端を見るべく、蜀山人『一話一言』の中に、文化十一年甲戌に門松疑ふ是れ新正に近きを、都下の市門皆松竹を建つ、一望宛として初春の如し、謂ふ是れ疫を穰ふと……云々とあるは、明白に其惡神除けであることを、表明して居る。

猶ほ松の嫌ひな神様のあることは、亦以て松が鬼神よけである、事の傍證ともなる。

一、神戸市の官幣大社生田神社では、正月門松を立てず、其代り土を盛り、山を作り杉を立てる。

二、東京府中の、官幣小社大國魂神社も、亦松が嫌ひであり、境內には松の木一本も無く、若し共境內へ松の樹を植ゆれば皆他の木に變化すると傳へられ、氏子は正月に門松を立てぬ。

三、埼玉縣下妻沼町の聖天を祭れる寺は松を嫌ふ。其理由は、聖天様が松に目を衝かれた爲であると傳へられ、此村には松の木一本も無い（以上三項中山太郎氏日本民俗集）。

又『土佐日記』の中に、紀の貫之が任滿ちて都に歸る途中、極月三十日に當りし時に、今日は都のみぞ思ひやらるゝ、九重のみかどのシリクメナワ、ナヨシの頭ら、柊いかこぞと……云々とあるは、極月三十日の夜に、鬼神を穰ふために、注連繩に鰯の頭や、柊の木を添へた事を述べたものである。『年中行事』賀茂の齋王御禊の卷にある、辛櫃の圖の四方にも、松の心葉を立てたる畫があり、押小路公茂卿乾元二年の記にも、衣筐に松の心葉を立てたる圖がある。此等は松や柊を鬼神よけとして使用したることを、明白に示して居る。

以上の諸點より見れば、日本の正月の松飾の風は、往古より の俗でなく、元は松を惡神除けに使用せし、古俗の轉化であることが甚だ明白である。

此の松を鬼神よけに使用する風は、古代朝鮮より日本に傳はりたる?、或は又日鮮偶合であるかは、猶研究を要する。

（未完）

寄合咄

大會に於ける開會の辭

これより民俗學會の第三回大會を開きます。

前回、前々回にも增して斯く多數の御來會を得ましたことは會の當事者一同の深く喜びと致す所でありまして篤く御禮を申述べ度いと存じます。

民俗學が純學術的に、今後益々研究せらるべきは申す迄も御座いませんが、一面又實世間の問題に對しましても民俗學の干與を俟つものが多いのではないかと考へます。手近かな例を取つて申しましても、最近の台灣の事件の如きは如何でありませうか。かのヴェルサイユ條約の結果として、南洋の或る島々が我が委任統治の下に持ち來たされました當時に於いて、かやうのことは早く既に柳田國男先生の屢々唱へられた所と記憶してをります。未開民族の統治に際し、法律よりも、制度よりも警察よりも軍隊よりも、先づ第一に必要なのは我が民俗學の知識ではないで御座いませうか。かやうな事を思ふに就きましても、民俗學が民俗學として、深く自らを掘りさげることの肝要なのを痛感いたしますが、それにはこの民俗學會なども、こゝに御集りの如き、この學問に熱心なる方々の厚い御同情と強い御鞭韃とを必要とする次第でありましてどうぞ此上とも斯學の爲にこの會の御後援を御願ひ致し度いと存じます。

終りに一寸御斷りを申上ておきますが、今晩白鳥先生に御話を御願ひ申すやうかねて御依賴申上てあつたのでありますが、御確答を得る前に先生が御病氣になられまして遂にその折を得ませんでした。これは私どもの深く遺憾に思ふ所で御座いますが例會になりと御話を伺ふ折も御座いませうから、今晩のところは御諒恕を願ひ度いと存じます。　（石田幹之助）

蒐集事項目安民間傳承

これは、十年前啓明會への申請書につけて出したものなのです。今からは、根柢から組織し直す必要を感じて居ますが、日本における民俗學の半公式に發表した最初の文獻といふ意味で當然恥をこらへて、學界の方々の御目にかけます。此目安については、他に關與せられた方もお二人御ありになつた事を、申し添へて置きます。併し乍ら、此はW生一人のぷらんだつたのです。お仲間の方々に、御迷惑かけぬやう、斷り書きをさせて貰ひました。（W生）

一、信仰に關するもの

1．國家的信仰

○宗教意識の展開に關する研究資料。

2．民間信仰

○其殘り

○布教法

○分布及遺跡

○民間宗教家傳記（聖德太子・弘法大師・性空上人の如き傳說化したる類より、實在疑はしき都藍尼・通幻の如き空想的人物或は、近世修驗派の、名山を開ける聖或は迷信宣布者と考へらるゝ人々に及ぶ。

○男女布教・勸進の徒の生活並びにその墮落。

○奇跡

3．他界觀念

○幽冥界（神の世界・死の國）

○異鄕（福壽の樂土・鬼物の棲息地と考へらるゝ空想地）

○隱れ里（京丸・白川・五ケ莊・祖谷の類）に關したる民譚信仰

4．巫術・蠱術・妖術

○方法

○術請

○呪文・祭文（蓄音器による諸記錄）

寄合咄

○用具
○奉仕當體の名稱・取扱ひ方等
○家系・傳統・相承の形式
○住宅並びに生活法
○副業
○分布
○維新前の狀態
○當事者の談話（信仰・傳說其他）
○他人の觀察
○死靈
○生き靈
○遊離魂・離魂病
○鎭魂
○魂の形態
○魂の生物の形をとること
○魂魄の種類

5. 神社と寺院と

○本書傍書以外に變形したる傳說
○社家・御師・宿坊等
○社寺附屬の人・土地並に其傳統（童子村・神人村・門前などいふ部落との交涉・地方藝人との關係）
○社領・寺領
○氏子・信者
○宮座
○頭屋（トウヤ）
○供饌（種類・員類・調理法など）
○神佛と地佛・農作物との關係（神木・影向地・倖愛物咒咀譚）
○人身御供
○神體の靈異
○神佛混淆時の狀態
○信徒との關係
○檀那場と分布
○講社
○ある神佛の民間の通稱
○攝社・末社・塔頭・僧坊
○山宮・奥の院・里の宮・御旅所

6. 叢祠其他（前項を適宜に應用す）

○子供・若衆との關係
○其所在
○其移動の痕跡

7. 祭禮

○祭禮前の行事
○祭主・尸童（ヨリマシ）と物忌
○時期・時刻・所要の時數
○祭式・儀禮
○神輿・祭り屋台（山車・地車・鉾の類）
梵天・万度燈（マンドウ）
○祭禮執行の次第
○神樂・田樂・獅子舞其の他の催し物に關する演技法の傳說等
○假面
○鬼・天狗・もどき（火男（ヒョットコ））
○祭禮時に於ける特定或は一般の氏子の生活・行事・禁忌
○祭禮後の狀態

8. 妖怪

○名彙
○分業狀態
○形態性質
○家及び物との關係
○其起因の變遷
○分布
○神・精靈の衰退・淪落の痕と見るべき資料
○畏怖せらるゝ地域
○名だけ傳るもの
○祟り
○神隱し
○餓鬼

二、醫療・禁厭

1. 民間藥物名彙
2. 病災除却法（祈禱・まじなひ・咒文）
3. 防止法

4．疾病の地方的名稱
5．民間療法
○說明傳說
○處置
○傳統・家系
○同一方法の分布
○動物報酬譚
6．疾病の司神
○說明傳說
○形狀退散法等
○疫神送りの歌

三、一般風習

1．地方的一般年中行事
2．特殊年中行事
○家族的のもの
信仰（屋敷神・氏神・職業神等）傳說・特殊の技術・仕事始め・仕事上りの儀式器具・雇傭人・生計製作物の販路・共濟組合
○團體的のもの
漁獵・樵・舟夫（蜑・シャア・木地者・サンカリ者の類をも含む）農民勞働者（力役）職人（手工・遊藝人を含む）商人博徒……等
3．婚姻
○求婚法
○結納
○略奪の遺風
○初夜權
○結婚式
○式後の風習（婿入り・三日返り・七日返りなど）
○未婚者
○年齡
○村との關係
4．誕生
○胎兒の性別を見わける法
○產時の信仰
○行事・後產の處置
○產時の禁忌
○產養
○七夜・五十日
○命名
○トリ子
5．葬儀
○棺前後
○喪家の風習
○野送り
○屍體の保護
○童墓
○墓地
○服喪
6．由來不明なるしきたり
7．社會的訓諭の文句
○否定傾向のもの
○肯定傾向のもの（多くは其の由來知り難き所謂言ひ習はし）
8．町村の交渉
○交際法
○確執（其記念物・歷史・境論・相手方町村に關したる惡意ある俚諺・民謠・傳說等）
9．衣服
○特殊なる衣服及其分布
○用法（名所・キレ地・染メ色等に就いての方言）
○迷信
○服制・附裝飾品
10．食物
○主食物
○副食物
○食事の度數
○特殊なる食物
○菓子と飲料
○救荒植物

寄合咄

○形狀
○藷物及其言ひ傳
○製造法　〃
11．住家・建築
○家屋の地方的構圖（平面及立面）
○各部の名稱
○家屋內に於ける人物又物の配置
○荒神・屋敷神・地神等
○迷信
○造作・調度の裝飾
○屋外・門外と內部との關係

四、階級制度

1．親方と子方と
○經濟關係
○相互の交涉
○地方的稱呼
○血緣その他の歷史的關係
○正月・盆などの行事
○嫁とり婿とりの場合
○精神關係
○沿革制度（附）使用人
2．老若制度
○青年團體（若者・仲若者組の類）の組織職分・技能・年限・制裁・加入時の儀式・會集場等に關する一切及『兄若衆』との交涉
○二、三男以下の生活狀態・舊時と現時との狀況
○老人團體・寺院を中心とする同行中・尼講等の組織……等
3．特殊民
○名彙（種類）
○其部落又は家のある町村に對する地理的位置
○職業及其部落中に於ける分業狀態
○方言並に同傾向の言語の分布
○舊時の狀態
○部落の現狀（維新後退轉せしものあればなり）
○內部・外部の傳說
○ある社寺・宗教との特殊關係
○特殊民の階級的數へ方
○漂泊的特殊民（サンカ・ポン・カハラ乞食などゝいふ類）の觀察

五、口碑・民譚

1．說話者の曲調を採る個處・話のはじめ・話の終り
2．一鄉・一族の歷史と信ぜられ來たりし民譚
3．庶物・地物を對象とせる說明民譚
4．社寺・叢祠等に關する口碑
5．童話
6．巨人譚・英雄譚の地方的發達をなせるもの
7．古典的なる戀愛譚
8．性欲的の民譚
9．ウツツキ村・馬鹿村など言はるゝ村に關したる譚の集團
10．國民的歷史・民譚・戲曲・童謠或は小說より拗曲したりと見ゆる地方的のもの

六、言語・遊戲

1．方言
○他の地方になき特殊なる發想法
○特殊事物の名稱
○日常の挨拶・應酬の言語
○動植・鑛物天然現象その他地形をあらはす名詞
○記錄せられざりし古語の遺存せるものと認むべきもの
○用例乏しき死語研究の參考資料
2．言語遊戲
○地口合・舌縺り・早口文句
○謎・地方色多き洒落
3．遊戲
○話術家の手を經ざる小咄

○童のもの――名稱・方法・用器
○大人のもの――名稱・方法・用器・時期。
○勝負事――種類・用器・方法・組織の特種のもの
○其出來・迷信
○神事佛事に關係ある遊戲・賭博

七、民謠・民間藝術

1. 勞働謠

○職業によるもの
　農（田植・刈上・茶摘みうたの類）
　職人（大工・石切・土工・工女・木挽等のもの
　勞役者（馬方・金掘り・筏師又は樵漁・舟夫などの謠ふもの）
　其他、鄕黨・同業の集會・宴飮に常用するもの

2. 民間聲樂（原始的・非都會的・末流的なるもの）

○淨瑠璃の系（敍事脈のもの）
　義太夫淨瑠璃以前の傳統あるもの（謠曲類の古き支流の固定して存するもの、祭文・說經・金平節の類）
　義太夫以後のもの（南海道・九州に散在せる末流義太夫・瞽女・門附けの徒の間に特殊的に發達せるもの。其他）
○謠と物系（抒情脈のもの）
○民謠よりの發達を見るべき地方的端唄、踊り唄（中央に喧傳せらるゝ類を除く）
○チョボクレ、讀ミウリの徒の末と見ゆるもの
○樂器を伴はざる謠と物
○各宗派說經師（譬へば大谷派、眞宗の使僧のする如き）の節にかゝる箇處
○ノゾキカラクリの曲調の類の日本聲樂史の比較研究の資料たるべきもの

八、童謠

○諷諭詩系のもの――信仰傳說
　歷史の化石せる斷片――社會的知識に關するもの
○遊戲の一部として謠ふもの
○分布並びに類型比較の資料

九、舞踊及び演藝（末流的、非都會的のもの）

○舞踊――田樂、猿樂、曲舞の殘りと見るべきもの（古風なるもの）
○競爭的舞踊――カケチドリの類
○社寺の祭會に演ずる特殊なる宗教的舞踊
○祭禮に與る者の卽興舞踊及びその囃し詞
○村落群舞――盆踊、花踊り、厄神送り、大漁チドリ、棒チドリ、ウスダイコ等
○ある時期の年中行事として行ふ舞踊
○其組織・傳統的に行ふ家筋

十、演劇

○卽興的の喜劇（ニハカの類）と農業との關係
○神事、佛會と演劇との關係を見るべき材料（三河鳳來寺の地狂言、沖繩における神舍〔カミアシヤゲ〕前における風習の如き）
○役者村、藝人村（興業法組織、財政の狀態、本流演劇との差異狀態、特殊の劇曲信仰・傳說・社會の待遇等）
○門芝居・一人芝居を行ふ者の現狀
○偶人劇
　イ該藝人の團體の調査（役者村の條應用）
　ロ社會との關係
　ハ信仰と藝術との間を彷徨せる偶像及び採集（オシラ神・シンメイサマの如き）
　ニ足人形の現狀

十一、影繪

十二、ノゾキカラクリ

十三、巡業手工職人の餘興演藝（鍛冶屋の淨瑠璃の類の信仰より出で、地方演藝發生に力をそへたるもの、調査）

十四、右の外、地方々々の事情によつて、特殊事項の加はるべきは勿論なり。

寄合咄

採集者心得

一、採集者は、相手を卑下せしめぬ様、又ある成心を抱かせぬ様、其傳承が、學問上貴ぶべきものなることを自覺せさする様に努むること。

二、早合點、誇張記錄、印象分解表現は宜しからず。

三、相手には、老人（殊に女）、氣分純なる青年を選ぶこと。なるべく、中年者を避くべきこと。

野外採訪要目

これは私が臺灣で蕃族の調査をした時のプランを日本内地で試る爲めに作つた覺書きにすぎませんが、御參考の爲めに出して置きます。私の調査の主眼が社會組織を目當てとしてゐるので其の方に傾いてゐるのは私自身認めてゐるところです。又要目中に説明を必要とするところも數々ありますが、それは後にゆづつて今は唯プランだけを出して置きます。（小泉）

(1) 部落生活
A 名主とか庄屋とかいふものの地位、家柄、職能、特權。
B 部落内の組、小團體。
C 部落の集會、部落内の部分的會合の組織範圍、目的——時期、場所——會合中の行事、飲食。
D 屋敷とか寢宿とか特定の格式なり特權を有つものとか、特定の目的なり仕事なりにあてらるゝ家、場所。
E 成年式——男子の元服、少女の通經時に行はるゝ行事、其他何等かの授戒若しくは神事をなすもの。
F 若者衆、娘衆。
G 仲間附合ひ、贈答。
H 部落への加入及び部落よりの脱退。
J 八分——制裁。

(2) 親族關係
A 系圖
B 親族團體
C 親族の分布
D フィクシャスの關係

(3) 土地財産
A 土地所有
B 土地の分布と部落生活の關係
C 財産の世態及び分配

(4) 特別に何かの因緣を有つてゐるか又は附けられた家、土地、品物。

(5) 神社 小祠
A 起原、祭神。
B 部落生活への信仰的支配。

(6) 年中行事
A 行事の主眼。
B 行事の季節。
C 行事の場所。
D 行事の供物。
E 行事の次第。
F 行事に與る人々、團體。
G 行事と神社、其他のものとの關係。

(7) 信仰
A 信ずるもの。
B 忌むもの。
C 行爲を制限するもの。
D 食べないもの——及び其の人、時。

(8) 出產 結婚 死亡
A 命名、名附け親。
B 結婚の準備、道具送、嫁送り、宿、里歸
C 埋葬の際の義務奉仕
D 一般的事項

(9) 文學
A 傳説
B 民譚
C 俗信
D 諺

(10) 方言

資料・報告

淡路津名郡江井村字柳澤の正月

中村浩

◇晦日

此日全部正月の用意飾りつけを終り（正月の必要品は暮の廿八日頃に郡家に市がたつ）外へ出ず、夜が更けてから先山千光寺に詣り、夜明早々歸つて來て、然る後氏神に參詣して新年を祝ふのである。

暮の内に來る年の惠方に向けて年棚をつりかへる。年棚は常から用意されたもので、平素は物置棚に利用されてゐる。そして、新年が近づくと年棚にする。其構造は下圖の如きものである。

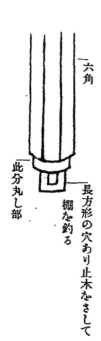

年棚　六角柱の丸い部分と合ふ様板に丸穴をあけて自由に何方をも向く仕掛け

◇歳神の祀り方

後圖の如く飯を入れるお鉢又はフゴ（冬飯の冷えぬ爲お鉢を入れてたく藁細工のもの。編み方は色々あり精巧を競ふ）に圖の如く餅を並べ入れて必ずフタをしておく。暦は太神宮からのもあり又それに眞似て作られたものもあるいづれでもよし。

淡路津名郡江井村字柳澤の正月（中村）

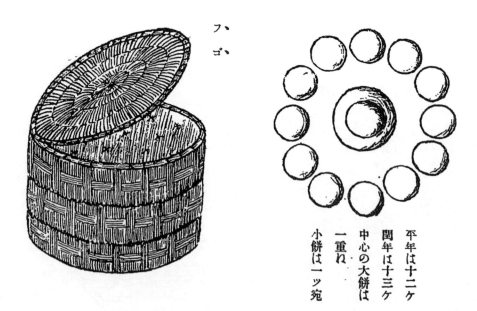

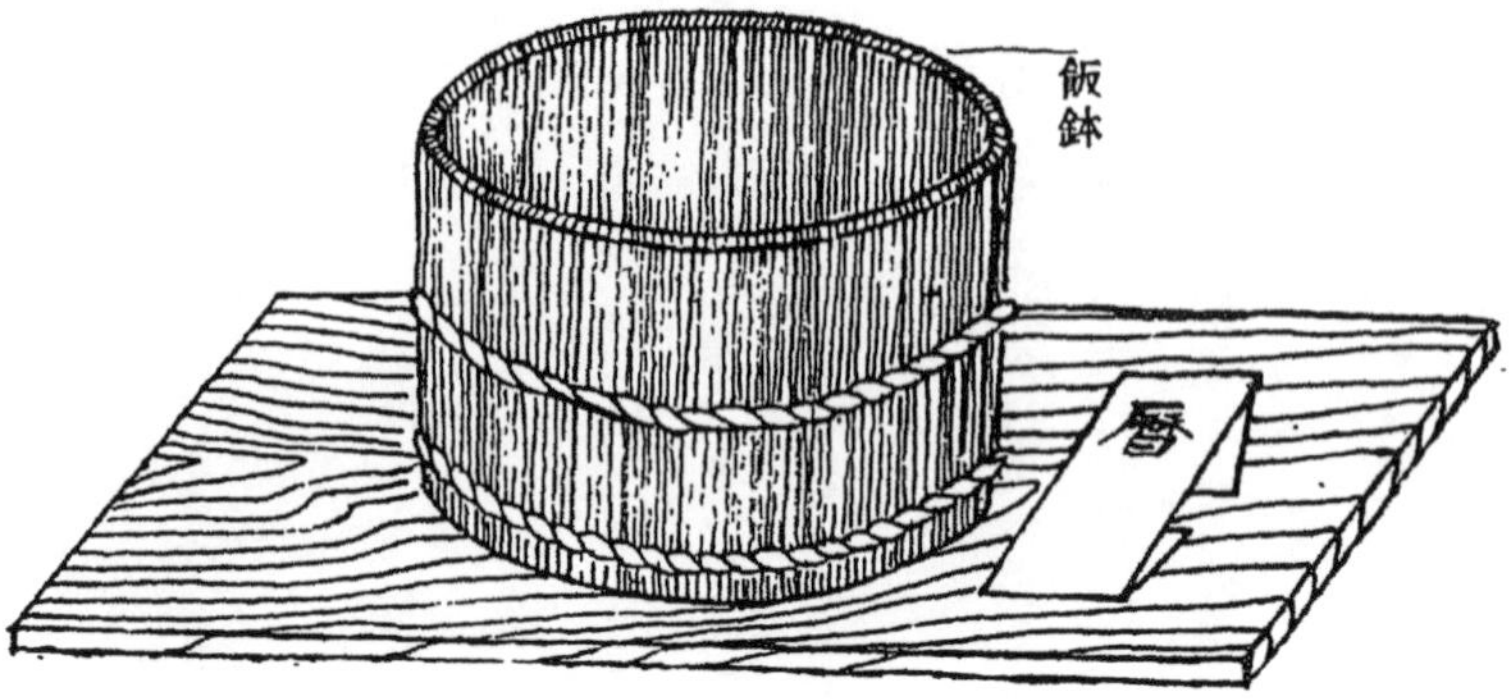

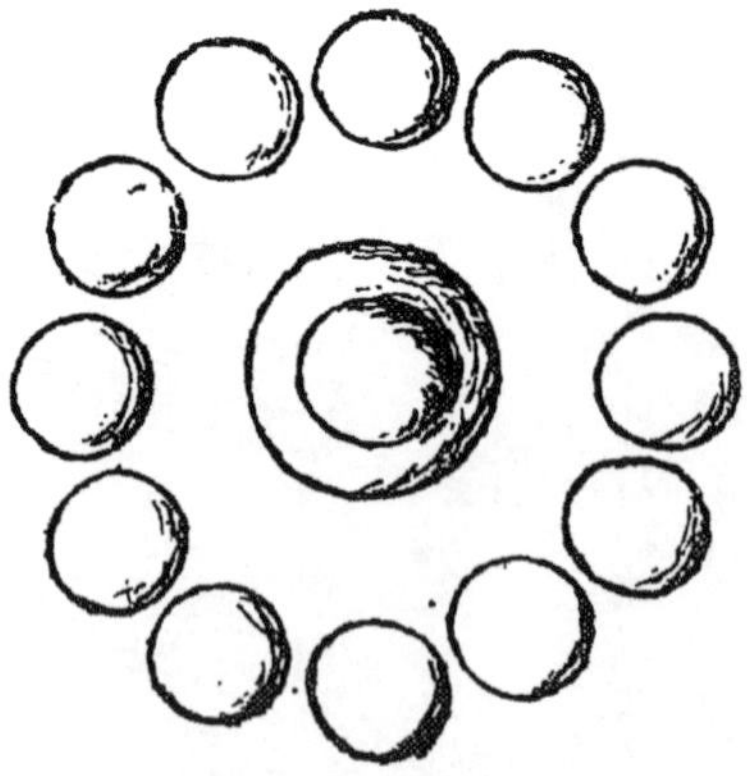

平年は十二ケ
閏年は十三ケ
中心の大餅は
一重ね
小餅は一ツ宛

◇年棚の裝飾

先づ七五三を張り松飾りをしミヽ紙、ミヽ鰯、マユタマで飾りサヱ木を添へて前方右左の柱に水引きを持つて結びつけ、棚の上棚と同じ高さに竿を平行に釣り種々の物をさげて十二串と言ふ。又カワラケに飯と大根人參の生酢をのせてまつる一々は圖に示す。

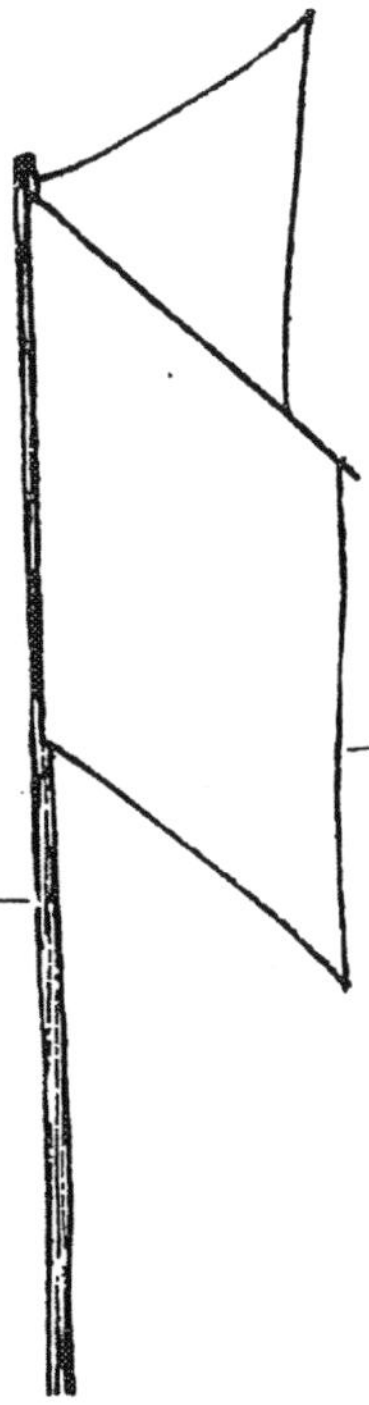

淡路津名郡江井村字柳澤の正月（中村）

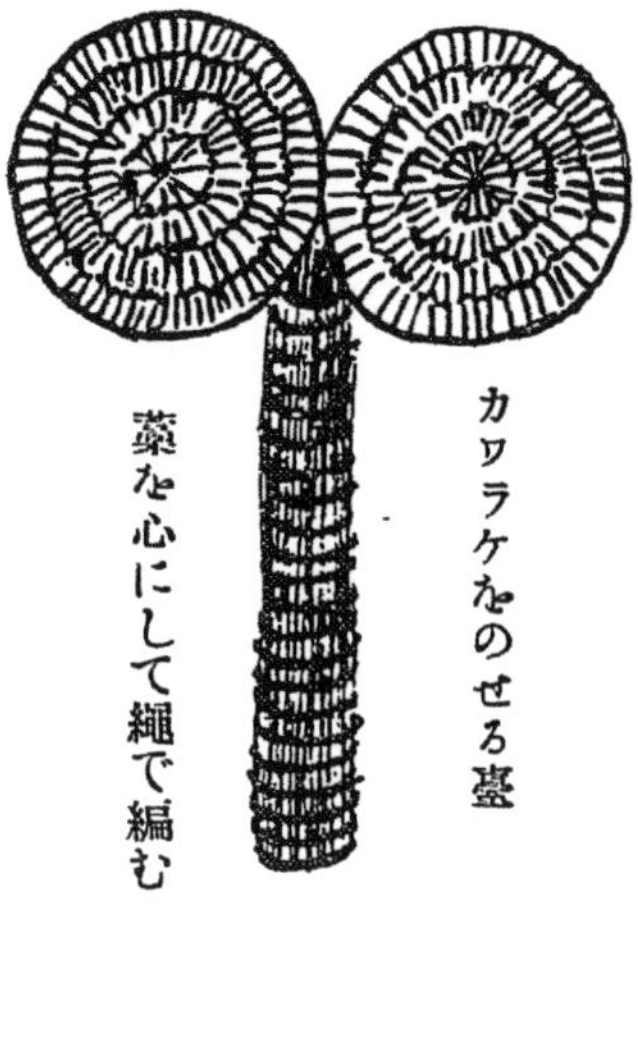

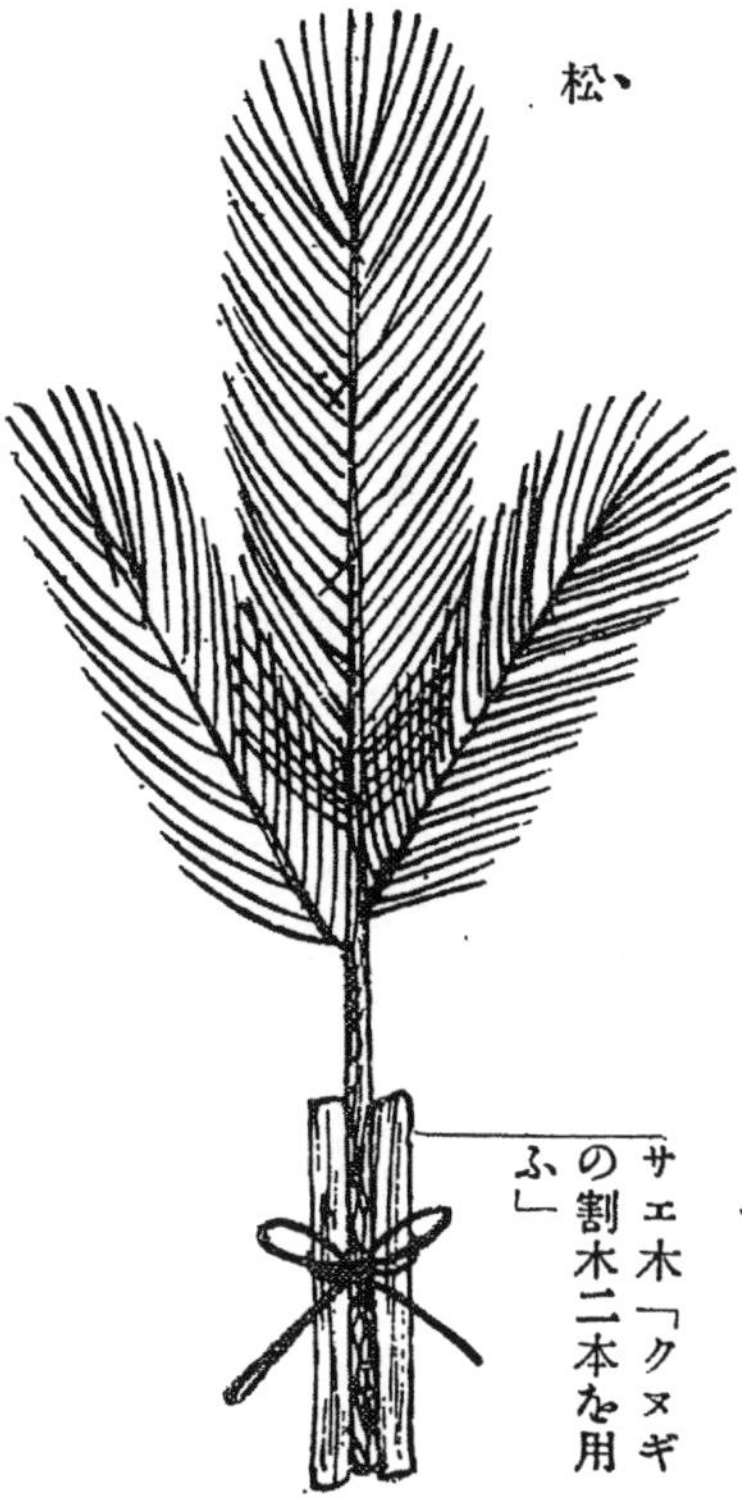

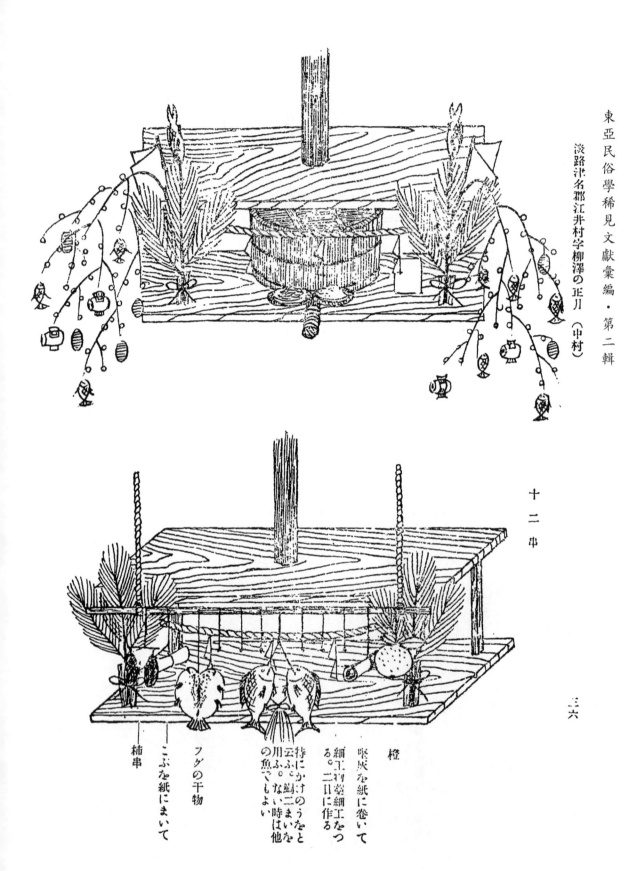

淡路津名郡江井村字柳澤の正月（中村）

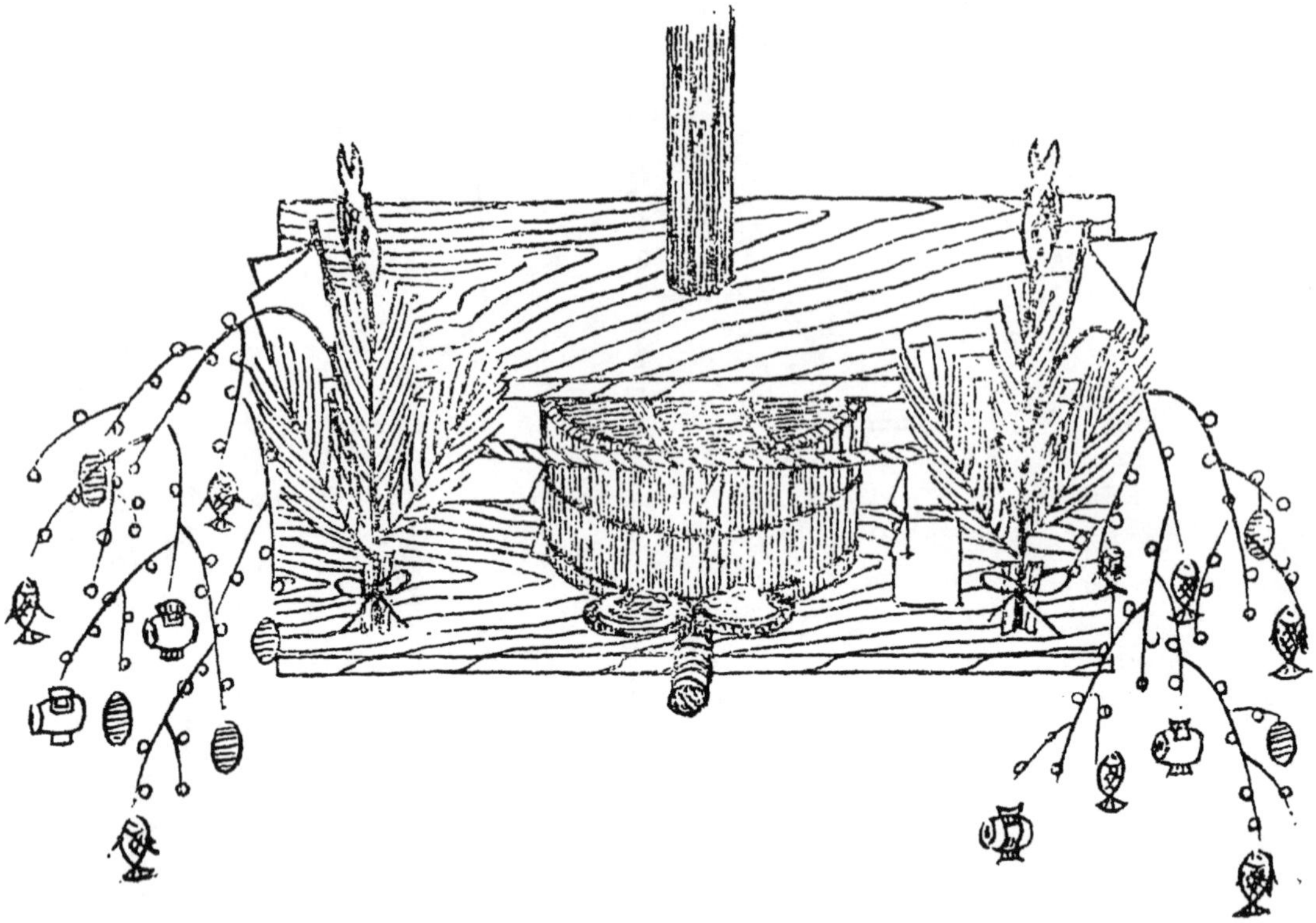

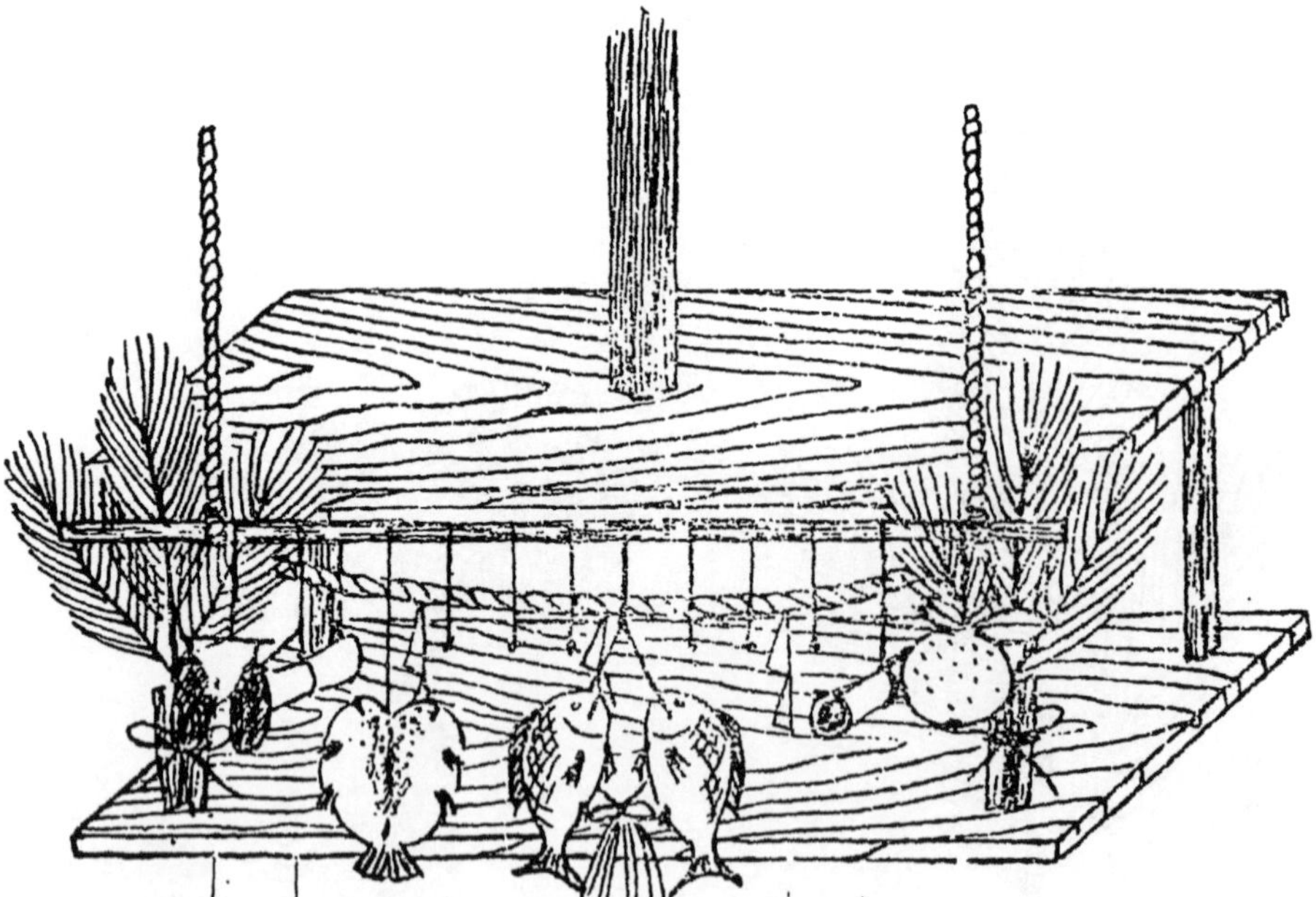

十二串

前圖の如きものを年暮に（多く大晦日）作り歳棚のかくれる様に吊る。餘分の藁には正月一日三日の間に牛繩又は草の如きものを作つて釣る。

右の如きを門の左右に立てる中心前方にもり砂を置く又松の前にも同様にし、元日から三日迄線香二本を毎朝立てる。以後七日十五日、廿日も同様にする。但し十五日以後は松はない、又線香と前後に並べて燒さしをたてる。

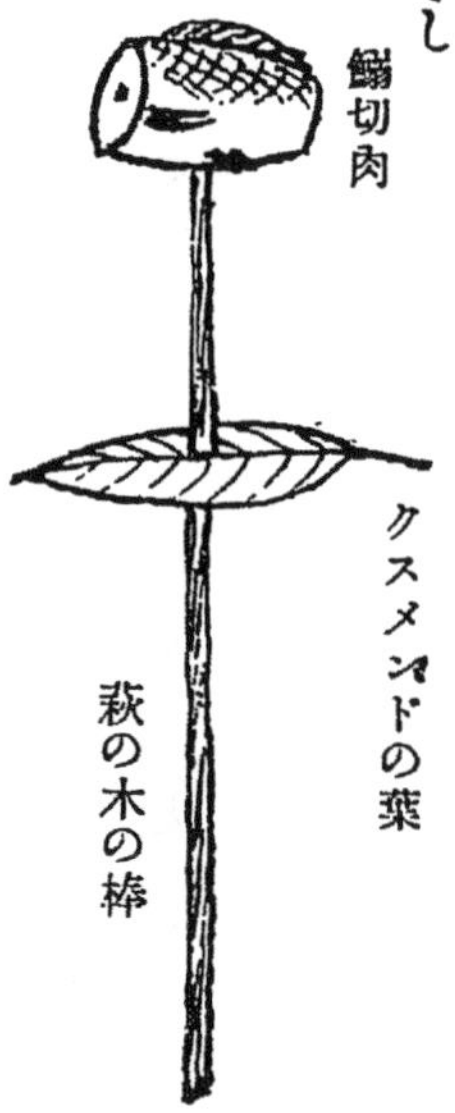

正面以外の入口には次の圖の如きものを置く特別の名稱はな37い。

淡路津名郡江井村字柳澤の正月（中村）

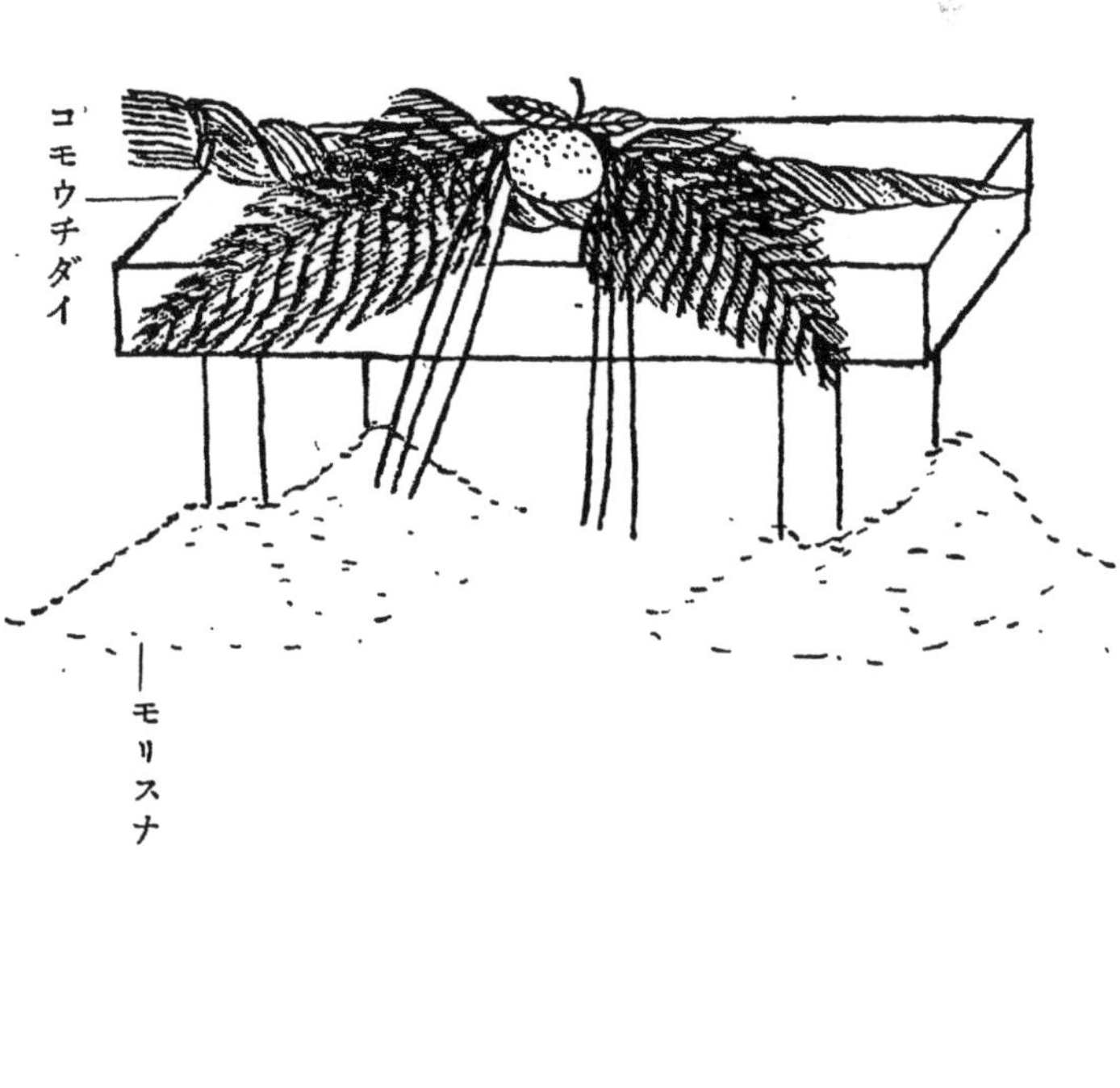

又カンマツリと言つて一升の升に人參大根の酢合を少し入れ、クヌ木の太い（子供なら一本で手に余る程太い）箸につまんで燒さしの前にまつる。三日門毎朝する。

元日の朝若水と稱して主人が必一番に水をくむ。雜煮は決して女にさはらせぬ。主人一人で煮る。雜煮が出來て祝の始まる時には、先づ家内集り家主は、『杓を廻しますと言つて』茶杓を一順させ、終つて目出度を言ひ、蘇をくみ雜煮を始む。雜煮は丸餅を味噌で煮たもの。三日間同じ。

又カンマツリと言ふことをする、圖の如くミに一升升を乘せて升の中には大根人參の酢あへを入れ入口にミの袵を外に向けて祀る。一日から三日まで毎朝クヌギの太い箸で其酢合を燒さしの前に少し宛そへてまつる。勿論家主の仕事である。

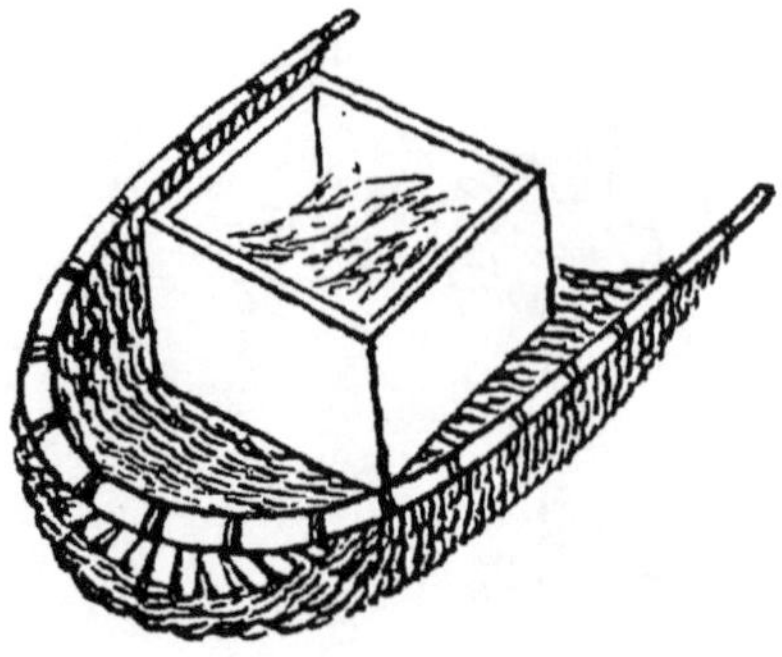

新年の挨拶は『今日はよいおそろもくでお芽出度御ざります』と言ふ。三日迄女は外へ出ぬ。僧侶の年詞廻りは七日正月以後とされてゐる。

四日　福わかし

大根を入れた味噌雜炊をして先づ神棚、門松等にまつり、然る後家內中祝ふこと元日の雜煮の如し。神棚にはカワラケ、門松にはカンマツリ同樣にまつる。此日午前中肥出しをする。即ち田畑に少々の肥料をかけそめるのである。

七日　七草

圖の如くマナ板にスルバチを置きナヅナを兩側に並べて『とをどのとりが日本の國へ渡らぬさきになづなやなゝ草コートコト』と稱して包丁の背にて、コートコトと言拍子に合はせてたゝき、同じことを七度繰返へす。勿論亭主のする事である。此のナヅナをたゝいた汁に手をつけて、指を染め爪を切る。病氣に對する呪である。

八日　わかと

米、麥、豆を混ぜていり、ハッタイの如くして是を食べる。その粉をわかと云ふ。

九日　地まつり

田畑、井戸、屋敷內、墓所等に七五三を持つて廻り、木葉に米の粉を練つたものをつゝみ、藁でしばり、木の枝につり、同時にまつゝて來る。神棚にも一番始めにまつる。

上圖の如き形のものである。

十日　しろとあげ

米の粉をどろにといて神棚、歲棚、佛檀に柏の箸でうちかける。箸は太い程よいとされてゐる。

十一日　おとしをろし

此日歲棚の餅ををろす。そして鏡餠で雜煮をして家內祝ふ。

十五日　かゆまつり

粥は十四日の夜又は十五日朝煮く先家中が祝ふ。その時の箸はカヤの箸で、長い程よいとして一尺五六寸から二尺位、箸は普通に用ひられる。又此粥を升に入れて左の如き樫木の棒をもつて共頭に粥をつけ『來年ござれとうござれ』と詞に合せて戸口をたゝき、終つてその木を屋敷に近い畑にさして來る。是をかいいたたきと言ふ。

經三寸
長八寸
十字の切りキズをつけ此部分に粥をつける
田畑に突さし易く尖らせたのだと言ふ

又此木を以つて果樹を打ち『ならにや切るぞ』といふと、『なる／＼』と言ふこともする。

二十日　ほねたゝき

暮には正月の爲に鰤を買ふ。此日その骨を入れて大根を煮て、是を神棚にもまつり食べる。

三十日　ひて正月

一日正月の意味で、たゞ一日仕事を休み遊ぶ。

二月一日　むかいついたち

此日はまだ正月の內として仕事をせぬ。

淡路津名郡江井村字柳澤の正月　（中村）

十二月一日　をとごついたち

同前。

次に正月中來る物もらひは

三番僧　三日から十日迄頃の間、紋付、袴で三番僧舞しが來る、『定例の三番僧』と言つて入れ、座敷に上つて、幣を立て、三番僧を舞はして祝儀をする。多く三原郡の市內から來る。大いに優遇して、普通米二升位はやる。各々得意先がきまつてゐてそれ以外には決して行かぬ。各三番僧舞は、村に入ると先、氏神から荒神までをがみ、後旦那像を廻り、こゝでは先に述べた祝儀の外神棚をもおがむ。

はり駒　所謂水平社の人等が親子つれで來る。親は外に待ち、子供がカブサン（萬歲のはくたつゝけの如きもの）をはき、烏帽子を冠り、張子の馬をもつて次の如く謳ひ舞ふ。

エンザメデタヤタノシキコトヤ　天神七代、地神五代、ウラニゴザルハワカトノサマノカクシノ名馬、オモテニゴザルハオホトノサマノ名馬

雜煮にする丸餅をやる。親がそれをもらつて歩くのである。

夷子まはし　正月廿日頃迄來る。夷子の人形を箱に入れてやつて來る事は恰度三番僧と同じ樣であるが、是全くモライトとされて大して優遇もされず、旦那のきまりもない。又出所も自然

どこか知られてゐない。

そも〱西の宮の夷子三郎左衛門は眞ある人には福をあたへ福まぶれかぶれとお祝ひ申せば　盲目もきれいなしめはつて沖のゆさんに舟に竿さしや、濱の千鳥の友呼ぶ聲は　チリヤチリ〱とつきせぬみよこそめでたけれ　夷子さんが鯛を釣つて踊つた。

と唄ひて夷子人形をまはし、終ると又おがむ。是に夷だけのと、黒尉をもつて先三番併をまわして夷子に及ぶものと兩方ある、餅、錢等を與へることはり駒と同樣である。

三日、こもえまいり、二日の夜深くから三日の早くにかけてこもえ明神に參詣する。此時大方口をきかぬが、時に口をきけば互に相手を極端に口きたなく罵り合ふ。柳に小判などつけたものをお印どしていたゞく。

正月行事二つ

——越後國之島郡片貝村——

桑原岩雄

さへのかみ

この村では、一月十五日に、さへの神のまつりが、行はれます。それは單に、さへのかみと、呼ばれてゐます。

それは、各町內每に、やるのであつて、場所は、毎年きまつてゐて、人家に程近い、畑か田圃の中です。

當日は、午前中から、若衆、子供があつまつて、準備をします。先づ、雪をつんで、圓い臺を二つ（大と小）作ります。これは近頃、一緒になつてゐますが、十年程前までは、若衆と子供との區別が、可成はつきり、見えてゐた樣です。即ち、大きいさへのかみは、若衆が作り、小さい方は、子供が作ることに、なつてゐました。

その臺が出來ると、附近の山から、立樹を切つて來て、しんぎとして、中央に立て、子供は、家々を廻つて、正月に飾つた標繩や、藁、錢などを、貰ひ集めます。これは標繩が主で、藁は、燒く爲の便宜から、附加されたらしいことも、窺へます。その藁や標繩を、竹や小枝と共に、しんぎに立てかけたり、ゆはひたりして、圓錐形の可なり高いものが、出來ます。それに、子供の書初めや、切紙のおんべなどを立て、夕方近くに、すつかり出來上ります。子供の方のを、をばごと云つてゐます。夕方に人々が集り、子供が喊聲をあげながら、をばごの方から、火をつけますが、その時、書初やおんべの、高く上つた者は、手藝が上達すると云はれてゐます。尚その殘の火で、餅を燒いて喰べるとその年中、健康になるとされてゐます。

もつくらもち

近年まで、もつくらもちと呼ばれる行事、即ち、土龍打が行はれてゐました。一月十日(?)の晩、子供達が、勿論盛に雪のふる時ですから、雪履、かんじきなどをつけ、丸太の片などを、繩でひきながら、家々の周圍を廻り、次の樣な言葉を、唱へながら、家や柱を打ちしづめます。『もつくらもちは、何處へ行つた。内にか、外にか、お宿にか。それとも、この柱にか。』『お宿にか。』までは、變りませんが、以下の言葉は、色々になります。かうして、打ち淨めておくと、土龍が、土をもちあげない、と云ふ風に考へられてゐます。

京都府花脊村のオンベウチ

肥後和男

一月十五日オンベウチといふ儀式があります。各戸主が前日惠方に當る山から栗の木の三尺位のを二本切り、皮をはいで一本は『オカユマイレ』一本は『カユヅエ』と云ひ、十五日の朝家の柱をその棒にてたゝいて廻る。『オカユマイレ』といつてたゝきます。

夕食後クモン（宿の名稱）の家に集り、名帳——七十五日前に生れた男子の名を書き入れ、死んだ人のを削る——をつけ、後同村福田(フクデン)寺に一同集り、お經が終ると、和尚が呪文——『オンベ　シラ　マンダヤ　ソワカ』——をとなへ、オンベと云つた時、一同前記の棒で一度に床を思ひ切りたゝく。この呪文が二十一回繰返され、最後に名帳を讀みあげて式が終る。それは眞夜中になる。

古くはこのとき藁で作つた蛇がお堂の南側の窓から首を出してゐた由なれど、この蛇は決してうたず、翌朝村の南の入口の『カンジョカケの木』にかけた。

美濃國正月風俗の數例

林　魁一

◇武儀郡東村大字新津地方

十二月二十八日頃に餅を搗き、松飾及び神飾は三十一日夕方になし、屋前には二本の門松を建て、神前其他に供へる。鏡餅は上は白餅下は黍・粟等にて搗きたる黄餅にして白餅の上に蜜柑を載せる事は普通にして餅花と稱し、木の株より一二尺位ある枝數本出でたるものを切り來りて細長く切りたる餅を澤山花の如く付けて神棚其他に供へ置き、正月十五日に下して餅花の餅は乾し置き、三月三日の節句に炒りて食へり。

舊歳三十一日正月二日六日十四日は年越と稱し、白米・飯・鰯・秋刀魚・大根・昆布其他の煑物及び大根ナマス等の馳走を作り、特に三十一日は一年の終と稱して酒を飲むなり。

正月元日、早朝男主人は第一に起きて溪水の傍に行き、燈火を點じ、米と豆とを供へ、惠方に向ひて若水を汲み、之にて茶を煑て後に汲みて一般の家族に與ふ。

加茂郡西白川村葛牧地方にては此の茶の中に梅干を入れて福茶と云ふ由なり。

又元日の雜煑餅は餅の外に芋菜を交へてシハギ（楮の皮を取りし者）豆木（豆の莖枝等のこと）等を燃燒して男主人の煑る事となれり。

元日には先づ起きて村社に參詣して、後一家族集りて雜煑を食へり。普通の民家にては二日以後は雜煑を煑ず。然れども來客あれば正月十五日迄は大抵は雜煑を煑て出す事とせり。

タクセン樣又は年德樣と稱し、床の前に長三尺巾一尺位の板を二本の繩にて天井より吊して板の上に三節又は四節の鏡餅を載せ、豆・乾柿・栗等を其の傍に置き、繩に二本の松を門松の如く付けて飾るなり。是も亦十二月卅一日飾りて正月十五日下す。

二日には若木向へと稱して山に行き、俗稱カイダレ即ち御幣を作りて榊の枝に付けて山に挿し、米と田作を供へ、薪木一束卽ち背に負ふ位を切り來りて住家の前なる花園又は庭園に置き、二月の初午團子を作る時に薪木として用ふるなり。

七日には七日粥と稱し、切り餅菜等を入れて粥を煑る。

十五日にはお松及び七五三繩等を各戶の主人持ちて氏神の前に挿して置くなり。

又餅及び小豆を入れて粥を煑る。之を柿の木を削りて切り口に附着せしめて柿の木に食はさると稱し、此の如くすれば柿の好く結實すると一般に信ぜり。

◇加茂郡西白川村字白山小字宇津尾

十二月三十一日・正月二日・六日・七日・十四日を、年越と稱し、三十一日と二日の兩日は晝、其他の日には夜、飯の時に白飯と鰯又鹽秋刀魚と大根。ナマス・大根・昆布等の煮物を作りて食へり。此の如き煮物肴白飯は田間にて珍らしき御馳走なり。正月一日朝は第一に男子が起きて雑煮を煮て、後に女子は起きて共に食ふ。雑煮餅中には菜又葱を入れるなり。雑煮を盛る椀中には子芋を二つ切りにして湯煮となしたる者を置き、之を薹と云ふ。薹は餅の椀に附着せざる爲なるを以て食ふ者に非ず。故に知らずして之を食へば大に笑はるゝなり。

家族の儀式的に雑煮を食ふは元日のみなれども、正月十五日迄は年賀の爲に來る客には必ず雑煮を出すなり。

鏡餅は白餅二個を重ねて上に蜜柑を置き、神前其他に供へるは普通なり。

正月十三日には餅を搗きて鏡餅を作る、十四日には舊き鏡餅と代へて供へるなり。

七日に七菜粥を作る。

十五日には神に供へたる鏡餅及小豆を入れて小豆粥を煮る。

門松はそよごの木を添へて門前に二本立てゝ七五三縄を張るなり。十五日朝各戸より持ち寄りて大森神社の社前に集めて燃燒せり。之をとんどと稱し、餅を持ち寄りて燒けり。之を食へば夏の病氣に罹らぬと云へり。

二十日は家に祭り在る大黑様が正月に入つて初めて金錢を儲けに出掛なさる日なり、と一般に信じて、大黑様の御立と稱し、大黑様に供へたる鏡餅は此の日迄供へて置きて下げて御飯を供へるなり。

◇武儀郡下牧村字淺野

門松は十二月末日に建てゝ一月元旦に神前に黍及米の餅即ち黄白の二個の鏡餅を供へ、蜜柑を載せ、栗・田作・黄豆・毛昆布・榧・乾柿を傍に置けり。神前其他に供へる鏡餅は左記の如き日並に下げて食へり。

佛　一月八日

一般の神　一月十五日

書初に供へる餅　一月十五日

恵比壽様　一月二十日

又正月初の子の日には黍と米との餅を搗きて養蠶の神に白餅十二黍餅十二、合計二十四個の丸餅を供へるなり。又閏年には黄白各一個づゝを加へて二十六個を供へるなり。

元日より三日間、主人はしいの木又豆本を燃きて雑煮を煮る風習にして、元旦若水を汲みて後顔を洗へば、先づ第一に松明を點じて村社に參詣して一年中の無事を祈る。之を神に話する（はなし）と稱して、之れ迄は途中にて人に會するも無語にし何事も云はず。

二日には商賈初と稱して紙を漉く用意をなせり。（美濃紙の製造地なるを以てなり）

◇武儀郡下牧村字板山

正月元旦には男子卽ち主人先づ起きて惠方に向ひ、溪水を取り入れたる水糟中にて若水を汲み、餅と田作と昆布豆を枡に入れて水神に供へるなり。

一般に早起、若水にて顔を洗ひ、神棚に鏡餅を供へて村社に參詣す。未明なるを以て提燈を持ちて神社に參拜する迄は途中にて人に面會するも無言なり。之を神に口初穗を供へると稱せり。元旦は一家族集りて芋・栗・むし鰯等を交へて煮たる雜煮餅を食ひ、四日神飾を取り、十五日朝小兒集りて門松を田中に集め、火を付けて燃き、書初を揚げ、餅を燒きて食へり。

稀に巾一尺長三尺位の竹簀を天井近く吊して神德樣を祭る家もあり。鏡餅は黍餅の上に白餅を載せて其の上に蜜柑を置けり。

清めの潮

雜賀貞次郎

紀州田邊の湯川退軒翁の遺稿田邊沿革小史記事本末の風俗の部にいふ。『商品の最も微なる者は毎月朔望佳節祭日に毎戸に海潮を賣る者とす、一杯毎に錢一厘を與ふ、竹葉二三枚と礫子四五個を副ふ、之を毎戸祭祀する所の神棚に濺て以て潔淸を表す、賣る者は一戸專業たり、鬪鷄祠の點燈を掌りて以て冥加銀に代ふ』と。記事本末は明治二十年頃に書かれたものであるが、

之れは舊藩時代から行はれたことで冥加銀といふのは田邊藩が專業を許したものから徵した特別税の名である。卽ち海潮を賣る業を獨占するに對し田邊總產土神の鬪鷄神社（現縣社）の燈明の役を引受けたのである。此の海潮賣りは明治の末、大正の初まで續けられ、現在も毎月朔日、十五日の分は廢されたが節分の日のみは海潮と鬼はらひの礫を賣りに廻る。海潮は新らしき荷ひ桶に入れ、別に笊に礫子と竹葉を容れたるを荷ひ桶の上に乘せ街路の所々に止まりオーと唱ふ（潮といふを約めたものか）れば人々出でゝ之れを求めた、求むるには潮桶、卽ち圖の如き小さな型の桶を用ゐるが貧民中には茶碗等を代用するもあつた、一

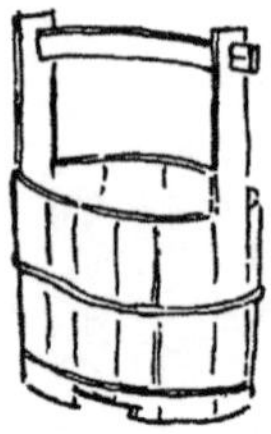

軒分は小杓に一杯（約二百グラム）で明治中年まで一軒一厘を例とし、次いで五厘となり一錢となり現今の節分のものは二錢乃至三錢を例とす。其の從事者は明治になつて姓を汐田とし通稱の家號を汐屋といふ。各家では之れを求め添へゐる竹の葉で神棚その他にそゝぎ以て潔淸とした、大正初年にすたれた以後節分以外には行ふもの殆んど無きに到つたが、敬神家中には今も尚ほ毎月自から海潮を汲み來るものがある。田邊の老人は多く云ふ。『海の潮ほど穢れなく潔きのは無い、一切のものを容れてしかも一切を淨化し、海水は常に澄みて美しい、これほど潔きものは無い』と。串本地方では毎月朔、十五日に各家海濱に出

で丶潮を汲み來り神棚其他に灑ぐを例とすと。

田邊では葬儀に會して家に歸る時は家の入口にて海潮若くは食鹽を灑き若くはまかれた後閾を跨げて入るを例とし、葬式より歸りて其まゝ家に入れば穢ありとして忌む。

能登婦負郡下村加茂神社稚子舞目錄

織田重慶

一　鉾の舞

稚子二人、手に鉾を持ち、頭に雌蝶、雄蝶の簪の附いた笠の蓑を冠る。水干を着用す。

二　林歌

稚子四人、頭に黄と赤との紙で造つた三枝草の附いた王冠を戴く。手には扇を持つ。

三　小奈曾利（納蘇利か）

稚子二人、簪の附いたかぶりものをする。

四　加古の舞

籠の目の笠を冠る。稚子二人、手に弓矢、腰に朱鞘の大刀を佩く。胡籙に矢三本、服裝は錦。

五　天の舞

稚子一人、黒持の假面（大奈曾利に於ける爺の假面）右手に采配を持つ、太刀を帶ぶ。衣裳前に同じ。

六　胡蝶の舞

稚子四人、背に胡蝶を負ふ。三枝草の附いた王冠を冠る。手に赤の紙で造つた三枝草を持つ。緋の袴を着用す。

中入（休）

神殿の開扉より閉扉まで。

七　大奈曾利

稚子二人、爺と婆にかたどる。又其の假面着用。

八　惠比壽の舞

稚子二人。惠比壽にかたどる。左手に釣竿。右手に扇を持つ。終に鯛を釣つて舞ふ。

九　倍臚

稚子四人、右手に拔身の太刀。左手に鯛を描いた処を持つ。右肌を脫く。袴着用。各々烏帽子を冠る。

てまりうた

——淡路國津名郡——

中村浩

ひいふうみいよ、みよのあねさん、おとのがないとて、あなづりなさる、なさるたんばのすけ七さんよ、すけのみやげになになにもろた、一には京ばこ、二にやおしろいよ、三にやさしぐし　しのびの枕、あげて一だん　かしたびら　かたとすそとは梅のおりえだ　中はごぜんの　そうりはし　そうりはしとはどこへきこへた　いつのまのかいどの　お茶屋の娘　にほんてきゝと　きこえた、すってんてんよ。

お井戸の中の　おりひめさんが　今朝ゆたかみが　はやちりばらり、あいやぽん〳〵　つづみやぽん〳〵、一のまを貰ほか二のまを貰ほか　三のまのおつきのていしやのまいにてまりをついて　もんまででたら　き三郎さんや　小三郎さんに　だきとめられて　おはづかしや　ごしんぱいすってんてんよ。

うちのとなりの　長七さんが　江戸へ行かうとて　馬からをつて　竹の切りくさで　手のひらついて　醫者を呼ぼか　眼醫者

をよぼか　醫者も眼醫者も御無用で御ざる　濱へさがつて　ごいしを拾ろて　砂でみがいて　はこやへやつて　はこやあねさん　おびかと思て　おびにやみじかし　たすきにやながし　ゑびす三郎たしせうたしせう。

うちのとなりのちしやの木に　雀が三ひきとまつた　一羽の雀の言ふことにや　よんべ產れた花嫁さんに　きんらんどんすを縫はしたら　襟とおくびをよをつけぬ　しうとめごぜんに笑はれて　あちらへ向いてもしく〳〵と　こちらへ向ひてもしくしくと　なにがつらうて泣かんすか　わしの弟の千松が　七ツ八ツから金山へ　金があるやら死んだやら　一年まつてもまだみえぬ　二年まつてもまだみえぬ　三年ぶりに狀がきて　親に七貫子に五貫　ましてお婆さんには四十五貫　四十五貫の錢金でたかい女郎貰ふて何にする　安い米貰ふて船につむ　さんさおせ〳〵大阪へ　大阪土產に何もろた　一にや京函　二にや白粉箱　三にやさし櫛　しのびの枕　あげて一段かたびら　肩と裾とは梅の折枝　中はごぜんのそーりはし　そーりはしとは何處できこへた　東街道（あづま）の御茶屋の前で　にほんてきゝときこえた。

手まり唄

——越後三島郡大積村——

高崎英雄

◇

山王原のおしよれさぁまが
あににがおつけられて
おてのまのまの油げに
ぬっまのおたふ(豆腐)に
赤いごぜんが
大おすうき
てゝしやれ
まめしやれ
よばよさかに
よばれて行つたん
はたやのはまやき
小鯛のすひもの
一ぱいおすゝれ
すうすうれ
二ぃはいおすゝれ
すうすうれ
三ばいめぇには
なゝしよのこぼさが
魚がないとて
おはらぁがたぁつ〱
さてなさてな
さてさてさてな
ちようど一ぱいかしたな
かしたかしたかしたな

◇

おせんせんせん
鏡がないから
くしもかゞみも
いろほでごぉざる
おとっつあほしない
さんぎちよ(人形)いゝどや
いど(江戸)のみやげに
なに〱もおろた
今のはやりの
お手箱もおろた
あけてみたれば

ちりめん五ぉ尺
帶に短い
たすきに長い
寺の若い衆に
傘緒にくうれた
たつてかぶせて
伊勢參りさあせて
伊勢のみようじの
まがりきの下（シィタ）で
七つなる子が
八つ子をはぁらんで
腹にゐた子が
男となれば
おにやい（庭）飛んで出て
きぐすりもうたぬ
山ぢや藤の實
磧ぢやぁやなぎ
とつてせんじて
のませぇたり〱

河童の話（三）

松本友記

熊本縣飽託郡西里村・長崎縣北高來郡有喜村・愛媛縣西宇和郡伊方村、この三地方の民間に傳はる河童の話を採集したまゝ御報告致しておきます。

◇名　稱

ガハッパ・旅の人・カワントノ　（熊本地方）
ガハッバ・カツパ　（長崎地方）
カッパ・エンコ・カワウソ　（愛媛地方）

◇俗信禁厭（熊本地方）

(1) 河童はムラサキギモの人は決してひかぬ。

(2) 河童にひかれた人は、きつと河底に座つてゐて、これは足でけ起さぬと離れない、又尻の穴がポーンとしてゐるのですぐ分る。

(3) 河童は河で人をひきこみ尻からキモを拔き取つてもそれをそのまゝでたべることはできない。そのキモをたべるには、ひかれて死んだ人の葬式の日その家に行つて、先づ入棺する際の洗湯の雫でキモを洗ひ、それを葬式の火（線香・ローソク其他葬式に用ひらるゝ一切の火）でいぶり、そこで初めてたべることができる。一度かくして喰べることが出來れば、再び人をひき入れることができる。もしかくして喰べることの出來なかつたものは再び人をひき入れキモを取る能力はなくなる。かう信じられてゐるために、この地方では河童にひかれて死んだ人を入棺する場合——多く疊をはづして床の上で入棺するために洗つた湯水は總て床下に流れる——必らず床下に澁を流す。澁は河童の非常に忌む所のもので、澁を流しておけばキモを洗ふことができず、從つて燒いてたべることも出來ない。尙葬式には一切の火を用ひない、ローソクもつけねば提灯もつけないで葬式をすまし野邊の送りをすませる、このやうな葬式を俗に『眞暗ぞーれ』と呼んでゐる。ぞーれとは葬式の方言である。若し萬一『眞暗ぞーれ』をせずに明るい葬式をすれば必らず又同一家人の誰かが河童にひかれる。

(4) 水泳に行く場合は足首に、大工が用ふる墨絲、又はその墨に浸した絲をまきつけて行くと河童にひかれぬ。又澁をひいた褌を着けてゆけばよろしい。これは澁を河童が非常に嫌ふからである。

◇河祭り（熊本地方）

この河祭りに就ては高木氏の日本傳說集一二九頁に『夏の土用の三日目には酒、胡瓜、ウドンなどをそなへて河童を祭る』と記されてゐる通り、毎年缺かすことがない。河祭りの日は家家では朝からソーダ饅頭をこしらへたり等して用意をする。『今日は旅かりカワントノサンのきなはるけん、はようダゴやアマザケどん河にもつていつてあげにやんたい』かくして、ソーダ饅頭は大抵二つ竹の皮に包み小さい女竹（長さ三尺餘）の先に吊りさげ、又甘酒や神酒は女竹の筒の中に入れ、これも女竹の棒の先に吊り下げ、同樣にウリやキウリの輪切りのもの二片を竹皮に包み別の女竹の棒に吊りさげ、三本或は四本一所にもつて、常に行く河岸、或は共同井戶、湧水地等の岸にさしておく。さういふわけで、その日は河岸や井戶（露天の湧水）の邊はこれ等の供物で一ぱいになる。河祭りの日は午前中には水泳に行くことを控へ、午後になると出かけ、岸の供物の饅頭をとつてたべて泳ぐ。河祭りの日は全部落仕事を休む。

◇河童說話

(1) 熊本縣鹿本郡五領村から同郡内の小道といふ所に小娘が子守りの加勢に來てゐた。或る夏の日子守の暇に近くの堤に泳いですぐ河童にひかれて死んでしまつた。河童にひかれたら『眞暗ぞーれ』をする筈だのに、ここではそのやうにしなかつた。兄貴が荷馬車ひきだつたので高瀨町に夏の暑い日米俵をつんで行つての歸りみち、餘り暑いので馬車をつないで高瀨川に泳いでゐた、所がいつのまにか彼は河童にひかれて死んでゐた、その日は丁度去年妹がひかれた日であつたといふ。

村人達は語り傳へらるゝこんな話を私にして、河童にひかれたら必ず『眞暗ぞーれ』しなけりやきつと又ひかれるにきまつてゐると互につぶやいてゐた。

河童の話（松本）

(2) 或易者が一人の子供に向つて『お前は本當に可哀相ぢや、お前は十五になると河の殿にひかれるぞ』と言つた、子供は家にかへりこのことを親に告げると、親は非常に驚き、十五になつてひかれることが分つておればそれを脱れる法はあるまいかと易者の所に行つて尋ねた。すると易者は『鯛一貫、上酒一升を貰ひ、それを向ふの峠に赤と青の裝束をして碁をうつてゐる人に差出せ、そしてその人に河童の難をのがれる法をきけ』と言つたので親達もその通りにすると、確かに峠に二人の赤と青の裝束をした二人がゐるので喜んで易者の言つた通りにして河童の難を脱れる法をきくに、二人はたゞ何とも敎へず『今から斯様な易を起すな』と易者に傳へよとのみ言つた。まもなく十五の年が來た、夏の或日當の子供は多くの子供達と村の小屋に遊んでゐると、いつになく河へ行かう河へ行かうとせがむので小屋の主人が、まあお前達はお茶でものんでゆけと云つて引止めた。お茶をのんで子供達が河へ行つてみると、そこに河童が待ち受けてゐた、そして先の子供をみるなり『今日はお前をとりにきたのであるけれ共お前が小屋で茶をのんできたのでその時間だけ約束の時間よりおそくなつて、もうお前をとることはできない』と云つて去つて行つた。そして子供は無事でゐることが出來たのであるが、これは天のお星様のお加護に依るもので、峠の二人の赤青の裝束の人は、實はお星様であつた。

それで人がお茶でものんで行けとすゝめるときは遠慮なく頂戴すべきものだと話し手は附け加へた。（以上二篇熊本にて）

(3) 中道といふ部落に十松どんといふ人があつた、その人のお母様が若い頃の話、時期は夏の夕方、十松どんが馬の川入れに行つて馬を川の中につけたまゝ田の水廻りに行つてゐる間に、河童が出て來て、馬の手綱を先づ自分の體にまきつけて馬を河の深みへ引き込まうとした、馬は驚いて陸に逃げあがつた、そこへ十松どんがやつてきて河童をしばつたまゝ我家へかへり河童を納屋の柱にくゝりつけておいた、そこへ十松のお母がドウズ（馬に飲ませる米麥のとぎ汁のこと）をのませにきたら河童の奴妙な顏をして見せたので十松のおつ母も腹が立ち、ドウズを手に掬つて河童にひつかけた、所が河童は急に力を得て綱を切つて逃げやうとしたといふことである。

(4) 小栗村土師尾（ハジノオ）に椎ノ木淵と云ふ淵がある、丁度五月の雨上りに村人の一人が魚釣に出かけた所が、いつになく釣れるので與にのつて夕方まで釣つて居り、さてかへらうと思ひ河水に手を洗ふと思ひ手をつけると、河童にその手を握られ淵の中にひき込まれ尻をぬかれた、明けの日村人によつて尻ジゴ（內臟の意？）がなくなつた死體が發見され大騷ぎをやつた。

(5) 龜首（ガメンクビ）といふ部落の人々の傳へ言。或人が歳の晩鯉釣りに出かけた、十二時頃になつて頭に皿のある者が水中から出てきて釣糸にすがつたので驚いて逃げかへつた、――河童といふものは確に居りますな……との話。（以上三篇長崎縣北高來郡有喜村にて）

次に四國の河童説話を述べるが、色々比較して見ると九州のそれとどうも説話の内容に幾分差異があり、説話を生んだ河童そのものが違ふのではないかとも想像してゐる、が然し、これはもつともつと研究しなくては言へない事ではある。

(6) 西宇和郡伊方村に、片方は山、片方は斷崖となつて昔から色々な噂がある小谷といふ部落の山路。村から村に通ふ定期自動車がそこを通りかゝつた、丁度そこは急カーブになつてゐるので用心して曲らうとすると向ふの道の眞中に何か人間の樣な者が暗の中に座つてゐるので自動車をとめてみると、果して人間で四十格好の男が次の樣に語つた。

この道を通りかゝると道の眞中に黑い大木の樣なものが横たわつてゐるので何氣なくそれをまたげやうとすると、急に高くなり、驚いて左の方に避けて通らうとすると左の方にズラリと長くなり、右に行けば右に、どうしても通れないので、恐ろしくてならず人が通りかゝるまでかうして待つてゐたのだと。

この附近には昔からたくさんカワウソがすんでゐて、常に大木に化けて人に惡さをするさうである。

(7) 今から凡そ百年餘り昔、伊方村に相撲取りがすんでゐた。お祭りに行つて、たくさん餅をもらつてかへる途中小谷の道にさしかゝつた。所が歩く度に何か足につきまとふてよく歩けない、足ではりはづさうとしてもどうしても離れない、が一つも姿は見へない。相撲取りはハアこれがエンコといふ奴だなあと考へ、さげてゐた重箱を傍に置き相撲とる姿勢をとつた、するとエンコも立あがつたので双方取組み盛に爭ふた、エンコは或時は體を高く或時は低く伸縮自在で流石の相撲とりも散々苦戰してゐると、丁度そこに人が通りかゝつたのでエンコは相撲をやめて斷崖からドウとばかり海中に飛込んでしまつた。相撲とりは安堵して家にかへつてみると、體は血みどろにかきむしられ、重箱の中の餅は馬糞と入れ替つてゐた。（以上二篇愛媛縣伊方村にて）

◇河童と河坊主

長崎縣北高來郡有喜村邊の人々は、河には、河童の外に河坊主と云ふものがゐると信じてゐる、河坊主は河童の樣に人に對していたづらをする點は似てゐるが

(一) 河童のやうに人の尻ジゴをとらぬこと

(二) 河童より身の丈が小さいこと

（三） 頭に皿をもつてゐないこと

等の點に於て河童と區別されてをる。

今から十年餘りまへのこと、乙市といふ人が有喜村の鍛冶屋といふ部落から歸宅する途中、河の飛石を渡つてゐると、河の中から河坊主が出てきて、つけてゐたタイマツをふきけし、にげやうとすると、後ろから帶を强くひつ張つたと云ふ。乙市といふ人は有喜村に今も尚生きてゐる人である。

河童の說話は大體に於てさうたくさんの內容形式を有するものではないけれ共、地理的分布狀態を知る爲には同一形式內容のものでも地方を異にするものは知つて置く必要があるから報告し合ふがいゝと思ふ。文獻の涉獵と共に、地方的說話傳說の採集は、河童研究の上にも實に緊急な關心を必要とする。

臺灣蕃族民俗資料（二）

淺井忠倫

昭和五年七ー九月に於て、台中州新高郡管內のブヌン族及びツオ族の言語を調査をした際に聞見した民俗學に關係ある資料を報告する。資料の範圍、採集が不統一であるのは、言語の材料を集める際に、附隨的に得たものを纏めたからである。その點は御了承ありたい。

ブヌン族は、郡大社、イバホ（以上郡蕃）、カトグラン、カネトワン（以上巒蕃）、丹大社（丹蕃）、ツオ族は、ナマカバン社（ロフト蕃）で調査した。

一　ツオ族の靈魂と神

靈魂　人間の一個の肉體に對し、二個の靈魂が生存し、左右の肩に附著してゐる。靈魂は遊離性であるが、左の魂と右の魂の働が異つてゐて、人間が死ぬと「右の魂」は hohutsubu といふ地に行つて住むが「左の魂」は地上を浮遊する、決して地面に下りない、休む時は木にとまる。hohutsubu は阿里山の西側、ララチ社の前にある大きな崖のある處であると云つてゐる。（彼等の傳說に依れば、大洪水の後、阿里山方面に蕃社を作つた、それから今の土地に移住して來た、阿里山方面がナマカバンの原住地であることを注意すべきであらう。）

「右の魂」は、睡眠中に、屢々、肉體から遊離する。死人の「右の魂」は、我等を訪ねて來る。卽ち、夢の間に死人を見るのは、それである。かゝる夢を見ると、死人の魂に連れて行かれるから、亡靈を祓ひ除けねばならない。「お前達よ、出てくる勿れ！」と翌朝唱へるのである。

神　超人間的存在の觀念は、ツォ族に於て可なり多種の形態を以て現れてゐる。彼等の神々の名稱に關し、蕃族調査報告書は、すでに報告してゐることは賞讃すべきことである。

一、〔xamo〕　天の神。天に住み、人間を見てゐる。その數は知らないが、男も女もゐると說明してゐる。

二、〔akʔi-mameoi〕　地の神。字義は「老人の祖父さん」である。土地に住む。

三、〔paʔmomutu〕　樹の神。字義不明。赤榕樹の根の下に住んでゐる。祭の時に酒を供へる。

四、〔ʔbaʔi-paji〕　稻の神。字義は「稻祖母さん」。名の如く稻を守護する。各々の家には屋根裏から小さい籠を吊してある。「稻の神」が家を訪ねて、その籠の內に休むと信じてゐる。稻の收穫、種蒔の祭事の時に、酒、食物をその籠に入れ供へる。

五、〔ʔbaʔi-tonʔu〕　粟の神。字義は「粟祖母さん」。粟の守護神。

六、〔akʔi-tsoʔofohu〕　河の神。定義は「河祖父さん」。河の魚を養ふ神である。〔sũuʔtü〕の祭の時に、〔pupuga〕（彫刻を施した小竹筒）に嚼んだ米（ツォは米を嚼んで酒を造るから、つまり酒の原料である）を入れ、巨石の下蔭に赴き、この「河の神」と「地の神」の兩者に對して、祈願する、その詞は『穀物の收れようにも、獵のあるやうに、病氣にならぬやうに、魚が取れるやうに』。竹筒の中の米を指で彈いて、口でピーといふ音を出してから詞を始めるのである。各家每にこの式をする、一人でやることもあれば、二人でやることもある。式がすんでから其の竹筒は石のそばに木の棒を立ててそれに吊げてそのまゝにしておく。

七、〔tuʔalüʔalü〕　字義不明。人を見附ると殺す兇惡な神である。新高山の東方にある山があつて、その山頂に〔kutsoʔo-fəʔə-xoʔ-bu〕（青色の堅石）と名けられてゐるルリ色の巨石があると彼等は信じてゐる。その中にこの神が住んでゐる。此の神は一人のやうである。

八、〔siiʔbonu〕　惡神である。〔paʔmomutu〕と同じく、赤榕の木の下に住んでゐるが、酒を供げない。

九、〔posonhifi〕及び〔hüifufoi〕は〔xamo〕に雇はれてゐる神。

る。

十、〔pozsfiiin〕　戰神。戰爭を司る。〔xumo〕神に仕へてゐる。

十一、〔hitsü no kuwaboho〕　疱瘡神。疫病の神である。〔hitsü〕は「鞣皮」といふ意味であるが、ツォ族は衣服を鞣皮にて製する故に「鞣皮」は「皮衣」「衣服」と解すべきかと考へてゐる。

十二、〔hitsü no süboŋiü〕　茄苳神。「茄苳を衣服」としてゐる者、卽ち茄苳の中にひそんでゐる者であるから、大きな茄苳〔süboŋiü〕にすべてこの神が住んでゐる。此神の足を弓で打つたがために、殺された人間があつた。茄苳は切つてもよいが、切る時には『薪が無いから、切らせてくれ』と言つてから、切らねばならない、但し根から切ることは、絕對に禁ぜられてゐる。

十三、〔hitsü no fatu〕　「石の鞣皮」といふ意。ナマカバン社の西方にある陳有蘭溪の一支流の上流に一の巨石があつて、その中に住んでゐる。この石に赤い筋が入つてゐる。昔、ある人がこの石を弓で打つたところが、神が傷附いて、血を出した。その血が今まで殘つてゐるのだと說明する。

以上一樣に「神」といふ名稱で名けたが、各々に位置の上下がある、〔xumo〕は最高に位すると考へる。〔hotsü〕の類は、可なり低級に屬するものだらう、茄苳、石の精靈と解すべきものであるかも知れない——〔hitsü no fatu〕の名稱より察すれば、巨石にはすべて精靈があると信じてゐるものらしい。ナマカバンで調べ得たものは上記の石のみであつたが、他のツォ族を調査すればこの問題が解決する。

〔tacüdü〕以外の神々は複數であるらしい。彼等のうちに特殊の function を有してゐるもののあることは注意すべきことであらう。而して恩惠的な神と、危害的な神の區別がある。恩惠的の神のうちで、農耕、狩獵、魚獲に關係ある神々——生活に最も強く關與する神々——は最も崇拜（?）せられる。而して献物がなされるのである。献物の主なるものは酒であり、献物のなされる祭事には、彼等は飲酒して、神と共食するのである。〔paʔmomutu〕神の職能は探し得なかつた。直接農耕に關係がないやうでもあるが、彼等は可なり崇拜してゐる。ナマカバン社の入口近くにある赤榕樹は最も大切にされ、酒を献ずる爲めの石製の小祭壇を有してゐる。

〔註〕〔一〕はロフト蕃獨特の音、〔二〕又は〔三〕で代へてもよい。

資料・記録

舊世田ケ谷領嘉例年中行事

私達同志十余名が集つて舊世田ケ谷領郷土會なるものを組織し、東京府荏原郡の西北部一帯數ケ町村に亙る元井伊掃部頭領分の文化資料の蒐集研究に從事してゐるが、此程第一回郷土史料展覧會を開催するにつき、井伊家の代官職にあつた世田ケ谷上町大場家の藏書を整理せるに『嘉例年中行事』なる三巻の本を發見した。

それは現當主信德氏の曾祖父に當る大場彌十郎景運が文化六年の夏、大場家相傳の年中行事を月次に編述せるものにて、第一巻及び第二巻には一月より十二月までの大小の行事を蒐め、第三巻には年始・年末・冠婚・葬祭の際の贈答品目金高を記載してある。

大場家は世田ケ谷領が井伊家の支配の下にあつた寛永年間から明治維新に至るまで代々代官の職にあつたが、元々半農半士の所謂郷士の家であつて、其の實際の生活がさうであつた如く、其の行事も武士階級としての行事と一般農民としての行事とが混淆して居る。從つて武士と農民との中間にあつて何れともつかぬ特殊なる家の行事として興味ある資料であらう。（細野七郎報）

十二月

朔日

一、納の朔日に付神々へ御酒上る。

但、神へ神酒其外何品にても上候節々は都て切火打掛清め上る。

太神宮　棚へ上る。

氏神八幡　經卓へ乗床へ上る。

稲荷　右に同斷。

惠比壽大黑天　相合にて棚へ上る。

荒神　棚へ上る。

已上五ケ所

右神酒陶利に移神酒の口を指上る。

一、神々へ神酒上候事　從正月至十二月に迄五節句朔望大概上之、其外にて　祝日又は吉事之祝日皆上る。

八日　ヨコト、云

一、朝六ツ時表のかど口へ目籠出す事。

但、何籠にても目之多き小籠掉の先へかけ結置き立る事、七日夕より出し候ても能候得共烈風之節抔倒れ候に付不倒様心付　碇といたし可立置。

一、五ケ所之神々へ神酒上る。

一、仁王經讀誦　仙藏院法印祈禱

但、正五九十二月執行之、守護之紙大札壹枚法印認め持參之、神酒線香燈明上る、經卓へ乗る。

右經卒て

香物　八盃　平 とうふ　飯 冷飯茶漬

間酒肴一種も出し餐す。

右正、五、九、十二月都合四度讀誦之、十二月に至一度に右初穂鳥目五百文白紙に包 水引結　直に出す。

夕飯祝

鱠 笹かき大根 さかな見合　汁 いてふ大根 くじら入

香物

舊世田ケ谷領嘉例年中行事

壺（ごく少） 牛蒡 里いも 大根　飯

十一日

一、家來農男九月朔日より今十日迄夜なべ爲致十一日十二日之夜鏈之繩なわせ候事、
但、十一日夕淸淨成勝り藁出し鹽水吹せ能如斈打せ三ツ組左り繩にないすり繩にして銘々初めに蛇口を付候事。
　圍爐裏　貳筋　へつつい　貳筋
　竈　貳筋　已上六筋
鏈つるし木結繩も摺繩に爲繩候也

十二日

一、煤拂竹がら竹四本、葉付、草箒拾本鹽水吹置莚打竹拾貳本斗伐せ置可申、十三日雨天にも候得ば濡居候ては煤拂不辨理に付今日伐置事。

十三日

一、煤拂がら竹 男竹斗也 貳本つゝ結 貳本
草ほうき拾本も結せ、大釜之上へ淸淨成莚壹枚敷可申、
　朝飯祝

香物　稗粥かぶら輪切にして入
　續て　雜水 白米 みそ汁にてさゝかき大根入
右之通にて上下祝可申事、
晝飯　香物　茶漬飯
夕飯
　鱠 さゝかき大根 肴見合　汁 いてう大根 くじら入
　香物
　煮物 牛蒡 大根 里いも　めし

一、煤拂初明年之惠方年德神棚可致、明き方之所すゝ竹三べん掃初める、初に八人三經 如此竹をつかはせ掃也、夫より已後は何方にても掃。
一、釜段へ乘置候莚へ落候煤共儘包み居屋敷淸淨之所へ納め、直に神酒陶利に神酒入出し少し供る。
一、煤拂候者共へ中休之節酒壹升香物にて爲吞候事。
一、圍爐裏へつつい竈鏈の繩取替掛る事
一、夕飯焚候飯初穗取粘におし口山より參り候大札幷守り門口々に張置候戸守り共不殘張替る。

一、古大札幷古守り札神繩煤拂竹共一緒に集淸淨之地に置正月十五日朝さいの神へ出し焚上る。
一、飾り杭以前平透の頃山林を見廻り見立置、今十三日煤拂仕廻り候上、來る年男出し山林に有複立木杭木に可致木へなたにて切かけ致し置せ田作にても鰹節にても鮮少し包出し結付置追て杭木に爲伐る。
一、五ケ所神棚へ神酒供る。
一、煤拂濟直に切火にて茄子木豆がら焚せんじ茶いたし上下祝吞。
一、正月用味噌焚せ仕入置可申せち味噌と云
右煤拂濟候はゞ其日より直に吉日を撰切火にて取扱人も隨分汚穢無之者に仕懸焚せ可申、着物も致吟味候て入可申、廿日前之內に限る、無左候得は味噌熟し不申候。
但、大豆七升、或は五升位
　糀は米糀凡價三百文位も可調加、
　台所隅炭置場土中へ埋め置上へ籾ぬか大麥之髭など置火を指加へ置

候得は終日火有之火氣にて暖り味噌早くねれ候、大晦日に取出し元日より七種迄雜煮之汁夕之汁に用

十四日

一、雨天之頃土地濕り有之候はば表垣根通りへ落葉葛鋪せ可申、市町商人へ莚貸候に損多出來、尤隔年也。

一、莚員數改置可申　凡三拾五枚敷不足に候はゞ山荷新敷むし路取候共　外にて借間合候共覺悟致置事。

筆者注、市町とは有名なる世田谷のボロ市の事である、今は歳の市と何等の變りもないが徳川以前に於ては關東唯一の樂市として賑盛を極めてゐた、この日附近の住民は己の持地に莚を敷商人に貸地代莚代を取つたのである。

十五日　朝祝

一、納めの十五日五社之神棚へ神酒上る

朝(飯)　胡麻鹽 小皿　赤飯　小豆入

一、菜何にても

夕飯　鱠笹かき大根　汁いてう大根
肴見合　くじら

香物
煮物　大根 里芋 牛蒡　飯

右之通上下祝他所より參候親類其外知音之族へも件之品出す。

一、居屋鋪前垣根通り市商人置　莚壹枚宛かし地代共壹人百文つゝ取之。

一、戸板壹枚附し候得ば戸板莚地代共百貳拾四文つゝ取、宿中同斷食事無構。

一、表門口貳間も通行明置　潛り戸も立門左右共横敷に莚敷貸。

一、晴雨に不拘門內へは商人一人も不入

但、宿中庭荷有之庭商多有之候得共自分方庭荷山荷一向不入門內商ひ一切停止之。

雨天之節　門內雨落內に置候儀壹兩人も願出候へば置候事　有之候へ共以來門內へ不入。

一、地代錢壹頃に至候はゞ　無用捨可取之

但、不屈之商人有之節は壹過頃迄多分商ひ荷少に成候へば地代之益省之少々の荷捨ひ逃去候類　間々有之、依て壹に成候はゞ　直に兩三人つゝも家來出し可爲受取事。

一、馬喰宿 横宿　畑廻り並居候商人の地代錢敷物不貸候に付　四十八文つゝ請取、商ひ無之錢取れ不申由改申候はゞ商ひ品何成共可取例。

但、是等之場所場はづれに付　飴賣人參賣類之もの多居候に付　一入地代急き可爲取。

市買物

一、神の膳　十膳

一、神酒の口　貳對

一、飾り紙半紙也　三帖

一、山おしき　貳枚　元五枚、寛政八卯より減す

一、赤いわし　十〇　元十五　右同斷

一、田作　壹升　有合候へば不調

一、飾り莚　貳枚

一、若水の手桶　壹　寛政八卯より舊年分貯仕廻置用に成不斷出す手桶不足之節はいづれも(新に)調

一、庖丁　壹挺　右同斷

58

舊世田ヶ谷領嘉例年中行事

一、箕　　　貳つ　農作減し候に付一枚づゝ調候へ共舊年分新敷間に合候へば、不調用之
一、菅生ざる　貳つ　右同斷
一、芋振ざる　壹　右同斷
一、ひしやく　三本　桐大ひしやく一本　〃中　一本　右同斷
一、汁酌子　三本　竹茶ひしやく一本　貝酌子　二本　木お玉杯子　一本　有合候へば不調
一、鐵火箸　一膳　有合新敷候へば用之
一、火打石鎌共　壹組　同斷
一、かます　壹駄貳つ　間に合居候へば不調
一、とうしん　小壹把
一、附木　大壹把
一、ねぎ　中貳束　元旦より三日迄引渡に用
一、茶せん　貳本　是は淺草觀音市之外に商人無之哉

右書面之品々定式吉例調物也、雖然可隨時宜哉。
但、寛政九辰年より間合候品は用之減じ方致調物也。
一、半紙　十帖　隨分下直之品にて、右は年始歲暮贈り物包鏡餅下敷神佛へ供る餅敷紙都て年玉物包紙正月中出家山伏神子巫杯捻り包紙等に可成市町に有之品。
正月規式に入用品當月中可調置如記、
一、神前いなだ　壹掛
一、伊勢海老　壹つ
一、橙　壹つ
一、榧の實　少　元三合
一、膀栗　少　元壹合
一、飾り物（根松　うら白　薮かうじ　ゆずり葉　本田わら　とう路）　代凡十六文位
右之品喰摘へ斗用故に壹飾分少にて間合神佛井門飾りに一切不用。

一、鹽くじら　貳百匁　有合候へば用之不調
一、數の子　五合　右同斷
一、刻昆布
一、染付茶碗　貳つ　舊年分貯置用之
但壹つ十八文位　寛政九辰年より
一、簿緣　貳枚　皆上憲政八より
右之通 年始入用之品極月中心附不足之品々調可申有合之分用候も節檢之節却て子孫永久相續之基哉 何れも時宜に隨ふべし。
一、半紙　一〆
一、上田　一〆
一、ちり紙　三束
一、丈永　拾六枚
一、半切　千枚
一、水引　五拾把
内　貳十把　紅白　寛政九辰年より相止め
　　三十把　青赤　青赤　拾把つゝ調年德神用其外神用
一、粘入紙　貳帖
右諸紙類有合間に合候へば不調寛政八辰年より省略之。
一、衣類紺木綿　家來男女仕着物反物類

手拭地出入平生せる者共へ歳暮或は年男出し候品馬道具に用候類下帯地迄調候事。
　近年糀町五丁目岩城升屋にて調之、
一、足袋、下駄、雪駄、草履、傘類上下之分入用見繕調候事尤隨其時て音信之品も有之は同然。
一、かつの木伐寄置今夜頃より毎夜正月用白はし爲削可申、初年徳神十二膳長並長十三膳（閏月有之年は）割放し不削取之置、神神へ上候箸一把拵是はせち箸之内にて初除置二三十膳丸。
せち箸五百膳余爲削可申事。
一、せち挽　吉日を撰て都合次第可爲挽事。
一、せち舂は幾日にても都合次第糯粳共爲舂之事。
　初朝壹臼粳　せちづき臼洗米と唱、
　其日之夜飯米等にも用之。
　其後は糯を先へ搗　後粳米
右米取扱舂挽いたし候者清淨にて汚穢有之は可省之

夕飯祝　酒なし
　鱠笹かき大根さかな　汁いてう大根くじら
　香物
　煮物大根牛蒡里いも　めし
一、廿日頃より里芋出しむしり可申。
廿四日
一、朝　里芋洗
一、晝より糯米あらい、元廿六日に限る
廿五日
一、餅つき　元廿七日之所寛政九辰年より廿五日に改る。
一、神佛へ供候鏡餅數凡　六拾居程
　具足鏡餅
　家内銘々鏡餅
　親類中へ送候鏡餅
　せち米搗候者共へ壹供つゝ出す
一、餅舂の日汁粉餅不致白餅盆へ乘貰名粉懸け上下壹盆つゝ祝。
一、のし餅、米、黍、もろこし、小米餅
　舂
同日
一、飾杭木煤拂日切かけいたし鮮上置候樣伐らせ可申。

表門　杭木　長五尺　巾四五寸
　壹門分貳本
玄關　杭木　長三尺五寸　巾三寸程
　壹門分貳本
此外は　小割槇　長並槇尺　貳拾五門程五拾本
一、同日門松迎ひに田作包持せ伐に出す
但、表門門松玄關分門松此二飾り四本之松は十三四日頃より心掛伐らせ置可申餅舂之日に廿五日に限り松迎候嘉例之試は可行。
門松表門男松左一本　女松右一本　本五階
　玄關同斷同斷　本五かい
此外二拾五門之分三階之小松用、寶は眞共に緣三階にても宜し、裏之方は日々共みとり三階之松枝を用。
廿六日
廿七日
一、親類遠方迄兩日共歳暮之祝義依嘉例に贈之。
一、表門玄關共飾り杭木穴掘せ置可申、

廿八日朝に至松立候節俄に掘候往來之
者多節手間取飾り候は不宜猶寒氣之頃
故氷强く朝は土を動し候に手こゞへ動か
ね候廿六七日之内掘ねじり藁入置候て
杭木立候節取之。

廿八日

一、松飾り門松立可申 但松一種に限り飾
若松立根之方へ根留榎割 木大才三束
つゝ立掛る。
飾り仕方 初杭木打込陡と致松を立縄
にて結上之方を五通廻り結、中三筋
廻し結、土際貳筋廻し結、榎を植立
掛其上を縄にて七通廻し結、玄關も
准之、其余は杭木へ上下貳所つゝ結
小割植立かけ置。

一、太神宮　年德神　惠比壽大黑　荒神
そうぜん　持佛
右何れも枝松貳本つゝ上る。

一、同日松飾り仕廻候はゝ清淨成所の新
日竹四五本伐せ晝前にても年男に水垢
離とらせ髮も洗清手拭下帶等爲取替神
棚飾りに掛らせ可申候。
淸淨成勝り藁出し神縄なはせ并年德神
之棚可釣縄なはせ尤神縄は稲荷四社荒
神斗也、年德神棚そうぜんの棚釣縄共
外神々へ供候棚あみ縄爲縄夫より右竹
金指一尺一二寸位に伐せ二廻りあら縄
にてあみ尤數十貳本つゝ閏月有之年は
十三本つゝ大躰四方に成候樣仕立。
年德神之棚は一尺五寸位四方に凡成候
樣可致、太神宮そうぜん惠比壽大黑相
合荒神右之竹にて棚新き拵、正月中上
る鏡餅も此上へ紙を敷供へ置、神縄荒
神斗髭五つも出し外は髭不出縄に成。

一、稲荷四社之神縄髭五所にても七所に
ても出し縄事。
門松立候節神縄も一緒に上候事。

一、祈願所仙藏院圓光院之内召呼七五三
之幣并除夜之清め秡幣切貰候事。
但、十五日市に調置候飾り紙三帖を以
仕立事。
幣數凡
年德神　幣斗　神縄なし
荒神　幣　神縄有
そうせん幣斗　しめなし
稲荷四社幣四　しめ共
晦日夜清め秡幣　壹
〆幣　神體七
神縄　五ケ所分
淸め秡　壹
已上
右幣は社々く神體に勸請し神縄は神
前へ張置。

廿九日

一、朝より内外掃除いたし可申、晦日有
之年にても雨天之節差支由に付今日に
限内外そうじ可致。

一、男女髮洗清め可申。

一、米藏之内藏入米穀調片付掃除爲致
事。
但、米穀俵數改正帳面に印し置可申事

大晦日

一、大年積年之日に付五所之神棚へ神酒
上る。

一、屋鋪稲荷へ參詣。

一、せち酒　壹升上酒元二升　酢壹升　鹽壹升
取置貯可申、年德神惣神へ上候分酒三
四合も分け置正月中年男上る。

一、正月七種迄可出大根今日洗置。
但、根葉共不伐付置洗置。

一、神々へ鏡餅上る。
一、年德神棚初諸神々棚へ神燈不獻例。
一、具足櫃鏡餅家內之鏡餅 土藏鍬鍬臼杵迄農具之鏡餅飾る。
一、淨光寺（筆者注大場字菩提寺）仙藏院歲末祝出す事。
一、松竹飾り致候節より七種に取候迄松竹木葉ともに火に不焚、何方にても家內にて燃禁。
一、除夜清め之居風呂立。

夕飯祝
鱠 笹かき大根 さかな見合
汁 いてう大根 くじら入
香物 おつけ 澤庵
煮物 大こん 里いも 牛蒡
飯 新椀に盛 かつの木ばし
燒物 鹽引にても

一、大晦日夕より正月七種夕迄一日に三度づゝ食事度毎に膳椀 木ばし掛流し用る事。
一、引渡し仕立置事。

一、引渡圖

一、食摘
三寶に白紙敷四方へ白紙半づゝ下飾

一、白米五合程 橙 ゆづり葉
裏白 根松 藪かうじ
昆布 榧 勝栗
田作 ところ 本田原
白豆 密柑 くしか喜

右之三寶喰摘飾り
但、元日より十四日迄祝 十五日朝米は粥に入る。
一、年始用品膳椀皿鉢盃都て諸道具之內入用之分悉之內出し置事。
一、元日より十一日迄 藏明け不致候に付大晦日皆出し置。
一、[illegible]內大釜へ水汲入置せ
但、晦日曉より元朝七ッ時 わかし湯二りに用る。
一、凄井下女等月水之障有之者 大晦日より別火にて食事爲致る、 神祭用を不爲致。
一、大晦日夜福藏 鼠之事を云 餅飼。
但、せち米俵之口を明け 米壹合程めしに焚さんたわらの上へうつし 穀物部屋鼠澤山出候場所へ供へ置。
一、同夜九ッ時頃にも至候はゝ 祈願所法印より拵參り候清め之小幣にて第一に年少之者より拂ひ初め年數順に年增候者へ拂、家內不殘厄拂致。
但、拂樣頭より初足迄一同に拂之、厄年男勤之、幸て往來四つ辻へ 在幣捨る。

以上で十二月分は終ります。次は一月。

紙上問答

○たとへ一言一句でもお思ひよりの事は、直に答をしたためて頂きたい。
○一度出した問題は、永久に答へを歡んでお受けする。
○どの問題の組みにも、もあひの番號をつけておくことにする。

答(五) 宮崎縣兒湯郡妻町附近では、モウソウダケを作ると家が衰微すると云つて作らない。イテウ、ヤナギは家の内には決して作らない。ビワもいけない。然しビワと一諸にナシを植ゑるならば差支へない。この地方にこんな俚言がある『ビワ貧乏』それでビワの木と一諸にナシを植ゑると『ビワ貧乏ナシ』となつて差支ないことになると。序だから述べるが、この附近の農民はエンドウを作らぬ。お大師樣が遍路の際この地方の人々が虐待したのでこの時からエンドウには熟する頃一粒殘らず蟲が喰入るやうになつたといふ。今では蠶豆に代つてしまつてゐる。(松本友記)

答(一一) 男は本堂で、女は勝手元で、ガタガタ音を立てる。——小縣郡和田村

答(一二) スヂカヒ又はシンバリ。——更級郡稻荷山町

答(一七) (1)炒つた豆を年の數だけ紙に包み、身體をこする。——埴科郡松代町
(2)先づ風邪をひいた時には、桑棒を三寸位の長さに切つてこれを大根に四本さして大根の馬を作る。なぜ大根で作るかといふと、之は大根が辛いから風の神が厭がるのださうである。さてこの大根の馬の首に、一厘錢を糸に通したのを結びつける。そして先づ風邪をひいてゐる者の頭から足の先までこの大根の馬で撫でまはす。そして後に家中の者を皆撫でまはす。これがすむと、夜この大根馬を四辻或は三辻に持つてゆく。そして『風の神さん、〳〵。どちらへでも行つておくれなさい』と云つて、それを辻に置いて飛んで歸る。この歸る時に後を振返つて見るといけないといふ。いひおくれたが、一厘錢は風の神さんが馬に乗つて旅をする旅費ださうである。さて翌朝になると子供達が大根の馬を見附け出す。そして一厘錢が首に懸つてゐるので喜んで家へ持つて歸る。するとその子供が風の神にとつつかれたのださうだ。——更級郡篠ノ井町 (山口袈裟雄君報)
他に風邪の神の侵入を防ぐ方法 (1) 硫黄を燻す。(2) 胡椒を門口に振りかける。(3) 葉の尖つた樹枝を門口に吊し下げる。(4) すべりしよ(松葉牡丹に似て少し大柄の草)を門口に吊し下げる。

答(二一) ソウレイ・フコウ(不幸)は一般に。ダミ。——埴科郡森村
タ、キダシ。——埴科郡清野村
ヂャンボン。——小縣郡和田村

答(二四) 鳥居の副柱。ネッギ。——埴科郡森村
ソデ(?)。——小縣郡和田村
どうづきの重り。タコ。——當地方一般に。
どうづきの三叉。タコノアシ。——更級郡稻荷山町
因に、どうづき全體を小縣郡和田村ではサカダコ。

答(二八) 各種の蜻蛉の方言。但し小生未だ一一の形態・性狀を究明せざれば、說明徹底せざるを謝し申す。
胡椒トンボ——色赤し。ガハグロトンボ——色黑し。キシヤトンボ——體小さし。カートリトンボ——夕方出づ。石トンボ——所謂鹽辛のこと。オジヨーロー——水側にあり。車トンボ——羽の先に斑點あり。アキトンボ——黃色し。メクラトンボ——水側にあり。

(以上一一より二八まで安間 清)

學界消息

○慶應大學三田史學會例會　は十二月三日同大學に於て開かれ、松本彦次郎氏の『中世紀に於ける倫理思想と政治思想の相關』と題する講演があつた。

○大正大學史學會講演會　は十二月四日同大學に於て開催され、瀧川政次郎氏の『武家法に於ける寺院法の影響』といふ講演があつた。

○藤田博士記念展覽會　は故藤田豐八博士の遺志に基いて、遺族より博士の生前苦心蒐集にかゝる漢籍千七百餘部二万一千餘册が東洋文庫に寄贈されて『藤田文庫』として永久に保存され研究者の閲讀の便に供せられることになつたのを機とし、且つは、故博士の學界に於ける功績を記念せんが爲、十二月六日東洋文庫に於て催された。當日は藤田文庫中の稀覯書若干及故人の著作遺稿等が展觀され、東洋文庫が近蒐せし罕觀の書數四が併陳された。

○東京人類學會例會　は十二月十三日東大人類學敎室に於て開會。宮内悅藏氏の臺灣見聞談があつた。

○國學院大學鄉土研究會の冬の大會　は十二月十三日同大學第一講堂に於て開かれた。この日は中山太郎氏の講演『民俗學の玉手箱』――我ケ國古代思想と准南子――に始つた。氏は先づ日本の古代史の文献に准南子の影響があること は既に先人も說く所であるとし、書紀の開闢神話と准南子の天文訓のそれとの比較から、國土生成神話の陽神左旋陰神右旋と准南子の北斗之神有雌雄云々雄左行雌右行と、伊弉諾尊の築紫の日向の檍原に於ける祓除と准南子天文訓の日出暘谷浴于咸地とを較べ、其他、時則訓、人間訓、齊俗訓を引いて其土俗が日本のそれと相似ゐることを指摘し、これらの事實は日本の先住民族中に漢人種が居たといふ一つの根據になりはしまいかと結論した。次いで金田一京助氏は『アイヌに於ける日本昔話』と題してアイヌ語の採集の間に集め得たアイヌの話の中に、カムイ・ウヘペケレ・アイヌ・ウヘペケレといふ、一つは神を一つは英雄或は人間を主人公とし共に第一人稱をもつて語られて居る、二群の話の外に、シヤモ・ウヘペケレといつて、和臭が濃厚で、第三人稱にて說述され、明瞭に前二者と區別されてゐる一群の昔話があることを說き、其の二三を譯出し、二民族の接觸による昔話の口承傳達、その傳存の狀態を例示し、最後に小栗判官の物語と覺しき『かげ殿の話』を全譯して、淨瑠璃系統の物語がアイヌの間にも移入されて、それが日本の中世の物語の研究に役立つことを證示し、折口信夫氏は『國文學に於ける民俗學的方法』といふ演題にて、日本の古い文献に出て居る文學のめばえ又は文學のはじめは後世の者が記錄した時に合理化したから、民俗學的方法を用ひなくては分らない。其れを例證する爲『水の女』の續きとして古代皇妃には王氏出自と他氏出自とあつた。この他氏の皇妃は其聖職が天子卽位甦生を意味する禊ぎの奉仕にあつたみぬまからなられたので、きさきといふ言葉の意味も亦こゝにありはしまいか。古事記の上卷の、大國主命が八十神の試めしにあつて、赤猪石のために燒死された時、御祖ノ命が之を悲んで、天にきさがひ姫とうむぎ姫とを請うて、命を作り造させたまふ條にあるきさがい姫きさげこがしてのきさげと、又平安朝になつて、先はれて居る其一本が、御湯殿の下からあらはれたといはれて居るきさきき笛のきさきとを一緖に考へればこの語の持つ內容はつきりして來る。すなはちきさきといふ女性が水の神女として天子のみづのをひもをとき、御膚にふれることから天子の妃になることを述べ、古事記の『赤玉は緖さへ光れど白玉の君がよそひし貴くありけり』といふ歌もかういふ禊ぎの時の歌とすれば解釋がつくことを示し、これは一例にすぎぬが、古代の精神生活を考へる民俗學が國文學の學問の究明に必要にして可能なること、及併せて文學的動機から作られたのではなかつた文學以前のもの、お伽草子・藝能・複雜化して文學的らしくなつた歌舞伎等も民俗學的方法によれば取扱へることを力說した。

○日本醫史學會　は十二月十七日麴町區東洋ビルデングに於て開催され、藤浪剛一氏の『近世沐浴史話』といふ講演があつた。

○東京帝國大學史學會例會　は十二月廿日同大山上御殿に於て開かれ、今井時郎氏の『社會誌的研究に就いて』と題する講演がある筈。

○細棹による人形芝居　が早大演劇博物館と民俗藝術の會との主催により、十二月廿日同博物館に於て行はれる。これは明治の初年に衰滅してしまつた江戶の人形座の人形遣ひの唯一の現存者である古田冠十郎氏及其一座の贊助によつて、復興的に試演される細棹（常盤津、淸元、新內、長唄等）による人形芝居の催しである。この細棹による人形芝居は今はまつたく見られなくなつたが、寬政より明治の初年にかけて屢上演されたものであると。當日の番組は

一、御祝儀三番叟

△解說　三田村鳶魚氏

二、恨葛露濡衣　小夜衣千太郎の道行之段　（常盤津中）

三、太閤記十段目　（竹本連中）

四、義經千本櫻　道行初音旅　（常盤津中）

○松本芳夫氏　は歐米、主として獨逸に留學して居たが、十二月十三日歸朝した。

○岡山文化資料の最近號によれば、桂又三郎氏編岡山縣民謠集（菊版八十頁・六十錢）が近刊される外、故嶋村知章氏のために嶋村知章遺稿全集全十冊（菊版六十頁・一冊六十錢）が、この一月より毎月一冊づつの豫定にて刊行されるといふことである。（申込所岡山市門田屋敷九一文献研究會）

○旅と傳說三ノ十一

三河・西薗國の田樂面・岩代若松市の雪踏み
スパル星の話　新村出
イチハツを屋根に栽る事　南方熊楠
德阿彌親氏の板碑　三田村鳶魚
繪姿女房につき　藤原相之助
九十九里濱と民謠　白鳥省吾
壹岐に於ける田の神の信仰に就て　山口麻太郎
鄉土傳說岩手雜纂（三）　田中喜多美
奈良田の人々　茂木愼雄
仁右衛門噺（下）　小村力藏
伊豫の傳說　横田傳松
瓜生島陷落傳說補遺　市場直次郎
日光の土俗二つ三つ　高橋勝利
千葉縣下の鳥類に關する口碑　齋藤源三郎
津輕野內蓿事錄　貝森格正
下里村の年中行事　栗山一夫
陸前志津川附近の方言　平田芳光
本渡町附近（三）　濱田隆一
早川君の「花祭」を讀んで（承前）　有賀喜左衛門
鄙の一曲の覆刻　胡桃澤勘內
秩父貧農の世直し（二）　田村榮太郎
愛知縣寶飯郡の呪　あさみ生

○旅と傳說三ノ十二

八丈島の高倉　文眞額とコマ狗　長崎の劔猛宗
雪の東奥　岡下一郎
各地の風俗習慣（二）　村上表午郎
師走の大坂　下村作治郎
下總地方の狐の話・狸のお化け　齋藤源三郎
武藏小詞小社記　高橋文太郎
繪馬見物第一日　ゐま會同人
備後の小切子踊　高橋義太郎
秩父貧農の世直し　田村榮太郎
三河奧設樂方言　佐々木弘之

學界消息

八丈島風景・八丈島の麥搗き
金甕掘りの傳說 南勢地方にのこる 福山順一
奈良田の人々 菊地山哉
沖繩縣に於ける第二回國勢調査に現はれたる特種職業別 岩崎卓爾
能登舳倉島見聞記 小堀喜三郎
早川君の「花祭」を讀んで(承前) 有賀喜左衛門
縛られた地藏と附紐閑覺 長尾豊
石の行方 中市謙三
スバル星とイチハツ 中山太郎
夜衾のこと 早川孝太郎

○方言と土俗一ノ七
秋田方言の「べ」 細谷則理
風位、天候、潮流の方言 雜賀貞次郎
長崎方言資料書目 本山豊治
秋田縣鹿角郡宮川地方俗信集 内田武志
愛媛縣周桑郡の俗信 杉山正世
盛岡の童謠 橘正一
雲雀と鵯と蒟切の話 嵯峨勇三郎
鳥のオトギバナシの起原 橘正一
子供言葉 鳥の擬聲

○岡山文化資料三ノ三 嶋村知章氏追悼號
惜しい嶋村氏の死 東條操
嶋村氏の印象 郡山辰巳
嶋村さんと私 桂又三郎
嶋村さんの學問 桂又三郎
或る日の嶋村さん 時實默水
嶋村知章氏の年譜 東山生・桂又三郎
續岡山縣植物方言 佐藤清明
邑久郡土俗資料 時實默水
隱語 桂又三郎
備前民謠 大森毅
御津郡馬屋下村の地名 桂又三郎
吉備郡高松町の地名 桂又三郎
吉備郡生石村の地名 桂又三郎
岡山縣俗習說輯報(四) 佐藤清明

資料・報告
送り狼 雷獸 丑刻參り 呪禁(癒・痲卑しやくり) 黑崎の名所歌 大郎バカ でものゝ
神さま 骨皮道通 鯛の墓 ゴーライ樣
門守 燒米 密告の祟 石屋と猫

○旅と鄉土一ノ四號特別號
土俗民謠より見た原色博多 橋詰武生

○地球十四ノ六
伊賀盆地に於ける墓地の地理的考察 辻井浩太郎

○愛媛縣周桑郡鄉土彙報一ノ六
郡內地名異考(2) 杜迺舍
名木行脚(3)
鄉土粹史錄(二)明治維新と縣郡名 玉井正考
强力譚 たるもんじ・はんの話 杉山正世
宮城縣遠田郡涌谷地方の會話體 菊澤季生
佐渡小比叡村の釘念佛 青柳秀夫
風の稱呼(5)香川・高知・宮崎・廣島・岡山兵庫縣之部
學校內へ植ゑられない木・虫名方言・小使に聞いた話・ジャラク・ジャリキ・大島の風位方言
趣味上より見たる我國の陶磁器 檜垣喜美楠

○武相叢書 相模大山緣起及文書 石野瑛編 武相考古學會

○岡山縣方言集 嶋村知章氏桂又三郎氏共編 岡山文獻研究會

○播州小河の方言その二 高田十郎氏 奈良市紀寺町東口著者

○日向の言葉 若山甲藏氏著 宮崎縣政論社

◇前號目次

◇第十六回民俗學談話會

一月十七日(土曜)午後六時半より青山神宮外苑、日本青年館に於て左の講演があります。多數の御出席を待ちます。

支那古曆の特色に就いて　飯島忠夫氏

△原稿、寄贈及交換雜誌類の御送附、入會退會の御申込會費の御拂込、等は總て左記學會宛に御願ひしたし。
△會費の御拂込には振替口座を御利用ありたし。
△會員御轉居の節は新舊御住所を御通知相成たし。
△御照會は通信料御添付ありたし。
△領收證の御請求に對しても同樣の事。

昭和六年一月一日印刷
昭和六年一月十日發行

定價金八拾錢

編輯兼發行者　小泉鐵　東京市神田區表猿樂町二番地
印刷者　中村修二　東京市神田區表猿樂町二番地
印刷所　株式會社　開明堂支店

發行所　民俗學會　東京市神田區北甲賀町四番地　振替東京七二九九〇番　電話神田二七七五番

取扱所　岡書院　東京市神田區北甲賀町四番地　振替東京六七六一九番

MINZOKUGAKU

THE JAPANESE JOURNAL OF FOLKLORE

Published by the

MINZOKU-GAKKAI

Volume III　　January 1931　　Number 1

Page

MINZOKU-GAKKAI

4, Kita-Kôga-chô, Kanda, Tokyo, Japan.

民俗學

第參卷　第貳號

昭和六年二月

民俗學會發行

民俗學會會則

第一條　本會を民俗學會と名づく

第二條　本會は民俗學に關する知識の普及並に研究者の交詢を目的とす

第三條　本會の目的を達成する爲めに左の事業を行ふ

イ　毎月一回雜誌「民俗學」を發行す

ロ　毎月一回例會として民俗學談話會を開催す

　但春秋二回を大會とす

ハ　隨時講演會を開催することあるべし

第四條　本會の會員は本會の趣旨目的を贊成し會費（半年分參圓　壹年分六圓）を前納するものとす

第五條　本會會員は例會並に大會に出席することを得るものとす　講演會に就いても亦同じ

第六條　本會の會務を遂行する爲めに會員中より委員若干名を互選す

第七條　委員中より幹事一名、常務委員三名を互選し、幹事は事務を執行し、常務委員は編輯庶務會計の事務を分擔す

第八條　本會の事務所を東京市神田區北甲賀町四番地に置く

附則

第一條　大會の決議によりて本會則を變更することを得

私達が集つて此度上記のやうな趣意で民俗學會を起すことになりました。

考へて見ますと學問が大學とか研究室とかに閉ぢこめられてゐた時代は何時まで何時までつゞくものではないといふことが云はれますが、然し大學とか研究室とかいふものを必要としなければならない學問のあることも確かに事實です。然し民俗學といふやうな民間傳承を研究の對象とする學問こそは眞に大學も研究室も之を獨占することの出來ない學問であります。然しされぱといつてそれは又一人一人の篤志家や學究が個々別々にやつてゐたのでは決してものになる學問ではありません。出來るだけ多くの、出來るだけ廣い範圍の協力に待つしかないものと思ひます。日本に於て決して民間傳承の資料の蒐集なり研究なりが閑却されてゐたとはいへません。然しそれがまだ眞にまとまるところにまとまつてゐるとはいはれないのが事實であります。かう云ふ事情の下にある民俗學の現狀をもつと開拓發展せしめたいがために、民俗學會といふものを發起することになつた次第です。そして同樣の趣旨のもとに民間傳承の研究解説及び資料の蒐集を目的として、會員を募集し、會員諸君の御助力を待つてこれらを發表する機關として「民俗學」と題する雜誌を發行することになりました。どうかこの一般國民生活の中に深く生きてゐる事實の意義及び傳承を生かす爲めに、そして民間の學問としての學的性質を達成せしむる爲に、本會の趣旨を御諒解の上御入會御援助を賜りたく御願ひ申します。

委員

石田幹之助　宇野圓空　折口信夫

金田一京助　小泉鐵　松村武雄

松本信廣（在京委員）

秋葉隆　移川子之藏　西田直二郎

（地方委員）

民俗學

昭和六年二月發行

第三卷 第二號

目次

宗教學に於ける怪異觀念

宇野圓空

私の御話し申しあげたいと思ふ題目は「宗教學に於ける怪異觀念」といふので、民俗學に關する講演に、宗教學に關する題目をつけたのは、宗教民族學と言ふ視角から怪異觀念に就いて、その意味を申したいのである。

まづ怪しげなものゝ話として第一に、私は天狗と言つた樣なものを考へて見たい。御覽になつた方、或は御覽にならなくても、天狗を信じておゐでの方もあらう。私も天狗に逢つた事は無いが、天狗にさらはれたと言ふ話を聞いた事はある。然し、さういふ事は、そのまゝに受入れる事も出來ない。鞍馬山に行つて見ると、此山が天狗の住む所であるとか、杉の木立ちを見ると一部分だけがはげてゐて、天狗の住ひの樣な感じがしないでもない。天狗と一蓋に言ふてゐるが、中には、からすてんぐと言つて、くちばしのとがつた翅を持つた天狗もあるらしい。或は、僧正坊と言ふ羽團扇を手にして、顏の赤い、鼻の高い天狗も描かれてゐる。さうして、さういふのは、主として、鞍馬山の僧正坊といはれてゐると言ふ。中世、我が國に柿ノ本僧正と言ふ人が大へん名高い所から、慢心を起し死んで天狗になつたと言ふことから、そんな天狗を想像したものではないか。木葉天狗を見ると兜巾をのせ、鈴懸を着て、足には野袴をはいてゐる樣にも描いてある。私は、歷史的な考へから見て、山々峰々を歩いた修驗者が、天狗と考へられたのだと思ふ。もう少し、古い時代を考へて見ると、平安朝の文獻などには天狐と書いてゐる。私は、寧ろ、當時のあまつきつねとよませてゐるのが、本來の姿ではないかと思ふ。印度で言ふがるだすなはち金翅鳥は、通力を持つた鳥で、時には人間の姿をもする所から、日本の天狗になつたと考へる人もあるが、日本人の考へとしては、寧ろ、天をかける怪しい獸、其から出て來た怪異觀念でないかと思ふ。

似た例を考へると、山奥深い瀧壺などにゆくと、龍神がゐるといふ話を耳にする。龍宮の乙姫は美人に描かれてゐるが、かう言ふ人が我々の龍神信仰に動いてゐる。この信仰には、印度の影響もあらう。尤も、印度には、なあが―龍蛇の信仰が強く、なあが族と言はれたものもある。近世の印度教では、有力の信仰になつてゐる。日本の信仰を印度に求めるのは、無理であらう。西洋にも、龍の信仰はある。バビロン邊から出たといふ龍は、翅をもつた體軀の短い姿に描かれてゐるが、支那・日本の樣に、龍と言はれてゐるのは、手足はあるが、翅が無い。水中或は雲の中に住む雨龍或は蛟龍と言はれてゐる。これをリアリズムから說明する人は、なあがなどは、原始時代に、人間を怖れさせた、蜥蜴の類であつて、其脅威を强調したのだと言ふ。かうした種々の變化を見せてゐる龍は、瀧壺をさぐつても出て來ない。龍卷きの現象は見ても、誰もこれを捕へてをらぬ。言はゞとらへられぬ我々の感覺を超越した一つの觀念であると見做さなければならないのである。

かうしたものを私は、靈鬼の觀念と呼んでゐる。いはゆるデモーネンの觀念に相當するものと思ふ。神の觀念が、先づ人に浮ぶのは、それが靈鬼から來るのではないか。神祇の觀念は、我々の感覺を超越した觀念である。たまには、神の Vision に接することも出來るが本來、神の姿は、肉眼では、見る事は出來ない事になつてゐる。神祇の觀念は靈鬼の觀念と共通してゐると思ふ。宗敎學に於ける傳統は、アニミズムにより、神の發生をば精靈的なものから出て來たと說明する。本來、人間が、眼に見えぬものに氣のつくのは、自分たちの靈魂である。人間は、肉體を持つと同時に、靈魂といふ眼に見えぬものを持つてゐる。同樣に動植物にも靈魂を認めてゐる。人間が死ねば、肉體は腐り、靈魂は殘る、又人間が氣を失ひ、寢てゐる間に、魂が拔け出してゆく。或時には、人間の姿をして現れたりする。靈魂と肉體とは、獨立して、別に働くと考へてゐる。そして人間でも物でもその靈魂が、本體を離れて働くのが、精靈と言ふべきである。而して神祇の觀念はこの精靈の觀念が進步したものと說明されてゐる。この精靈と、神祇とは、超感覺的の存在である點に於て共通であり、其も遡れば、靈魂の觀念から出てゐることは考へられる。

しかし靈魂は肉體に對立するものである、動物に於ても例へば狐の靈魂、山の精靈といふ風に物の靈を指してゐるのは、我々の感覺にあらはれるものを原體として、その第二存在であることを證明してゐる。神と言ふ觀念は、極めて自由に、漠然と用ひられて、井戶の神、へつついの神と言ふ風に宿つてゐる靈魂の樣に言はれることもある。しかし本來神祇觀念らしいものを見つめてみると、物に屬する第二存在であるよりは、天にゐるか、水にゐるか、それ自體、獨立存在であるらしいのである。それで神祇觀念の根源は、第二存在の靈魂や精靈にこれを求めるよりも、寧ろ、天狗、龍の樣な靈鬼の觀念から出てきたものと認める方がよいと思ふ。

天狗は何の靈か、龍は何の靈かと考へると、其には、第二存在の意味を持たぬものと思ふ。それは我々に見えぬ、超感覺的のものではあるが、誰々の靈、誰のものと言ふ事が、見出されず、一つの單獨存在として現されてゐるやうである、それで、性質上、私は、神祇觀念と靈鬼觀念とが密接の關係があるやうに思ふ。かう言つた議論は、宗教學上の議論として立場を明かにしたゞけである。それで今は天狗・龍を例にとつたが、一般に考へると、靈鬼觀念にも色々ある。御伽噺にある一寸法師の話は、子供の時代から親しんで來たが、北歐の話をみると、小人が色んな方面に活躍してゐる。又北歐には巨人の觀念も强い。これに類した話を見ると、神仙と言ふ樣な考へ方が支那或は、日本には多い。神仙は、英語の Fairy の意味もふくんでゐると思ふが、ぎりしやなどでよく言ふにんふ、森の中の泉などから出て來る美人がある。これにも色々と、說明はあらうが、神仙の一例と見てよいと思ふ。これは、本來、印度に根ざしてゐる天人の考へと同じである。日本では羽衣を美しく着飾つた天人が、空をかけてゐるが、印度ではこれをあつぷさらすと言ふ。水の精かどうか分らぬが水の靈で、女であると考へられてゐる。これに對立する靈鬼としてはガンダルヴ（乾闥婆、尋香と漢譯してゐる）があつて、それはしば〳〵人間に禍をするが花の香をしたつて天女あぷさらすとえろ風景を點出すると言はれてゐる。これは、所謂、第二存在としての精靈の觀念ではなく、單獨存在の位置を占めて、想定されたものと思ふ。ことに物語に現れて來る神仙は、一方詩的な性質をもそなへて、原始的には空想から現れて來たものと思ふ。しかし一方で靈鬼の存在に關しては、空想のみとは考へられぬものがある。人間が不思議な現象に對して、これを說明する爲に現れて來た觀念もあるであらう。私はこれを作爲者の觀念と言ふてゐる。例へば、病氣と言ふ現象は不思議なもので、何がさうさしたかと言ふと、ある「者」人格的な「者」がさうさしたと言ふ。これは一番簡單な說明法である。洪水でも洪水を起す者がある。風が起れば風を起す者がある。すなはち神があると言ふ前に「者」があるのである。

ことにこの中で顯著なのは、古代印度では神々に對して一方、あすら（阿修羅）の觀念が重要である。これは後世には、印度でも惡靈となつて、喧嘩・戰鬪を事とするものになつてゐるが、古代では單なる「者」である。人間らしいが必ずしも人間の姿をしてゐるとは限らない。昔から印度のアールヤ民族には神とあすらが對立して考へられてゐる。かういふ樣な例は未開民族にも色々あるが、アフリカのバンツー諸族のぬざんびなどは、これを語原的にたどると、やつぱり「者」である。南洋の方面、ことに馬來系統の語を話す地方にはハンテゥといふ「者」がある。大ていの精靈と譯されてゐるが、やつぱりものである。西洋人が精靈と考へたのは、自分らの考へに引き宛てたので、所謂ものは精靈ではなく、單獨存在として直接に想定されたものである。特に作爲者と言つた樣なものは、誰も姿をはつきり見たものはない。その姿を想像したり畫に書いても、人間か動物か分らないで、中途半端なものが出來てゐる。天狗も樣々の姿をもち、龍神も色々あつて、人間らしいにほひがするが、動物らしく考へてゐるのが多い。中央アメリカでは天空、星などは、鹿が體軀に美しい斑紋を持つてゐるので、星を鹿と考へたりしてゐる。日蝕・月蝕は、未開人には氣味の惡い事であつて、狼が食ひついたのだとか大鳥の翅が隱すのだと考へてゐる。東洋の金翅鳥に似たふえにつくすと言ふのは、體軀は赤と金で光つてゐるといふ。大鳥の觀念は一般に神話學の方で說明出來ようが、なほこの世界は大きな龜がさゝえてゐるのだと想像する民族もある。これらは動物の形をもつた怪異觀念であるが、又一つのものが、例へば龍が龍神であつたやうに、色々に姿をかへることもあり、マライ人の間では虎人と言つたやうなものがある。人間界に出る時には、人間的の姿で彼等の村では虎の姿でゐるといふ。虎とならんで同地方に化け象がある。卽ち遠い處に象の國があり、其處では王樣から家來まで、總てが象で人間が行つてみると、人間でもあるといふ龍宮の樣な考へを持つてゐる。かうした觀念は、我々にも多いので、人間と區別がつかぬところが神仙の特長である。そして人間らしく想像された靈鬼の觀念から、動物の姿をした靈鬼の觀念をひつくるめて、これを異生―變つた生きもの―の觀念と言ふ。しかしこんな存在の觀念は、人間や動物に限らず、想像は更に廣まり、草木其他の形で我々の感覺に觸れぬものを想像する。世界をささえてゐる龜があると同樣に、あちこちの民族には世界の根本になる大木があると言ふ信仰がある。それは歐洲にも亞弗利加のある民族間にもあつて、有るはずのものではあるが、見た者は無いといふ此の世界の根になる木である。南洋方面には何處かに年中うまい果物の出來てゐる島があり、それを食へば腹がへらないのみならず、不老不死であると言ふ命の木もある。支那の靈芝の如く、一種咒驗のある植物の信念もそれが何處かにあると想定してゐる。印度で昔から金剛と言ふものは、元、ヷジラと言つた武器で、金か石か分らぬ一種不思議なものになつてゐる。御伽話には不思議な働きをする魔法の劍がある。又天にか地にか不思議な珠があつて、自分の欲望を遂げさせる力があると考へてゐる。これらは靈鬼や異生とは言ひにくいが、異形と言ふてよいと思ふ。かうした觀念は、人間のある限りあるかどうかは分らないけれども、とにかくこれまでは一般にあつた。それを考へてゆくと、不老の泉が何處かに湧いてゐる様に考へ、眼に見えない城廓がある樣に考へ、更に龍宮・月宮殿、地下の世界の觀念にまで進展して來る。これらは半分現實的で半分超現實的である。高野山はこの世、さながらの淨土であり、大峰も同樣な信仰で、山上の妙土と言ひならはした。海邊の國ではこんな世界を海上の島や海底に想像したところもある。然し、天でも地下でも、この世と違つたものがあるとすると、我々の祖先がゐる所と考へ、それが特に死者のゆくべき他界の觀念となる。これも超感覺的で不到の世界となつてゐる。其處でこれらの觀念を人間の樣な、或は動物の樣な異生、その他の異形の觀念とゝもに概括して、靈異の觀念といつておく。

この中で人間や動物の形をしたものを、學者は、多く精靈と見てゐるが、私はこれを說明の慾求と同時に我々の經驗にある不思議な存在の觀念から出て來たやうに思ふ。天狗でもその發生には、印度の影響もあるが、禍をする不思議な野狐など現實の動物の信仰がそれに伴つてゐよう。龍でも同樣で、印度のなかも龍と蛇との中間をゆく樣なもので、色んな通力を持つた不思議な動物である。我國でも蛇を見れば、辨天樣だと言ひ、蛇と龍は區別してゐるが、これをこめた考へが龍の考へである。この中間位にあつて、面白いのが人魚である。これは西洋にもあり、日本の人魚の考へは何處から來たか知らぬが、東印度諸島では、人魚は實在すると信じてゐる。實にやさしい聲で、海から引きあげると涙を出して泣くと言ふ。これは長い髮で乳房を持つたやうな美人ではないので、ドコンといふ魚のことらしく、その聲は人間の聲に似てゐる。こういふものは、感覺的な、然し不思議な存在が超感覺の世界に入つて發達したものと思ふ。それは非科學的な時代には、超自然的な不思議なもので、同時にまた超感覺的のものと考へられるのである。近頃日本に蒙古から來たと言ふ角のある人間は、感覺的存在であるけれども不思議なものである。子供の時分に、體軀中いぼだらけの、蛙にたゝられたといふ人間の見せ物なとも見た。ともかく、變なものだと言ふ感じをそゝられた。未開人に於ても、かつて出逢はぬものに對しては、ともかく變だなあと言ふ感じが出て來たと思ふ。かうして考へを廣めて行くと、世界の何處かに變なものがゐるといふ考へをうみ出してくる。南洋では世界の何處かに尾のある人種があり、家にゐる時には床の穴に尾をおろしてゐると言ふ。これを信じてゐる人には本當なので、不思議なものと實際に見た觀念をもつと發展させて、それから異形觀念が成立するのである。

他界の觀念の發生する前には、我々の行けぬ所に、火の川、氷の山など、不思議なものがあつたと考へるだらう。昔黄金時代には人間も、今の人間より通力があり、神も今の樣な人間ではないと考へてゐるし、また遠い未來には再建された國や、理想境を考へてくる。かう言ふ樣な觀念の根底に就いて、オクスフォードのマレットはこれを超自然主義と言ふてゐるが、同時にさうした心持や傾向を、テラティズム—驚異觀ともいつてるので、これを私は怪異觀念と譯し、異生・異形・他界などをまとめて、さらにそれを靈異觀念といひたいのである。

こゝに一言加へておきたいのは今まで異生觀念と、靈鬼觀念とを區別せずに、それを作爲者と言つたものから、動物的・植物的なものに遡つたが、この中には著しく人間性をもつたものもある。私はその一つを文化英雄（Culture hero と呼んでゐる。文化英雄といふのは、一種の作爲者で、人事・自然を造つたものである。なぜ人間は物を炎、火を使ふ樣になつたかといふに對して、それは或る人間的な者が、これを人間に敎へたと云ふ。だからこれも一つの靈鬼でヴントはこれを文化靈鬼と呼んでゐるが、それは又英雄と云ふだけに、昔、何處かにをつた樣に考へられてゐる。多くの場合社會の制度や人間の祖先や生活を、初めに造つた者を、人間が想像するのであるが、これも未開人に於いて見ると、人間である事もあり動物であることもある。アメリカのアルゴンキン諸族の間で色々のものを造り出したものはみちやぼで、これは大兎であつたらしい。同じ亞米利加でも西北かるふおるにあではヱルチは大きな鳥で、これが色んなものを造つてくれたのであつた。そしてこんな創始者としての英雄に或歷史性を附加したものがあり、それは昔をつた人であるが、今も、眼に見えぬが、何處かにゐると云ふ觀念が働いてゐる。この意味では一方で本當に我々の祖先、死んだ人も靈鬼に加へてよいと思ふ。すなはち我々の本當の歷史に祖先と傳はつてゐる人、我々の記憶にある人が、超感覺的に何處かにあると云ふ觀念は、作爲者として想定した英雄と性質上同樣なものである。死んだ人の存在を直ちに靈魂と云ふことは、人間が靈魂と肉體から出來て、死んでも靈魂が殘ると言ふ考へを土臺にして考へたもので、普通の場合我々は生靈・死靈などを考へてゐない。だから幽靈といふのも實際はなく靈魂ではないらしい。西洋でこれを revenant と言ふのは戻つて來たもので、必ずしも靈魂ではなく、「誰それが出て來た」といふやうに死者その人が來たのだ。それで昔から死者に對する扱ひは、しばらく留守になつてゐるものに對する心持と同じである。死者に對する儀禮を見ると、丁度留守の人に對するあつかひであつて、集團の生きた成員ではないが留守のメムバーとしてあつかふ。こんな死者・祖先の考へも靈鬼に加へて見るべきて、それは靈魂のやうな第二存在ではない。もつとも森の靈など言ふのは、靈鬼にもなりかねない。水の靈も、日本では、みづはの女として或は精靈であつたかもしれない。しかしこれを許しても、神祇觀念の根源は第二存在よりは單獨存在の觀念、特に人格的な異生である。ぎりしやあたりでも祭祀の對象として第一に神祇第二に靈鬼、第三に英雄の三つを數へてゐたやうである。ヴントは同樣に三類の祭祀を分段してゐるが、たゞヴントは、デーモンを靈魂の方にもつて行つてゐる。これを我々からみれば靈鬼も英雄も主として單獨存在であり、靈魂のやうな第二存在の觀念とは、系統を別にしてゐると考へなければならない。この點從來のアニミズムとは違ふた觀點から說明する必要があり、それが靈異や怪異の觀念が、宗教學的に特に重要な意義をもつ理由である。いふまでも無くこれは說明上の一つの假說で、これを立證するには、尙多くの實證が必要である。

（附記。本稿は昨年秋に催せる本大會に於ける講演を國學院大學鄉土研究會員諸士の御助力によつて筆記せられたるものに著者の手を入れたものである。深く感謝する次第であります）

民俗學上より觀たる酸變凝乳嗜好と乳酸菌療法（下）

清野謙次

第三章　遊牧民の酸變凝乳嗜好と乳酸菌療法

一　酸變凝乳の製造工程

第二章に示したメチュニコッフの「長壽論」に記載せられて居る如く、酸變凝乳の製造は隨分古くから行はれて居るし、また現時に於ても隨分廣い範圍に亘つて諸民族間に行はれて居る。其範圍は舊世界に於て西は亞弗利加北部からバルカン半島、小亞細亞を經て、更らに遙かにカウカサス山派を越えて、中央亞細亞、西藏、印度を包括し、東は蒙古に及ぶまでの數千里の廣茫に亘つて居る。此間には數十種、數百種の人種が居るが、此人種の全部が酸變凝乳を嗜むわけでは無い。然し彼等の中には歐羅巴系統の諸人種も居るし、また亞細亞系統の諸人種も居る。そして彼等の或るものは兎も角も家らしい家屋を建てゝ一箇所に定住して居るものも居るし、又時としては可なり高等の文化生活を營んで居るものも居る（例へがバルカン半島の諸住民、小露西亞の諸住民）然し又多數のものは天幕を携へて家畜を追ひつゝ、或る地方から他の地方へと遊牧しつゝある。

言ひ換へると酸變凝乳嗜好者の中には農業を營めるもの、及び文化人民も無いのでは無いが、農業が主要な職業で無いものが多い。多くは畜産であつて、家畜は彼等の全財産である。羊、馬、牛等の多數を所有するほど彼等は富んだと考へて居る。何となれば是等の家畜は衣服や敷物や器具を製作するに必要なる獸皮を彼等に供給するし、其肉と乳とは彼等の食物であるし、或家畜の糞は燃料に供される。誠とに彼等は家畜を離れては生活出來ない。

從がつて彼等は幼ない時代から家畜の乳を飮み馴れて居る。そして乳を獲られ無い時節に對する貯藏の必要上、乳からバタを製し、又チースを製造する方法を知つて居る。又同一の味の乳を連用すると飽きが來るので、乳を種々調味する方法を知つて居る。此場合に彼等の味覺に新らしき刺戟を與へて、彼等が之によりて健康を增進すると信じて居るのはヨーグルトの製造であり、又乳酒の製造である。殊にメチュニコッフが此製造を學んだバルカン地方及びカウカサス地方では、ヨーグルトは住民の愛好する飮料であつて、彼等は每日ヨーグルトを飮用することによつて、彼等自身の健康が保持せられると信じて居る。

今日我々がヨーグルトを製造するのは容易である。消毒した新鮮な無菌牛乳内に少量の乳酸菌を加へて後、孵卵器中に一・二日間攝氏三十七度乃至四十度に加溫すれば足りる。若し純粹に培養せられたる乳酸菌が無いならば、乳酸菌製劑例へばビオフェルミンの粉末或は錠劑の少量を牛乳に加へればよいのである。さりながら之は細菌學の知識が豐富となつた現代人の頭に於てのみ可能であり、且容易なることである。

遊牧民がヨーグルトを造る場合には勿論細菌なるもの〻存在を知らぬ。それでも永い間の經驗から彼等は隣人の所持し居れるヨーグルト、或は彼等自身が久しく保存せるヨーグルトの少量を新鮮なる乳汁に加へて、適度に加温してヨーグルトを造つて居る。丁度我邦で古くから農家で甘酒を造る場合に飯に水を加へて適度に加温し、之に酵素たる糀を加へるのを永年の習慣から知つて居たのと似て居る。無論糀中に酵母たる絲狀菌の存在するいは近年細菌學の發達するにつれて分つて來たのではあるが。

〔註〕筆の序でにヨーグルト飲用に關する注意を述べて置こうと思ふ。ヨーグルトの良い點は、其中に多數の乳酸菌を含んで居るために奏効の確實なる事である。然し其缺點としては製造に時間を要し、且運搬に不便なのである。其上にヨーグルトを製造するには細菌學的に嚴重なる注意を拂はない限り、雜菌が混入して牛乳が腐敗し、爲めに下痢を起す患ひがある。

元來腐敗と醱酵とは非常によく似た現象である。共に食物に細菌が作用して食物中の蛋白質、脂肪、含水炭素を分解するのであるが、分解に因つて出來た物質が人體に有用なる場合には之を醱酵と名け、之に反して分解産物が人體に有害なる場合に、之を腐敗といふ。上記牛乳に乳酸菌が作用して乳酸が出來るのは、勿論醱酵の一種である。

然し不注意にヨーグルトを製造する時には乳酸菌以外に腐敗菌が混入する。元來牛乳そのものが非常に消毒し難いもので、牛乳內細菌を絕滅せしめるのが容易の業でない。よし牛乳が嚴重に消毒出來たとしても、之に乳酸菌を加へる時に少しの塵埃をも混入しない樣にしなければならぬ。何となれば腐敗細菌は地上到る處に塵埃に交はつて生存するからである。

腐敗細菌が牛乳に混入すれば、牛乳中の脂肪含水炭素に作用して脂肪酸、酪酸、醋酸等を生ずる。これは酸味ではあるが味が惡いのみならず、蛋白質を分解して瓦斯及び其他の有害物質を造り、是等の物質は胃腸粘膜を刺戟して加答兒を生ずる。かくては治病の目的は達せられずして病氣に罹る原因となる。

從がつてヨーグルト療法は製造者に於て嚴重なる注意の保證があつた場合にのみやつて差し支へ無い。殊に此方法は原始的治療法であつて、一種特有な味のある飲料を供給する上に棄て難い點がある。殊に後述ソフイア大學のクリロフ教授の通信にある如く、ブルガリア製のヨーグルトは芳香のある點に於て、また美味なる點に於てセルビア國其他の製品に比して卓越せる場合には、尙更らそうである。

然し科學の進步は今日牛乳無しに手輕な乳酸菌製劑を製作するに到らしめた。此製劑內の乳酸菌は內用すると共に消化器內で繁殖するものであるから、今日に於ては原始的なヨーグルト療法無しに、乳酸菌療法は目的を達し得ることを忘れてはならぬ。

單に乳酸菌療法としてのみならず、嗜好飲料としてヨーグルトを飲むと云ふ人があるならば、勿論ヨーグルトには別の意味が生じて來る。事實上、歐羅巴、亞細亞、亞弗利加に於ける自然民族が酸變凝乳を愛用するのは、療病の意味ある外に、又榮養物としての意味ある外に、實に彼等に取つては嗜好品なのである。

それで自然民族が如何にして酸變凝乳やら、乳酒を造るやに就き、左に二三の例を擧げて見ようと思ふ。彼等の永い經驗から割り出して、彼等の無心に行ふ作業中に、我等の學ぶ可きことが如何に多いか、之によりて自然に分ることゝ思ふ。

アルメニア國のマツン（Mazun）は一種特有なる芳香を放つて、僅かに酒精を含んで居る飲料である。水牛の乳から製した品が一番上品で且固くて、綿羊或は山羊の乳から製した品が之に次ぐ。牛乳から製した品は下品とせられて居るが、それでもヨーグルトよりは強く凝固してゐる。

住民がマツンを製造するのは、先づ乳汁を煮沸して血溫位に冷却するを待つて、之に前に造つたマツンの破片を加へるのである。すなはち以前にマツンを製した容器中に少量の乳汁を加へてマツンの殘部と混和し、之を前記の新乳汁に加へるのである。かくして牛乳を容れた壺の口部は厚い布片で覆ふか、又は厚い蓋で密閉する。之は塵埃を防ぎ且牛乳が急劇に冷却しない爲である。かくして十二時間乃至二十四時間を、冬ならば臺所の竈邊に、夏ならば日蔭に放置すると、美味なマツンが出來上る。餘りに長時間放置すると酸くなり過ぎるし、且つ芳香が少くなる。

住民はマツンを其まゝ飲むし、又マツンに水を加へて夏期に畑仕事の場合の飲料とする（デユグリ氏）。即ち住民にとつてマツンは淸涼飲料であるし、此酷署地方の熱病豫防飲料だと考へられて居る。

サルヂニア島の山嶽地方の住民が飲用するギオヅ（Il Gioddu）につきてはグリクソニ氏（Grixoni）の記載がある。

14

此ギォヅは住民によつて別名改良乳（Adjektiv Mezzoradu）とも呼ばれて居る。これは綿羊、山羊、牛の全乳、又は脫脂乳から製造せられるもので、住民は毎日之を造る。卽ち一度煮沸した後に攝氏三十一度乃至三十五度に冷却したる乳汁中にギォヅ一食匕を加へて一度よく混和する。然る後にキルクの蓋ある土製壺中に上記混和乳を入れて、此壺を攝氏二十度乃至二十五度の場所に靜置する（此特別なる場所は各家庭にそれぞれ造つてある）そして冬期には壺の冷却するのを防止するために溫かい布片にて壺を覆ふ。一定時間を經過した後には餘りに酸變し過ぎるので壺を淸水で冷却して、醱酵を中止せしめる。住民は此まゝで飲用するし、又水を加へて薄めて飲用する。そして住民は之を滋養飲料だし、食慾亢進劑だし、諸種疾病に對する治療劑だと信じて居る。グリクソニ氏はギォヅ中から酵母（Saccharomyces sardous）と乳酸菌（Bacillus sardous）とを發見した。

クミスにつきてはメチュニコフ氏も「長壽論」中にて論及して居るがルビンスキー氏 Rubinsky の詳細なる記述がある。クミスはケフィール同樣に乳酸醱酵と酒精醱酵とが結合したものであるので、上記のマツン及びギォヅよりも稍ゝ複雜なる機轉を經て之が製造せられること、我邦の酒釀造に似て居る。卽ち酒醱酵に於ては麴を米に作用さす時に、麴中の乳酸菌が先づ繁殖して酸性物質を生じ、雜菌の增殖を防ぎ、酵母の繁殖を助けるのであるが、クミスに於ては米に代ふるに乳汁を以てするのである。

ルビンスキー氏の記載に從へばクミスなる飲料の製造は何百年以來、露國オルガからウラル地方へ掛けての住民一帶に傳はつて居るものであつて、釀造に使用する鞣皮製の袋はキルギス人及カルムック人によりてツルスク Turssuk（キルギス語）オルロート Orroth（カルムック語）サバ Ssaba（バシュキル語）と呼ばれて居る。尤もバシュキル人の或者及クミス療養所では製造に木製の桶を使用して之をチルヂャク Tschiljak と呼んで居る。サバは瓶形の袋で通常馬の後肢の皮をはいで鞣して使用する。此他尚かき混ぜたり打つたりする爲の、長さ一米突計りの木製の棒がある、此棒の一端は平たくふくれて居たり、又は十字形に小形の横木が打ち付けてある。

使用に際して此樽は煙で一―二週間毎日五分乃至十五分間宛燻す。卽ち生木やら青草の樣な煙の立ち易いものの中央部に、よく燃える樺の木の皮を置いて火をつける、そして樽を下向けにして置く。つまり此作業で滅菌が出來る譯けである。

此樽の中に新鮮なる乳汁と既に出來上つたるクミスとを混合して入れる。其分量の割合は三と一のこともあるし、十と一の割合の事もある、そして上記の棒で液を撹拌する。一二時間置きに十分から十五分位づゝかき交ぜる。三四回かき交ぜる內に液の表面は非常に泡立つて來て、少し酸つぱい樣な酒に似た臭ひがして來る。暑い時には十二時間、涼しい時には二十四時間位で、後述の弱いクミスが出來る。それから此クミスを別の樽に容れて更らに醱酵を續けさすと、十―二十時間で中等度の强さのクミスが出來る。醱酵を中止させるには樽を氷で冷却する。勿論新らしい樽に入れ代へずとも、前の樽に入れて置くと二―三日にして强いクミスが出來る。前者の場合では空氣を密閉して貯へて置けるわけである。勿論低溫度でも醱酵は繼續するので、完全に保存するには火氣を加へなければならない。皮袋製のクミスの製法も大體に於て上述の通りであるが、皮袋の上から木の棒で打ちたゝけばよいので、木棒を乳汁中に入れて撹拌するには及ばない。

かくの如くして醱酵の進んだ程度によりて、三種のクミスが出來る、卽ち弱いクミス及中等度の强さのクミスは乳酸醱酵が割合に强くして酒精醱酵が弱く、强いクミスは酒精に富んで乳酸醱酵の味が覆はれてしまうのである。

弱度のクミスは若いクミスとも云ふ。泡が少なく、少し酸臭と酒精臭とがあるが、味は殆んど酸はくない。乳汁と餘り變らないので、住民に愛用せられない。

中等度の强さのクミスは泡が多い、コップに盛ると三分一か半分は泡立つて居る。密閉皮袋中で造つた品を、不注意に開くとクミスの大部分は流れ出す位泡立つて居る。之は主として炭酸瓦斯の存在せる爲である。少し酸味を帶びた酒精含有の香氣は誠に美い。殊に秋季の製品は梨かメロンの樣な芳香が少し加はつて居る。可なりどろ〳〵して居つて、可なり酸ばく且酒精分に富んで居る。飮むとげつぷが出て來て胃の工合が良く、空腹を醫し、少し眠たくなる。場合によりては顏が少し醉つて赤くなる。

强いクミスはどろ〳〵して居らない、餘り酸ばくなくつて、大量飮めば醉つてしまう。それだからクミス療養所では中等度の强さのクミスを使用し、發汗利尿の効が强いとしてある。

酸酵に必要なる氣溫の關係上、クミス釀造は特殊の事情の無い限り冬期にはやらない、そして秋には翌春のクミス釀造用として强いクミスを保存して置く。

ルビンスキー氏に據ればクミス中に含有せられる微生物はクミス酵母、クミス桿菌、連鎖狀乳酸球菌、ヒュッペ氏菌 (Bact. aerogenes 卽ち Bact. acidi lactici) の四種であるが、時として此外に一種の細菌 (Bact. caucasicum Nicolajewa) が存在する。第一及第二のものが主要なるもので、第三及第四の細菌は乳酸菌ではあるが、重要なるものでは無い。第三及第四の細菌は割合に微力なる乳酸菌であるが、酸を形成することによつて第二の强力なる乳酸菌の繁殖を助ける、そして第二の强力乳酸菌が繁殖して一%以上の乳酸を形成するに至れば、第三及第四の微力乳酸菌は强酸性菌のために壓倒せられてしまふ。

第一のクミス酵母は乳汁中で能く發育し、乳汁中の糖分及蛋白質等を分解する。クミス中に含有せられる乳酸の一部、酒精、炭酸瓦斯、ペプトン及アルブモーゼ質、及クミスに特有なる芳香を生ぜしめるエステル化合物は此クミス酵母の産出物である。

第二のクミス桿菌はブルガリア乳酸桿菌、モロ氏嗜酸桿菌等に類似せる長桿狀乳酸桿菌であつて、レニス氏乳酸菌分類法第三類中に屬す可き性質の細菌である。そして乳酸形成作用が強くして、一・一%の乳酸を形成し得る。

クミス酵母の産出物はクミス桿菌の繁殖を助け、且乳酸形成作用を補助する。之れが爲めに此兩種細菌は共棲し易い。

つまり細菌學的に觀察してもクミス製造は甚だしく學理的に行はれて居る。新鮮な乳汁中に古いクミスを入れると、初づ諸種の乳酸菌が繁殖して乳汁を酸性にする、そして此酸性乳汁中にクミス酵母はよく繁殖する。そして乳汁を攪拌することは細菌、酵母の聚落を散亂させて微生物と乳汁との接觸面を廣くし、且乳汁が局部的に酸性度及酒精含有度の強くなるのを防ぐ。中等度の強さのクミスに於ては糖の大部分は既に分解せられて酸に變化して居るために、酵母の發育は特に佳良となる。

芳香性の味の好いクミスを釀造するには熟練を要す。樽を燻し過ぎると樽に附着した物質はクミス中の細菌の發育を不良にするし、樽の燻し方が足らなければ滅菌は不充分となるし、乳汁の性質が良質のクミス釀造に適するや否やを見分けなければならぬし、クミスが酸ぱ過ぎてはいけないし、芳香と好味とが無ければならぬ。そして炭酸瓦斯の含有量が少な過ぎてもいけないし、酒精の含有量にも各人の好みがある筈である。それでクミスの釀造が出來そこなつた時には住民はクミスが「病氣になつた」と云つて居る。殊に粘液醱酵、酪酸醱酵、醋酸醱酵が生ずるとクミスの釀造は失敗に歸したのである。

秋になると住民は强いクミスを翌春の釀造用として瓶中に貯藏するが、時によると貯藏に失敗して種切れになつてしまふ事がある。此場合に新らしき種を獲る方法は長年の經驗から來て居るのだが、自然に學理にかなつた方法であるのに驚かされる。卽ち住民は一般にクミス釀造の素をサクヮスカ Sakwaska と呼んで居るのであるが、新らしいサクヮスカを初めて造る時には色々の考案があるが、通常次の方法が多く行はれて居る。

卽ちバシュキール語でアイラン Airan 及カチク Katyk と呼ばれる食品が此目的に使用せられる。カチクは此地方の住民、卽ち韃靼人及バシュキール人が好んで夏期に愛用するヨーグルト類似の酸變凝乳であつて、カチクを煮つめて濃厚としたものがアイランである。アイランを永く置いておくと少し酒精の香ひがして來る。それで住民はアイランを蒸溜して酒精分を集めて、乳汁ブランデーたるアラカ Araka を造る。

所ろがクミスの種となる所ろのサクヮスカにはカチク一量とアイラン三量とを混合して、新鮮なる乳汁中に加へる。つまりカチク中には主として乳酸菌が居るのである。カチクを煮てアイランを造るから、アイラン中には乳酸菌は大體に於て死滅してしまつて居る、然しカチク中で乳酸菌が適當に牛乳を分解して居るから、酵母は此狀態で非常に繁殖し易くなつて居る。それでアイラン中には主として酵母が居る。カチクとアイランとを交へると云ふ事は、つまり乳酸菌と酵母とを交ぜる結果となる。

然しカチクとアイランとの混合物中に乳汁を交へて出來た第一回目のクミスは味が惡い。多分之は乳酸菌と酵母との分量的關係が不良である爲である。それで第一回のクミスの三分二は棄てゝしまつて、殘部に新鮮な乳汁を加へて、半時間毎に攪拌する。斯くして數回クミス製造を行つて居る内に細菌の分量的關係がよくなると見へて精良なるクミスが出來る。

乳酒ケフィールも大體に於てクミスと同樣なものである。ニコラエウア女史 Nikolajewa の報告に據るとケフィール中には二種の細菌 (Bacterium caucasicum, Bact. Güntheri) と二種の酵母 (Torula Kefir, Torula ellipsoidea) とが居る外に、時々他の細菌 (Bac. mesentericus, Streptococcus lacticus) を交へて居る。此中ケフィール釀造に是非必要なものとしては乳酸菌としてはカウカサス菌であるし、酵母としてはトルーラ、ケフィールである。そして此兩種微生物の純粹培養を使用して立派なケフィールを釀造し得る。

以上記述する所によりて、自然民族は乳酸醱酵を行ふに際して、如何に科學的合理な方法を使用して居るかゞ知れると思ふ。乳酸醱酵丈けならば割合に簡單であるが、之に酒精醱酵を結合したる複雜なる場合に於ても科學的に合理な方法を失つて居らないのである。永年の經驗は彼等に學理を知らさずとも正しい方法を敎へたと云ふ外はない。

尙一つ注意す可き事項は乳酸醱酵は酒精醱酵と極めて密接なる關係を保持して居ることである。乳酸醱酵を發見した場合には當然酒精醱酵をも發見し得る手掛りが出來ることである。つまり恐らく酒精醱酵と乳酸醱酵とは、太古に於て人類が略同時に發見したものたるに相違ない。唯酒精醱酵の原料として米やら麥の類を使用した場合には乳酸醱酵は著しくないので餘り氣が附かずに經過しまうが、酒精醱酵の原料として乳汁を使用した場合、卽ちクミスやケフィールの場合には著しく乳酸醱酵が目立つて來るのである。

昭和五年にソフィア大學敎授たるクリロフ氏、及びマルコフ氏 Krylow, Markoff から神戸在住の山本治郎平氏苑に來た私信がある。ヨーグルト愛用地方に住居し、多年此方面に注意研究して居る兩博士の記述には參考す可き所が多いので茲に抄出して置く事とする。

クリロフ敎授からの通信に據れば『自分は目下ブルガリアに居るが、ヨーグルトはブルガリアに於ける一般食餌として有らゆる階級を通じて廣く使用されて居る。尙自分は一九二三年から四年間セルビアに住居して居つた。此地はブルガリア國境から僅かに十八キロメートルしか隔つて居るに過ぎないがセルビアのヨーグルトの品質はブルガリアのそれに比して非常に劣つて居る。卽ちセルビアでもヨーグルトは廣く飲用せられるのではあるが、酸味が强くして美味で無い。此兩國が歷史的關係を同じうし、又その國民の生活狀態も格別異なつて居無いに拘らず、國民的食料品たるヨーグルトの品質並びに調製法が相異なつて居るのは奇異である。これはセルビアではブルガリアに於けるが如くヨーグルトを各自の家庭で調製せずして一般販賣者の手に委ねて居るのが主要なる原因らしい。』

マルコフ敎授の私信は長いが其一部のを轉載する。『ヨーグルト Joghurt とはトルコ語であつて、ブルガリア語では之をキセロ、ムレコ Kisselo Mleko と呼ぶ。自分の考へでは此食料を調製し初めたのはブルガリアのロドペゴ山嶽地帶 Rhodopegobirge で無いかと思ふ。此地方では數百年來一種の黑色荊棘 (Schwarzendorn, Purnus) の根を乳酸調製時の釀母に使用して居る。卽ち此荊棘の根から液汁を搾取して、此液を搾取後まだ多少溫か味を有せる山羊の乳汁に混じ、次に之を二三時間放置して自然醱酵によつて乳汁の凝固するのを待つ。斯くして調製せられたる酸乳がキセロ、ムレコの釀母として使用される。つまり荊棘の根の液汁と共にブルガリア菌の各種が乳汁中に移行して、此處に適當なる培養基を得て繁殖するのである。』

ヨーグルト調製の初めはブルガリア中の一地方だと斷ずるのは早計たるを免がれない。それは此風習は今日では地球上非常に廣く分布して居るからである。さりながら或る種の植物の根に乳酸菌が寄生或は共生して居る事實は余等には初めて聞く所ろである。これは豆科植物の根に窒素細菌の共生せる事實を思ひ起させる。いづれにしても今後新らしく科學的研究を行ふの必要がある。乳酸菌は多分植物肥料としても必要なものらしい。

マルコフ教授の手紙は尙續く『元來ブルガリア人は菜食であつて、一年の大部分は肉食しない。從つてブルガリアで酸乳が國民的食料となつたのは菜食補充の意味がある。殊にブルガリアの農民は古來牧羊者であるので常に羊群と共に遠く山岳地方の牧場に移住し、又廣漠な原野を求めてマリッツァー Maritza やストルマ Struma 川に沿つた遠隔の地に行く。此人跡絕えたる原野に於ては自然羊乳を主として飮用するの外は無い。然し歐羅巴人はブルガリアの夏期は酷暑攝氏四十四度に上昇するから消化し易き食物攝取の必要上ヨーグルトを飮むと思つて居る。』

ヨーグルトを美味なものとするには非常に熟錬と手腕とを要するものらしい。それは次のマルコフ氏の手紙の續きを讀むと自然に了解が出來る。我邦に於けるが如く單に乳汁中に乳酸菌を入れて酸乳を造つたゞけでは餘り甘くも無いし、嗜好者も多くは出來ない理由が自然に分ると思ふ。

マルコフの手紙に曰く『乳汁を美味なる酸乳にし且之を調理に使用するまでに進步せしめたのはブルガリア人である。卽ちブルガリア人は單に酸乳として飮用するのみならず、之を生の胡瓜、胡桃等に混じ、又オリーブ油に混じて酷熱の時季に好適せる食物を調理する。そして此酸乳の需要は下は農家の茅屋より、上は都市一流の料亭に至るまでも普及して居る。それでソフィアのみでもヨーグルトを供給する搾乳所は二百五十箇所を數へる。

榮養ヨーグルト調製するには次の方法を行ふ。先づ調製したヨーグルトを約十二時間冷藏し、次に其乳酪層(ラーメン)の半分を食匕にて掬ひ取り、次で醱酵を促進せしめる爲めに粉末炭酸石灰を混じて攪拌し五時間放置する。次に之を暖爐上に据えて茶筌にて時々攪拌しながら徐々に加熱する。最後に三―五%蔗糖を加へて罎中に貯へる。此場合炭酸石灰を加へる程度によりてヨーグルトの酸度を加減し、又醱酵を繼續せしめ得る。何となれば一定の酸度に達した後には細菌の發育が止むからである。又糖分を加へる度合によつて榮養價を保持し、酸味を甘味に變ずる事が出來る。』

二　乳酸菌療法の起原

上記の如く乳酸菌療法は亞弗利加、歐羅巴から亞細亞に跨がれる廣漠たる土地に住居せる遊牧民及び文化人民に見る所の共通なる習俗である。此習俗は一人種内にのみ限りて存在する風習で無い。そして古文明國の或る一箇所丈けに存在した風習でも無い。一元的文化移動論の考察が此風俗の起原に結び附けられ得るや否やは明らかで無いが、廣大なる地域内に居住せる種々雜多の人種に此習俗が傳播して居る事實から考へて見ても、乳酸菌療法の起原は極めて古くして、歷史以前恐らくは石器時代の昔へに溯らねばならぬこと明らかである。

殊に上述せる如く乳酸醱酵と酒精醱酵とは離れる事が出來ない因果關係を有し、酒精醱酵の智識は人類が地上に現はれて以來、最古に獲たる智識の一であると思考せらるることは余の推測を裏書きするものだと云は無ければならぬ。

されば歷史時代となつて書き殘されたる諸國の古書の中にも往々乳酸醱酵に關する記載が見へる。例へば紀元前の埃及の文書にも水牛、牛、山羊等の乳から調製した酸變乳の文字 Leben raib があるし、聖書の中にも屢々酸變乳を生の儘にて飮用した風習が記されて居るのを見ると、このものは埃及・小亞細亞地方では太古からの飮料である。羅馬及希臘時代にも酸變凝乳をオキシガラ及クリストンと呼んで常用に供して居つた。

今日でこそ酸變凝乳はブルガリア語のヨーグルト Yoghurt, Yohourt, Jaourt として世界的に名が知られて居るが、處變れば名も變る。例へばアルメニア國では之をマツン Mazun, Majun と呼びサルヂニアではギオヅ Gioddu アルゼリアではラエト Rayet 印度ではダヂー Dadhi と呼んで居る。酸變凝乳と少し異つては居るが牛乳或は馬乳を醱酵せしめて造つた乳酒がある。ケフィール Kefyr, Kephyr 及クミス Kumys, Komiss が之れである。ケフィールの原產地はコウカサス地方として知られ、クミスの產地は歐羅巴露西亞の東南部の高原地方である。これ等は一二の例を擧げたに過ぎないが、如何に古くから諸地方の住民によりてヨーグルトが愛用せられて廣く地球上に分布せられてゐる風習であるかゞ、はつきり分ることゝ思ふ。

此中でヨーグルトとマツンとレーベン、ライブとは非常によく似た方法で造られて、割合に高溫度の乳汁中に乳酸菌を加へて製せられた酸變凝乳であるが、クミスとケフィールとは割合に低溫度に於て牛乳に乳酸菌が作用し、且同時に酒精醱酵の酵母が作用するために出來たのである。

酸變凝乳最初の發見は恐らく遊牧民の祖先中の誰れかゞ、放置して置いた乳は腐敗して酸くなるが、此酸敗中には到底飮用に適しない眞の腐敗もあるし、又或場合には美味なる乳酸醱酵がある事を、偶然氣附いたのに端を發するのだろう。誰れが何處で之を發見したか、又誰が牛乳から牛乳へ乳酸菌を植ゑつぎ得る事を發見したのか、之は人類の文化史上酒釀造發見者の誰れであつたか、又醋製造者の誰れであつたか、不明なると同樣である。

然しながら文化史上人類が最初地上に現はれて生存するためには主として狩獵を行つたのである。不狩の時には生存が悸かされるので、彼等は間もなく野獸を飼ひ馴らして必要な時機に撲殺して食ふ事を覺えてしまつた、遊牧時代が之である。然しながら遊牧にも家畜の流行病による斃死の危險あるために、彼等の或る者は農業を行つて農耕時代に入つた。狩獵時代、遊牧時代には家を定めずして、一地方から他地方に流轉するのが便利であつたが、農業時代となつては耕地の關係上、一地方に定住する外はなくなつた。そして定住者の或者は茲に生活の餘裕を得て文化の萃を開いた。

今日世界諸人種中、その位置と境遇の如何によりて、或る人種は原始時代の狩獵時代に留まつて居るのもあるし、或る人種は遊牧時代であるし、又他の人種は農耕時代にあるし、又ある者は高等文明に達して居る。それで上記の如く亞弗利加及び歐洲から亞細亞にかけての中央高原に居住する遊牧民の多くがヨーグルトの製造法を知つて居り、且ヨーグルト飮用が健康に卓効あることを信じて居るのは、乳酸醱酵が原始遊牧時代に既に發見せられて、數萬年を經て今日に傳はつたものであることの證據である。上述の如く恐らくこれは酒の釀造と同じ様に古く發見せられた人類の古俗の一つである。

× × × × × × ×

元來民間療法として非常に永い間世に行はれて居るものは必ずしも一概に迷信なりとして排斥出來ない。科學的の理由はたとへ不明であつても、永い間の經驗によつて科學的に理屈の合ふ方法に編み出されて居ることが少なくないし、多少利き目がなければ世の中に永く行はれる筈がない。

之れ故に歐米の學者は世界諸地方に行はれて居る古い習慣と風俗とに特に注意を拂ひ、たとへそれが野蠻人の風習であつたとしても一笑に附せず、愼重に研究して居る。これがため意外なる發見に達したことも少なくない。其一二の例を擧げるとキニーネの發見である。印度の土人中には古き時代よりマラリア病に幾那樹皮の卓効あることを信じて居つたが、分析の結果は此樹皮中には有効成分としてキニーネの在ることが發見せられてマラリア病に對する有効成分として廣く使用せらるゝに至つた。又南米土人が飢渇を訴へる時にコーカ樹の葉を嚙む習慣があつたが、分析の結果一種のアルカロイドたるコカインがこの中に發見せられた。コカインは局所痲痺劑であるために嚙み込むと胃粘膜を痲痺せしむるので飢餓の感覺を減ぜしめるのである。

これ等は餘りに世上に知れ渡つたる有名なる話であるが、此他これに類する數百例の發見がある。ヨーグルトの科學的檢索も之が一例であつて科學者がバルカン半島の住民から此古俗を習得し、嚴密なる細菌檢査を施行したる結果、乳酸菌の作用によりて此現象の發生することを認め得たのに外ならない。

これ等の場合に原始的方法をそのまゝ襲用することは餘りに科學の進步發達を無視したものである。原始的方法は永い經驗から行ふので其一部分は科學的に合理ではあるが、理屈分らずにやるのであるから、一方に多少とも不純物があつたり危險があつたりするのを免かれない。乳酸菌の場合であつてもやはりヨーグルトに就きて云つた通り、腐敗を伴ふ危險がある。この場合に進步したる科學の力によつて、有効成分丈けを採り出し、危險ならざる方法によりて使用し得たならば、最古に發見せられたる醫治法は最早や舊法では無い。新らしい科學的方法に賴つた所の合理的新治療法となる。

それで乳酸菌治療法は世界最古の醫治法として行はれ來つたのであるが、科學の進步によつて、今日では最新治療法の一となつて來た。之はメチニコフ氏及び其以後に輩出したる科學者の努力の賜である。

主要文獻

METCHNIKOFF. Etudes optimistes sur Vieillesse, Longèvite, et Morts naturelle. 1907.

METCHNIKOFF. La viellesse. 1904.

RUBINSKY. Studien über den Kumiss. Centralbl. f. Bakt. II. Abt. Bd. 28. 1910. S. 161.

DÜGGELI. Untersuchungen über Mikroflora von Handelsmilch verschiedener Herkunft in der Stadt Zürich nach Zahl und Art der darin vorkommenden Spaltpilze. Centralbl. f. Bakt. II. Abt. Bd. 45. 1916. S. 433.

GRIXONI. Nuovo latte fermentato facile a prepararsi nei servizi ospedalieri. "El Gioddu". Centralbl. f. Bakten. II. Abt. Bd. 15. 1906. S. 750;

NIKOLAJEWA. Zur Mikrobiologie des Kefirs. Centralbl. f. Bakter. II. Abt. Bd. 21. 1908. S. 429.

常陸考

横山將三郎

一

常陸と書いてヒダチと讀むことに私等は習慣づけられてゐるけれども、何故かと反省する時にはそれは一の大きな驚異である。この驚異は私等を古代人の意識に轉入せしめ、その理由を探らしめずにはおかない。

原始人の空間意識は頗る定性的(クオリタテイブ)であつて、私等の如く抽象的、同質的なものではない。彼等は一の地域に住む種族、それの信奉する超自然的存在等の結合體として感ずる。彼等はこの結合體から抽象的に一の地域或は地方を分離して考へることも、表象することも出來ない(一)。故に我が國の古代人も最初はその國をうしはぐ神やそれを信奉する氏族等の結合から切り離して一の國を表象することは困難であつたらう。それで私等が或る地方、地域と云ふ場合には我が上代人は其荒神(アラブルカミ)等の住む國々への方向を表象することによつて、道(ミチ)と云ふ語を以て言表したと思ふ。然しかゝる表現の一般的必要は國家生活が形成されてからであらう。國を道と云ふのは朝廷から其國を治めに人を遣すに就て云稱ふなり(記傳二十三卷)と云ふ本居宣長翁の意見は確かに敬服に價する。

かゝる道と云ふ觀念が歸化人のもたらした漢字で書き表はされるやうになると、既にその道と云ふ字に含まれてゐた行政的區劃、地域と云ふ意味が導入されて、斷然地理的觀念となつて、地方、國を言表する語となる。即ち、魏の張揖が撰した廣雅に道は國であると解釋し、又漢書には蠻夷にある縣を道と云ふことが見えてゐるから、唐の太宗の十道之制を待つまでもなく、既に早く漢字、道には行政的地域の義があつたことは明かである(二)。この道の觀念が輸入されてミチは判然とした地方、地域を言表する語となつた。

さて常陸を神武記には常道と書き、又陸をミチと訓むからして、ヒダチのチはミチの義として奈良朝人に把捉されてゐたことは明かである。なほ常陸風土記に見える、袖を漬すの義から起つたと云ふのは日本武尊に附會した地名傳說であつて取るに足らないが、近く通ふの義によると云ふのには猶充分にミチの意味が意識されてゐる。而してこのミチは今述べた道であつて地方の意味に解釋すべきであらう。後世の國の義に相當する。

しかし勿論この解釋に對して反對説はあるであらう。けれども、それが通俗語原學や、比較言語學の考證であるならば古代人の意識を通してその原義を探ねやうとする私にはかゝわりの少ないものである。私は玆にヒダチが常陸と云ふ字で表現された當時の意識並に生活に於てその意義を把捉し、更に原義への可能的還元をなさうとするのである。それには先づ次に常陸國が我が上代人の意識に登つて來た過程から考察せねばならない。

二

常陸地方は考古學的調査によれば、縄紋式文化の一の中心地である。その住民か松岡靜雄氏の所謂ヒ族であつたか(三)、或は夷族であつたか(四)は俄に決めることが出來ない。だが兎に角、この石器時代人の文化は相當盛なものであつた。この地は當時森林に富んでゐて彼等は狩獵漁撈によつてその生命を維持してゐた。そして彼等が盛に貝塚を形成してゐた頃は東京灣は栗橋の邊まで浸入し利根川は東京灣に注いでゐた(五)。

我が彌生式文化は既にこの石器時代に關東に進出してゐた。そして常陸へは船で房總半島を迂廻して新利根川を遡て行つたやうである。それから更に祝部文化並に共に伴て韓漢文化が盛

に移入されて、遂に縄紋式文化は全くその姿を沒してしまつた。日本武尊東征傳説はかうした文化の鬪爭を後世に物語てゐるものである。この縄紋式文化が彌生式文化並に祝部、歸化人文化への移行は狩獵漁撈經濟から農工業經濟への移動であつた。私等は縄紋式文化遺跡がこの經濟的條件の變化によつて、丘陵から台地扇狀地に移動し、更に祝部文化遺跡が河段丘に出現してゐる姿を上總國小櫃川流域石器時代遺跡（史蹟名勝天然記念物雜誌一月發表）に於てみることが出來る。

原生森の武藏が所謂武藏野の曠原に化したのは歸化人の火田法に基いたことは既に鳥居博士が指摘されたところである(六)。常陸も同樣にこの火田法による開墾によつて農業發展をなし得たであらうことは否むことが出來ない。畿内では應神仁德朝に、治水、築堤、池溝開鑿等の灌漑事業が秦漢人の朝鮮からの移住に伴て勃興したが關東は三四百年もおくれて歸化韓人の火田法による森林開墾の事業が盛んとなつた。卽ち、天智天皇五年、百濟の男女二千餘人を東國に居らしむとか、續紀の文武紀四年に百濟王遠寶が常陸守となると記されてゐるから常陸と歸化韓人との間には深い關係があることが認められる。そこで朝鮮歸化人と關係を結んだ常陸は彼等が將來したであらう火田法によつて大仕掛けな開墾事業が營まれた。そして奈良朝になると人口は二一六九名になり、上總、下總よりも八割多く、上毛、下

毛の約二倍であつて、課丁、延喜稻は全國の何れにも劣らぬ優勢となつた（澤田氏の計算に據る）（七）。

かくて常陸は奈良朝人の意識に肥沃、豐饒の地として現はれ、常陸風土記の編者は常世之國に擬し、萬葉歌人の憧憬する所となつた。實際に、新しく此地に赴任する都人が打續く不安と恐怖の長い航海の後に、目ざす常陸の筑波山が見え始めた時の明さと嬉びとを想ふ時、それから異種族の接觸、融和の機能をもつらしい嬥歌（八）が盛んに行はれた筑波山の異國情緒を味ふ時、どうしても萬葉歌人、それは都人でなくとも都會的教養にひたつて都會人に近い感情生活をもつた東歌人は筑波根を歌はずにはゐられなかつたであらう。

だが、その開墾地は主として陸田であつて、良い水田は少なかつた。そして多くの水田は霖雨には駄目になつた（風土記參照）。お隣の上總も最近まで殆ど陸田であつたが、所謂上總掘と稱する掘抜井戸と水揚げ水車の發明によつて灌漑が出來るやうになつて、今では大部分水田と變つた。武藏では標高五十米の等高線から少し離れた割合急な傾斜をしてゐる所に地下水が湧出して濕地となり、かうした所に水田が發展してゐる（九）。かう云ふ風で關東は古くは陸田が主であつたから水穗國ならぬ總の國、毛野國と云ふやうな地名が生じたのであらう。この點から類推すると常陸のヒダは火田ではなかつたかと云ふ想像がつく。そこで次に上代人には火田が如何なる意味に把捉されたかを考へねばならない。それには先づそれに連關した田、畠等から始めることが便宜である。

三

田と云へば我國では一般に水田を意味してゐるが朝鮮では陸田を意味してゐる。元來漢字の田は說文によると樹レ穀曰レ田。象二四口十阡陌之制一とあるから畔道の付いてゐる形から作つた象形文字であつて、水田、陸田の區別には關係がない筈である。しかし朝鮮では田が乾田であるから水田を意味する場合には畓（トウ）と云ふ字を使用する。この畓の字は既に古く新羅眞興王拓境碑に見えてゐる。故に南鮮では早くから水田耕作が行はれてゐたと考へられる。實際三國志、東夷傳を閲すると

夫餘には　土地宜二五穀一。

沃沮には　背レ山向レ海宜二五穀一善二田種一。

挹婁には　有二五穀牛馬麻布一。

然るに辨辰には　宜レ種二五穀及稻一。

又　倭國には　種二禾稻紵麻一。

とあるから、北鮮には稻がなく辨辰及倭國には稻があることが記されてゐる。勿論この五穀には稻を含まない。試みに劉寶楠の釋穀（卷四）に五穀として麻、麥、稷、黍、豆を擧げてゐるから陸田種を稱したことは明かである。そして金海貝塚及九州堅

穴址から米粒塊が出土してゐる事實はこれを裏書きするものである(一〇)。おそらく南鮮と北部九州とは同一文化圏にあつたものと考へられるから中山太郎氏の如く稲は朝鮮から舶載されたと信ずる必要はない。

それで我國は古くから水田農業を營み、それに從事する集團をタミ（田身）、タカラ（田族）と稱し、尊重してゐた。されども陸田が無かつたわけではない。アワフ、マメフ、アサフと云ふ語があり、粟田、豆田等の字にて記されてゐる。けれども此等の語は陸田を一般的に表現する語ではなかつた。それには畠と云ふ特殊の字が天平の大日本古文書に現はれて來る。

畠が表現するハタがタから派生した語であるか、朝鮮語の pat から來たものであるかは急に決め難い(一一)。又、白田と云ふ字は倭名抄の說によれば支那の舊い書物に見え、續搜神記に江南之白田種レ豆と云ふ文例があることになつてゐる。だが狩谷掖齋の註を見ると續搜神記とよく云はれる晉の陶潛撰、搜神後記卷九に淮南陳氏。於田中種豆。忽見二女子。姿色甚美。とあつてその文が異ふ。抱朴子道意篇、晉書傅玄傳には今本の搜神後記には恐らく白の字を脫したのであらうと云ふことになつてゐるが、然し甚だ怪しいものである。又釋穀（卷二、一八枚）を見ると、名ニ白田一種ニ白穀一七月火作十月登熟。名ニ赤田一種ニ赤穀一十二月作四月登熟。とあるけれども、その用例が違てゐる。

それは何れにもせよ兎に角、仁賢紀に韓白水郎暵と云ふ人名が見え、私記撿入と思はれる耕麥田之也と云ふ註がある。龍龕手鏡を調べると暵音漢。耕田也とあり、雞林類事を見ると白音漢とあるから、朝鮮では古くは、白と漢とは同音であつて暵も白と發音したものらしい。故に上代歸化人の意識には暵＝漢＝白＝畠と云ふ聯想が可能であり、pat とハタとの發音の類似は白田を陸田の義に凝結せしめ、漢字の國語化を容易ならしめたであらう。即ち白田又は畠と云ふ字は歸化人によつて早くから陸田の意味に使用し始められ、そしてやがて、漢字を學習した日本人も使用するやうになつた。

然るに同じく陸田を意味する火田又は畑は畠とは異た運命のもとに置かれた。火田と云ふ語は歸化人によつて火田法と共に輸入されたことであらう。けれども我が古代人の意識にはヒ（火、日）が聖的力の主體として表象されてゐた故に火田を直釋的にヒタと訓んではその意味が出なかつた。應神朝に歸化した秦漢人も、古く朝鮮に居た頃には火田に就ての知識を持てゐたであらうけれども畿內に安住して久しく、又著しく日本化しては、この點餘り日本人と變らなかつた。それで彼等は先づ火田を倭名抄に見る如くヤキハタと訓まなければならなかつた。天平時代の大日本古文書に燒蒔田と云ふのがしばしば散見するが、それがこの火田のことであらう。然るに我が奈良朝人は大陸文化を充分に吸收して、精神生活にも著しき變化を來し、具象的なヒ（火、日）の神聖観念から漸く解放される時、火田をヒタと訓んでも、その意味を把捉することが出來るやうになる。そしてこの漢語の日本語化は新しく推古朝に歸化した韓人が重要な楔機をもたらしたであらう。故に火田乃至畑と云ふ字が一般に畠に比して非常に遅れて現はれたのもそのためであらう。そこで火田をもとヒタと訓んだ形跡が天平勝寶九年の大日本古文書にある近江國犬上郡火田郷と云ふ地名、又、豐後風土記の日田郡と云ふ地名に認められる。しかしながらヒタは餘り優勢でなく、今日私等に右の如き僅かな根跡を留めるのみにて、まもなく火田法の記憶が失はれると共に畠も畑も共にハタと訓まれ、兩者の區別が全く意識されずに使用されるやうになつた。

四

そこで歸化韓人の火田法によつて著しい產業開發を見た常陸國がそれを記念するために火田地方の義として火田道と云ふ名を負ふのは頗る自然であらう。

常陸と云ふ地名は風土記によると孝德朝になつて新治筑波、等六國を總稱する國名として制定されたのであるから、これを直に信ずることは出來ないにしても、あまり古い時代の命名ではないことを示唆してゐることだけは認めてよいだらう。これは火田と云ふ語が一般に早く使用されず、新しき歸化韓人並に敎養された都會人の出現を待たねばならなかつたからである。都會人が憧れた火田法による一大新開墾地を火田地（ヒタチ）と呼ぶことはモダーンな名稱として當時の新人の心持にぴつたりと來たものであつたに違ひない。それが大化新政の時に二字に書き改められて常陸又は常道となつた。風土記に孝德朝と云ふのはこのことを指示するのでもあらう。

頗る大膽な提案を試みて、痴人の夢の嘲笑を免れれば幸である。

（六、一、一三）

（一）Révy-Bruhl: Primitive Mentality (tran. L. A. clare) 208p.

（二）廣雅釋詁曰州郡縣道都鄙邦域邑國也。前漢書（卷十九上）百官公卿表云、列侯所食縣曰國、皇太后皇后公主所食曰邑。有蠻夷曰道。

（三）松岡靜雄著　常陸風土記物語　五三頁

（四）喜田博士著　日高見國の研究（東北文化研究卷一、一－三號）

（五）東木龍七著　貝塚分布の地形學的考察（人類學雜誌卷四一、一一號）

（六）鳥居博士著　有史以前の日本（舊版）三六八－七六頁　武藏野及其周圍　四－七頁

（七）澤田吾一著　奈良朝時代民政經濟の數的研究　八四頁

（八）松村博士著　神話學論考　二六五頁

（九）小田內通敏著　聚落と地理　七九頁

（一〇）朝鮮總督府大正九年度古蹟調查報告、及考古學雜誌卷一四

（一一）中松博士　朝鮮地名の考說（地球卷五、一號）

謹賀新年　あちらとこちら

九州に長らくゐたせいか、こちらの風物を見ますと、何もかも異樣で、其が又とり〴〵趣あるのを面白く感じてゐます……、或日の事、市内長田神社の御神樂を拜觀しましたが、年恰好十七八、とても美しい巫子が鈴をふりて、八股大蛇を退治するわざのはでやかさ、扨は「山幸」で弓射るしな宜しく有て、新趣向であらう、籠入の小鳥を放すやら「海幸」でも鯛つる手ぶりのしとやかさ、全く繪卷物見るやうで、次から次へと、飽ず法樂する事ができました。この御神樂は二十二座有て、俗に浪華神樂と呼ぶものですが、一座すまして息む毎に懷中鏡とり出して、お白粉ばけで顏をつくらうのも時代のひらめきがありますし、いつぞや奈良春日神社の巫子が餘りに縹緻よしで、遂に映畫界にうけ出され、昔取た神鈴と其他とに因み、藝名も奈良鈴子と呼で、一躍スターに成むとするやう、こちらの巫子は、いきなりスクリーンに立つ資格があるに比べまして、同じ「海幸」でも、先年筑前香椎廟でみた者は、惠比須の面を被り、愛嬌タップリ子供連を笑はせたはよいが、其手をみると、紺屋男であらう「ましら」の樣に黑く染つてゐたに、思はず噴出した事が有ます、神樣はどちらをお好なさるか知ませんが、さすがに九州は九州で、まだ昔の流れが見られ、こちらはこちらで又、よし女優の元祖天鈿女命が八百萬神をドッと笑はした大初の素振が微塵もうかゞはれぬとしても、其洗練された藝能にいひしれぬ味があると感じました。「口あけて五臟のみゆるあけび哉」とは知り乍ら、こういふ感興やら此一年間の見聞を他日まとめて、一粲に供したいと思ふてゐます。

（昭和六辛未年元旦。神戸市六甲篠原字丈角。宮武　省　三）

資料・報告

信濃國各地の正月行事

松林六朗

◇北安曇郡廣津村

(1) 改年の準備

十二月十三日、家の煤はらひを爲し、簡單に年とりをする。これを、よごれ年と云ふ。又此の日には、お松さまをお迎へする。

松は眞直なのを伐り、五寸程下部の樹皮をむき、をゝちといふ傳り方をして背負子(ショイコ)にて背負つてくる。

(2) 三十一日。

(3) 家の主人。

(4) 戸口に簑笠を立てゝ、もらひ人の(乞食)姿とし、これは、魔除(まよけ)になると云はれて居る。これから年をとる（夕飯を食べると年をとることになる）と云ふ時、その傍で火を焚く。

(12) 若水は十五日の朝、行ひ、鏡餅は二日に飾る。

(15) 一日には、柿・栗等を齒の爲(ため)と云つて食ふ。

二日には、えびす開き、えびす大黑のお札を貼つて、お祝ひする。

三日には鼠の年とり、小豆飯にごまめを添へて、鼠に上げる。

六日には、七草の粥をつくつて年とりをなす。

七日には、門松をお送りする。

(17) 昔は十五日、現在は七日に行ふ。どんどやきのことを、おんべと云ふ。

六日の朝、村の子供は、「やすやかどまつやつとくれ」と云ひ乍ら、其等を家々から貰ひ歩き、又藁を一二束づゝ貰らふ。青年は四五間の木を三本程伐り出して來て、道祖神附近に之を立て、前記の藁を周圍に縛りつけて、七日の夕頃火をつける。

門松は、竹などで四角な家の樣なものを作りその周圍にとりつける、これをもろと云ふ。前記のものと同時に火をつける、此の場合青年が火をつけるのを、子供達は出來るだけ防害する。

◇上水内郡水内村

(1) （前に同じ）

(2) 十二月三十一日に飾る、門松は、其迄、露路神樣に供へておく。

(4) お供(ソナヘ)（おふくでと云ふ）を、年神さま、おえびすさま、か

信濃國各地の正月行事（松林）

まど神さま、藏の神さまに供へる。
(10) 紙製の小判をよりで二枚合はせて、豆がらの枝に縛りつけ、家の隅に吊るす、これをはちでふと云ふ。
午前中に小判が離れると、此の年は旱（ひでり）、離れなければ陽氣が好いと云ふ。此の小判は大福帖にとぢ込む。
(15) 三日、家中の農具を悉く紙に書き、その上に家の人數だけ握飯を載せ、年神さまに供へてから、他所に働きに出て、年とりに歸つて居る者に、なるべく、多く食せ、殘りを他の者が食ふ。これをとぼでと云ふ。
七日、年神さまと、かまど神さまに供へたおふくでを下げ、粥の中に入れて食ふ。七草
十一日、おくら開き、藏の神さまのおふくでを下げる。
二十日、はつゑびす、ゑびすさまのおふくでを下げる。
十五日、鳥追ひ、もぐら追ひ、小豆の粥を食ふ、粥の余（あま）りを十八日に庭の樹に塗りつけながら、たとへば「柿や、なるかならぬか、ならなきや鎌でかつきるぞ、なるなら粥をくれてやる」と云ふ。
(16) 一日（ついたち）どし、二日どし、三日どし。
二十日正月、（だまり二十日、しやべられ三十日――二十日の間は遊んで居ても叱られない。後の十日は働け〱と云はれるが、實は遊んで居ても構はない）

(18) 若どし（十四日のとしとり）
おほ年は遲くとる程よい。若どしは早くとる程よい。
(17) どんど燒は七日、厄年の人は、此の炭を塗つて貰ふと厄をのがれる。
どんど燒の後、若い衆は、酒盛りをする。
(14) 一月三十一日には、家の戸口に、串に團子をさしたものを挿しておく。みそか團子、又は鬼の目團子と云ふ。多く、蟹（か）をこれに縛りつけておく。
初嫁、初聟は里に、此の團子を食ひに歸る。

此の日、鬼が來て、「團子があるか」と聞いた。「ない」と答へると「俺が吳れるから手を出せ」と云つて、手を奪つて行つた。

その翌年、前記の如く爲しておくと、鬼が來て、「これは何だと」聞いたので、「鬼の目」だと云ふと、驚いて逃げ歸つたと云ふ。

◇更級郡牧里村

(1) 十二月十一日、松はやしと云つて、門松を空（あき）の方から伐つて來る。
松は枝の五段、或は七段を喜ぶ。
(4) 重箱に飯を盛り、かづの木を細く切つて十二本立てゝ年神さまに供へる。これをみたまさまと云ふ。

（十五才になつた男の子は神樂の笛・大鼓・獅子舞などを教はる。）

(17) どんどやきの時つける火は、檜をすり合はして、火をつける。

◇埴科郡屋代町

(3) 注連繩は凡て左繩になふ。

便所等に飾る「杓子」は右繩になふ。

門飾りに「お椀」をつけることもあるが、福の神を取り入れる爲と云ふ。

近親に不幸のあつた場合も、注連繩は一切飾らない。飾つてから不幸があればすぐに下し、このしめは一般の家のものと、一緒に燒かれない。

年神棚は清淨な板に、荒繩でつり手を下げて、これをつけ、シメ繩をする。

(4) 大晦日と元日の日の供物。

盆に重箱を載せ、その中に焚き立ての飯一杓子とゴマメ二匹とを入れ、箸をそへる。

第一に、此の箸で、此の飯一箸と、ゴマメ一匹とを箕のイヤシツボの中に入れてそなへ。

第二に、その殘りの凡てを年神さまに供へる。

（イヤシツボは、又ヤシナヒツボとも云ふ、藁で椀の如き形につくりたるものを云ふ。）

年取り魚と云つて魚を必ず食ふ。

此の日食ふ飯は骨になると云つて、大食する。

此の晩眠ると白髮が生へると云ふ。

歲の暮に、無緣佛が、そこらを逍遙して居るがシメ繩から中へは入れないと云ふ。

(15) 三日、鼠の年取り、飯一握りにゴマメをさして土藏に置き鼠にやる。

「年中いたづらしないように」と云ふ唱へ言をする。

四日、年始日、和尚の年頭の回禮あり。白箸、しやもぢ、ツケ木等を土產とする。

七日、なゝぐさ。

九日、山の神樣、萩の木で弓と矢をつくり、ウツギの內へ酒を入れたものを添へ、共に木の梢に縛りつける。矢はその年の空きの方に向ける。山へ行つて怪我をしない爲にかくの如きことをなす。

十一日、藏開き。

十四日、晩に物造り。

(17) 道祖神は道をしへの神と云ひ、又緣結びの神として、どんど燒の晩に、若い男女がお詣りにゆく。

その熖の中で「あれとこれと夫婦〳〵」と道祖神がつぶやいて居ると云ふ。

此の日に、初聟が火をつける。

三十一日、みそか團子、鬼の目だんごとも云ふ。

串にさして、家の中に飾る。

五十錢銀貨を「鬼の目」といふ。此の團子と形が同じい故と思ふ。

◇更級郡稻荷山町

(4) 供へ物

(1) 重箱に御飯を盛り、箸を十二膳半直立させる。

(2) 重箱に飯を盛り、箸を直立させる、他におかずを入れた重箱と、洗ひ米を入れた重箱と神酒とを供へる。

(3) 御飯とおかずの少量は門飾りの「おわん」の中に入れ、三日間は毎日その日の食物を入れ、七草の日に粥に入れて食ふ。（凡て供物は家によつて異る）

此の日に、煮物を澤山にしておいて、三ケ日の間は一切煮物をしない。

此の日の夕方掃除をしておいて、元日にはしない。

此の晩知人の家で不幸（死人）のあつた家に「お淋しいお年とりです」といつて、ろうそく、そうめん等を持つてゆく。

家によつては、此の日に、主人と長男とが提灯をつけて、土藏の神に詣る。それから手を洗つて三寶に御飯を盛り、家の人數だけ箸を立てゝ年神さまに供へる。

(10) 元日の朝、家で使用した人々を凡て招いておみき開きといつて酒盛りをする。

(17) 松の木を心棒とし、紙製の着物をかけたり、ほろをつけたりし、心棒の先には、おかしら樣（木製の人形）をつける。子供のない者は、これを拾つて抱いて寢ると子が出來る。

お賽錢を上げ、それをお守りとする。

どうろく神は厄よけの神とも云ふ。

どんどやきの後、山稼ぎをする人々は、山の神の繪をかいた掛軸の前で酒盛りをする、昔は山に行つて酒盛りをした。

又世話人の受け渡しも此の晩である。

尙、埴科郡倉科村では、道祖神の傍に穴を掘り、山から伐り出した柏・欅等を三本立て、その周圍にしめ繩、門松、藁などをとりつける。火をつける時、人々は謠をうたふ。

心棒の木を當番の家に曳いて來て、部落の人々が集まつて來て酒盛りをする。（之をおひまちと云ふ）子供は鍋墨を初聟初嫁の家に押しかけて塗らうとする。

なほ、味噌燒と云つて、同樣なものを二つ或は三つ位、その周圍に作り同時に火をつける、その棒切は大切にして貯藏し、味噌燒の時に焚くと、味噌が酢くならないと云ふ。

上水内郡川中島村阿彌陀堂では、このどんどやきの晩、十五才になる男の子は若い衆の仲間入りをする。その時前にいい毛が生へるようにと火の前であぶる。

その後で、酒を貰つて來て、宴會をする。

更級郡鹽崎村字長谷村では、藁で五六尺―一丈位の人形をつくり(どうろく神さんと云ふ) この周圍に門松などをつけて燒く。

(13)
荒熊

寒の入日(正月六日)に褌のみの裸の男が(荒熊と云ふ)町はづれからやつて來て、各家で寒水といつて、戸口に出しておく水を浴びてまはる。

その後で祝儀を貰つて歩く。(現在はない)

又正月の初旬、子供が泥縄を通行路に張り渡し、ぐる〱とまはし乍ら、「おあしを呉れなきや通さんぞ」と云つて、金を貰らふ。

信濃飯田附近、鼎村年末年始行事 (伊藤)

信濃飯田附近、鼎村年末年始行事

伊藤祐代

一、改年準備。

イ、御松迎。來年の惠方よりなるべく門松を迎ふ。

期日は吉日を選ぶ。然して迎へ來れば惠方に向けて置く。

一升桝にて御米を供へ、その上に田作りを供ふ二匹。

其夜松迎への年取りをなす。馬や鷄等の家畜にも年をとらせる。

ロ、餅つき(九日を忌む、又不淨のものには手をつけさせず)

御供(ソナ)へをさきに。雜煮用並びに五節句の勤めの餅。又嫁の家に對して御供を。父母に一重(かさ)ねづゝ用意す。

ハ、注連繩おやす拵へ。

これも男子のみに限られてゐたが近來は子供にも拵へさせる。

ニ、伊勢へ元日の御祈禱をたのむ。

また天台宗の年祭り料と白米一升を持參す。

二、卅一日にする。

(1)八丈(中折の一端を切りてつるす)は元日の朝につける。

(2)麻苧は三日の朝ゐびす、大黑樣に捧ぐ。

信濃飯田附近、鼎村年末年始行事　（伊藤）

三、全く惠方本位、男子のこと、主人子供下男。

四、百八梵鐘、掃除を十分にし、元日は掃除をなさず蓬萊を飾る。

五、ナシ。

六、神供は新穀を献したるを分與す、お札は伊勢、八幡社共分布す。

七、ナシ。

八、ナシ。

九、死の事、緣起惡しき話をせず。

十、主人第一に早起。若水を汲み、お茶釜をたきつけて後家人を起す。妻子供下男の順にす。順次起きて洗面の上家長に挨拶し、各自も挨拶をなす。齒がため雜煮、屠蘇を祝し、禮裝、村社參拜。（一般は未明に參詣するものらしい）

十一、廻禮は近親知己等、一日は區内を。他所は二日より七日頃迄。新夫婦は四日に揃つて嫁の家に行くそれを「鍋借り」と云ふ仲人の家へも年賀と五節句の餅を持參す。

十二、若水は主人の汲むもの、御茶に沸し、又二日の書き初めの水とす。

鏡餅は床の前その他神々へ供ふ。十日の朝御供開きをなす。

十三、年始に萬歲、春駒。

十四、ナシ。

十五、七日正月とて六日夕に六日年をとる。

十三日小正月の年をとる。

十六、七日正月、廿日正月といふ。廿日正月を廿日節句とも云ふ。

十七、どんど。子供らが新年早く紙、金を集め、おんべを中心に立てゝ燒く。前夜來子供等は次の歌を歌ふ。

ほうほ、ほうほ、ほんやりほうほ
ほんやりどは馬鹿で　出雲の國へ呼ばれて　あとのうちを燒かれた、ほうほ、ほうほ、ほうほ、ほんやりほうほ。

ほんやり、中間の家より餅を持ち來りて燒く。それを家人に分つ、夏やみをせぬとのことを信ずるから。又二日の書初めをもち出してほんやりを燒いて焰の高く上る折に火勢を利して高く上げる、手が上ると信じてゐる。餅をやいた竹の串さをに、燒場の松の炭を二つ、はさみ來り一つは屋根へ一つは十四日の朝の御粥を炊く所へ入れてたく。その竹串は養蠶の箸（ハシ）とす。

十八、十三日夜、年をとる。この日はもの作りをなす。門に若木を積み、粟棒（アワノボウ）ひえん棒を飾り、鬼木（オニギ）に十二月と書く。床の前並びに諸所へ鬼木を捧ぐ、皆十二月と書く。堂の間に稻の花の形に餅花を竹にさす。ビンカにお繭と云つて米の粉を練つて繭の形にしたのをさす。また、土間に梅、柿桃の枝を集めて各々その果實の形を作りてお飾りをする。

十四日の朝はお粥を炊く、煮粥なり。

それを以てなり物の木に「なりそか」をする。

一人が「なりそか切りそか」と云ひて斧にて小さく木を切る、他の者が「なります〱」と云ふと前の者が「そんならお粥しんぜませう」と云つて前に小さく木にきづをつけた切り口にお粥を供へてやり、豐熟を祈るのである。

十三日の年取りの夜は鳥おひをする。

「ほうほ〱粟（あは）の鳥もほうほ稻の鳥もほうほ、ほうほ、ほうほ」と云ふ。

又厄年のものは厄落しをなす。

十九日小正月は十四日より三日間なり。
○親戚の生れた子に「破魔矢」を送る。
○二日に乘初め、讀初め、書き初め、倉開き、作り初めをなす。

熊本縣飽託郡西里村の正月

松本友記

正月が近づいて來ると、家々では附近の山に行つてはカシの木の芽立ちの眞直な枝を切つてきて、それで正月の雜煮をたべる箸を作る。この箸を「タワラ箸」といつてゐる。太い、丸い、先の尖り尖らない素朴なものである。親達は段々忙しくなつて子供がせわしく泣けば、こんなことを言つて子供をあやかす、「正月どんなーにもつて來らすかい、はんきゆはまゆみこーしにさいてござれ、かんぶくれゑにや屁ひりこーでカンブリカンプリ來らすばい」ほらそんなに泣けば正月どんな太吉が一にや來らつさんばい、といふ按梅に。

三十一日の夕方には家の內外に「お飾り」をする。この附近の民家では門松は立ててゐるのを見ない。夕方早く夕食をすまし、かまどの掃除などすませば、この一年間毎日使つた「ヒョウコシ竹」（火吹竹）に一厘錢一个では一厘錢がない爲に一錢銅貨を一枚入れて木戸の溝の中にすてゝ、後を見ずに家にかへる。貧乏神を追出す爲であつて、かへるとき捨てた方をふりむけば、貧乏神が又その家について來ると言われ、決して後をふりかへらない。これは村全體ではないけれ共晦日の晩に門口に藁束をを立ちかけておく。かくて新年を迎へる準備が出來ればもう實に靜かな夜である、借金とりも借金かへしも、訪れる人は誰もかも「結構な歳の晩でござります」と必らず挨拶する。十一時頃になると運ソバをたべて翌年の幸運を願ふ。かくて正月になる。

◇

一日　若水は出來るだけ早く汲む。汲むのは男で、先づ「オヒネリ」（米）と鹽とを井戸の中に撒いた後に汲む。男達は村から二里餘りの三ノ岳の權現樣に詣る。そしてそこから初日出を拜み、かへつてから雜煮をたべる。「三ノ岳まゐり」とこれを呼んでゐる。

朝食の膳の上には頭附の生鰯を一匹宛のせる。これを「スワリ鰯」と云ふ。一同茶の中に梅ぼしを入れてのんだ後、年の順に御酒（トソは用ひない）をカワラケでのみ、牛蒡と人參とカズノ子をたべ終へると「スワリ鰯」の膳につく。そして雜煮をたべる。雜煮の餅には「コルマメ」（ネバ納豆）か砂糖、或はコルマメに砂糖をまぜたものをつけて「タワラ箸」でたべる。普通の飯は全然ない。

○フキョシ（福よし）　朝早くやつて來る。鶴の紋の廣袖の着物をきて「マツガリ」（籾を入れる藁で作った大きい容物）をかついで來る。三十一日の夜門口に立ちかけておいた藁束を地に

おき、それを踏みながら、

ナーラタラシキヤ　ターラシキヤ
　フクノー　フキヨーシ　ヨーシ
ヨネグラニ　カーネグラ
　ホーゾーノミクラニハ
フクトクサイワイ　フクノーオトマリ
　明けまして結構なお正月でござるます。

と言ふのである。そうすると、その家では搗いた粟と餅を二つばかり惠むと、フキョシはそれをマツガリの中に入れて隣に行く。この時フキョシが踏んだ藁は、その年の稻の「苗くびり」に用ふる。この藁でたばねた苗で田をついても決して盲田にはならぬと云ふ。

○シヨウキダイジン　大きい棒をもち、太繩で鉢卷をしたシヨウキダイジンといふ者が廻つて來る。門口、又は戸口にきて、

シヨウキ大臣
　シヨウキガ立ツタラ門口ニ
裏カラ表ニウッパラヒノシヨウキダイジン

と言つて物をもらつて歩く。

○ミヅカブリ　來るのは元日とは限つてゐない。原則として寒の中に來るのが通常である。白衣を着て〆繩を腰に卷き素

足にワラジを履いた山伏（ヤンボシ）が「呼出し」といつて村中をホラ貝を吹きならし乍ら走り廻る。そうすると家毎に水を庭に出して置く。やがてヤンボシは軒毎に何か呪文をとなへながら水を頭に被つて歩くのである。被つた水の殘りが、桶の底に微量殘つてゐるものであるが、その水滴を茶釜の湯にまぜて飲めば中風に罹らぬと言ひ、その一滴を多量の水にまぜて、カマドや其他の火の起り易い所にふりかけて置けば火事が起らぬと言われてゐる。

二日　仕事始め。朝早く起きて繩をなふ、殊に肥桶の綱や牛馬の手綱、其他農具に用ふる繩はこの朝なふものとせられ、この朝なつた小繩は十五日の綱引きの綱に使ふ。子供は書き初めをする。吉書をかくと云ひ、吉書をかけば字が上手になり、その吉書は十四日のドンドヤの時に燃す。すべて是等の仕事は朝食前である。朝食は雜煮。朝の中に風呂を立てゝ初風呂に入る。この朝は色々な物賣りが來る。中でも大黑さんと起きあがりこぼし（オキナコボッサンと云）を賣りに來る。又「お福さん」といふのが、お福の面を被り、扇をひろげて家の中に「メデタイナーメデタイナ」と舞ひ込んで物をもらつてゆく。

家の女達は朝から洗濯をする。洗濯物がなくとも何か一枚は洗ふことになつてゐる。月の一日と十五日は洗濯することを忌むが、正月の二日に洗濯しておけば月の一日、十五日に洗濯しても構わぬといふ。

夕方になると前の年に結婚した男は、嫁をつれて年玉の品品を持ち嫁の里に年始の言葉にゆく。嫁は原則として一、二日里に滯在する。夫だけその日にかへる。

三日　年始客が多い。朝食は雜煮だけ。正月は今日でおしまひと云ふ。

六日　鬼火、川東といふ一部落に限られて夕方行はれる。

七日　七草雜炊をしてたべる。七草が手に入らぬので持合せの青物を樣々入れて煮る。七草雜炊には「サンボ芋」の米と芋を必ず入れてたく、サンボ芋とは、サンボウに白米を入れその上に親と子と結びついた里芋をのせて正月、床に飾る、それを云ふ。

十一日　かがみ開き。かがみ餅を小さく切り汁粉をする。

十三日　もぐら打ち。女竹の先に藁束をくゝりつけたもので夕方から行ふ。

十三日ノモグラ打チヤ
　田畑イツテ　モノテモテ

から叫びながら家の中や屋敷内をたゝき廻る、どこもこゝもやるので十三日の夜はボーンボーンいふ音が靜かな山村の靜けさを奏でる。モグラウチに用ひた「モグラウチ」は果樹類

熊本縣飽託郡西里村の正月　（松本）

の枝にひつかけて置く。よくなるといふ。

十四日　ドンドヤ。數日まへから村の子供が學校からかへると直ぐ家々を廻つて「ドンドヤンたきもんばくんなはり」と言つて藁や麥藁や、竹、其他正月の飾り物、「コルマメ」の「ツト」（藁の兩端を結んで作つたコルマメの容物）等を集めて河原に集めて置く。十三日の夕方、村の青年が加勢して大きなヤグラを築いておく。二日の朝かいた吉書もこの時ヤグラのてつぺんに竹にでもさしておくとヤグラが燃える時焼けるか又は空の方に上る。へたな字は上らないといふ。十四日の朝は三時か四時頃火をつける。ポンポン竹がはぢけ出すと村の者は我先にとかけつけて、そこで鏡餅や小餅を焼く、ドンドヤの餅をたべると病氣にかゝらぬといつて家中のものにたべさす、馬にもたべさせる。又ドンドヤの焼け灰をもつてかへつて家にふりかけておくと火事が起らぬよも言ふ。

十五日　おかひめし。ドンドヤで焼いた餅を入れた飯をたく、この餅のことを「カヒバシラ」といふ。この日おかひめしを果樹に食わせる。これは二人が樹の側に行つて、「ナルカナランカ、ナランナラウチキルゾ」と一人が言ふと、「ナルマス、ナルマス」と一人が言ふ。そして鎌で幹に裂目をつけ、それに、おかひめしを詰める。

○綱引き。村の「若ヵもん」連中が朝の中から家毎に「十五

夜綱引きの繩をくんなはり」と云つて集めて歩き、所定の場所にみんな集め午後、そこで、その繩で綱引きの綱を作る。綱は中央部は二米位は抱くやうに大きく、兩端には幾條もの小綱がつけてある。綱引きは日暮れから始まる。

　綱引きを始めるまへに、綱を蛇が渦卷いた形にしてその中に小蜜柑を入れ、線香を立て、その周圍に村の若衆が立ち並んで線香の火をみつめてゐる。線香の火が消へると同時に、みんなワーツと叫びをあげて綱の中の蜜柑をとらうとしておしかける。この行事がすむと愈々綱引きが始まる。村の年寄と若者、男と女、上組と下組といふ具合に分れて夜の更くるを知らない。一勝負毎に村の頭立つた人がみんなに蜜柑を配つたり、「蜜柑投げ」といひ、庭一ぱいにみかんをなげる。かくて大抵十一時には終る。この綱引きは庄といふ部落にのみ殘存する。綱引きの場所は年により異なるが通常區長の宅ときまつてゐる。

○ゴショキ。眞宗のうちではこの日を「ゴショキ」と云ひ「ゴショキダゴ」といつて團子を作る。そして寺に詣る。今日から一週間餘りなまくさ物をたべず精進入りをする。

二十日　廿日正月。粟餅をたべる。この日粟餅をたべねば蜂からさゝれるといふ。夕食には「骨たゝき」と云つて、正月中たべたブリがまだ殘つてゐるからそれをたべる。大抵の中で

はこの骨たゝきを以て十五日の精進入りを解くために精進上げといつてたべる。

二十四日　あばれごもり。この行事は現在、中村といふ部落にのみ行はれてゐる。毎年あばれごもりの宿がきまつてゐて、二十四日の夜になると、その宿に村の若者—男は十五才以下、女は凡そ三十才以下—が集まつて夜更けまで男女混交の大騷ぎをする。宿の戸は閉めきつて他部落のものゝ窺視を許さず、同部落内でも十五才以上の男子の出入を許さない。

以上が西里の正月の大體の行事であるが、尙かきもらしたが、新婚の男は十二月三十一日の夕方、嫁の家にブリとかがみ餅を一重ね、それにダイダイ、串柿、御ヒネリ等をそへて、別に下駄やら、炭等をもつてゆく。これを「シヤアマツ」（歳末）といつてゐる。このシヤアマツといふ慣習は結婚後、嫁の兩親の存命中毎年つゞけられる。炭は結婚第一年に限られてゐる。シヤアマツに行つた男は嫁の家で馳走になつてかへる。かへるとき嫁の家からも色々品物をもたせてやる、「モドシ」といふ。

（一九三一・一・五　稿）

「附記」　元旦の「フキヨシ」は警察でやかましく二年程前から來なくなつた。水破りは每年來る。「ショウキダイジン」は今年は來なかつた。二日のダイコクサン、オキナコボシ賣は今年も來た。尙、フキヨシに來る人は「特殊の村の人」といふ。

山口縣阿武郡箕島村採訪

多田義男

◇頭屋

氏子中の裕福なるもの講社を構へ一月七日に神前に參集し、其年の例祭に奉祀すべき者を神意をうかがひ籤揚げし、その籤に當りたるものを頭屋とす、（以前は籤揚げは、前年の舊八月朔日に頭屋の家に於て行へり）講社は人別玄米參升（元は五升）宛を醵出し、之を集めて舊八月朔日にこめなでと稱し講仲間、頭屋の宅にて之をなんじやうにて精白す。（こめなでの事、今はなし）

頭屋は元、一社に一人宛なりしも明治四十一年に鄕社八幡宮に、村社客幡宮（古くは覺滿宮とも書く）を合併し、見島神社と改稱してよりは氏子は東、西、宇津の三部落となり、頭屋も各部落一人宛三人を出すに至れり。頭屋は親族の中より二人或は三人を出し、祭禮の日神社に參籠し祭事及び賄等に從事せしむ。之を面坊と稱し、面坊中頭屋に最も近親なるもの一人宛を本面坊と稱す。本面坊は他の面坊の指揮者にして、會計を司る者なり。

◇祭禮前の行事

古來祭禮は舊八月十四、五日の兩日を以て執行せし故（現今、

山口縣阿武郡箕島村採訪（多田）

九月廿八、九日）舊八月朔日には頭屋に於て竈戸祓を行ひ、御供に用ふる米並に祭禮に攜はる者の食料米を精白し、同十日には中清めと稱し頭屋の宅にて祓を行ふ。この日白米八升を面坊が、臼にて粉にひき、之を餅に搗き、薄くのべて長さ五寸巾四寸のもの十六枚、及び、長さ五寸巾二寸のもの十六枚を作る。之を餅の御供と稱す。他に拇指頭大のものを作り、之を竹を細く割りたるものにさして薬の苞に卷きたるものを三箇作り、御團子料と稱す。御旅所にて供ふるものなり。餅の御供及び團子料とも、半數は豆の葉を粉碎せしものをつく。

氏子中、不淨ある者は、岡屋上りと稱し、本宅を放れて適當なる所に假住して、妄に他出せざりしが、今は岡屋上りするものなく、只謹愼するのみなり。今は九月廿四、五、六の三日間、三部落の頭屋へ年毎に輪番に竈祓をなし、それより頭屋本面坊は潔齋をなすものとす。

尚從前は宮籠と稱し、舊八月十三日の朝より十四日の朝まで老人は神社に參籠して、その老人達の子孫より酒肴を贈らるゝ習あり。今は各自自宅にて老人を招き饗應するのみ。

◇宵　　祭

九月廿八日には、三頭屋より面坊參詣して、通夜堂に入り、先づ屋移り御酒と稱し、神酒を供へ、之を神職並に面坊中戴き互に親睦を契ひ、祭祀を完全に奉仕せんことを願ふ。然る後飯花餅と稱して牡丹餅を作り、之を四十八箇神前に供へ、餘りを親族知己等に配る。

御供は白米壹斗參升を炊き、明廿九日午前一時に供ふる。副使の御供と稱して、三人の本面坊が一ノ鳥居の下にて海水を浴びて後神殿に昇りて捧ぐる。直徑七寸高さ五寸位の圓錐形をなせるものを兩手にひねる。別に、廿九日、神幸より還御の後、奉る上料と稱し、前の副使の御供より稍小なるもの七膳と、粉に直三寸高さ五寸位のもの七十五膳を作る。

宵祭の供物は鏡餅三重、和稻壹俵、甘鯛三折、小鯛十六尾、鰑六枚、牛蒡、芋がら、昆布、茄子、海草、鹽、菓子等なり。

午後五時三人の頭屋夫婦及びその家族の參詣の時、湯立あり。其の後に非らざれば一般の氏子は參詣せざるが古來の習慣なり。

又、前年の祭禮後より本年の祭禮前百日迄に生れたる兒童は、青農と稱し、紋服を着、鉢卷をして參詣し、拜殿の一隅に祀れる青農の神様にも詣で守札を受く。

午後十一時參詣人の絶えたる後、地下の祝詞と稱し十二支の歲に當るものゝ祓を行ひ、神職並に面坊皆その干支に當れる洗米を戴く。

◇本　　祭

九月廿九日午前十時供進使の參向終りたる後社務所にて頭屋

よりの饗應あり。午後三時、御旅所、卽、一ノ鳥居に神幸あり。この時、國子料及び一夜酒を供ふ。頭屋夫婦、氏子總代、青農等供奉す。

還御の後、上料の御供（餅の御供を添ふ）及び七十五膳の御供を供へ、頭屋並に氏子總代等へ七十五本の御幣を頂かしむ。

右終つて、神輿の輿丁十二人（これは講中のもの輪番にて奉仕す）拜殿に於いて獅子舞す。先づ、

一人は鉾、一人は笏を持ちて舞ふ。次に御酒注とて互に御酒を注ぎて飲む眞似す。次は耕シにて眞鍬にてかきならす。次に拍子木を打ちて獅子を追ふ。最後に獅子が稻を食ふぶりをなし、獅子頭に稻をはましめたるまゝ之を神殿に納む。

其後、巫女舞あり。之は三部落輪番にて引受け、六七歳の子供舞姿を裝ひ、幣の舞・扇の舞・太刀の舞・弓の舞・鯛釣の舞を舞ふ。

續いて鬼の舞あり。十三四歳の男子、鬼の形（顏を塗り、頭に棕梠の皮を卷く）をして舞ふ。

祭の翌日、頭屋に於いて日待をなし神職、面坊其他親族等を招き、無事祭禮を了へたるを祝ふ。

附記　祭禮中、面坊は普通の衣服の上に新しく白布を以つて作りたる襦袢樣のものを着、同じく白布の帶を締め、白の鉢卷をなす。

千葉縣香取郡中村谷津の神樂獅子聞書　（木內）

千葉縣香取郡中村谷津の神樂獅子聞書

木內一夫

此處の神樂は別に宮に就て行はれるのではなく、今、そうした關係としては、僅に土地の鬼門に當つて居る辨天樣のビシヤ（舊二月一日）と云ふ一種の祭の時に、獅子面を具へる習があるが、その理由に就ては不明である。

演じた日に就ては何等定まつた日がない。

此處の神樂はひらしばと藝獅子の二に分けられ、演ずる場合には門に狹んでして居る。

ひらしばと云ふのは幣束及鈴を採つてする神いさめの神樂で、「どつこい千早振る天の岩戸を押開く」なる歌を持つて居る。

所演順は序出し幕の舞（獅子）から弊の舞になる。この歌は弊の舞のもの。次に鈴の舞あり、

「獅子は大坂河原町」（次は笛送り）

「白妙の御幣を持つて惡魔を拂ふ」

でひらしばを了る。ひらしばにおそめ、劍の舞が入つてる。少

しく妙である。

劍の舞は歌なしで、男裝、素袍、劍をとつて舞ふ。

おそめ、女裝。

「多くのおやまのだい寺のつん／＼椿の枝折りて大つる小鶴の居る時は、おまんは櫓でまりをつく、一人妙のおそめなり」

此處で化粧の口笛送り。

此の間に、おかめ、ショツプク（女神樂をつける、面の事を指す）出で、ショツプクはおかめのまねをする。道化で、歌に、

「あれ見ろそれ見ろおふじの山見ろ、しかが三匹とんでくるはねて來る、おらがかたんのあは心なんぞはかんぱり石だわ何たる事だわ、えいちよい／＼白ふじ浮たは男がよければ乞食をするからおらやあだ、やだちやば又來る性なし野郞めだ、何たる事だわえいちよい／＼。

菅二郞様より龜次郞様よりあの子がかわいくなくてはどうするものかよ、おしゝの子ぢやもの、何たる事だらしつちよい／＼。

此のちやりの跡、おそめ大狂、布をかぶつてする。笛、太鼓。（これがひらしばである）

藝ぢしは、狂ひで出で、中は科、大狂で入るのが普通である。

囃は、鼓、太鼓、カネ、笛。

曲目

四ツ足、獅子、二人。
龜につり、龜子獅子、龜のまね、三人。
蛇ぢやらし、（作り物を平にする）二人。
ひとり、（作物）二人。
ほら入り、（神樂三次）頭六人、外に黑赤鬼二人。
亂曲、（大きい廿三段位のもの 作物はし子升り）人人。
ほら入りの赤黑の鬼は六法を踏んで出る。（笛送り）
大仕掛けなもので、朝から夕刻まで打ち通すので、一番約一時間位づつである。
右、明治元年生れの老人の話による。

子供遊び集（二）

松本友記

熊本縣飽託郡西里村にて採集した子供遊びである、現在では是等の遊びが次第に子供達から忘れられ、盆とか正月とか稍盛に行はれて漸くその傳承を保つてゐるやうな有樣である。

(1) ぜんぜんまんご

男の兒でも女の兒でも、又男女兒混つてもやる、五六人村の辻等に集まると、ぜんぜんまんごしゆうい（ぜんぜんまんごしませうの意）と一人が言ひ出すと、すぐ皆でやる。

四五人の者が手をつないで輪を作る。その中にジャンケンで負けたものが鬼になつて、目かくしして立つ。そうすると輪になつてゐる者は鬼の周圍を、手をつないだまゝ

ぜんぜんまんご　ぜんまんご
からかつたりかごだ
あとんもーな　だあり

と一諸に唄ひながら廻り、最後の「だあり」（誰かの意）で輪になつてゐる者は皆んな鬼の周圍にしやがむ。そうすると鬼は自分のうしろの者の名をあてる。あてられた人は次の鬼になる。もしあたらなかつたら、あたるまで同一人が鬼にならなければならない。

(2) かくれんご

かくれんぼうのことを、この地方では、かくれご、又はかくれんごと云ふ。或は「陣取り」とも言ふ。

ジャンケンしてまけたものが鬼になつて、納屋の柱とか、庭の柿の木等を陣にして、そこに鬼は目をつむつて豫め決めた數、―多くの場合百―を大聲で數へる。その間に皆んな所定の範圍内の場所にかくれる。鬼は數へ終ると探して廻り、發見したならば當人にきこへるやうに「何某ケツタ」―例へば「友記しやんケツタ」と云ふ。ケラれたものは陣の側に居て決して他人の居所に口を入れる事は出來ない。かくて全部をケツてしまへば一番初めにケラれた（發見された）者が次の鬼となる。然し鬼が探し廻る間に、まだケラれないものが、鬼が知らぬ樣に陣を取れば鬼は再び鬼を續けなければならない。陣をとつた時は「陣取つた」と高聲に言ひ、かくれてゐた者も一先づ出てきて又かくれなほす。

(3) けつたけつた

この遊びは男の兒だけで、女の兒は滅多にやらない。かくれんごのもつと團體的なものと言つてよからう。即ち次の樣にして遊ぶのである。

子供が八人なり十人なり偶數だけ集ると二人宛ジャンケンして負けた者は負けた者、勝つたものは勝つた者と二組に分れる。双方で先づ遊びの範圍をきめる。範圍は大概廣い範圍に亘つて、三十有餘戸の密集部落全體にきめることもある。範圍がきまれば、その全地域を二分する、多くの場合路や杉垣等を境として二分しA組とB組は夫々決められた一方の區域内に分れてかくれ、片方から「よーし」と相圖すれば、片方からも亦「よーし」と返答し、ここで愈々戰が初まるのである。「よーし」と双方相圖をし終れば、AもBも共に家の軒影や押ごみ等にひそんで相手組の者を發見しやうとし、又こつそり出歩いては敵の姿を探し、姿を發見したならすぐ「何某ケツタ」と呼ぶ。早い方が勝で、おそい方の者はゲームから離れる。早く「何某ケツタ」と言つた者は又ゲームに加はつて他の者をケルかくして早くケ

られてしまつた方の組が負になるのである。斯様にして一ゲームすめば、今度は場所をかはつて又同様にして初めるのである。

(4)　めくらおんご

盲人鬼遊とでもいふか？とに角めくらおんごといつて女兒も男兒もやる。場所は農家の庭先か、鎭守の拜殿でやる。部落には必らず一つの神社があつて總てその神社の拜殿は開放され、子供の遊び場所であり、又農繁期の自然の托兒所となつてゐる。神殿にも自由に上られるけれ共罰があたると信じて滅多に行かぬ。その鎭守の拜殿でやるのが最も普通である。「お宮さんに、めくらおんごしぎやいこーい」と言つて行く。

ジャンケンで負けたものが鬼となる。鬼の眼を手拭で目かくしをしてから、かゝへて共場でグルグル四五回廻し方角を分らぬようにする。鬼は目かくしをしたまゝ他の者を捕へまわるのである。鬼でない者は或時は皆んなだまつて片隅の方にしやがんで鬼を困らしたり、或時は「手のなる方へ、手のなる方へ」と口々に唱へながら手をたゝき皆んな騒ぎ立てて鬼を困らせる。鬼が一人を捕へたら、鼻や口や頭の格好等を手さぐりで調べ、或は腹の下をくすぐつて笑わせて聲を出させたり等して、それが誰であるかを判断して名前をあてる。そうするとあてられた者が次の鬼になる。

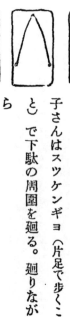

(5)　下駄けつだし

「下駄けっだし」の下駄のならび方

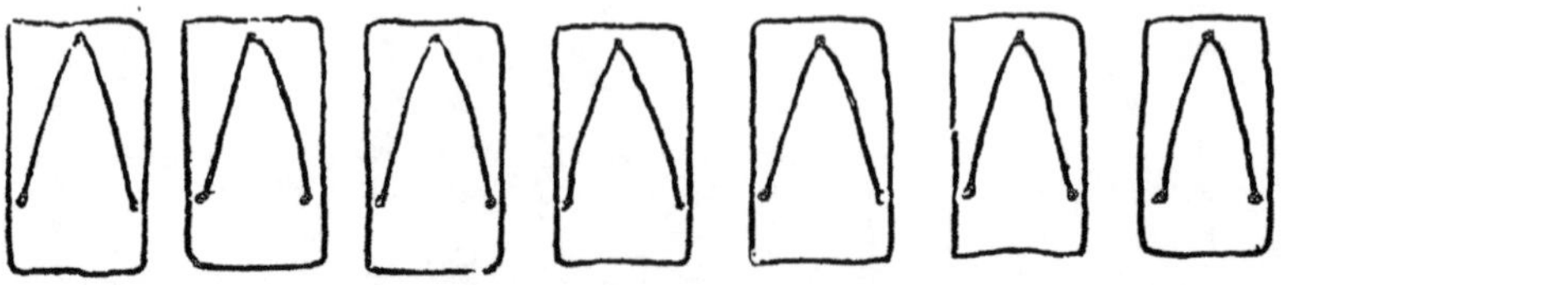

下駄をけり出して遊ぶのであつて、この遊びは女の兒に限る。場所は一定しておらず農家の庭で普通やる。

先づ下駄を五つか六つ（數は一定してゐないが普通五ー六個）地上にならべる（圖を見よ）。ジャンケンして勝つたものから順番にやるのであるが、今假りに靜子さんが勝つたとする。靜子さんはスッケンギョ（片足で歩くこと）で下駄の周圍を廻る。廻りながら

一けんじよ二けんじよさーんけんじよ四けんじよ
しごやのうらに
つゝじのはーなが
さいたかさかぬか
まださきそろわぬ
あんけんけんといふて
けりだーした

と言つて「けりだーした」で並んでゐる下駄の一つを列から先

の方にけり出す。スッケンギョをやめずに下駄をみんな、かくしてけり出してしまへば「いつこ」（上り）となつて次の者が同様にする。若しけり出してしまはぬ前にスッケンギョを止めたり隣の下駄に足を觸れたりすると「いつこ」にはならず次の者と代つて次の番をまたしなければならない。

(6) 隣の小母さん御茶飲み御出で

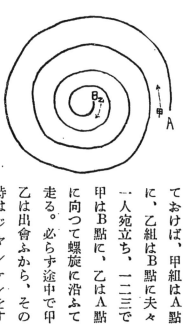

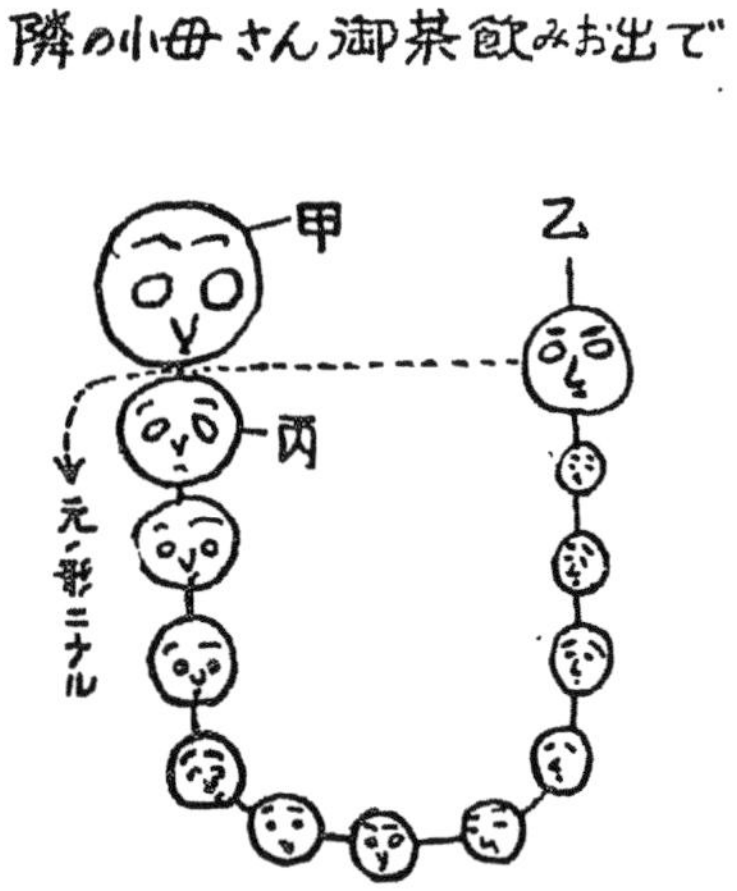

女兒に限られた遊びである。圖に示す様な形に背丈の高いものの順にならび、最後には中丈の者がならぶ。そして次の様な問答をする。

甲…となんの小母さん御茶のみ御出で
乙…茶をけ（茶肴）は何かな
甲…さかんしたん枯れ蕘
乙…それではいやいや
甲…とうぐわのつけもん
乙…すんなら子連れて　まいろうまいろ

と唱へて乙は次下の者と手を組んだまゝ點線で示すやうに甲と丙の手を組んでゐる下をくぐりぬけて又元の隊形になる。圖の題の大きさは背丈を示すもので大きいものが高い者を表す。

(7) まめくぢ（蝸牛）遊び

女兒も男兒もやる。比較的近頃流行つて來た遊びらしい。「まめくぢ遊びしゆうい」よからうといふ工合にこの遊びは始まる。

先づ圖の様に地上に螺旋を大きく書く。ジャンケンして勝つたものと負けたものと二組に分れる。甲組と乙組と假りに決めておけば、甲組はA點に、乙組はB點に夫々一人宛立ち、一二三で甲はB點に、乙はA點に向つて螺旋に沿ふて走る。必らず途中で甲乙は出會ふから、その時はジャンケンをする。

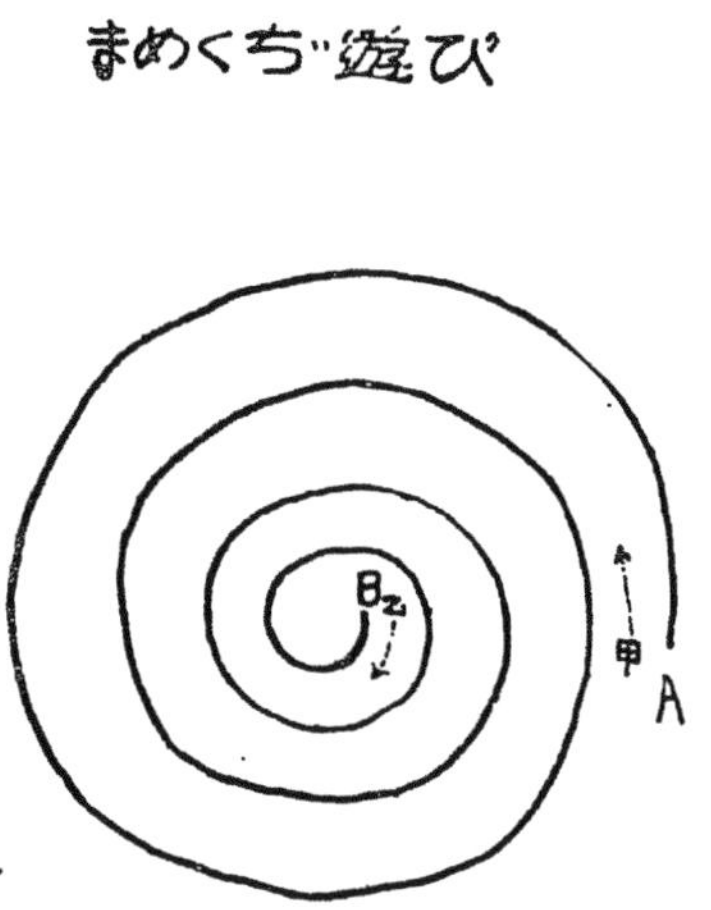

勝つた方はそのまゝ目的點に走り、負けた方はすぐ引返して、自分の組の他の者と代る。代つたものは出來るだけ早く螺旋に入つて勝つた方の者と出會ふ様にする。代る間に、もし相手の者が目的點に達してをれば負になり、幸に出會へば又そこでジャンケンして、勝つたらそのまゝ進み、負けたら前の様にする。然し一度ジャンケンに負けたら、餘程素早くしないと敗

ける。かくて五人なら五人が早く目的點に達してしまつたら勝負がきまる。

(8) 猫もらひ

猫もらひの遊びは女兒に限られたもので、時に男兒がやることがあつてもそれはたゞ眞似てゐるに過ぎず原則として男兒はやらない遊びである。猫買ひと猫賣りの會話は全部方言そのままに書く、分りにくいだらうけれ共その方がいゝと思ふから。

今猫賣りさんが十四の猫を連れてをるとする。猫賣りさんには一番年上の子供がなり。猫になる子供は橫に一列にずーつと猫賣りさんの右にならんでしやがむ。猫賣りさんのすぐ隣には「上猫」と言つて秘藏の猫とでも言ふか、その上猫になる者を置く、斯樣にならんでゐる所に、猫買ひさんがやつて來る。猫買ひさんにも年の多いものがなる。猫買ひさんは、ならんでゐる一番うしろの猫の所に行き

猫屋はどこかな（どこですか）

ときけばその猫は、

九軒まはつて先の方

と敎へる。猫買ひさんは次の猫に向つて

猫屋はどこかな

ときけば、その猫は

八軒まはつて先の方

と答へる。かくて猫買ひさんは順次にならんでゐる猫に尋ねて最後に猫賣りさんの所にやつて來る。そして猫賣買の問答が初まる。甲を猫買ひさん、乙を猫賣りさんとする。

甲　猫一匹くんなはり
乙　喰わせもななんかな
甲　粟飯（メシ）のさんごろ（粟のみで何も他に混じてゐない固い飯のこと）
乙　すんならやらんばな（そしたらやりますまい）
甲　すんなら米んめし鯛のいを（魚）
乙　ねどこらどこかな
甲　うまやんなかたい
乙　すんならやらんばな
甲　すんなら布團しいち、よかとこれ寢しゆたい（寢せませう）
乙　おしろやなんかな
甲　なべずみたい
乙　すんならやらんばな
甲　すんならじつぱなおしろい（立派な白粉）
乙　傘はなんかな
甲　ばつちよがさたい（竹の皮で作つた雨の日に農夫が被る笠をバッチヨガサといふ）
乙　すんならやらんばな
甲　すんなら絹（キン）のかうもりがさ買うちやろだい
乙　すんなら下ん戸柵ばあけちみなはり（開いてみなさい）

甲　ガラガラガラ（戸柵をあける音をまねる）
と言つて左から右に歩いて戸柵をあけるまねをする。
甲　居らんだつたばな（居ませんでしたよ）
乙　すんなら上ん戸柵ばあけちみなはり
甲　ガラガラガラ
と言つて戸柵をあけるまねをして
甲　居つたばな
乙　すんならあんたがよかつばつれちいきなはり
そこで甲はならんでゐる猫を一匹一匹鼻をつまみ（つままれた猫はミャーン、ミャー、ミャォー等色々なき聲をする）一番なき聲の氣に入つた猫を選んで自分の場所につれてゆきそこに居らせる。
（これでその日は暮れたことになり、以下は翌日の事である。翌日猫買ひさんは再び猫賣りさんの所へ猫買ひに出かける。）
甲　猫一匹くだはり
乙　きのふやつたつあ　どぎやあんしたかな（どうしましたか）
甲　おるが小便にいきよつたところが、つんのちきたけん、
　小便どこれひやあつたたい（小便所に落ちました）
乙　すんならま一匹つれちいきなはり
そこで甲は一匹一匹鼻をつまみ聲のよい奴を二―三匹つれて自分の場所へ行き、そこに居らせる。
（二日目はこれでおしまひ―明くれば三日目。）
又猫買ひさんは猫賣りさんの所へ出かけて、
甲　猫一匹くだはり
乙　きのふやつたつあ、どぎやあんしたかな
甲　おるがあんた（私が貴方）、ちようじいた（大便に行つたら）ところが、つんのちきて、
　ひやーあつたたい
乙　まあ一匹つれちいきなはり
甲は前にしたやうに鼻をつまんでみてから上猫一匹残し、後の猫をみんな連れて行つてしまふ。この時猫賣りさんは居眠りをしてゐる。居眠りをしてゐるのをみるや、猫買ひさんは自分のもらつた九匹の猫をつれて來て上猫を取り卷き、
みそちよつちよ　みそちよつちよ
みそちよつちよ　みそちよつちよ
と口々に言ひながら上猫を搗き碎くまねをする。この騒ぎに猫賣りさんは眼を覺し、コラコラコラッと叫んで猫達を追ひ廻して捕へやうとする。猫はあわてゝ猫買ひさんの後に逃げる。この時逃げそこねて猫賣りさんに捕へられた者がこの次の猫賣りさん、或は猫買ひさんになる。

(9) 馬んなれ牛なれ

男兒も女兒もやる。庭等の廣場でたくさん遊んでゐる時等よく誰がやり初めるともなくやり始める。

自分の履いてゐる下駄でも草履でも、その片方を、「うしな

れ」或は「うまんなれ」と言つてピョンと前の方にはねあげる。表を向いて地につけば馬になつた、裏向ならば牛になつたといふ。自分の言ふ通りに地につけば非常によろこぶ。

（以上の外に子供の遊びにはまだあるけれ共それ等は又報せる折があらうと考へる、尚女兒の御年玉（オジャミ）遊び、てまり遊び等は歌もあるから是等は又まとめて御報告致し度いと思ふ。）（一九三〇・一二・一稿）

加賀江沼郡南鄉村の俗信

山下　久　男

1、南天に澤山實がなると身代がよくなる。

2、枝垂柳を植ゑると貧乏になる。

3、棕櫚の樹が家より高くなると家が絶える。

4、葡萄や銀杏の樹は在家に植ゑるものでない。

5、柿の樹から落ちると必ずアヤマチ（怪我のこと）する。

6、酸漿がはびこると貧乏する。

7、山椒の木が屋根のハグチまでふとると植ゑた者が死ぬ。

8、梅の實で代神樂をすると實がならぬ。

9、月夜に藤豆植ゑると實がならぬ。

10、初茄子のなつて居る下でエボを撫るとエボが落ちる。其他、エボを落すには、「エボ橋わたれ」と云ふて他人にこすりつけるか、エボ橋へ行つて橋の上で錢一文でエボをこすりその錢を落してくるか、又はすはまのエボの宮の水を貰つて來てつけるかすればいゝ。

11、夜の蜘蛛は親とみても殺せ。

12、朝の十時前に內へ蜘蛛が入つてくると何かいゝものを誰か持つて來る。

13、左の耳がかいとえゝことがある。

14、爪を夜、きると親にはなれる。

15、火の中へ爪を入れて燃やすと火のやまひがちやがる。火の病は糖尿病のこと。

16、栗の双子を一人で食ふと双兒の子が出來る。

17、嫁に行く夜、雨がふると女の子、天氣がいゝと男の子、風が吹くと行き先から歸つてくる。

18、鼻の穴口にかたね（おでき）が出來ると親類に子が出來る。

19、ほゝけを踏むと産が重い。

20、男にソラ手が出來ると末子の女の子が元結で其の男のソラ手をふたまき卷いて置くとなほる。

21、姙婦がほところ（フトコロ）へきれ物を入れて居るとエグチの子が生れる。

22、土ビンの口ながら中のものを飲むとエグチの子が生れる。

23、鍋の蓋の上でものを切つて食ふとエグチの子が生れる。
24、火事、又は葬式まゐりに行つて腹を撫ると黒ンボの子が生れる。黒ンボはあざのこと。
25、子供が腹に居るときカラシを食ふと出來た子の髮の毛が薄くなる。
26、男の着物のつぎは女のお腰へあてたものでずると男が出世する。
27、何んでも三切れつけることならぬ。
28、いたちが左から右へ横ぎると家へかへらねばならぬ。
29、路で櫛を拾ふと苦を求める。
30、扇の要をもつて拾ふと貧乏になる。
31、蛇を指す時は握こぶしでする。指でさすと指がくさる。
32、蛇の尾を殺さずに置くとばんね(夜)まゝの中へ入る。
33、手にサカムケが出來るのは親を粗末にするから。
34、親指の短いものは仕事がよくない。
35、メヽズ(蚯)がジュと云ふてなくとあすが天氣。蛙がギヤク、ギヤク、と云ふてなくと雨が降る。
36、鰯の頭もシンジンからと云ふて履物を前へ投げて表が出ると天氣、裏が出ると雨が降る。
37、梟がノリツケホホ、ホヽと云ふてなくとあすが天氣、トウエツテトウコイと云ふてなくと雨になる。
38、ブト(ブヨのこと)が騒ぐと雨になる。
39、家の中がけむると雨になる。
40、トウロウの花でも紙でも途中で落ちると又死ぬと云ふ。
41、悪いことしたものは立山や淺間山へ登れぬ。
42、畝おとしをするとその人は死ぬ。
43、雨滴口に小用をすると何か異變のある時はその者は家から外へ出られぬ。雨滴口には神様が居るから。
44、雨滴口を馬になつて匐ふと子供のオコリが落ちる。
45、オコリを落すには又神様の鳥居をくゞりに行く。この時には人に逢ふときゝめがない。
46、お正月の一日には圍爐裡に足を入れると苗代へ鳥が入る。
47、初なりは必ず男がちぎる。
48、ドクダミの葉に針をさすとオコリが落ちる。
49、齒が抜けると上齒は雨滴口に置き下齒は雨滴口から空へほうり上げる。
50、燈心のシンが燃えてまるくなると蜂たつたと云ふた。さうするとえゝことがあつた。と云ふ。
51、肺を病んだ者が死ぬとサホガギを取換る。其を川へ流す。
52、川に小便するときには川の神様ばちあてゝくつさんな、親ねも子ねも云ふてくつさんなと云ふてする。さうするとばちがあたらぬ。

紙上問答

○たとへ一言一句でもお思ひよりの事は、直に答をしたためて頂きたい。

○一度出した問題は、永久に答へを歡んでお受けする。

○どの問題の組みにも、もあひの番號をつけておくことにする。

問(四〇) 雷と天井。

貞享三年板、西鶴の好色五人女四の二、八百屋お七が老母と吉祥寺に宿りおる内、一夜住職衆僧と共に外出し「跡は七十に餘りし庫裏姥一人、十二三なる新發意一人、赤犬許り、殘るものとて松の風淋しく、虫出しの神鳴ひゞき渡り、何れも驚きて、姥は年越の夜の煎豆取出す杯、天井のある小屋敷尋れて身を潛めける」。年越しの夜の煎豆は雷を避る効あると、今も此の田邊等でいふ。「天井のある小屋敷尋れて云々」は、去年十一月出板、三田村氏の五人女輪講、諸氏の解説が物に成てをらず。薩張り判らぬらしいが、この邊で雷は二重の物を通さぬといひ、蚊帳をつり、又二階下の室に走り込で雷を避る。その如く、屋敷裏と合せて二重になるから、二階なき家では激雷の節、天井ある室に栖籠つた物と想ふが、實際近時迄天井ある室は雷に打れぬと信ずる所ろもありや。諸君に質問する。

(元日、南方熊楠)

問(四一) 浮世名異女圖會の勢州の小畑について。

五渡亭國貞畫の錦絵に「浮世名異女圖會、勢州、小畑尼」なるものあり。中心に有髮比丘尼、一文字笠に扇を持てる姿、左肩に扇形に二見浦の添繪あり、右題の下に『たびのおかたとむぎわらだすきテトトント、トン／＼きれてしまへばたよりなやサアサヨサ、ノササ、サヨサ、ノササノサ』外二句の唄を記す。さて、小畑は小俣の當字として、參宮道中小俣に於てかゝる遊女の在りしことを知らず。參宮名所圖會や三國地志等にも見えず。特に伊勢の讀者の御垂教を待つ。實在か繪空事か。(藪重孝)

問(四二) 觀音のかり錢

西鶴作日本永代藏卷一「初午は乘つて來る仕合」に「前略——折ふしは春の山二月初午の日、泉州に立たせ給ふ水間寺の觀音に貴賤男女參詣でける。皆信心にはあらず、欲の道づれ、遙かなる苦路、姫荻荻の燒原を踏み分け……その分際程に富めるを願へり。……この御寺にて萬人かり錢する事あり。當年一錢あづかりて來年二錢にして返し、百文請取り二百文にて相濟しぬ。これ觀音の錢なれば、いづれも失墜なく返納したてまつる云々。」とあり。この水間寺の借錢を資本の中に入れて商賣すれば必ず富有になると云はれてゐる。故に季節になれば俗人群集すと云ふ。かゝる信仰他國にもありや、大方の御教示を乞ふ。(藪重孝)

答(二九) 南方先生が八月號で鰻の匂ひと錢の音の小咄に就て問ふて居られた、それは安永九年板「大きに御世話」と云ふ小咄本に出て居つた、全文次の通り。

○蒲　燒

吝いやつ鰻屋へ行つて蒲燒の匂をかいで來ては、それを菜に飯をくふ、鰻屋あまり吝いやつだ、憎さも憎しと書出しを持つて行く。「コレおれは借りた覺えはないぞへ、「イヱ蒲燒のかぎだいが八百文ござります。匂をかいでは喰つた氣になつてござるから、こつちでも喰せた氣になつて錢を取に來ましたと理の當然にしかたなく、八百文板の間へ投出し、そんならとつたと思つて錢の音を聞いて歸らつしやれ。

(桂又三郎)

答(三二) 千日詣り

遲れ乍ら南方先生に御答申す。千日詣りに就きてたの二記事發見しました。その一は、明治三十四年版「津市小観」二一頁年中行事八月の項に、「陰暦七月十日、この日観音に參詣すれば功德四萬八千日に向ふと傳へ、前夜半よりして陸續賽詣の客を絶たず、俗呼んで慾參りと稱す」とあります。四萬六千日より二千日多いとは有難い。然し清水寺の六萬六千六百四十日には敵すべからず。右云ふ観音とは津市の淺草なる慧日山観音寺の事なるべし。

その二は、大正十三年八月發行雜誌「難波津」七號十六頁に、「陰暦七月十日（現時では八月十日）は千日參りと稱し、この日に詣づるものは、平日の千度若しくは四萬六千日に當るといふので、參詣者は頗る多い。按ずるに此の日は観音欲日の最上日で、つまりは大德用の禮拜デーである。大阪及び大阪附近の人人は、此の日未明より佛法最初の四天王寺に詣で、境内であきなふ槇の心―槇の葉を束ねたもの―を買ひ求めて歸宅し聖靈祭りの供花の心に用ゐる。むかしは此の十日の外、同じ月の十六日に聖靈迭りと唱へ、四天王寺に參詣し、やはり其の日も千日參りといふたと『浪花のむめ』に書いてゐる。白縁齋梅好の狂歌に曰く、『千日に刈つた萱にはあられどもけふ一日でつみがほろびる』『艾よりきゝめのつよい天王寺けふの一トひが千日まゐり』とあります。御參考迄に。（藪重孝）

學界消息

○考古學會例會　は一月廿日東大山上會議所に於て開かれて、中尾萬三氏の『東洋古代の硝子と釉藥』上田三平氏の『上古時代柵址の一例』と題する講演が行はれた。

○折口信夫氏　一月上旬より中旬に亘つて、三河信濃の方面に採訪旅行を試みた。

○會津八一氏　は『法輪寺創立年代考』『法隆寺金堂釋迦像銘文考』を脱稿して雜誌『東洋美術』に寄稿した。

○金田一京助氏　の『アイヌ叙事詩ユーカラの研究』は東洋文庫より刊行された。二卷に分れ、一卷はユーカラ概説に、他の一卷はユーカラの本文及譯註、文法に充てられてゐる。

○白鳥庫吉氏　は一月十二日に開かれたる學士院總會に於て『景教碑文の大秦國について』と云ふ講演をなした。

○一九三〇年は獨逸の東洋學界から錚々たる學者五人を奪ひさつたが、これらの學者は中央亞細亞及支那の研究家として大名のあつた人であると共に、各々其專門方面の土俗に就いても深い興味を有し、夫々相當の成績を遺した人であるから、我々民俗學徒も大いにその長逝を悼まざるを得ない。五人の學者とは一、伯林大學イラン語及アルメニア語の教授マルクワルト氏（J. Marquart）二、伯林國立博物館々長ミユラー氏（F. W. K. Müller）第三は同じ博物館フホン・ルコック氏（A. von Le Coq）第四はフランクフルト・アム・マインの支那研究所々長ウイルヘルム氏（R. Wilhelm）第五は西藏學者フランケ氏（A. H. Francke）である。マルクワルト氏は中央亞細亞の諸民族についての古代習俗研究があり、ミユラー氏には印度支那半島の住民及日本人の土俗に就いての論文があり、又西南支那の未開民の言語に關する研究がある。ルコック氏については東　　に於ける現在の民俗俚言に關する稍々大部なる著述あり、フランケ氏には西藏の古歌謠古傳説についての有名な著述がある。五氏の略傳及著述等については通報（Toung Pao）一九三〇年第二、三合併號にペリオ氏の記述がある。

○共立社より刊行される全集『近代歷史大系』には、柳田國男氏が『民間傳承論』を、松本信廣氏が『古代文化論』を、西田直次郎氏が『國史の研究と其發達』を、石田幹之助氏が『歐米に於ける日本及支那研究』を夫々據當執筆する筈。

○民俗藝術の會　は今後地平社書房より獨立し

學界消息

て、雜誌『民俗藝術』の發行と會の事業の經營とをつゞけてゆくに當つて、各地方研究家の間に一層濃かなる聯絡を計り、多數協力のもとに鄕土調査開拓の實をあげんが爲に、從來の少數會員組織を改め、廣く各地に其會員を募集することになつた。（會費年六圓、二回分納可、申込所東京神田南神保町一四民俗藝術の會）

○「鄕土研究」がこの一月より鄕土研究社より復活されるさうである。

○「方言と土俗」は本年度より主として研究本位のものの發表機關となり、資料方面は『方言資料』として別に創刊されることになつた。『紀州漁夫の言葉』『相州漁夫の言葉』『蟻地獄全國方言集』『上州舘林方言』『山口縣柳井町方言』刊行書目として豫定されて居る。方言と土俗の會員には五十錢にて頒たれるが、方言資料のみの會員も募るよし。詳細は、盛岡市新馬町橘正一氏宛紹介ありたし。

○東洋民俗博物館の九十九豐勝氏によりて、土俗學的モノグラフイが、あやめ叢書として刊行される。其第一册『繪馬』はお札博士が大正九年に、亞細亞協會の請によつて試みた繪馬に關する講演の集錄 Ema の飜譯である。繪馬概説及繪馬の個別的解説があつて、日本土俗研究家たる博士が繪馬に關する其知識を簡述したもの。譯者九十九豐勝氏も、卷頭の博士の序文が示す如く、よく其人を得たものといへよう。圖版二葉、菊判二十六頁。叢書として續刊されるもの、石敢當私考、朝鮮佛教、大隅異聞抄、日本土俗玩具、日本俗信集、割禮と犢鼻褌、琉球の信仰的土俗等。年六册配本、送料共三圓、發行所奈良縣生駒郡あやめ池一二九九東洋民俗博物館。

○民俗藝術三ノ十二

長野縣下伊那川路地方のになは　中島繁男
攝津樓塚の額行燈・灘の酒藏で用ゐる「ことぼし」　鷲尾三郎
常陸鹿島神宮の御船祭り　石川日出男
大物忌神社の特殊神事　社務所
雅樂の譜に就いて　兼常淸佐
鶴岡のおばこ　湯淺竹山人
越中民謠布施谷節　小柴直矩
筑後麻生池神社のはんや舞　社務所
諸國子供遊び集
播磨の子供遊び　河本正義　上野吾妻地方
浦野克彥　備前の兒戲　嶋村知章　阿波
の猫買ひ　金澤治
諸國祭祀曆（七月—十二月）

○旅と傳說四ノ一

春る來る鬼　折口信夫
春の七草　牧野富太郎
歌名所のうそ　喜田貞吉
一夜松　中山太郎
志津川紀行覺之書（女家督、出入初め等）　中川善之助
美曾呂ケ池　佐々木喜善
天稚彥物語と其の異傳　島津久基
考古の伊賀　村治圓次郎
硫黃ケ島　永井龜彥
伊豫の傳說　横田傳松
琉球語と壹岐方言との比較對照　伊波普猷
出雲方言の謎　東條操
「膝栗毛」に現はれたる長崎方言　本山桂川
旣刊郡誌書目解題（十）　大藤時彥
平秩東作の歌戲帳　森銑三
鼠の花籠（一）　岩崎蝶仙
城の怪異　小寺融吉
羊の玩具　川崎巨泉
鄕土玩具錢道案內　有坂與太郎
我國の超長壽者話し　岡田建文
わが集印帖から　茂木愼雄

學界消息

傳説採集　早川孝太郎
○筑豐炭坑地の習俗と方言（九州民俗學特輯號）　三松大受
○方言と土俗一ノ八
全國ヂャンケン稱呼集　佐藤清明
ヂャンケンの時の合言葉　杉山正世
サンコ島　橘正一
八王子地方の俗信（一）　清水庫之助
俗信集（下）　嵯峨勇三郎
鳥の傳説　松田岩平
對馬の亥子ぶり　島居博
上州舘林町方言　宮本勢助
犬の脚　蟷螂方言補遺　童謠
○土の色七ノ六第四十册　特輯號
遠州傳説地名の起原　佐々木清治
○土の色八ノ一第四十一册
小國神社田遊祭　小國神社
「かいど」と云ふ言葉に就いて　平松東城
潮見觀音　飯尾哲爾
大神寺古文書・菅沼夢溪　二つ御堂の蕎馬
高橋榮一郎　府八幡大拔形代　辻村粱一
○愛媛縣周桑郡郷土研究彙報七號　刊行半歳記念號
方言區劃と伊豫方言　東條操
資料・報告
愛媛縣周桑郡田野村高松方言（一）　渡部盛義
郡内地名畀考(3)　杜迦舍
當地方の「ゐのこ」に就て　渡部盛義
しやうじやうとんぼの方言　おほいとんぼの方言　あさはだとんぼの方言
他地方資料
毬つき唄とお手玉唄　鈴木千代
埼玉縣入間郡高麗村新堀方言　神田七郎平
埼玉縣大里郡寄居町末野方言　設樂武五郎
妻沼町方言訛語　妻沼町誌所載
○佐渡郷土趣味研究第八輯
御ふるまひノ事並ニ御强飯ノ事　中山德太郎
海府の茶　不苦樂庵主人
燈籠竿　新發田　小田切元
農村雜信　青柳秀夫
小木港の童謠　青柳秀雄
佐渡資料　佐渡に狐棲まず　秋正雄
美濃國に於ける腮無地藏信仰　林魁一
南蒲原郡長澤村方言　大浦校　木村十郎
馬鹿火（其の他）　青柳秀雄
佐渡發行雜誌目錄　青柳秀雄
氣の付くまゝ　村田鈴城
燒味噌の資料　落語の忌み言葉　池田文痴庵

第十六回民俗學談話會記事

一月十七日神宮外苑、日本青年會館にて同例會をひらき、飯島忠夫氏から『支那古曆の特色に就いて』といふ講演を伺ひました。

同氏は支那の曆法研究の權威者であることは既知のことでありますが、同講演は陰陽五行説を中心として發展した支那曆について詳細なる解説を試みられたもので、十干十二支と陰陽説の關係、其他支那歷代の曆法を説かれ、其特色を明かにし、支那以外の曆法との關係を吟味せられた非常に興味深いもので、約三時間にわたる大講演でした。同講演は同氏によつて其の概略を御寄稿下さることになつてゐます。

唯同日は會員の方にも、委員達にも、風邪引きや其他已むを得ぬ用事の爲めに出席できない方があつて寄りが思はしくなかつたのは殘念でした。

御詫び

私は年始から風邪を引いてゐましたが、時々無理をしなければならぬもので捗々しくなほらずにゐましたが、到當本物になつて寢込んだので編輯に大變手落ちがありはしないかと思ひます。お詫びまで一寸。（小泉）

◇前號目次

△原稿、寄贈及交換雜誌類の御送附、入會退會の御申込會費の御拂込、等は總て左記學會宛に御願ひしたし。
△會費の御拂込には振替口座を御利用ありたし。
△會員御轉居の節は新舊御住所を御通知相成たし。
△御照會は通信料御添付ありたし。
△領收證の御請求に對しても同樣の事。

昭和六年二月一日印刷
昭和六年二月十日發行
定價金八拾錢

編輯兼發行者　小泉鐵　東京市神田區表猿樂町二番地
印刷者　中村修二　東京市神田區表猿樂町二番地
印刷所　株式會社 開明堂支店

發行所　民俗學會　東京市神田區北甲賀町四番地　振替東京七二九九〇番　電話神田二七七五番

取扱所　岡書院　東京市神田區北甲賀町四番地　振替東京六七六一九番

MINZOKUGAKU

THE JAPANESE JOURNAL OF FOLKLORE

Published by the

MINZOKU-GAKKAI

Volume III February 1931 Number 2

Page

Articles:

Short Notes:

MINZOKU-GAKKAI

4, Kita-Kôga-chô, Kanda, Tokyo, Japan.

民俗學

第參卷　第參號

昭和六年三月

民俗學會發行

民俗學會會則

第一條　本會を民俗學會と名づく

第二條　本會は民俗學に關する知識の普及並に研究者の交詢を目的とす

第三條　本會の目的を達成する爲めに左の事業を行ふ

イ　毎月一回雜誌「民俗學」を發行す

ロ　毎月一回例會として民俗學談話會を開催す

　但春秋二回を大會とす

ハ　隨時講演會を開催することあるべし

第四條　本會の會員は本會の趣旨目的を贊成し會費（半年分參圓　壹年分六圓）を前納するものとす

第五條　本會會員は例會並に大會に出席することを得るものとす　講演會に就いても亦同じ

第六條　本會の會務を遂行する爲めに會員中より委員若干名を互選す

第七條　委員中より幹事一名、常務委員三名を互選し、幹事は事務を執行し、常務委員は編輯庶務會計の事務を分擔す

第八條　本會の事務所を東京市神田區北甲賀町四番地に置く

附則

第一條　大會の決議によりて本會則を變更することを得

私達が集つて此度上記のやうな趣意で民俗學會を起すことになりました。

考へて見ますと學問が大學とか研究室とかに閉ぢこめられてゐた時代は何時まで何時までつゞくものではないといふことが云はれますが、然し大學とか研究室とかいふものを必要としなければならない學問のあることも確かに事實です。然し民俗學といふやうな民間傳承を研究の對象とする學問こそは眞に大學も研究室も之を獨占することの出來ない學問であります。然しさればといつてそれは又一人一人の篤志家や學究が個々別々にやつてゐたのでは決してものになる學問ではありません。出來るだけ多くの、出來るだけ廣い範圍の協力に待つしかないものと思ひます。日本に於て決して民間傳承の資料の蒐集なり研究なりが閑却されてゐたとはいひません。然しそれがまだ眞にまとまるところにまとまつてゐるとはいはれないのが事實であります。

かう云ふ事情の下にある民俗學の現狀をもつと開拓發展せしめたいがために、民俗學會といふものを發起することになつた次第です。そして同樣の趣旨のもとに民間傳承の研究解説及び資料の蒐集を目的として、會員を募集し、會員諸君の御助力を待つてこれらを發表する機關として「民俗學」と題する雜誌を發行することになりました。

どうかこの一般國民生活の中に深く生きてゐる事實の意義及び傳承を生かす爲めに、そして民間の學問としての學的性質を達成せしむる爲に、本會の趣旨を御諒解の上御入會御援助を賜りたく御願ひ申します。

委員

石田幹之助　宇野圓空　折口信夫

金田一京助　小泉鐵　松村武雄

松本信廣（在京委員）

秋葉隆　移川子之藏　西田直二郎

（地方委員）

昭和六年三月發行

民俗學

第三卷 第三號

目次

鞍馬の竹切について（一）

——山の神と素盞嗚尊——

肥後和男

洛北鞍馬寺は牛若丸の傳說を以て廣く知られてゐるが、實は毘沙門天の靈驗を以て今に近畿の信仰をあつめてゐるのである。緣起に從ふとこの寺は延曆十五年、造東寺長官藤原伊勢人が創むるところ、その毘沙門天を安置するは、要するに王城の北方を護る意味に外ならないとされる。かゝる靈場に行はるゝいろいろの行事の中で特に吾人の目を惹くものとして竹切がある。近頃これについて聊か考へるところがあつたから、その大略を述べて見よう。

一　現在の竹切

順序として現在この行事がいかに行はるゝかを見る。この會式は正しき名を蓮華會といひ、毎年六月二十日を期して行はれるが、その以前からいろいろの準備が行はれる。先づ六月十六日本堂の裏横手にある閼伽井護法善神社に社參のことあり、十八日に竹釣のことがある。

竹を用意しこれをつる事はすべて寺が行ふのである。竹は雄竹四本雌竹四本併せて八本を要するが、雄竹は周圍一尺二三寸の大竹を用ひる。雌竹はそれより大分細いものである。元來この附近の部落の竹藪より切り出したものであるが、近來はそうした大竹が附近になくなつたので、雌竹のみを附近より得、雄竹は伏見よりこれを取寄せるといふ。それを十八日に本堂正面左右の廊下に丸太を建て左右各四本づゝ横にしばりつけるが、その順序は上より雄雌雄雌の順である。雄竹雌竹は大小を異にするのみではなく雄竹は根を切り葉をつけてあるが、雌竹は根葉共にこれをつけてある。竹釣は寺が人夫を用ひてすることである。この時注意すべきは本堂に向つて右を近江座とし、左を丹波座とすることである。竹釣は即兩座の竹をつるのである。

十九日夜は蛇棄の式が行はれる。夜十二時頃になると寺の本堂では貫主（鞍馬寺住職）が只一人秘法を修するのであるが、所謂秘法で貫主以外にはこれが內容を知るものがないとされる。この修法と略同時に山門の前では大松明をもつた人夫が松明に火を點じ谷を隔てゝ東に屹立せる蛇棄山に駈け登る。山の頂きには平地がある外何もないが、そこへこの松明を捨ててくるのである。これは實は翌二十日の夜行はるべきものを、この晩行ふので順序を顚倒するものである。

かくて愈二十日になると午后に至つて竹が切られるのであるが、誰がそれを伐るかといふと大總なるものが切るのである。鞍馬へ行つた人は誰でも知つてゐる通り寺は山の中腹にあり山門がその麓に立つてゐる。山門の前には谷に添ふて南北に民家が並んで居るが、大總は即この部落に住む俗人なのである。尤も歷史的にいへば彼等は所謂鞍馬法師―叡山の山法師などゝ同じくはやくいへば僧兵―の後であり、今は廿戶ばかりが大總仲間を稱して居るが、その中特に法師仲間とよばれるものが十戶ほどある。彼等は普通の姓名の外それぞれ法師號をもつてゐる。例へば次の通り

杉本信三郎	覺傳	岸根德之助	長德	岸本道三	道覺
岸根藏太郎	藏見	伊藤政次郎	正齊	杉本乙次郎	淨安

渡邊千代藏　藏福　杉本源次郎　覺藏　中田伊三郎　福安
山本久吉　元德

この法師號は家號として代々傳へるものであり、元來多數あつたが、次第に退轉して今ではこの位に減じてしまつた。この中一老が二人あり、現在は杉本信三郎岸根德之助の兩人がそれに當る。一老は竹切に於ても萬事指圖をするのであるが、實際竹を切るのはその家々の青年達である。彼等は廿歳位になると大抵切るのであるが切手四人とまはし役四人併せて八人を要するし、各戶必ずしも適當なものがあるとは限らないから、一戶に若者が二三人あつても皆出ることになつてゐる。固り神聖な式であるから忌服中のものは除かれるし、式に出仕するものは前もつて身をつゝしみ潔齋をする。竹切の刀は幅廣の所謂山刀で計八口あるが、四口はならし切に用ひ、四口を勝負―本當に切ること―に用ひる。これらは共に名工が作つて寄進したもので法師仲間が保管して居るが切手に當つたものはそれを自らとがなければならない。

當日彼等は正午頃寺―仲間中で順番にあてる―に集り、素絹に衣をつけ、武者草鞋をはき、法師頭巾をいたゞき―元來は頭を剃るべきであるが現在の青年がこれを嫌ふので近年これを用ふ―大小を帶し、袋に納めた山刀を肩にして一老に率ひられ、二時頃山門より入りてつゞら折なる坂路を登り、本堂の下にある茶所に至つて待つのである。この時寺の本坊では會式を行ふべき導師たる貫主に下乘僧が準備して出を待つてゐるが、兩者は法螺の音を合圖に出て本堂に登るのである。この法螺を吹くものは僧達とよばれる。大總仲間と同じく門前の地下であり、今その家柄のものが十戶ほどあり、代表者一人を出してこの式に加はる。その代表者が卽この法螺方を勤めるのである。さて本堂の前には有名な國寶の金燈籠があるが、そこで大總は北に、衆僧は南に一列に並んで挨拶

4

をする。了ると衆僧は本堂に上り、大總は堂前左右に—卽近江座丹波座に分れて相對して立つ。すると一老が稚兒をつれて貫主の前に行き只今ならしを切りますといひ、次に近江座の前に行き、近江の竹は見事でございといふ。次にまた貫主の前に行き、只今ならしを切りますといひ、今度は丹波座の前に行きて丹波の竹は見事でございといふ。これを七度半の使と稱する。

それから竹をおろしてならし切なるものとするが、おろすのは雄竹のみである。先づ帶するところの刀—山刀ではない—を拔いて竹を縛つてある繩を切り、竹をおろし、堂前に横へ、その本末を切り拂ふのであるが、後に勝負の時は二節づゝ五つに切るのであるから、十節だけ殘して本末を切りすてるわけである。それがすむと四本をならべて勝負にかゝる準備をし式の了るのを待つ。式は卽衆僧の稱名梵唄の中に導師が秘法を修するのであり了れば導師は表へ向いて檜扇を靜かに三度あげる。一老がこれをじつと見て居り、三度目にあがつた瞬間にウオーといふ。これを合圖に竹がきられる。その形を云ふと廻し役は腰をかがめ兩手で竹を切手の方に差出し支へて居る。切手は竹を左の肩にあてゝ受け左手を以てこれを抑へ、右手に山刀を揮つて竹を切る。一刀では落ちないから廻し役がすぐに竹を廻して裏を切らせる。すると第一の部分が落ちる。すかさず廻し役が次の部分をつき出す、切る、といつた調子で四ヶ所切るのであるから廻し役の方が余程難かしいといふ。廻し役はこれと共に他の組の樣子を見て居り、自分の方が早くすみそうであつたら例へば、近江が勝ちいと叫ぶ。切手は切り了れば最後の部分を左脇に抱え、右手に山刀をふりかざして堂前の石段を馳せ下り本坊に達するのである。これで式を了るが、切られた竹は魔除けになるといひ、多くの講中から希望者が澤山あるので更に小さく切つて渡してやるといふ。又雌竹はそのまゝ釣つてあつて式中おろさないのであるが、元來これは元の藪へ返して植ゑべきものを今は略して取捨てゝしまふとの事である。

二　昔の仕方とその緣起

今の行事は大體上述の如きものであるが、これは早くから人の注意するところであつたから、德川時代に出來た京洛に關する地志名勝志の類でこれについての何等かの記事を殘して居ないものはない。例へば黑川道祐の日次記事に

毎年今日村人聚二藥師堂一、縛二建有根大竹一、又別大青竹二本、縛二堂横柱間一、法師二十人餘、著二白袴一、横二山刀一、出二庭上一、一本竹稱二近江一、一本竹稱二丹波一、法師各十人、左右分列、同時擧レ聲奔走、拔二山刀一截レ之、倭俗以二麤惡刀一恣伐二山木一、是稱二山刀一、因二其遲速一、占二兩國人豐凶一、速者爲レ得レ豐、然後各以二其竹一來二毘沙門堂前一、段々截レ之、是謂竹切。

と云つて居るのは近世初期の記事であり、後期を代表するものとして文久二年刊の雲錦隨筆をあぐるならば、それには

鞍馬の竹切といふは例歳六月廿日未の刻に行はる。時刻來れば毘沙門天の尊前において讀經あり。衆徒は妻帶にして鞍馬法師と號す。晒布の白帷子に黑衣を着し從者に野刀を赤地の金襴の袋に納めて持たしむ。頓て堂前に至り晒の襷をかけ裾高くからげ野刀を持ちて待つ。時に竹は二箇所に横にし老人の法師左右より中だめにして持つ（切役よりは持方の役むつがしと云ふ）讀經終れば群參の者鬨の聲を上ぐる。是を合圖として彼の兩所の竹を兩僧野刀を拔きて二所伐る（竹は八九寸まはりなる物にて一本を二所づゝ伐るなり一本の竹末に笹をのこし中央を伐るなり）伐り終れば野刀をさし上げて坂の下まで走る。左右兩僧の手練の勝負を年々記錄に殘す。故に吾れ劣らじと伐る曠の勝負なり。凡そ五組ばかりの勝負也。伐りし竹の中央は盜

難除の守護に成るとて衆人傳手を求めてこれを受くる也。最も潔き修法にこそ。野刀は衆徒の家々に傳ふる名作にて右竹伐の前以て是れを京都の月番御奉行所へ持參致し差上ぐれば則ち研師の年番へ仰付られ研料を下され研がしめ玉ふ。出來の後鞍馬より參つて頂戴し當日の式に用ふるを例とす。

と述べて居る。その外諸書の記すところ概ね大同小異であるが、日次記事に藥師堂に集つて此の式を行ふとあるに反し、貞享元年の菟藝泥赴には『當所の俗人本堂の西の觀音堂に集り兩方にふとき青竹を一丈あまり切りて立置本堂はあふみ方觀音堂は丹波方とて一山の院主大法事あり』と記して居る。現今の鞍馬寺は近年の再建で堂名、堂の配置なども徳川時代とは大分異つて居る樣であり竹切の仕方も多少相違して居ると見られるが、大體に於ては變りがないようである。その要旨とするところは

一、竹を以て雌雄の蛇になぞらへること。
二、雄蛇を切つて雌蛇を助けること。
三、地下法師がこれを切ること。
四、切るに際しては法要を必要とすること。
五、切つた結果は近江丹波の豐凶が占はれること。

等であらう。かかる行事がいつから始つたかは明かではないが、親長卿記文明三年六月二十日の條に『今日鞍馬寺竹切也』とあつて足利時代には既に行はれて居たことは確實である。然しそんな頃に始つたのではなくもつと古い古い沿革をもつのであらう。

然らば何故にかかる行事が行はれるかといふ前述の日次記事に『蓋是峯延斬蛇之遺意也』とある。その峯延斬

蛇の說を最も早く記したものは扶桑略記である。卽その延暦十五年の條に『造東寺長官從四位上藤原伊勢人造ニ鞍馬寺一則彼緣起云』として創立の次第を述べてゐる。それに從ふと時に東寺十禪師の一人に峰延といふものあり、圖らずも伊勢人と芳契を結び、遂にこの蘭若に住するに至つたが、

然間、時屬ニ五月一、可レ修ニ護摩一、當ニ日中時一、行法之間、自ニ北峯中一、大蛇出レ頭、吐レ舌三尺、其光如レ電、於レ是峯延制レ心、一處誦ニ大威德尊幷毘沙門天咒一、念ニ其威神力一、由ニ神咒之靈驗一、大蛇□而斃、峯延免レ害、峯蛇頓死、其後歷ニ三ヶ日一、伊勢人參レ寺、且聞ニ其由一、且見ニ蛇體一、奏ニ聞公家一、給ニ夫五十人一斬レ蛇、令レ棄ニ靜原奧地一。

といふ話がある。竹切は要するにこの故事に因んで行はれるので永く毘沙門天の德を稱し、その恩賴を希求する意に外ならないとするのである。それにしてもこの傳說と今の行事との間には多少の隔りがあることを認めなければならぬ。例へば今は雌雄二匹の蛇が出てくるけれども古緣起によれば一匹の蛇としか考へられない。尤これについては堯藝泥赴に

むかし南都招提寺鑑眞僧正氏山に入て雌雄の大蛇人をなやますを持念して一は滅せり今一つにむかひて當山に水を絕す事なかれとの給ふに蛇遁れてさりぬ。

と說明してゐる。鑑眞云々は後世の諸書多く彼を以てこの山の開山としてゐるがこれは誤りである。とにかく開山の時雌雄二匹の蛇が居りその雄蛇は滅したが雌蛇は助けられたといふのは近世の行事の形を說明する話で必ずしも古傳ではない。この雌蛇が卽、今閼伽井堂に祀られてゐる護法善神で實は辨才天であると土地の人が信じて居る。大したことではないが蛇が水と關聯して考へられて居ることが注目される。貫主が修する秘法の內容は分らないが、その際毘沙門天の呪文が唱へられるとしたら、それは最初からの傳統が保存されてゐる譯だが、蛇を

近江丹波に分けて考へるなど〻いふことは固より古緣起の知らざるところである。

要するに竹切が今の形に迄發展するには多くの變化がその間にあつたと思はれる。然らばその一層原始的な形はどんなものであつたらうか。それを考へる一の資料として我々は花背村のオンベエ打ちを擧げたい。

三　花背村別所のオンベエウチ

鞍馬の谷に沿ふて開かれた爪先上りの道を眞直に北へ辿り大きな峠—即花背峠—を越えて最初の部落が愛宕郡花背村大字別所である。維新前は別所村とよばれた。花背の名は近年多數の興味ある經塚が發掘されたことによつて學界に聞えてゐるが、その經塚たるやこの峠道の降り口にあるのである。

村の中に天王山福田寺とよばれる曹洞宗の寺院があり、その境内に一宇の毘沙門堂がある。南面して粗末な建物で南側にだけ緣があり、中はがらんとして居るが、その中央を少しく北へよつてこれ亦粗末な厨子があり、毘沙門天の木像が安置されて居る。厨子の前には東西に一つづ〻爐が切つてある。天井板もないが梁上には大きい太鼓が一つ載せられて居た。オンベエ打ちは毎年正月十五日にこの堂内に行はれる。

毎日の戸主は十四日に惠方に當る山の栗の木を切つてその皮を剝ぎ二本の棒を作る。一本をお粥まゐれといひ他を粥杖といふ。前者については叙述を省くが後者卽粥杖は長さ三尺ほどで、太さはその人々に手頃なものとする。十五日には夕食後各戸主は粥杖を携へ定められた宿—これを公文（クモン）といふ—に集り、先づ名帳を補正する。名帳はこの日迄に生れて七十五日以上を經た村中の男子の名を盡く記したものだが、毎年書き改められる譯ではなく死んだものを削り生れたものを加へるだけである。元來この村では宮座の制度があり、座人は四ッの株卽筑後介、三河介、相模介、加賀介に分れ、前二者を左座とし後二者を右座とするが、名帳には姓名の外にこの株名を記してゐる。例へば藤井傳之丞と書きその下に筑後介と記すが如きである。末端には某年正月十五日謹白と記してあるが、これ後述すべきように毘沙門堂で讀みあげられる爲である。名帳が補正せられると一同打揃つて毘沙門堂に赴く。堂內には厨子の前に南北二列に莚を敷き南を左座北を右座とし、年長順に坐る—株名を混じて年長順である。此時福田寺の住職は東の爐の東側に西を向いて座してゐるが、一同の着席を待つて厨子の前に進み心經その他を誦し了つて元の席に歸り『オンベエシラマンダヤソワカ』といふ毘沙門天の咒を唱へるが、そのオンベエと云つた時に右座の頭が撥をとつてその側に用意された太鼓をドドドと打つ、これを合圖に列座の面々例の粥杖をふりあげて力の限り堂の板間を叩くのである。咒文を唱へることは廿一遍であるがその間に粥杖は殆ど裂け割れてしまふのであり、また成るべく太い杖を早く割ることがいゝとしてある。この式の間は東西の爐でユリデの木を燃して護摩を焚くとするのであるが、時刻は眞夜中であり曚々たる護摩火の煙りの中に聲をあげて床板をたたく有樣は實に形容に絕するといふ。杖も裂け咒文も了れば住職は例の名帳をよみあげ次で再び毘沙門天を拜して座に戾ると末座のものがみきを酌む。終れば一同は住職の授くる牛王の印文を受け粥杖にはさみ自宅に歸るのであるが、この行事午前零時頃より始り二時三時頃までかゝるのである。

これは現今に於けるオンベヱウチの仕方であり、その中に考察を要する種々の事項を含むが、この際用ふる棒を粥杖と稱するのはこの行事が粥杖の行事と混同せるより來れることであり、その混同は兩者の目的が豐饒を祈る點にあることより來たものと思はれるが、疑問とするのはこの杖を以て床板をうつ意味である。固り物をうつことがそれだけである力を與へるもしくは獲得する意味があるとも考へられるが、この場合では他に明かな對象があつたと考へられる。といふのは從前はこの日藁を以て蛇體を作り十三佛の名を記せる札をつけ、堂の內側に吊り、その首を窓—南の入口の左右にあり—より出して居た。行事を了ればこの蛇體は村の南端にある勸請懸—道を挾んで兩方に大樹が相對して立つて居た、それを勸請懸といふが、今は無し—の木に懸けたといふ。これから考へるならば床を打つのは實にこの蛇をうちし形の遺れるものでなければならぬ。

然らば毘沙門天の咒を誦する間に蛇を打つといふのは正に竹切とその趣旨を同じくするものといふべきである。この村は地形上は丹波に屬するが文化的には鞍馬と連絡してゐる。されば前記經塚より仁平三年在銘の銅筒に納められた毘沙門天の銅像を先年發掘し、今この寺に安置してあるのはこの地に早く毘沙門天信仰の入りしことを證するものにして全く鞍馬の影響と考へられる。從つてオンベエウチが鞍馬より傳へられたるものとして竹切とその趣旨を同じくするものであることは多く議論を須ゆる必要がないであらう。そしてこの簡單な形が恐らく竹切の原始的な形を暗示するものと思はれる。そこでは一匹の蛇が作られるだけであり、咒文が唱へられるのと蛇が斃されるのは同時である。又村人はこれを以て五穀豐饒を祈るものとしてゐるが、この心理は竹切で豐凶を占ふといふ思想のも一つ古き形である。元來祈ることゝ占ふことは觀念上截然たる區別があるけれども具體的な行事そのものについて兩者の關係を見るならばその間に最も密接なものがある。順序からいへば先づ祈ることがあり次に占があるといふことになる。といふのは人々にとつて最必要なこと、望ましきことは例へば豐饒である。そこで豐饒を祈る行事がある。その行事を繰返し行ふ際に一種の徵候がその年の豐凶と一致したといふ歸納が成立しよう。例へばオンベエウチに於て早く杖を割つたものが特に豐作を得るといふ考へがある—今日はかうしたことに人々があまり信念をもたなくなつた—またあつたとすればそれはかうした徵候が豐凶と一致した幾つかの例が存在した爲である。尤もこれを我々が事實上から證明することは困難である。なんとならば我々はそうした行事が年の豐凶とは無關係であるといふ考へをもつて居るからである。これは科學といふものに訓練されすぎた我々にとつて已むを得ないことである。從つてかかる場合に於ける徵候と結果との一致はかゝる行事が豐凶に關係することを信ずる人々の世界に於て始めて意味があるわけである。要するにかような一致があることを信じてここに占の可能が明かになる。だから占の發生ずべき先行豫件として希求があり願望があるといはれる。この點からして占ひを主張する竹切の原始的な形として祈る氣持のつよいオンベエウチをあげることが出來る。而も兩者の間にこの樣な相違があつても兩者が別個のものではなくなほ同一のものであることを考へしめるものは竹切の中にもやはり願ひの意味が深く含まれてゐるからである。この占は單に純粹に客觀的な將來の狀態を豫見して滿足するをいふだけではない。切手が滿身の力をこめ我れ劣らじと切るのはその昂揚充溢した意志力自身が將來の狀態を或る程度迄決定し得ることを暗々裏に考へてゐるのである。卽ちそこに咒術的な精神が大に作用してゐると認められる。これはオンベエウチも同樣であり、出席者がなるべく太い棒を持參しなるべく早くこれをたゝき割らうとするのも要するにそれによつて豐作が期待し得べきを思ふからであり、一種の咒術的意味をもつものに外ならぬ。この共通點は他の諸條件と共に竹切の原始的な形をオンベエウチに見得るとする考を成立せしむるものである。

けれどもこれらの類似した行事が緣起にいふ如く果して峯延斬蛇の遺意として認められるだらうか。それを認めるにはあまりに多き蛇退治の行事が諸國に行はれてゐるではないか。

四　近江の山の神祭り

近江では正月藁の蛇體を作つて山の神を祭る風習が廣く行はれてゐる。一例として大津市の北に接する滋賀村のそれを述べて見よう。大字南滋賀字正光寺では正月四日山の神詣りの事がある。この神は女性と考へられてゐる爲に女子の參拜を禁じ男子のみ詣るのであるが、その際一家内の男子の數だけ白幣を切りそれを山の神の森の木の枝にしばりつけて歸る。

　七日に蛇を作るのであるが、この日子供が各戸を廻り藁を集めて寺—正興寺—へもつて行く。青年が寺に集り蛇の頭から作り始めるが、頭を作り了るとそれを本堂の柱にしばりつけ順次に胴から尾とぐろをまかせつゝ作り、長さ數十尺に至るのである。そして尾端を作り了ると同時にその尾端をもちしまゝ一散に表へ駈け出す。すると青年が大體二つに分れ年長者の仲間は頭の方へ、年少者の方は尾の方へそれぞれすがりつき互に引合ふので自ら綱引の形をなすが、この時尾の方をもつものは負けまいとしてそれを寺の門柱などに卷きつけたりして大騷ぎをするが、結果負けて蛇は本堂内に引きこまれ天井につられる。そこで僧により讀經等の式があり、その間蛇體に頭に十二本の小さい幣束を細く割つた青竹に挾み、蛇の頭部から頸部にかけてさし、次いで木を削つて作つた小さい鋤、唐鍬、鍬、萬鍬、山刀、鎌など農具の模型を藤蔓で結びつけ、また青竹の筒に酒を入れたものも同樣に結びつけ、更に杉丸太を以て作れる長さ周圍共に一尺五六寸の男根を二本同じく藤蔓にて縛りつけ、これを裃をきたものが擔ひ、僧・組の役員等と共に山の神の森に行き、その神木へ頭をあきの方に向けてぐるぐる卷きつけ、讀經ありて祭を終へるのである。

　ここでは蛇を退治する形がはつきりしない樣であるが、實は綱引の形がそれに當るのである。蛇を作り終ると同時に尾をもつてかけ出すのは云ふまでもなく蛇が生命を獲得し、活動を開始したことを示すものに外ならぬ。そのあばれる蛇を綱引の形に於て遂に退治するのであるが、退治された蛇が負はせられるものは凡て豐饒を保證する意味のものでないものはない。

なほこゝの山の神は村はづれ、山の入口にある森の中にさゝやかな小祠があり、東面して立ち、その前に神木が既に朽ちてその根株のみのこれるものがあり、今なほそれにまきつけるのである。この行事も今は簡略になり今年作りしものは長さ一丈六尺にすぎない。從つて上述したところは明治時代まで行はれし形式である。

また九日は山の神がその蛇に成り、山々に木種を播いてあるく日といつて誰も山に行くことをしない。もしこの日山に行き神の姿を見れば直に命を失ふとしてある。

次に少し離れて甲賀郡雲井村大字牧字漆原の例を見よう。こゝでは正月四日字中の若者が各自藁をもつて集り長さ四間ほどの蛇體を作り山の神にもつて行くが、この神は巨大なる杉の木で社殿はない。この木に蛇の頭をやはりあきの方（惠方）に向けて卷きつける。すると年行事が般若心經を誦し、了ると一同聲をあげて櫨の木で作り羽の代りに紙をつけた矢を一齊に蛇めがけて投げつける。

これらは見聞した中の一二例をあげたにすぎないがかゝる例は近江に限らず全國各地に於ても決して珍らしからぬ行事であらうと思ふ。これらはその仕方に於てその趣旨に於てオンベエウチや竹切に相通ずるものが甚だ多い。從つてオンベエウチや竹切を鞍馬の谷に特有なものとして峯延斬蛇の遺意なりといふ説明だけでは不充分なことになる。我々はこれを以て更に古き起源を有すものにして寧ろ我民族が太古より行ひ續けたものと見たい。

（以下次號）

朝鮮の儉繩と日本のシメ繩に付て（二）

今村鞆

第八、朝鮮の其の名稱

朝鮮の名稱の、左索と稱するは、左綯ひの索であるからである、其のインチユルと稱する意味は、不明である、此の土語を漢字で因繩（インは音譯、チユルは紐類と云ふ訓譯）と書き、又別に儉繩とも書き、夫れを朝鮮の近頃の學者の中には、朝鮮の開國神話の、檀君の別名の王儉の儉字に附會し、又は其王儉の祖父と稱する、桓因の因字に附會して、說くものあるも、無稽の說であることは論ずる迄も無い、其故事は「東國史略」に「三國遺事」などの古傳說を粉飾して、檀君姓桓氏。名王儉。東方初無君長。有神人。桓因之子桓雄。率徒三千降于太伯山……。化生子。號曰檀君。唐堯戊辰即位……云々とあるによつたものである。

日本の方は「古事記」に……天照大御神逾奇而、稍自戸出而臨坐時、其所隱天手力男神、取其御手引出、即布刀玉命、以尻久米繩、控度其後方、白言從此以內不得還入……と出て居るのが、一番古い記事であるが、此シリクメナワと云ふ名稱に付ては、古來日本の學者が種々に解釋して居る。

鬼神木に左繩を張りたる圖

本居宣長著「古事記傳」には、尻久米繩は今いふ志米繩なり。約なればおのづから里久は略て志米といはるゝなり、又思ふに、志米は標結などの標の意か、然らば尻久米と物は一つにて名は別なるが、但標も本はこの尻久米より出でたる言にや、然らば活用て志牟ともいふはや丶後のことか。

生産の門口にインチュルを張れる圖

土佐日記に……九重の門のしりくめなはとあり、尻は藁の本をいひ、久米は許米にて

許母理を久美と云ふこと、師の冠辭考……さす竹の條にくはしく見ゆ、然れば其例にて、許米をも久米といふべきこと疑なし。

藁の尻を斷去ずて、さながら許米置たる繩なり。

許米とは枕草子に……牟久呂許米など丶ある許米にて、俗に菜具留米といふ是なり、其字の意に近し。とあるにても知るべし、端出とは斷ざる藁の尻の出たる由にて、即後世の志米繩の狀なり。

此繩にも、くさ〲理を云ふ說あれど、みな例のひがことなり、和名抄に……顏氏家訓の注連字を擧げて、之利久倍奈波といへれど、よく當れりとも所思ず。

又師の說には、尻は後方の意、久米は限目にて、今天照大御神の御後方に、引わたしたる限り日の繩なる意なり、とあるもさることなり、いづれならむも決めがたし、さて古語拾遺には
……爰令天手力雄神　引啓其扉　遷坐新殿　則天兒屋
命太玉命　以日御綱　廻懸其殿……。
今折利久米繩是日影之像也……云々。とあり、日の御綱は一名なるべし。

されど日影の像と云へるは、附會の誤なり、藁の尻の出たるを以て、如此さまにいひなせる、さらに上代の意にかなはず……。

此の大神岩戸入の「日本書記」の文は。

……是時天照皇大神閉之而曰。吾比閉居石屈。謂當豐葦原中國必爲長夜。云何天鈿女命嘘樂如此者乎。乃以御手開磐戶。時手力雄神。則奉承天照大神之手。引而奉出。於是中臣神忌部神則界以端出之繩亦云左繩端出之繩。此云斯梨倶梅儺波。乃請曰勿請還幸。

とあり大同小異であるが、要するに其名稱は、シリクメナハ、シメナハ、端出之繩、左繩、日の御綱の四種であつて、此の日の御綱と云ふ名稱は、最も注意すべきものと思ふ。其わけは後段に説く。

日の御綱なる名稱は、以上述べたる外、「舊事紀」と「御鎭坐本紀」に出て居る、則ち後者の方は、

止由氣皇太神丹波國より、伊勢外宮へ鎭坐の際に、御神體に……錦の蓋を覆ひ、日の繩を曳いて……云々とある。

近來また、此のシメナハの古語を、梵語で解釋せんと試みた人に、故松島淳氏がある、曰く。

尻はシリイ（Silaih）落穗の意味、久米は排列するクメアー（Ku-mā）の意、繩はナーハ（Nahā）結び卷の意である。

又尻はシリ（Sili）平和が降る、或は運命が降るの意、クメはクメア（Ku-ma）幸福を願ふの意である。

故に落穗にて排列するの意、又は平和が降り幸福を願ふ繩の意であると、説くのである。

結局以上何れも附會の説で、首肯し難い、言語學上では不明の古代言語を、強ひて現代の語に類比するは、禁物とすべきもので、寧ろ不明として置く方が、一番學術的である。

此のシメナハの如きは、寧ろ其言葉よりは、風俗學上から研究すべき性質のものと思ふ。

第九　シメナハの民俗系統

此の左り繩を張る民俗が、内鮮同一である事は、前に説く所を以て、十分に明瞭となつたが、扨て此の俗の起原は何れである?。

此の點に付き、支那北方系統である?南方南洋系統である?と云ふ點に付ては、自分は大體後者であらうとは考へたけれど、玆に大に惑ふたのは、平壤附近高勾麗古墳の壁畫の一部に、三神（道佛儒混合とも思はるゝ神像）の上に、幕を絞つた樣な、左よれの布帛のつなの樣なものがあり、所々にシデの樣なものが、其つなから下がつて居る圖を發見したからである。琉球の方は大體判明したが、南洋の方が判らぬから、大先輩南方熊楠先生の敎を承けた。先生の復信により、愈南方系と云ふ事が判明するに至つた。

琉球の方は、「李朝實錄」世祖王元年（西紀一四五六年）に、濟洲島の舟乘り梁成等八人が、難船して沖繩本島に漂着し、琉球國王の使と共に、同王七年に本土に送還された……其本人の申立

に、琉球の事情を書いてある中に、左の如きものがある。

・・夏の正北に一節日がある、又元日には藁を左に綯つたものを、門の上に懸け、又木を割つて束とし、積沙の上に置き、餅を其中に加へる、又松の木を以て、其の束の木の間に挿み、五日に至つて止める、其俗之れを新禳と謂ふ、且つ酒を飲んで樂しむ。

是れに據つて、昔し琉球に其俗のあつた事が明白になつたが、さて現今の模樣が判らぬから、琉球の方で、斯かる方面に造詣深き、金城朝永氏に御問合した、其返翰は左の如し。

金城朝永氏の書翰

「前略……明治三四十年頃から後は、都會地では、正月に門松縮(シメ)繩(ナハ)はやつて居なかつた樣で、是れは田舍に行くと、今でも同樣で、御承知の通り琉球では、現今でも舊曆の正月をやつて居ます、併し四百余年前の「琉球へ漂着した朝鮮人」の記錄の中の、貴着「歷史民俗朝鮮漫談」に引用された通り、元日には左になつた藁繩を門上に懸けて、松も立てゝやつたやうです、夫れが何時の間にか行はれなくなつた事を思はれる。

正月のしめ繩は、以上の通り、これ以外に惡疫流行の場合等の時には、首里市や那覇市の民家では、數十年前には、軒又は戸口に、しめ繩を張つたもので、之を左繩方言でフィヂャインーナ (fijai-na) と稱して居ました、矢張左綯ひの繩で張つた事は、其の名稱から推して知る事が出來ます。

又田舍（琉球本島の北部國頭地方）では、このしめ繩を林の入口に張り、時には牛の背或は馬の背等を、中程に結び付けて居たそふです。

其大小には、何の制限も無く、勝手に各々の軒又は戸口又は道路（田舍では）に適する樣の長さに綯はれ、材料は藁であります。

要するに、琉球のしめ繩は、大略魔除けに使用せられ居れど、別にゲーン（意味不明薄(スキ)の一種で、

圖の如き形に結び、魔よけとして、疫病流行以外にも、平常にても軒に挿す）と稱するものが、しめ繩よりもつと一般に、使用されて居ます、寸法は一尺以上、一尺五六寸が普通の樣で、是は都會地には、今見る事が少なくなりましたが、田舍へ出かけるとよく見受けられます。

右の外ゲーンを小さくした樣な形三四寸程（必ずしも寸法に制限なし）の物を、特に食物又は供物の上に置いて、魔除けに使用して居り、之をサン（意味不明）と稱し、藁又は七島藺（本植物土產に非ずされどかなり栽培せらる）を、一本で結んで居ます……。」

以上朝永氏の御返書により、琉球の方は大體判明した。而して左圖にあるゲーンが、內地の輪飾りのシメに酷似して居るのは、甚だ面白い。

次に南洋の方であるが、南洋に居つた人間は、朝鮮にも居れど、全く素人の言を聞いて、記載するは、危險と思ひ、南方熊楠先生に御問合した。先生には、甚しく御繁忙であるに不拘、小生の爲めに二回にわたり詳しく返翰を下さつた、左に其儘記載することにする。

南方熊楠先生の返翰

『……南洋にシメナハを用ひ候は、小生の知る所では、箇人の所有物件、家宅、領地等に齋忌に附する時の事と、記憶致候、萬葉集第三の、金明軍の歌に「シメユヒテ、定メテシ住吉ノ濱ノ小松ハ後モ我ガ松」とあるは、自分の物に人がさはらば、祟るとの物忌を、シメナハにて示す、其の如く所有物は、家宅等に物忌の印しを付す也、但し只今一寸畫きみしに、シメナハよりは、蝦夷が用ひし削掛など云ふものに、似たよふに候。

小生目今多用にて、參考書皆倉に片付、一寸と取出し得ず、どくと調べて可申上候、圖を見出れば、記載文のみにて判然せず候、圖を出すには多くの書籍を引出さざるべからず。

と書き了つて、倉に入り、入口近くにあるのを見付け、四册試みに取出し、見出せし次第左に申上候。

ニウギニア島の東南部で、一般齋忌（村祭、酋長の葬等の事と、一物件、一家屋に限らざる）を示す印し、（クヅラと名くるもの）椰子の葉一枚又は二枚（端と端とを合せるとあり）甲の如く葉の前端同志を合はすなるべし、これを二本の木又は二つの杭の間だに張る、乙の如し。其の小葉の端が丁度地面にさはる程の高さに張るなり。（とあるが此の圖の如きは不合格にて、一寸も地にふれ居らず）

甲

乙

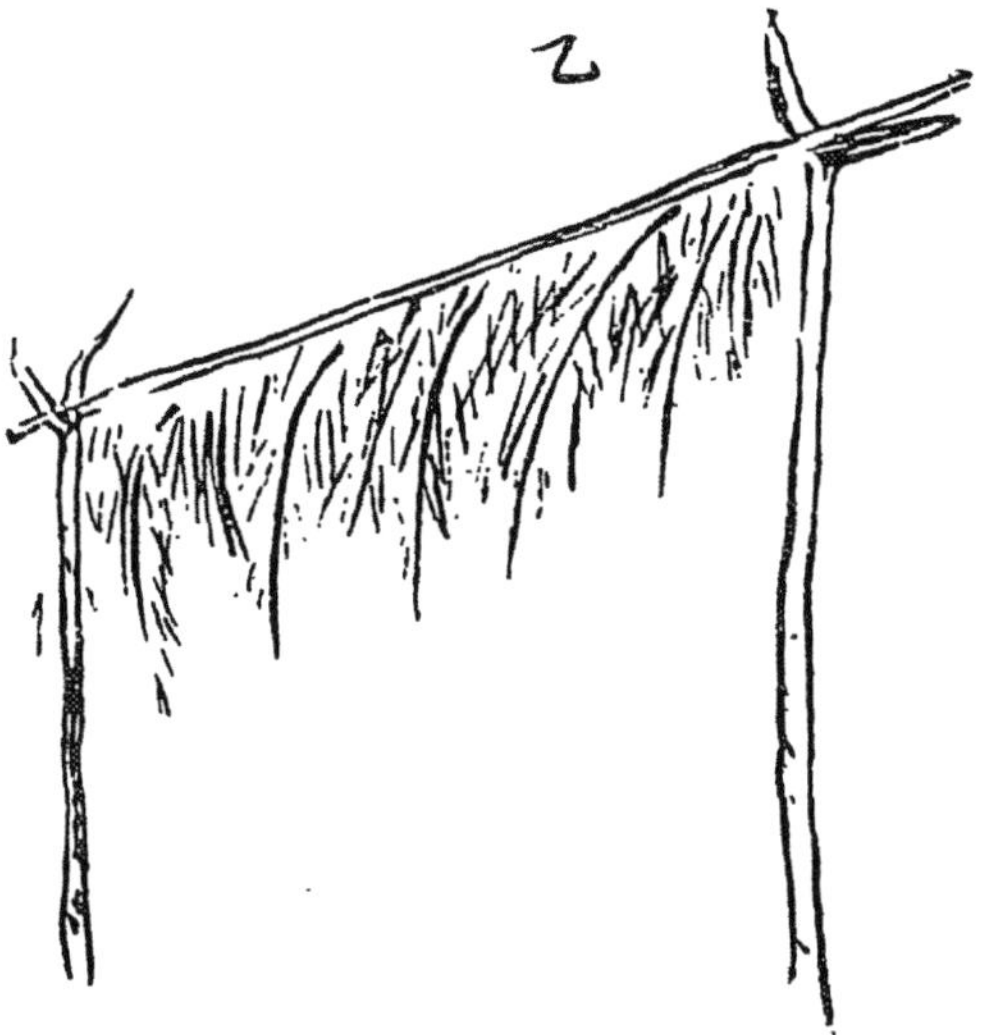

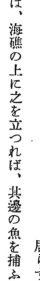

例せば、海礁の上に之を立つれば、其邊の魚を捕ふべからずとのしるし也……とあり（以上一九一〇年板、セリグマン著、英領ニウギニアのメラネシア人、五七七――七七八頁）

朝鮮の倹縄と日本のシメ縄に付て（今村）

喪膳の爲めに、備へおく食物の、齋忌(タブー)のしるしはヅナリといふ、貝殻を貫ぬきしものをかくる、例せば、人死すれば、此の貝十二箇、又はそれ以上を絲にて貫ぬき、死人所有の椰樹の內の一本の幹に卷く、然るときは、死人の爲にリガリガ喪宴がすむ迄、其椰樹(ヤシノキ)の果を犯さるゝことなし。

此等は唯其の事が、シメナハに似た迄にて、物も形もシメナハに緣遠し。

然るに、同じ英領ニウギニアのドブちふ所には、一人あり、其の椰樹、死人其の所有物件（熊楠謂ふに苑宅等）への往來筋に入り、犯す者を防がんとせば、術士を招く、術士乃ち來り呪誦して、檳榔と蔞をかみ吐きちらし椰樹葉或は禾草グラス（Grass乃ち禾本科の草、日本で申さば、カルカヤ、チヤヒキ、エノコログサ等、稻、麥等藁になるものは皆禾草也）禾本科の草の數束を結び付け盜を禦ぐとある。之を犯したるものは、瘰癧となる、（一九一〇年、ブラウン著、メラネシア人及ポリネシア人二七六頁）

椰樹葉は姑く置き、こゝに禾本科の數本を結び付くるとあるはコンナに、禾草を捻ぢ合はす

ことにて、シメナハは、取りも直さず、藁（乃ち禾草の莖の乾いたやつ）數束を結び合はすに、始まりし事と察す。

其の禾草の乾いた物から、粗製のシメナハが出來し事と候。夫れから、印度洋諸島には、右等よりも、一層シメナハに似たものありしと、記憶するが、只今專門的の書籍を取出し得ず、（夜半倉へ火を入れる事は嚴禁故、上に引きし二書は、暗中模索取り出し來れり）東浦寨(カンボヂア)（佛領後印度の一部にて、名義のみは今も王國也）には、女子經行初めて到る時、其の親其の女子の腕に、綿絲を絡ひ、蔭(カゲ)に入ると稱へ、種々の式を行ふ（此時涅齒するなり）

又かゝる綿絲には、修法中の術士をよぶことあり、之れセーマ Sêma と名く、Sâcree（神々(コウゴウ)しきの義也）（一八八三年、サイゴン發行、交趾支那探討遊覽雜誌に出たる、エーモニエー東埔寨風俗迷信記）

小生は只今見出し得ぬも、一八八三年板、ムラの東埔寨王國誌卷一に、競渡をする時、並べる舟の前に、右の如き綿絲を張る、其絲をはりある內は、舟決して漕出さず、一度びその糸を切れば、一齊に漕出すとありしを記憶す。

綿絲とて糸一筋に非ず、夥しく糸をより合せて繩(ツナ)となしたるなり、シメナハとは、物替れども丁度本邦にてシメナハの代りに、次の圖の如く、綿布條を赤白に染め分ち、それを捻ぢ合せ

て、太き縄となしたるを、天理教、金神教など乃至蝦子大黒等、俗向の神殿に、祭儀に張り飾るのを見る如く、此の綿絲ももとは、藁や不草のねぢ合せて作れるより、轉生せることゝ存候。

名けてセーマと云ふは、シメの音に近く、例の早り男は、ソリヤコソ神道は、カンボチアから來た、日本人はカンボチヤの後裔など、發明すべきか呵々。

此のセーマの捻りやうも扣へ置きしが、拙方書籍や筆錄中に、多くそれを捜しにかゝると、年末の仕事にさはるから、これだけにて御免を冀ふ。

但し右の文は、巧遲より拙速に如ず、今夜倉より暗中に取出ししを幸に、見當つた丈をと譯出致候もの故、少しも法螺に非ず、小生より問たりとて、どこえ御さし出下されても宜しく候。

本書狀書き了つて、發送せんとするに臨み、夜明けたから、倉に入り心當りの書を取出し、不取敢一事を申上候。

一九二〇年板、バツトフィルドの「ロヤルチー群島土人間の生活」六五頁に下に示す圖あり。

椰樹の葉と實を、椰樹幹に縄（籐の蔓ならん）にて縛り付けたるなり、（ロ）は縄に一群の樹叢を圍ふたらしく候、小生眼宜しからぬ故、しかと精しく寫し出す能はず。

斯く物忌が付く間は、誰も盜むことならず、扨大酋長物忌を除き、椰子を下民に頒つ時は、大宴を開き、歡萃したるなり、然るに今は、大酋長は椰樹に物忌を付れとも、之を取除きても下民に頒たず、隨つて宴會もなし、大酋長は椰子を集めて悉く

大酋長が、其領地の椰樹林一圓に、物忌みな付けた圖

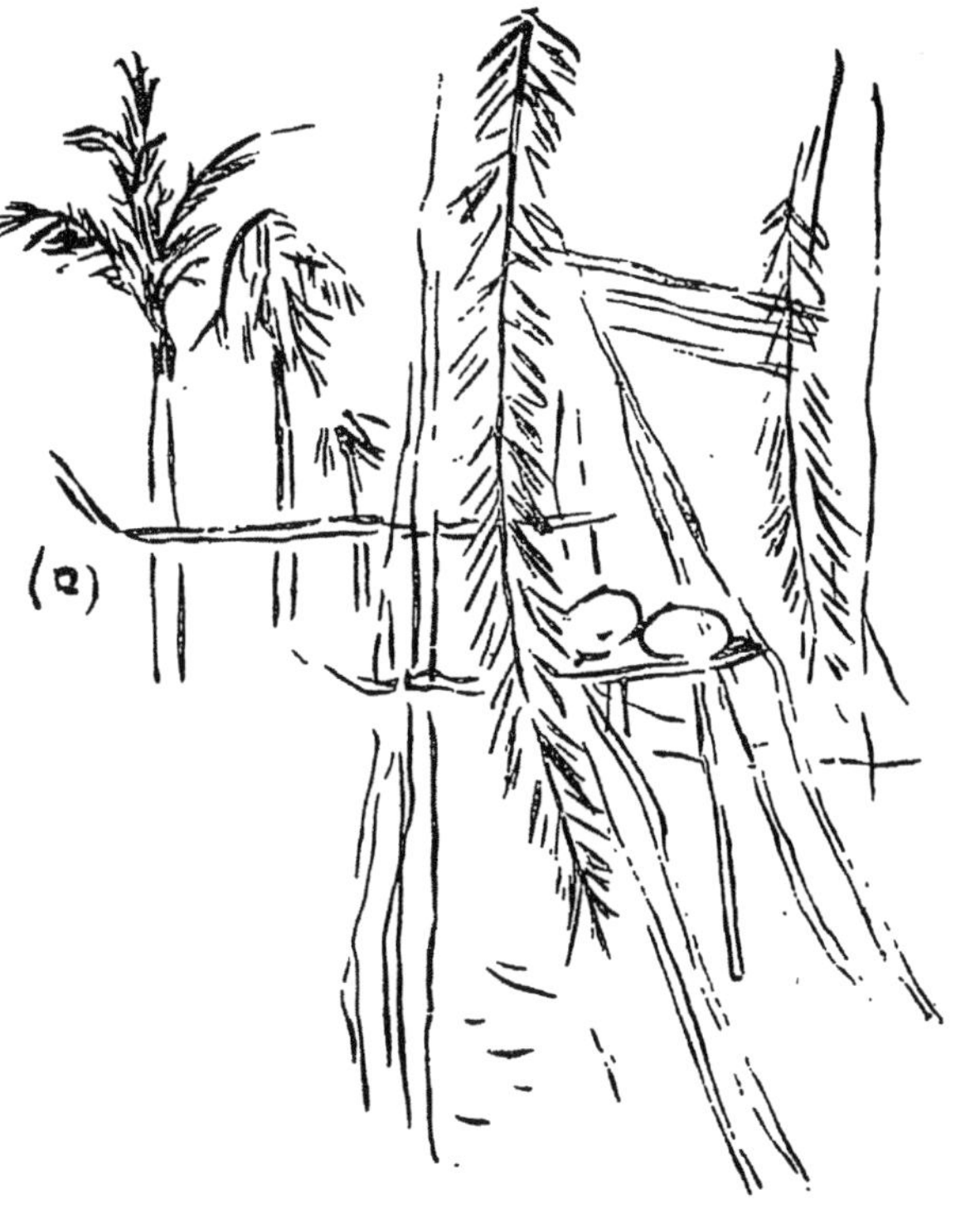

之を外人に賣り、其利金を自用に供す、故に下民嗷々頻りなり云々……。

是等メラネシア、ポリネシアには、椰樹のみならず、何物を齋忌するにも、椰樹の葉や實の殼をくゝり付け、物忌とするこ

と多し、之れは少し違ふが、本邦にて橙や榊の小枝をくゝり付て、物忌を表する如しと存候、又本邦にて

圖の如く、幣の樣に紙片を切り、シメナハに挿み垂るゝことあり。

此等（橙、榊の小枝、幣、帛樣の紙片）が、齋忌の本當の標示にて、繩を初め此等の物を齋忌さるゝ物（神木の幹とか神祠とか、そのぐるりの瑞籬とか、門柱とか）に縛り付ける丈の用に供へしものと存ぜられ候、夫れが後には、シメナハ自身も、齋忌の標示となりし事か。

右は參考までに申上候、見出すに隨ひ可申上候。』

『……小生明治二十九年頃、大英博物館に在りて、筆抄せしもの（凡そ一万八百頁あり五十三冊）を取調ぶる內、過日御問合の、シメナハの事、少々見當り候間左に譯出致候（これは同書抄三六より寫出す）

ズブ島（フィリッピン群島の一）の貴人の葬式の條、

此の土の最も貴き諸婦人、死人の家に來る、家の正中に亭有り、戸を入れ繞らすに繩を以てす、其繩に樹の枝を著け、其の枝の正中に、木綿の片れを亭（又天幕とも譯し候、パギヨン Pavillon）の狀にして掛けたり。

此の島の樂は太鼓（タイコ）と大鼓（オヽツヾミ）と二丁鼓（ニテウツヾミ）と、銅鈸子  を用ゆるなど、他にも本邦に似たこと若干を載せあり、此事は一〇〇頁に見ゆ、（但し本邦に似たと云ふは、小生の見解にて……其頃は、本邦の事は一向西洋人に知れ居らざりし也）

右は一五二一年に、マゼランが始めて世界一週し、此のズブ島（今はセブ島といふに）殺されたる、少し前の記なり、一八〇一年、パリ板ポルトガル人ピガフエツタの一五一九年至一五二二年、マゼラン艦隊世界周航記一一五頁、此書は伊國文のもの一種、佛文のもの三種傳はる、小生寫せしは佛文のものの一本なり。

右の繩はシメナハ、樹枝は、サカキ等枝のマン中に、木綿の切れをかけるとは、幣（ヌサ）に似たることに候、是れは本邦の神葬儀に似た事と存候、フィリッピン諸島は、其後天主教又回教化したれば、コンナ風俗は只今は亡び果た事と存候。

序に申上げる、右の木綿の切れをかくとは、天蓋の如くに懸下せること、存候。

次の文を見れば分る、

（上文の續き）扨て此の亭の下に、白衣せる諸婦すはる、一婦毎に侍女あり、椰子の葉の團扇にてあふぐ、其他の諸女は、室のぐるりに悲しい顏をしてすはる、其の內一女が死人の髮を少しづゝ切る、凡て男は好む丈けの多くの妻を持ち得れど、必ず

一人の主婦あり、其時主婦死夫の上にうつむき、口と口、手と手、足と足を合はす、斯くして他の一女が死人の髮をきる間、主婦は泣きつゞける、髮を切り了れば、主婦は唄ふ、室内のぐるりには、多くの磁器の爐あり熾んに火燃へ、それに時々沒藥、楓香等を投げ入るゝ也とあり、最後の訣れに、祭印で一曲吹ふとは奇妙なり。』

以上南方先生の復信により、シメナハの起原變遷等を明にして餘りあるものと思ふ、而して禾草を結ぶことより、シメナハに發達したと云ふ、先生の高見は正に然るものと思はる。

茲に先生の翰筆の全文を掲げたるは、讀者と共に、其の記述より享ける利益の享有を、均霑せんとする爲である。

以上の記述に據つて、シメナハの土俗が、南方系であり、日鮮兩方へ大昔し、南から來つた民族の遺風であることは、贅說を要しない事であろふ。

而して「後漢書」に……馬韓ハ西ニ在リ、五十四國ヲ有ツ、共北ハ樂浪、南ハ倭ト接ス……云々……辨辰ハ辰韓ノ南ニアリ亦十二國ヲ有ツ、共南ハ亦倭ト接ス……云々とある、古來學者の疑點爭點となつて居る、事項にも解決の資料を與ふるものである。

第十　シメナハの起原と左綯の理由

シメナハの起原に付ては、日本の神道學者は、之れを神聖なる淨域として張り廻はし、併せて人の入るを防ぐために、ゆひ結らすものであると、せられて居れど、自分は左の如く推考斷定するものである。

一、シメナハは齋忌が元であり、夫れが爾後種々の用途に變化したること、特に死人（古代人は死人を甚しく畏る）の惡靈

ヤチンスンに左繩を結びたる圖

が出て來ぬ、防ぎの垣の意味で作られたることが、一番最初の思想であつたものと推定する。

二、第一項の考が變化し、則ち繩張の中から惡神を出さぬに効力がありとせば、之れと反對に之れを張り廻はして置けば、

外からも悪神に犯されぬと信ずるに至り、双方に使用するに至つたこと、而して夫れを種々の方面に擴げたこと。

三、次ぎに、其神聖的威力を轉用して、總てのもの（土地家屋物品等）の上に應用して、所有權を犯さしめぬ標識や、叉ある信號に應用するに至つたこと。

其の左綯ひの理由に付ては、神道家の中には、植物のかづらには左卷きと右卷きがある、大古にはシメナワは葛の蔓を用ゐた、クズは左卷である、其等の名殘だと……說く人もあるが、此れは附會の說である。

自分はこれは、死人の取扱に際し、衣物を左前に着せる風習と同じく、故らに生人とは違へ、左にする俗から出たものと思ふ、然らば何故に死人に左にするかと問はるれば、遺憾ながら答が出來ぬ、大方の學者に示教を乞ふ。

第十一　附　記

一　古事記のシリクメナハ

天照皇大神の岩屋入りの記事は、古代人には人が一旦死しても再生すると云ふ思想があり、其の象徵的記事である、則記及紀のシリクメ縄を引廻す意味は、矢張死人の取扱と關係のあるものと考へらる。

二　日の御縄の名稱

是れが元來の古き名稱で、日神信仰から後ちには日の字を忌みて代へたもので無いかと思はれる、南洋の群島中に、大古の火盜み傳說に、火の起原として、ある黑ン坊が大陽に縄をかけて天に昇り、火を盜んで來たと云ふのがあり（出所忘る）日は火であり、シメナハに炭を挿む風と、關係がありそふに想はれる。

三　左索を張る場合の遺補

朝鮮で左縄を張る場合に前號記載に洩れた物一つを揭げる。

共同井戸の中に、不淨物を投棄せることを發見したる時に、井の前に左縄を張り、巫女を迎へ祈禱し、井を淨めて使用する風がる。

而して右の不淨物投棄は、怨恨により爲される、或は悪戯によりても間々爲される、叉其部落の中に、兄妹姦通父娘姦通の如き人倫に反したる行爲を爲したる者ある時、誰か、牛のマクサを投入し（朝鮮には馬は人馬亦同（エキドウ）と稱し人間に近く血族通ぜぬものとせられて居る）之れを發見したるもの、村中に告知し、畜生道を行ひし人を檢審し、家を破り其跡を瀦する（泥濘とすること）風があつた。

叉マラリヤ患者のあつた時、夫れを家の方位のたゝりであるとして、トゲのある木の枝と、松の古木に出來た糸の如き苔とを、左縄にて締ばり、マジナイをする事も行はれる。

四　朝鮮の鬼神觀念

朝鮮で鬼神（クイシン）と稱するは、善神でも惡神でも、人の靈でも、親の死後の魂でも、佛教の諸佛でも、皆悉く引くるめた觀念である。

五　しめなはの張り方

日本ではシメをハエルに向つて、右の方から張り左に了るを本式とせられて居り、朝鮮でも右と同樣である。

最後の言として、朝鮮の風習で古代日本に及ぼしたものもあり又、日本の風習で朝鮮に傳來したものもある、が南方の風習で夫れが人と共に北上し、而も日鮮双方に及ぼし、共の最古の古が今に双方に殘存して居ると云ふ如きものは、他に例が無からうと思ふ、共の例の無い民俗の根源を、不完全ながらも明かにしたことは、欣懷に堪へぬ、最後に本篇起草に就き、指導せられたる各位に深厚なる謝意を表す。

前號正誤

△二一頁題目、繩にてては に付て△同頁上段七行이주己は디줄△同十一行左掬は掬△二二頁上段二行上簗神は上段神同十行垎は垎△同下段四行掬は掬△二四頁上段十行崇大は崇火△同下段四行呪俎は呪咀△同十行于ワカメは于ワカメ△同十八行保存は保護△二五頁上段九行贈は貼△同下段十一行元來古俗は文献古俗△同十二行輿題は無題△同十六行升は竹△同十七行充つるは立つる△二六頁上段五行能旻は能美△同十二行南山領は南嶺△同十六行穰は穰△同下段八行いかこそはいかにぞ△同十行穰は穰。

子供の遊び

——兵庫縣加西郡下里村——

◇ジョウリかくし

子供達の遊びにジョウリ(草履)かくしといふのがある。人數は何人でも良いが履物の片方をならべて

ジョウリかくしキュゥれんぼ　はしのしたのねづみがジョウリな
かくしてキュ　キュ　キュ

と數へ最後に當つた者が石なり木なり前に定めてあるものを他に隱すので、隱す前にこゝからこゝまでの間に隱すとか屛の上にのせたらいかんとか禁止範圍を決めることがある。探す者は「よっしや」の聲を聞いた後それを探すのだが「俺の立つてゐる處から何步程ある」とか「草の中か」とか種々尋ねる。併しこの問は簡單なものでないといけないのでなく「俺の立つてゐる處から東へ何步ある」などといふ樣なすぐ判明する樣なものは隱した者が答へない。又隱した者も「誰々はもう一寸であつた。」とか「誰々は一番近い。」とか「屋根から三尺下にある。」とか參考になることを云つてやる。これは僞を云ふことは出來ない。だから探す者が請求することもある。發見されれば發見した者が次に隱すのが常例である。

草履の數へ方に兩方の端に位するものを一つに數へるのと二つに數へるのとがある。前者が一般だが相談の上で後者を採用することもある。赤かくす者を決めるにもキユ、キユ、キユと當つた者を順次除いて最後に殘つた者にすることもあり赤端から數へずに眞中から數へる事もある。その場合には眞中の草履の上に隱す木だとか石だとかを乘せておく。偶數の時には隱すものを眞中におき一つに數へるのである。

◇ミッキ

ミッキといふのは駈け鬼事等の時につかまへられる樣になると「ミッキ」といへばつかまへられても鬼にならぬことである。だから初めに「ミッキ無しだ」とか「誰と誰とはミッキあり」だとかいつて決める。概して足弱の者に與へる特權である。その語源は今見當もついてゐない。

各地に同樣な稱呼があれば對照研究したいと考へてゐる。（以上栗山一夫）

髮結職の浮浪性と由緒書

雜賀貞次郎

髮結床を一錢職といふこと及び其の由緒書の要點は喜多村信節の嬉遊笑覽卷一に出て居り『由來もとより取るに足らず、是はそのかみ一錢の賃にてありしなり』と斷ぜられてゐる。由緒の詮議は暫らく措くが、この壹錢職由緒書は家元あつて當業者に授け、舊幕時代は勿論、明治の中年まで髮結床、明治の散髮業理髮業の資格、從業の上に必要のものだつたらしい。紀州田邊の理髮職床繁こと濱口繁藏老が此の由緒書を傳へてゐて、私は十餘年前見せて頂いたことがある。其の當時はさして注意もせず之れに關する話も聞かなかつたが、そのうちに老歿したのは今更惜しいと思ふ。又床林こと今川林吉君も傳へてゐたといふ。君は號を醉夢といひ舊派の俳句を嗜み酒も可なりイケる方で談話は面白かつたが、大隈內閣の總選擧に野黨候補を援け選擧違反にかゝり遂に大阪へ移住してしまひ、由緒書の話はもう聞けない。床孫こと崎下助七君も之れを持つてゐる。崎下君は南方先生が以前よく俚俗を尋ねられた方で、かうしたことを尋ねるには諒解があり都合のいゝ人だ。田邊で由緒書を傳へた床屋さんは三十餘軒の同業中以上三軒だけで、しかも內ち二人は既に當業者で無い。床繁さんの分は後ち江戶床こと井上金次郎君が讓受けたが、江戶金君も五六年前床屋をやめた。さて由緒書の文句もだが、それよりも此の由緒書に伴ふ話の方が知りたい。私は昭和六年一月八日床孫さんと床繁さんの未亡人たか(六十一)さんを訪ねた。床孫さんの話が要領を得てゐるから先づ其の概略を書く、

曰く。『由緒書は今は不要で何にもならぬものですが、以前は大層役立つたものでした。つまり髮結床としては今日の合格證書又は資格證明書と同樣でこの由緒書を持つたものは何處へ行つても一人前の職人として扱はれ、一つの土地で髮結床が數名あるとして、由緒書を持つたものが一人しかないとすると、其の所持者が集會には正座が出來、今日でいふ組合長とか會長とかの職を占め、若し所持者が二人あれば交互に正座するとか年齡により座を定めたもので、之れを持つてゐないものは頭があがらなかつた。又以前は同業の渡り者がよく來ましたが、こ

れを持つてゐる床屋では強請などは差し控へ、持つてゐない者の所で無理を言つたものです。それから旅へ出るにしても、此の由緒書を持つてゐると公然渡りが出來るし、假令野倒れ死するにしても、これを持つてゐると其の土地の床屋中から埋葬して呉れたと言ひます、又この由緒書を示すと關所札の代りとなり關所札がなくとも通して呉れたと聞いてゐる。私（崎下氏）は明治三十八年に京都で由緒書を受けたが、東海道三嶋の關口德太郎氏といふ人が元祖采女亮の血筋といふことで、その人の手から貰つたのです、關口氏は其の時京都へ出張されたのでした。試驗に理髮を實地にやりましたが、私は師匠の手引もあり、無事に受けられ樂にパスしました。由緒書は明治四十一二年頃まで關口氏から出してゐたが、その頃の由緒書は同じ卷物でしたが、私の受けた卷物より少し小さくなり、字も木判か何かの印刷となり末尾に渡りの挨拶法などをも加へてゐたと思ふ、家元の關口氏は其の後どうなつたか知らぬが、多分獨身者で從うて後繼者は無いのかと思ふ。一體以前の理髮職人間には一種の髮結氣質といふものがあつて、腕のよくないものは一つの土地に止まり妻帶して業に從うたが腕の優れた職人は大抵獨身で、甲の地で床店を開いて弟子をとり、其弟子が獨立し得るやうになると乙の地へ移る、乙地でも弟子をとつて教えそれが獨立し得る腕になると、それに店を讓つて丙の地へ去るといふ風に、各地へ轉々しつゝ見聞の廣きと弟子の多きを誇つたもので、老境に入ると共に內ち最も親しい弟子の許を頼り、其の厄介となるといふ風でした。私は師匠が三人代りましたが、師匠は三人とも何處へ行つたか分りません」と。だか婆さんの話に曰く。

「私しの家は亡父の代から床屋で、亡くなつた亡夫（繁藏、婿養子）はそれを繼ぎ老後廢業したのですが、あの由緒書は父の代に越前敦賀の生れで、田邊へ流れて來た男が持つてゐたのです。その男を私方に足を止めて仕事をさせたが、田邊を去る時亡夫の希望で讓つて貰つたと聞きます。亡父の代にも亡夫の時にも、私の家がまア田邊の床屋の元といふので、組頭のやうな役を勤めたものです。何しろ由緒書を持つてゐると、渡り者が來ても睨みが利き、ぐづ〳〵言はずに立ち去つたものです」云々、以上のうち關所切手の代りとなるといふが如きは、尚ほ考へねばならぬと思ふが、兎に角由緒書の効用の外廓だけは知り得られる。髮結床の職人中には漂泊を事とした者多く、同職の渡り者が甚だ多かつた點から見ても、この由緒書は全國にも普及されてゐると思はれる、さて由緒書の要點は嬉遊笑覽にも抄出されてゐるが、全文は茲十數年中に遺忘されるものと思はれるから、旁々備忘の意味で茲に全文の寫を掲げる、內容は無論、喜多村信節先生の申された如く由來もとより取るに足らずであるが、尤もらしく作つた所が面白い。

髮結職の浮浪性と由緒書（雜賀）

壹錢職由緒書之事

職分者文永年中人皇八十九代御帝龜山院樣御宇上北面北小路左衞門尉藤原朝臣基勝卿故有之流浪し而長門國下之關邊に住居子息三人有之嫡子北小路大藏亮藤原基利、次男北小路兵庫亮藤原基詮、三男北小路采女亮藤原基誠右四人流居之內吉田久右衞門殿以介抱爲渡世大藏亮太物賣、次男兵庫亮染物師、三男采女亮基勝以爲養育髮結職と相成難顯面躰往來之仕宅雨落より三尺出張御免長暖簾四尺二寸縫下五寸鏡障子三尺三寸法に相究致渡世內、父基勝卿經年月死亡之後、相摸國鎌倉繁昌之時桐ケ谷に而居住、官（管）領從上椙家蒙嚴命松岡采女亮と號、七代之後胤北小路藤七郎從美濃國金花山之致隼（?）、元龜天正之頃流浪し而猶遠州國比久間郡味方ケ原一捩（戰）東照大權現甲駿信三ケ國押領武田大膳太夫兼法性院機山德兵得前大僧正勝信入道し而源信玄與御一戰被爲在候頃日元龜三申年十月十四日東海道見附驛と袋井之間道舞阪より濱松之御城下惣加勢御引上被爲遊候時一七日終日大風雨にて池田川端御差掛之節東海道隨一之天龍川洪水に而御渡川難相成依而渡守之者皆我家々え引取渡場に一人も不居合に付御渡川難被遊有之然る處北小路藤七郎行懸候處蒙嚴命尤水陣切□（不明）之事故奉畏到淺瀨踏御案內申上候處無御難濱松之御城下え御歸城相濟御悅喜被爲遊以來諸國御關所川

之渡場至迄無相違御通被下置候且其砌□（不明）殿儀は本多仲務太夫安（康）政殿相勤申候事、其後三河國碧海郡原之鄕迄奉御供其砌蒙嚴命東照源太神君樣奉揚御髮當座之御褒美し而金錢一錢御幷一對榊原式部太夫殿御取次を以頂戴之仕仰直之御暇被下置、流浪一錢職分致來候處、其後慶長八卯年關東武藏國へ德川樣御入國被爲在、江戶表繁花之地と相成候付、東都芝口邊へ罷出住居壹錢職分致來候處其砌御召に預り先年之御褒美として靑銅千疋伊奈熊藏殿御取次を以頂戴之仕壹錢職分致來候處其後万治年中嚴有院樣御代北小路藤七郎四代之後孫北小路宗右衞門神田三河町え引移居住御府內之一錢職分株數奉願上候處御糺之上由緒正胤之事故御取立被爲在御公儀御朱印被下置株舖に被成下其上御燒印之御下札等迄頂戴之仕候付一錢職分株數渡世致來候處其後享保年中有德院樣御代江戶表町奉行大岡越前守殿御役所へ諸職人被召出株敷有之候者共は夫々御役儀被仰付候處其砌一錢職分之者共へも御差紙を以被召出罷候處先年遠州天龍川に而一錢職分之元祖采女亮七代之後胤北小路藤七郎儀東照宮御難戰之刻蒙嚴命淺瀨踏御案內奉申上候に付依而御免被仰出候得共一錢職分者共一同職分株式御取立被成下置候樣奉願上候處則御聞屆有之、然る上は以來出火之砌兩町奉行所御用御書物御判鑑御記錄御入被爲置候御長持御預け被仰付候付惣

體連印を以奉御請候以後永々無滯馳付御用向可相勤者也
北小路宗右衛門藤原基之　花押
享保三年源太御所様於御前本多上野亮康政殿以御大老酒井讃岐守殿へ被仰渡此段道中公事方御勘定奉行松浦越前守殿え被仰渡置候事
前書之趣に付諸國諸武家方落人百名以上之者一錢職と虚無僧に相成忍渡世に而先國之召還可申待候也
髮盥拵諸國城下陣屋下宿驛迄稼被相成候事萬治元年八月十六日始之

尙ほこの由緒書は理髮職間に今も文字通り傳へ信ずるもの多く全國理髮業者會の會長に北小路　を推してゐるといひ、又明治末期迄の理髮業組合が頼母子講（無盡）を組織した時其の名稱を采女講といつたが、これらは此の由緒書から來たものである。序でに髮結床職の渡り者に就て申し上ぐ。今は絶えたが、明治三十五六年頃までは床屋の渡り者は甚だ多く私は幼少の折、近隣の床屋へ三四日毎に渡り者が來り挨拶するを屢ば見たが、渡り者の多いのは博徒と床屋だと言はれた。床屋の渡り者には挨拶の方法、口上に一定の型あり、又挨拶を受ける側にも一定の型と口上があつた。渡り者は此の挨拶口上を型通りすれば、其の店に足を止め仕事をさせてくれるか宿泊又は一飯の振舞ひを受け、草鞋錢即ち旅費の一部を受け得られるが、型通り行ひ得ぬものは同職にあらずとして顧みられなかつた。受ける方も型通りでなければ渡り者から侮を受け旅費に多額を強請さるゝ等のことあり、由緒書の所持は斯かる場合に双方とも役に立つたらしい。床屋職はこの由緒書によつても、これらの渡り者の多かつたに見ても、一種流浪の徒の職であつたと思はれる。

厠で唾はくを忌む

幼ない時亡母に聞たは厠で唾はく可らず。厠神は落來る大小便を左右の手で受る。其上に唾を吐るゝと、受る物がないから口で受れば成ぬ。甚だその喜ばぬ所だからと。支那でも唐の張讀の宣室志九に、成都寶曆寺の道嚴師が、畏ろしい神が面を隱して掌を示すを見、何の神ぞと問ふに、天我に命じて佛寺の地を護らしむ、世人好んで佛祠の地に唾はくから、我卽ち背で之を受く、是に由て背に瘡あり、吾が肌を潰し、且に甚しからんとす、其上に傅(つけ)る油をくれと望むから、淸油を巨手中におくと、其手卽ち引去たとある。厠と寺地との別あれど、神が唾を嫌ふは一だ（二月廿三日朝十時、南方熊楠）

寄合咄

邪視といふ語が早く用ひられた一例

餘り寒いので何を志ざすとなく、明の陳仁錫の潛確居類書一〇七をそこゝ見ておると、雞廉狠貪、魚瞰雞睨、魚不瞑、雞邪視とある。此文句は何から採たゞろうと、淵鑑類函四二五、雞の條を探ると、王褒曰、魚瞰雞睨、李善以爲、魚目不瞑、雞好邪視とある。鷄はよく恐ろしい眼付きで睨むをいふので、この田邊々で古く天狗が時に白鷄に化る抔いひ忌む人が有たは、多少その邪視を怖れたからだろう。白いのに限らず鷄を總て嫌ふた村も有たときく。拾遺記一、秪支之國より堯に獻じた重明の鳥は、双睛在レ目、狀如レ雞、能、搏ニ逐猛獸虎狼一、使下妖災群惡、不上レ能爲害一、中略、今人每歲元日、或刻レ木鑄レ金、或圖畫ニ爲雞於牖上一、此其遺像也。其他支那で鷄を以て凶邪を避た諸例は、載せて Willoughby-Meade, 'Chinese Ghouls and Goblins', 1928, pp. 155–157. に出づ。又馬來群島中、アムボイナやマカッサーの人は其邊の海に千脚ある大怪物すみ、其一脚を懸られても忽ち船が覆へる、が此怪物雞を怖れるからとて、船には必ず鷄を乘て出發すといふ (Stavorinus, "Account of Celebes, Amboyna, etc", in Pinkerton, 'Voyages and Travels,' vol. xi. p. 262, London, 1812). 是等種々理由あるべきも、其一つは鷄の邪視もて他の怪凶を制したので有う。王褒は有名な孝子且つ學者で、晋書八八に其傳あり。李善は唐の顯慶中、文選を註した(四庫全書總目一八六)。熊楠十歲の頃文選を暗誦して神童と稱せられたが、近頃年來多くの女の恨みで耆碌し、件の魚瞰鷄睨てふ王褒の句が、文選などの篇に在るかを憶出し得ない。が何に致せ李善が之を註して、魚瞰とは、死んでも眼を閉ぬ事、鷄睨とは、よく邪視する事と解たのだ。本誌一卷四號二四九頁に、邪視なる語は、唐の貞元中に譯された普賢行願品に出居り、今(昭和四年)より千百卅年程の昔し既に支那に在たと述たれど、それよりも約百四十年程早く行はれ居たと、此の李善の註が立證する。又魚瞰に就て想ひ出すは、予の幼時、飯のサイにまづい物を出さるゝと母を睨んだ。其都度母が言たは、カレヒが人間だつた時、每每不服で親を睨んだ、其罰で魚に轉生して後ち迄も、眼が面の一側にかたより居ると。去ばカレヒを邪視する魚と嫌ふた物か。後水尾院年中行事上に、一參らざる物は王餘魚、云々、又カレヒ、目の一所によりて附て、其體異樣なれば參らず抔いふ女房抔のあれども、其も各の姿也、其物の中に類ひず、こと樣にもあらばこそと見ゆ(二月廿八日午前三時半、南方熊楠)。

氣附きし事

『民族』三ノ一(一八九頁)及二ノ六(一七〇頁)にやんまつりの童謠が出てゐるが、埼玉縣南埼玉郡增林村字小林では左の樣に唄つてゐる。

やんまよー　けーよけよやんま
おらが本當のめーやだから
かーかれかーかんやーんま

註　けーよ＝來いよ　めーや＝雌やんま

又自分の少年時に千住では左の樣に唄つた。

やーんまおしよおしよ　おらかやんまは女やんまで　おしてかーかれェ

『民族』三ノ五(一三九頁)にサスと云ふ語が出てゐるが、府下千住靑物市場では春葱が夏葱に更はる頃に葱の莖が太くなり、外皮が固くなつて其れを剝ぐと、中には細くて柔かな莖がある。之をサスネギと言つて居る。(福島憲太郎)

資料・報告

登戸、東の道祖神祭り記事

尾崎恒雄

道祖神祭(セエノカミマツリ)のことも、その年の初寄合できめられますが、近年は必ずやるやうです。一月十二日に、男の子達が家々をまはつて藁をもらつて歩るきます。藁のない家では、おあしでもよいですが、ぜにも藁もないなどと言ふとおんべいをはふり込まれて、疫病にかゝるといはれてゐます。そして、この十二日の晩に、月行事の人たち(極若い方のもの)が集まつて、第一圖のやうな小舎を、多摩川原にこしらへます。

十三日には夕刻五時頃になると十二三歳位の男の子が銘々晝間こしらへておいた藁獅子(藁の先の方を編んで、角を二本こしらへ、繭の葉を二枚耳のやうにさしたのを、竹の心棒に何段にも結へつけたもの)を頭からかぶつてセエノカミに勢揃へして月行事の人の太鼓の音と共に東通り、入谷、下河原と各戸の入口或ひは土間に入つて『アクマッパラヒ〱』とよび乍ら體をふりまわします。その時家々では餅或ひはその代りとしておあしを上げます。それが了つて元の場所に戻るのは八時頃です。そしてその行列がセエノカミの所に來ると銘々の藁獅子に火を放つて河原の枯草原をかけまはります。夜空を明るくします。それから皆假屋

第一圖

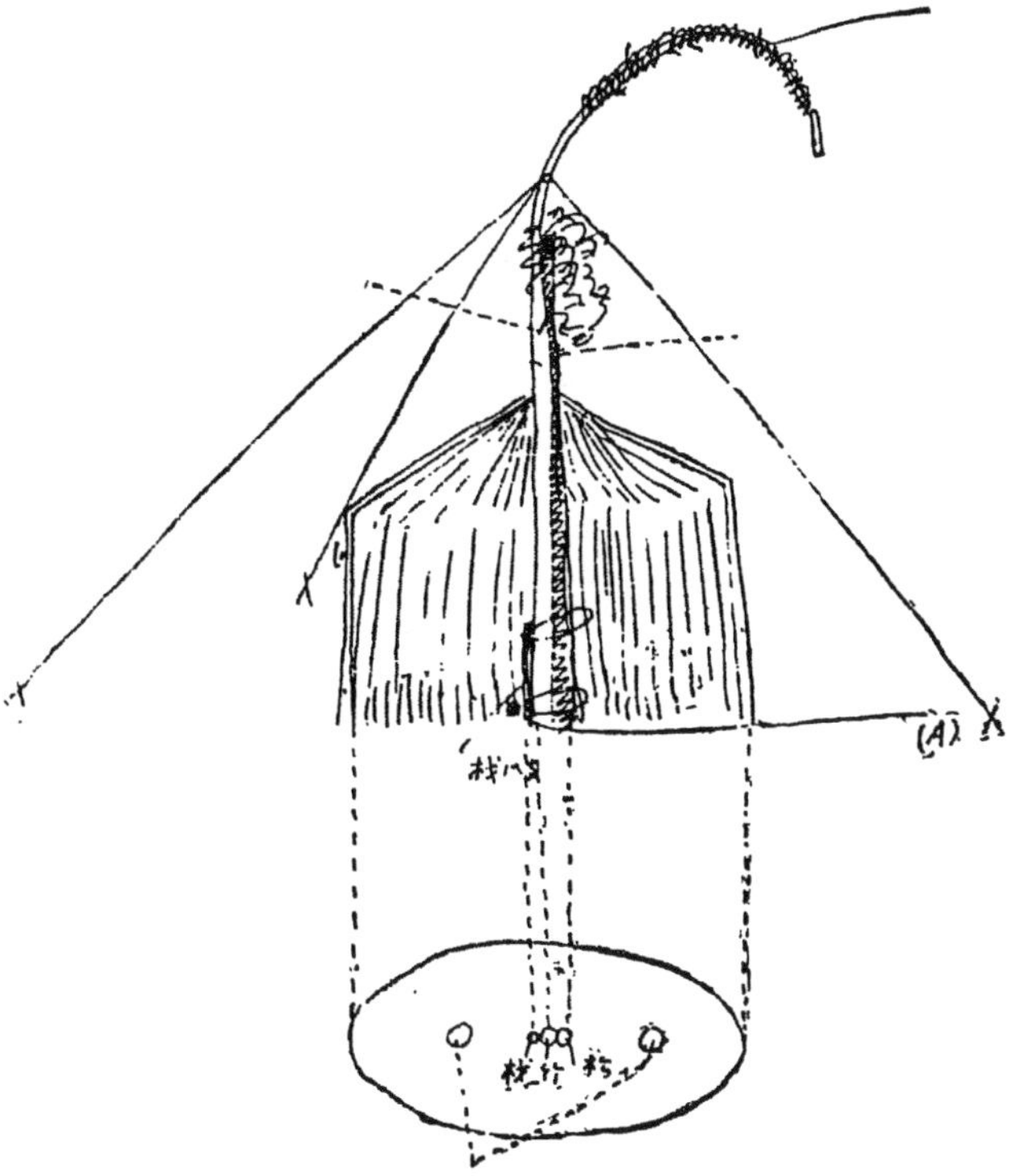

に入つて暖まり乍ら、もらつた餅を少しあましてしるこやぞうにゝしてたべます。こののこりの餅は持ち歸つて家族にわけます。やはり疫病除ときゝました。それで子供らは歸つて行きますが月行事の人々は一時二時まで爐にあたつて雜談(たかしな話

登戸、東の道祖神祭り記事（尾崎）

もするやうですがよく分りません）にふけります。中には泊る人もあるさうです。

十四日　月行事の人々が幾分づゝのおあしをもらつて歩るきそれで菓子、蜜柑、數の子、豆腐やお神酒を買つて來ます。その頃學校へ行つてゐた子供達も集まつて來ます　そこで平常は手塚銀二郎さんのお宅の床の間にお出でになる歳の神様をお連れ申して（第二圖としておうつしします。）

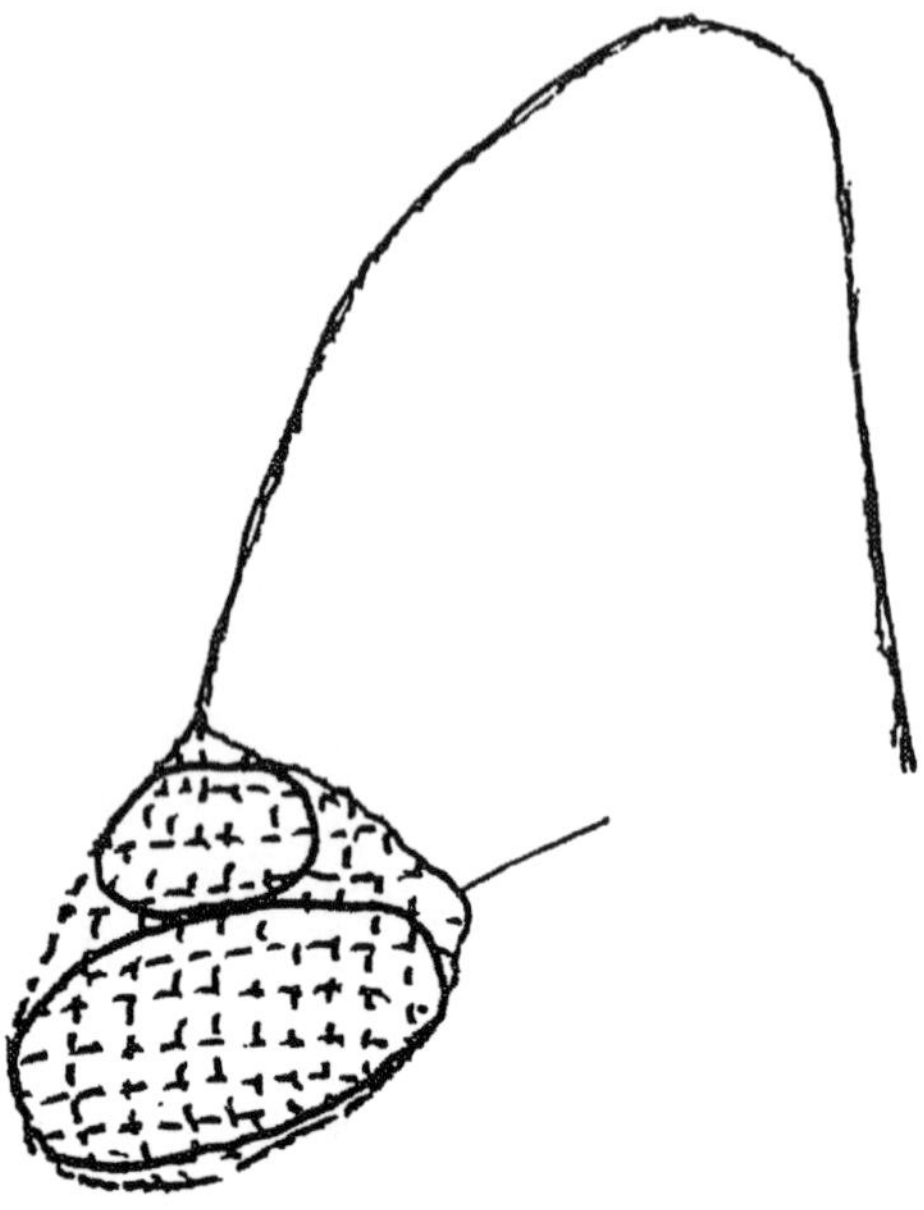

第二圖

第一圖　のところに安置します。そして第二圖のBといふ長い針金は假屋の外に遠くのばして出しておきます。そこで先づ神様にお神酒をおかけ申してから集まつた人々にお神酒がまはり假屋の中で月行事の人のヨイ〳〵〳〵といふ手うちが三度あつてから、その人々は屋根に上り蜜柑、菓子などを投げます。それが了るとやはり月行事の人が藁に火をつけて假屋にうつす。そして燃え上るころ前に記した長い針金を引いて神様をお出し申します。それからこの心捧になつてゐる太い竹を燃えおちない中に奪取し合ふのださうです。（今はそれ程ではありません）。それを奪ひ得た者は三人なら三等分して喜んで持ち歸るのですがやはり魔除け（?）になると丈きゝました。但し他の燃えさしは決して持ち歸りません。この假屋が焼けおちると集まつた老幼男女がよい場所をと爭うてまゆだまを灰にさし入れます。これは本來柳の三叉になつた枝に白、赤、白と一つづゝさすので一色のものは持ち出すものでないと言ひますがいくらも見受けます。これは風邪や虫歯の藥ださうです。この團子は十四日につくります。それから歸りに團子をぬいて傍の人と交換するのださうです。又家祭りといふやうにやはり柳の枝に前のより小さいのをたくさんさして室内に置き、これは十七日の風に當てないでいたゞくのです。この祭りに使つた鍋や桶は前述の手塚さんの所で洗ひ、これをはち洗ひと申します。それでこゝ登戸にはこの他にいくつもの祭りはありますが藥獅子の出るのはこゝ丈ださうです。それから場所を地圖にいたします。

八幡の籔の中

——葛飾雜記より——

本山豊治

千葉街道八幡町の一部中央の森が八幡籔、左側に立てるは葛飾八幡社の一ノ鳥居（五年・九月廿五日うつす）

千葉縣東葛飾郡八幡町の所謂「八幡のしらず籔」は千葉街道に面した西南側にある。昨年一月同町役場で作つた三千分の一圖を見ると大字八幡字下町五三七番地がその籔地になつてゐる。間口十六間、地積凡そ三百坪、四方を木及竹の柵でめぐらし、街道に面したやや西寄りの處に二間四方位の凹みを設け、其處に木造の鳥居と小祠が建てられてある。其他は文字通りの籔地で、主として竹が多く、樟、籐、蔦などが雜草の中に混り、鳥

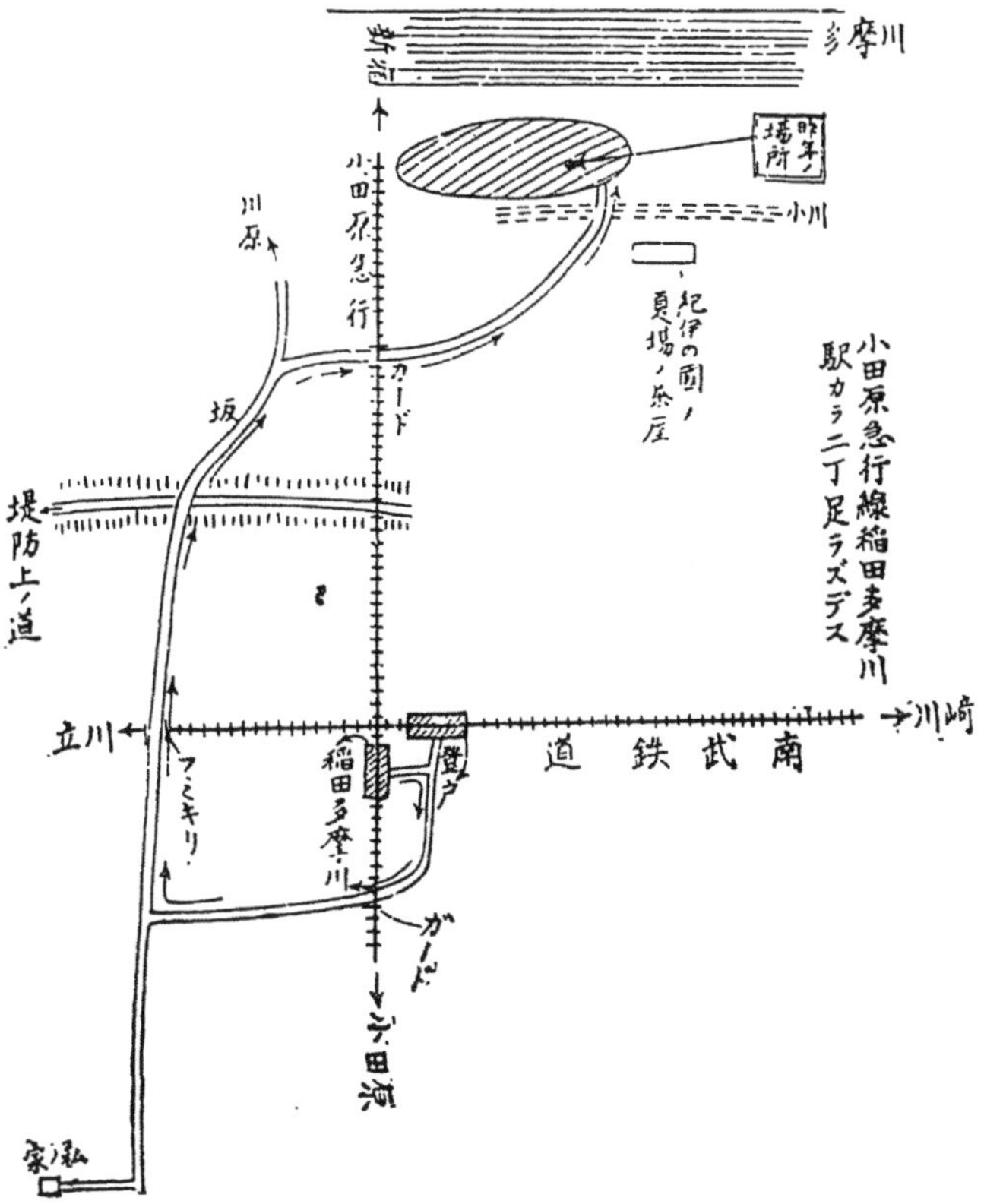

居の横には棕梠が一本斜になつて立枯れてゐる。

成田參詣記などには森の中に稻荷の小石祠ありと書いてあるが、今は木造の小祠で、然かもそれは稻荷でもない。此の邊では俗に「森樣」と呼んでゐる。

八幡の籔の中（本山）

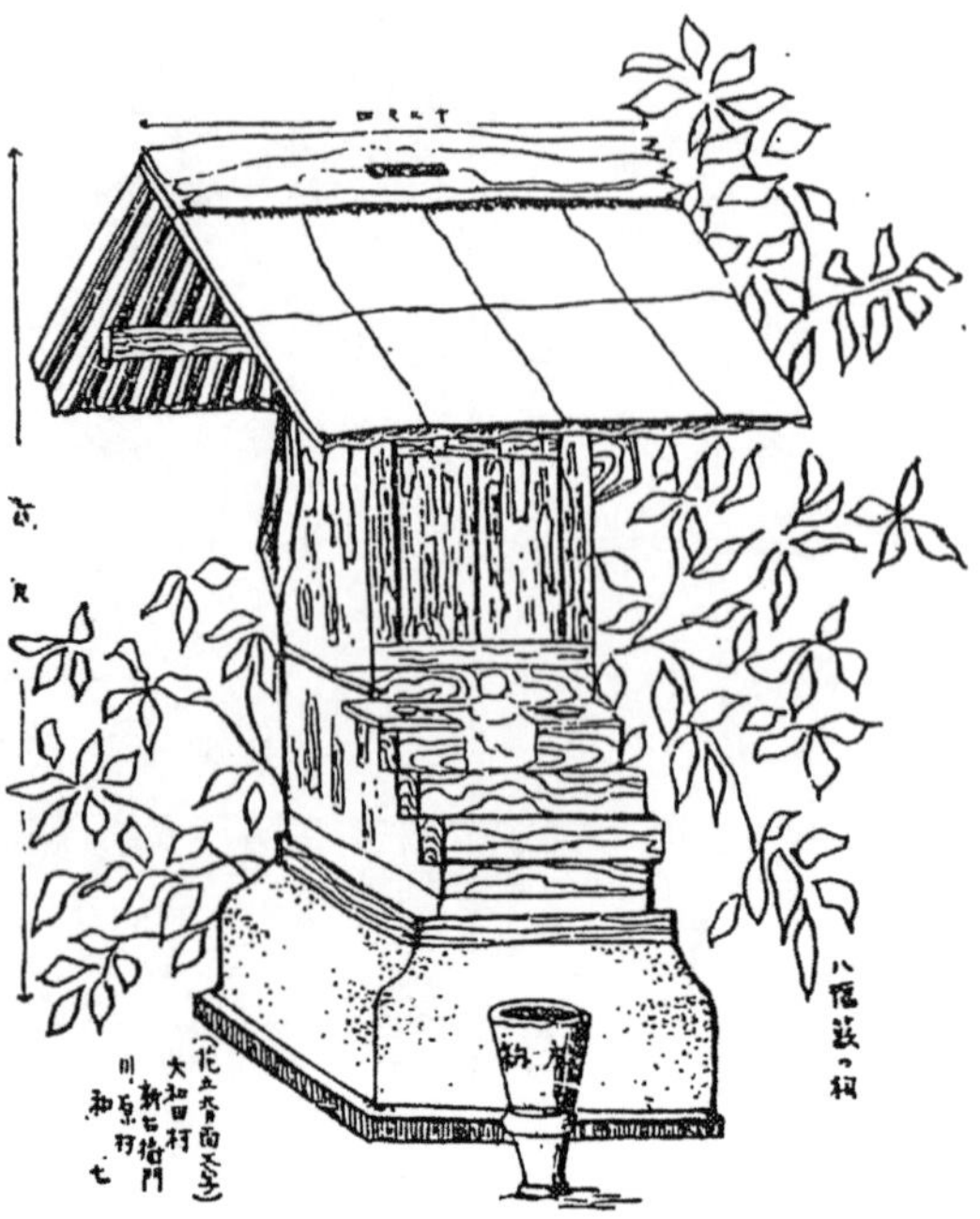

祠前にはお供への餅と水が獻じてあり、一錢銅貨が二ツ三ツ載つてゐる。女人禮拜圖の繪馬も一枚かゝつてゐた。

◇森樣への祈願

私は籔の中の祠背の地上に、はからずも次のやうなものを見た。

それは棧俵に小豆飯を盛り其上に祈願文を認めた半紙が乘せてあつた。雨にも打たれてゐない樣子から考へると、舊臘押しせまつての奉齋物であるらしい。

かう書いてある

長谷川弘之體ニ障ル腫物危神一切ヲ
引取リ給ヒ
八幡八幡大菩薩樣
妙法八幡大龍神樣
奉　眞淨大法カヲ以テ祈願志

（半紙右半分に墨書）

棧俵と云へば、地内には今一つ御幣を立てた小さな形のものもあつた。之は多分他にも類例ある疱瘡除けであらう。

右の願文中に見える「妙法八幡大龍神」といふのは、其神名

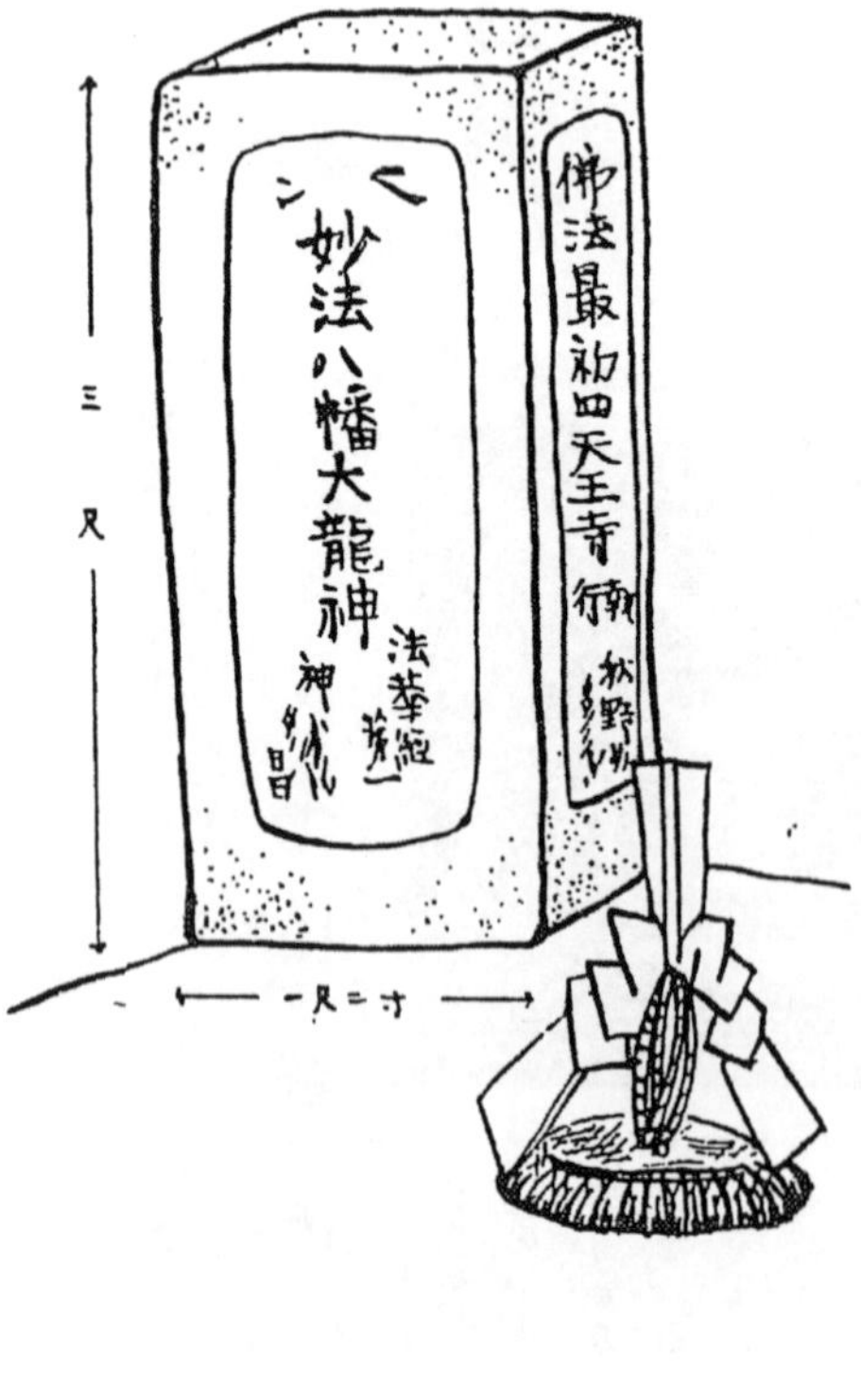

を記した古碑が、街道に面した籔地に建てゝあり、「慶應二年寅年」と刻してある。

古い注連飾や御札(護符)、目無達磨など、三ケ所にかためて籔地の柵内に棄てゝあつた。

◇壺と焙烙

奉納の壺

八幡町字宮窪諏訪神社境内の奥に榎を背にして一つの木造小祠がある。其の祠前及び周圍には寫眞に見るやうな多數の小壺が奉納してあつた。水甕に用ふると同質の粗末な陶器で、大抵の家庭では梅干や鹽などを入れて置くやうな小形のもので、之に水を充たして下の病ある女達が奉納祈願するものださうである。

八幡町から南下して行德に行く行德橋の手前行德町字稲荷木(トウカギ)といふ處では一つの道祖祠を祀つてある。間口三尺五寸の小祠の周圍には凡そ三百枚もあらうかと思はれる程多數のカハラケとホウロクとがうづ高く積重ねて供へてあり、又多數の新しいワラジが吊してある。格子を覗くと中には更に小さな石の祠が納めてあつた。ワラジは脚の病の祈願の爲め、ホウロクやカハラケは耳の疾の祈願の爲めに供へるもので、とてもあらたかな效驗があるといふ。カハラケには皆中央に穴があけてあるが、それは他所で見かけるやうに糸で通してはなかつた。

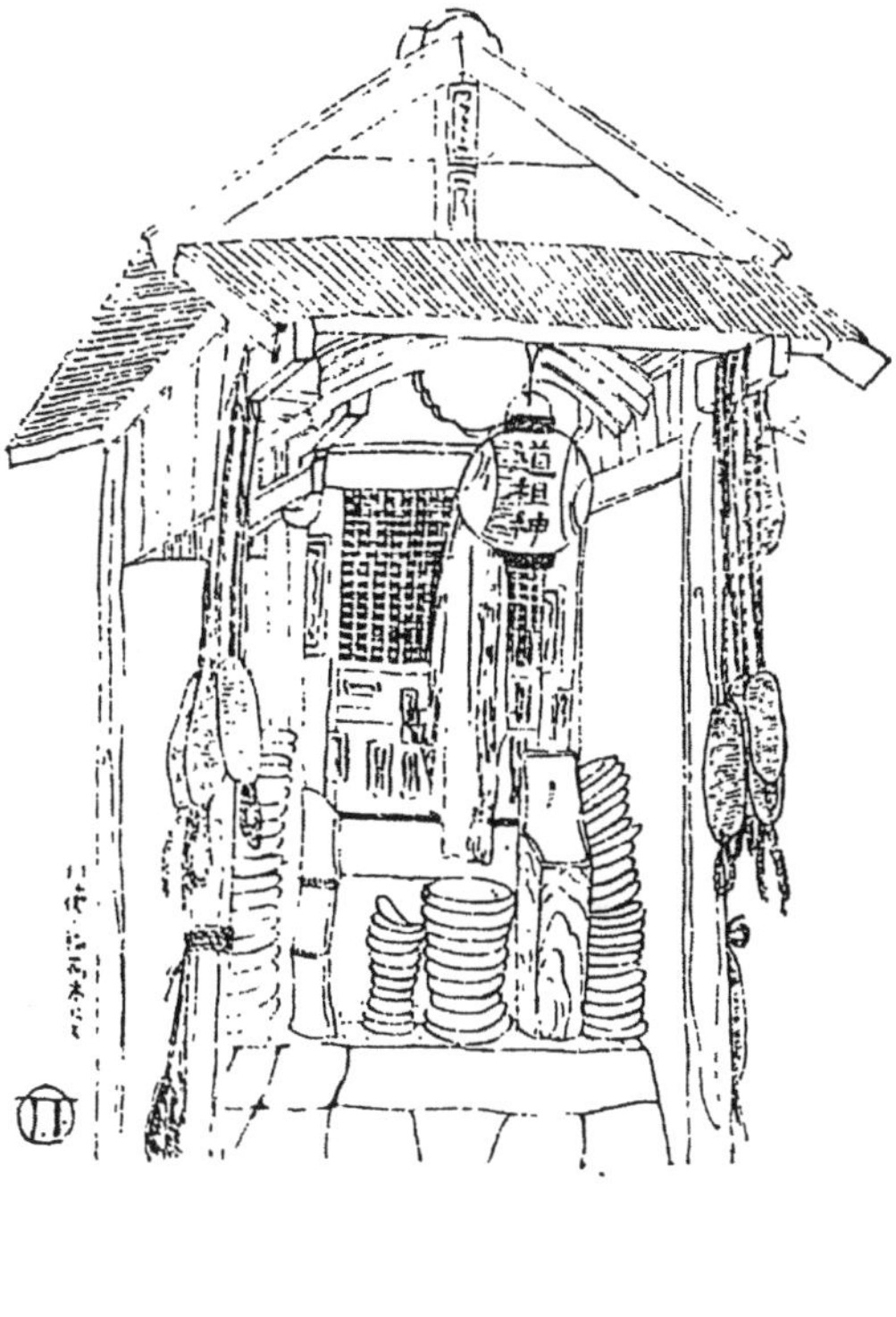

八幡の籔の中 (本山)

更に其奥の神社の裏手に石の祠が三個ある。祠前には皆ホウロクが供えてある外、一つのには齒楊子が數本土に立てゝあり、

今一つのには毛筆が土に立てゝある。楊子は齒の病の祈願、毛筆は手の上る爲めの供物であらう。齒楊子と毛筆とはどつちが

八幡の籔の中（本山）

先に生れた祈願の形式か知らないが、その形狀から云つて古楊子からヒントを得て毛筆に着想した類似性があるやうにも考へられる。

◇水邊の繪馬

千葉街道の八幡町と中山町との境に無名のコンクリート橋がある。其の小川の中山寄りの川縁で、木の枝に吊した新しい小繪馬を二枚發見した。一枚は馬、一枚は牛で、昨夜か多分今朝方吊るされたばかりの物らしい。繪の手法も極めて巧妙である。思ふに此場所は平素牛馬を洗ふ所であらう。

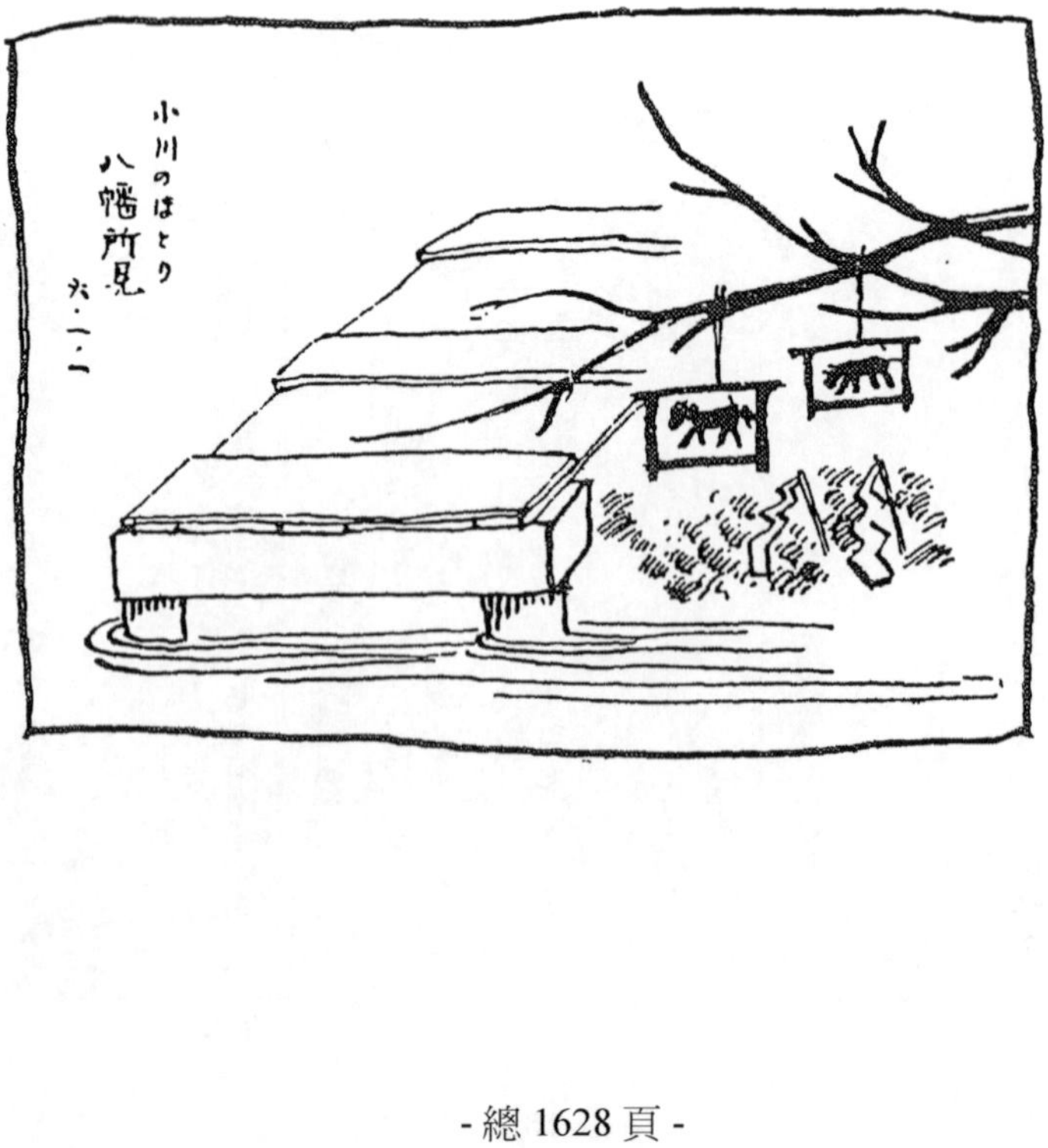

南行德から渡船によつて江戸川の對岸に渡らうとする其處の湊區の河岸には、八幡で見たやうな牛の繪馬を青竹に挾んで松の輪注連とを添えて幾つも幾つも土手に立てゝあつた。

河岸に立つてゐる東京通ひの汽船の切符賣の男に、そのいはれを問ふと、よくは知らないが、かねて此の川水を使用するので、それに對する感謝の爲め、かうして正月には立てるのだと答へた。何故それでは牛の繪馬を供へるのかと問返したら、それは年寄にでも聞かねば自分には何とも返答が出來ぬと云つた。そして此の風習は此處らだけの事だと附加へた。

多くの牛の繪馬の外に一枚の馬もあつた。渡船から岸を見るとそれが方々に澤山立つてゐる。今一度船頭にも質問して見たが、明答を得なかつた。

八幡の籔の中　（本山）

向ふ河岸の卽ち東京府下南葛飾郡に屬する瑞江村でも篠崎村でも又同樣にかうした牛の繪馬があつた。流れのほとり、井戸の側、成る程「水への感謝」と云ふのは當つてゐる。

行德にて（六年一月三日うつす）

一つ同じ形式のものが水に緣遠い路傍に見出された。それは然し近寄つて見ると庚申塚に供へた黄の繪馬であつた。

（六年一月三日記）

附記

本稿挿畫の筆者石井鶴秋君は當年とつて十六歲、此の春千葉縣市川高等小學校を卒業する。尋常五六年頃からペン畫の天才的な發露を見せ、今や其の一轉向を示さうとしてゐる。今後私の採集の爲めに隨所にその畫才を發揮してくれるであらう。

× ×

八幡で有名な八幡市に就てはさきに私の「民俗研究」第二十二輯（五年十一月號）に記し、又其一部は「日本研究」第三册（六年一月號）に收錄されてゐる。參照せられんことを乞ふ。

茨城縣新治郡上大津村神立地方の年中行事

中川さだ子

この地方の年中行事は舊暦が主でむるが新暦でするのも大部多くなり、又古い年中行事も漸次すたれゆく傾向がある。

こゝには舊暦でするものをあつめて見た。

◇一月

一日 シメ飾をなし各神に燈明とお供へ餅をあげる。早朝主人が起きて井戸にお詣りして若水を汲みて茶をたてゝそなへる。次に納豆と焼いた餅をそなへて氏神へ參詣し、歸りて一家雜煮で祝ふ。朝の餅焼きと諸神へのおそなへは何時も主人がする。夜はナマスと御飯を供へる。

二日及び三日 同上。

四日 仕事始めと稱しわらを打ち、又針仕事等をする。新郎新婦の年始の禮をする。

五日 晝前だけ前日うちしわらで繩をなふ。

六日 山始めと稱して山にでて一寸働く。

七日 七日正月と稱し七草粥（なと餅と納豆を入れたもの）を食べるそのなをきざむ時には次の歌を口ずさみつゝなし、食べるのは東の空のしらまぬうちに食べる。

『七草夏な唐土のとりがわたらぬうちにとんとことんのとん』

十一日 一鍬

朝茶を諸神にさゝげ、早朝雄松雌松にシメ飾りをしたものと米と餅とを持つて田畑にいで當日の方位を見てよろしき方に向ひ（アキの方）三鍬づゝの鍬の使ひ初めをする。そのあとに松をたて餅をそなへお米をあげて歸るのであるが、鍬を使ふ時は『一鍬ざつくりこん二鍬ざつくりこん三鍬目の鍬先で金銀茶釜をほりだして旦那さんは札勘定お内儀さんは金勘定小旦那さんはそろばんで』と繰り返す。

歸りてお供へ餅の中玉（眞中の餅）で雜煮をつくつてそなへ、更にミの中に鍬を入れ、一升桝に米を入れその上に朝お詣りに持つて入つた米の殘りを紙に包んだまゝのせて大神宮様に仕へる。夜になりてその米で御飯をたき肴をつけて供へそれを朝鍬始めをした人が食べる。

十四日 とりまでと稱し一月一日のお飾りを全部とりのけお餅をつきまゆだま（小さな丸餅）をつくりならの枝にさして各神に供へる。數は五つ又は七つ但し馬小屋のみは十八だけつける。家の土間には特に大きな一株を根こそぎにして來て、すきなくまゆだまをつけ繭の上出來なる事を祈り（昔は綿の豐作を祈つた）夕べは一年のとりまでが早くすむようと縁起を祝うて早くする事につとむ。

十五日　松引粥　あづきと餅のお粥でぬりでの割箸で各神に供へお釜様にはぬりでの大ざか又一つ小ざか又を十二本作つてあげる。大ざか又は五月田植ゑの時蛇等にくはれぬとて苗代にたて家によりては五月釜火箸とす。一家ぬりでの割箸で食べ始めをする。

十六日　大祭日といひ『牛馬の首もゆるせ』とて徹底的に遊ぶ。

十九日　まゆだまかき　二十日の風にあはぬ中まゆだまを木からもぎとる。

二十日　二十日正月と稱し朝まゆ玉の雜煮を祝ふ。

二十五日　天神樣祭　子供達が一家にあつまり御飯をたき茶菓の用意をして梅の枝を飾りて菅公の德をしのび同時に『東風吹かば』の歌或は『天滿大自在威德天神宮』と大書して梅の枝にそひて天神様にあげ文字の上達を祈り折れ針又は何かを縫つて天神樣にそなへ娘達は針仕事の上達を祈る。

◇二　月

八　日　おごど　と稱し餅をつきて烏に次の歌と一緒に投げてやる。（畑に投げる）

『かあらすかんざいもん、おごどーの餅くへ』尚當日は大黑樣のかせぎにでる日だとて大黑樣にいり豆とお餅とを供へる。

上旬もしくは中旬

初午といつて初の午の日に赤飯をたきて諸神にそなへ又稻荷様に『正一位稻荷大明神』と大書した旗と油揚げとを稻荷樣に供へる。

十五日　釋迦の涅槃　餅をつきて供へる。

◇三　月

三日　桃の節句　土地柄か雛樣でなく多くは繪雛で掛物を座敷中にひろげる。

十五日　梅若十五日と稱し餅をつき諸神に供へる。

二十一日　大師樣餅を諸神に供へる。

◇四　月

八日　お釋迦樣　餅をつきて供へ子供達が寺に行つて甘茶をいたゞいて來る。

◇五　月

五日　菖蒲の節句　鯉上りをたてかしわ餅をつくる。屋根に菖蒲と蓬をふき夜菖蒲湯をたて三月三日同樣五月人形のついた掛物を下げる。

上旬　田植ゑ始め　よき日をみて植ゑて赤飯をたいて供へる。

下旬　手苗上げ　田植ゑ終り　苗を三十六本むいて洗ひ家に持ち歸りてお釜樣に供へ餅をついてあげる。

◇六　月

七日　一の矢の祇園　この時仕事を休みうどんを食べる。

二十五日　祇園　うどんと赤飯を祝ふ。子供がおみこしをかつ

茨城縣新治郡上大津村神立地方の年中行事（中川）

ぎだす。

二十一日　青屋様　すゝきの青ばしでうどんを食べ、神にもすゝきの青ばしでうどんをあげる。戸外にすゝきをくんでたて上にうどんをのせて置く。

◇七　月

一日　釜蓋一日　佛が地獄よりでゝくる日にて土に耳をあてゝると音がきこえるといふ。うどんをそなへる。

六日　墓なぎ　墓の掃除をする。

七日　七夕　前夕若竹に短冊折紙等をつけて庭先に立てゝ置き技術の上手になる事を祈る。又幼兒の健康を祈りその側に着物等をあげる。翌夕川に流す。（着物は流さぬ）

十三日　盆　佛壇より位牌をだし別に座敷に盆棚をつくりてそこに安置し、花その他を供へて佛をまつりあらゆる珍しきものを供へる。夜は餅をつきて供へ松明りにて墓迄佛を迎へに行く。歸りてより縁先にすゝぎを用意して茶を供へる。

十四日　墓參　水、花、線香、米、紙、野棚（まこもな幾本も竹にさして平にしたもの）花つゝ（竹製）と里芋のは、茄子とうりと米をきざみ合せたものとをもつて行つてお詣りをする。

いろ〱きざみ合せたものは野棚の上にいもの葉をしきてその上にのせる。

花には是非とも女郎花われもこうを加へる。

十五日　七度半異つたもので御馳走をする。午後に野まはりと稱して佛に田畑の出來を見せる爲自分の主な田畑をまはる。その時五品の作物を少しづゝとつて歸り佛にそなへる。夜はだんご（土産だんご）をつくりからむしの葉に包んでそなへる。そして當夜なるべくおそく佛を一家で墓まで送る、佛の來てゐる中は何時も朝は水晝夜は茶をそなへ又無縁佛がくるとて一人前だけの供物を盆棚の下に供へて置く。

十六日　大祭日　盆棚をこわし供物全部を持つて墓に行きそれらを途中にすて紙燈籠だけを墓にそなへて來る。

二十四日　裏盆　佛のまつりを一寸した供物で簡單にやり仕事をやすむ。

七月中　牛の日　土用に入つて始めての牛の日にとうやくをとつて置くとそれが一番きくとて皆が山にとうやくとりに行く。（之をせんじてのむと腹痛によくきく）

◇八　月

一日　たのもの節句　赤飯をたいて供へる。

十五日　八幡様とて赤飯をたく、尙月見故縁先に机をだしその上に、いも、栗、だんご、赤飯をのせ又すゝき、女かるかや、雄かるかや、女郎花、われもこう、いがぐりの枝を月に供へる。供物は出世するようと未成年の人がいたゞく。

◇九　月

十三日　まち　鎭守祭り。十五日迄する。甘酒と赤飯をつくり豐作を祝ふ。

尙この日お月見をする。

十八日　お十八夜といひ餅をつき臼よりだしたまゝのものをもつて外にでて一めぐりして月に見せて後各神にそなへる。

◇十　月

十四日　亥の子　朝はおにぎりに「きなこ」をつけたのを十二つくりお釜様に供へる。それを一つ馬にやる。（稻運びの勞を謝する）それは蛙が出雲の大社に背負うて行く、それを大根が羨しがつて首を伸びださせる。それで畑の大根が青くぬけ上るのだといふ。夜は餅を供へ前同様馬にやる。

二十日　えびすこ（商人えびすこ）　えびす大黑の祭りで肴で御飯とお金をそなへる。出雲に出かせぎにでた兩神がお金を持參してくるとて外にはさをにかごをつるして屋根にたてかけて置く。翌朝起きて家の人の入れて置いた一錢二錢をかごをゆすつて拾ひ大黑様が落したのだとて子供が喜ぶ。

◇十一月

十五日　氏神祭り　宮をつくりかへシメを張り赤飯をそなへる諸神にも赤飯を供へ七五三の祝をする。

◇十二月

一日　川びたり　餅をついて川の中に流す。（河童にひきこまれぬようといふ所から。）

八日　えびすこ（百姓えびすこ）　十月二十日同樣の行事をする。

三十日　大晦日　この日は是非とも手打ちのそばを食べるものといひ各家でそばをうちてたべる。又正月の始めは座敷をはくものでないからとてこの日は特に念入りに掃除し夕べは早くきり上げるをよしとする。

特殊な薩摩語（第二回）

楢　木　範　行

一　家に關して

（イ）トヂュ　隱居に對して本家を指して云ふ。刀自に關係ある語とすれば、母權時代を考慮に入れなければならぬからどうかと思ふ。

（ロ）ナカエ　中家（ナカエ）？　家の建方から云へば、オモテ（客を招ずる間）ナカエ、厩となつてゐるから中家（ナカエ）だとも云へる。

（ハ）ツイノマ　オモテとナカエの間の板の間を指して云ふ。ツイ　釣殿の釣から來てゐる？　それとも對？

（ニ）オス、ニハ　ナカエに附いてゐる土間を云ふ。ニハは庭であるがオスは土を意味する語か。又臼庭？

特殊な薩摩語（楢木）

（ホ）ホヌカヤンスン　オスニハの西南の隅を云ふ。農業に使用する道具を置いてある。糠屋（ヌカヤ）の隅（スミ）の意味である。

（ヘ）サヘ　竹を三本乃至四本横に置いて物を載せる様に造つてあるものを云ふ。サヘはサ、エ（支）の意か。

（ト）ナラシ　疑間に竹を横に渡して、着物を掛けるもの。

（チ）ソンドントグチ　家の裏にある開戸を云ふ。家の裏に行く道をソノミチ（岨ノ道）と云へば、岨道の戸口の意か。民族の住むだ地勢が想像される。太陽に向つた方を內と見れば、その反對は外である。民族の移動の方向を敎へられる。

（リ）ヒノトギ　火の元木であらう。爐に普通の絣の別に、チヤニ座（主婦の坐る所）デクワン座（下男の坐る所）との間に大きな丸太をくべる。夜爐の火を消してもこの火丈は翌朝の火の元になる。殊に正月松の內丈は一つのヒノトギですませなくてはいけないといふ。是は多分「消えずの火の信仰」を持つものではなからうか。

（ヌ）イタシキバレ　冠婚祭の時の後祝を指して云ふ。まれびとを饗應する時の形式が想像されるやうである。板敷祓ひであらうと思ふ。又刈上祭の時は、カメゾコと云ふ、之は濁酒を醸したカメのそれの殘りでやるからか。

（ル）ジ'ロ　囲爐裡のことで地爐から來てゐるか宮崎縣西諸縣郡須木村の言葉。

（ヲ）オミ　長上、御身？　須木村。此の村はテニヲハを使用しない場合が多い。茶を飲みなさい＝茶のんまやし。

（ワ）テヨキ　手斧のこと。斧は皆ヨキと云ふ。

（カ）ゴゴ　水のこと、小兒語。

（ヨ）ベラ　爪木のこと。

（タ）ハヘル　織物を機（ハタ）につけるまでの用意のことを云ふ。絲を積み重ねるもの＝「ハヘル」と云ふ。

（レ）アヘル　アレル　落ちる意。アヘてゐたと云ふが、單に落ちてゐたと云ふ意でなく、生（ア）れてゐたの意が含まれてゐるやうである。

子供遊び集（二）

松本友記

今度は（一）に於て省いた女兒の、てまり遊び、及びオジヤメ（御手玉）遊びに就て書き止めて置き度いと思ふ。オジヤメ遊びは、どんな具合にしてやるかといふその方法は、仲々筆で分るやうに詳しく書き表すことが困難であるし、又女兒の斯様な遊び時代を經なかつた男の自分には尚更もつてむつかしい。で私は歌詞と方法の概畧を述べるに止めた。

〔一〕てまり唄

I

むかひのやーまに笹きるは
ぜんじろさんかい　じうさんかい
ぜんじろさんなら　お茶あぎゆか
おー茶のでばなはよけれ共、
あちらの娘じよにちよいとほれた
ばーんにござれやどちまくら
ひーがしまくらに窓きつて
まーどはきり窓とわいまど
とーわいさらさらつきあけて
こーこはどこかとたづぬれば
こーこは情のかけどころ
なーさけかけたらしじゆごくわん
しーじゆごくわんのぜにかねで
たーかい米こてふねにつむ
やーすいだいづこてふねにつむ
ふーねはどこまでおざかまで
おーざかみやげはなになにか
いーちにこうばこ　ににかゞみ
さーんでさつまのいたかうて
いーたやぶくしてもんたてゝ
もーんのぐるりにすぎさいて
すーぎのみどりになく鳥は
がーんかすゐしよかうのとりか
よつてみたれば　おしよさんの
　ごしよのとりー　ごしよのとり
ひーほーいつこしよのかわりーわせ。

（このてまり唄は縁側等で座つて打つ、てまりに合せて唄ふものである。今の女の子は知つてる者が少ない。）

II

しなのチョンチョシぎすぁ何故なくの

子供遊び集（松本）

親もおらずに子もおらず
たつた一人のぼつちやんが
山からころげて死にました
死んだと思へば四十九日
四ー十九日がたつたなら
おーはかまゐりを致しませう
人をちよいとみてちよいとかくそ

III

向ひのザボンな梅の花
朝々しぼんで晝ひらく
ばーんに萎れて門に立つ
かーどに立つまつあなんまつか
せんまつか
まあだ七ツにならのさき
お馬の上からとびおりて
具足のたもとに矢をうけて
姉からもらうた京の筆
弟からもらうたちちやがたな
あんどんべやにおいたれば
まゝはゝさんから探されて
大はら立ちやこはらだち

そーまたお腹が立つならば
すゞりとかーみとひきよせて
おーもひおもひにかきつけて
ふたまだがわに流してみれば
ういては沈みういては沈み
あの世のからすうぎ草や——すみぐさや
ひーほーいつこしよのかわりーわせ

IV

向ふを通るは醫者ではなーいか
醫者ぢやないない藥箱もーたぬ
藥のんだより死んだ方がまーしよ
死ぬば野原の草となるーかやとなる
ひーほーいつこしよのかわりーわせ

（IIもIIIも共に座つたり、又は立つたりして普通につくてまりに合せて唄ふものである。「ひーほーいつこしよのかわりーわせ」といふのは、いつくわんついてしまつたことを意味する。）

V

向ふを通るは堪平さんぢやなーいか
てつぽかためて　おしよだまさーげて
ししの出るときやねらましやれーねらましやれ
ひーほーいつこしよのかわりーわせ。

この唄は可成古いもので今の女の兒で知つておるものは殆んどなく、これはお母樣が、自分達が子供の折によく唄つたものだと教へて下すつたものである。

VI

うへんだんのきつねはいけふんだ
いーげは何いげぼくのいげ
ほーつて下さいさもん樣
ほーつてやるのはやすけれど
正月三日にばんごやたーてて
、ほつてやろー　ほつてやろ
ひーほーいつこしよのかわりーわせ

（「かわりーわせ」でクルリと後向になりまりを背中で受ける。受けたら又初めからやつて、終りは「ひーほーにこしよのかわりーわせ」となる。）

VII

くるまやさんくるまやさん
ここから驛までなんぼです
十錢まけとく　あかしやかべー

（これはてまりをつき乍ら右足で調子をとり唄ふ。「あかしやかべー」で背中にてまりを受ける。）

VIII

子供遊び集（松本）

ハイハイうけ取りました受けとりました
だいだいりーのおてまーりさーまよ
きんのふくさにおつゝみまうして
かひごでしーめて
しめたところをいろはとかーいて
しまばーるはきいてごくらくみてめいしよ
めいしよははなのはなこさんの（隣の人の名を言ふ）
そでのしたにお渡し申しいませよ。

（「お渡しまうしいませよ」で花子さん（隣にゐる人）は、すぐ續いて「ハイハイうけ取りました受け取りました」（以下同樣）と唄ひながらつきつどけるのである。）

IX

いちにとら
らんきよくてし
しんがらほけきよ
のーとんがらしんがらホイ
いつちん
につちん
とつちん
とつくり
ねつくり

子供遊び集（松本）

きやつくり
すーちやあわんげつんぐるきや。

X

(1) いーもにんじんさーかなしいたけ
ごんぼらうそくひちりんはーがま
くぢらトツパイ

(2) いーせにーがたみかわしんしゆかうべむさし
なごやはこだてきゆうしゆとうきよう

(3) いらつしやいにーくいさいほーしごと
ごくらくろしや　ななくさはなたて　くすりとのさん。

(4) いんどのにいさん　さつまのよめさん
かうべのむこさん　なごやのはなちやん
きゆうしゆのとのさん。

（VIIIとIXはてまりを右足を斜前にあげ、その下をくゞらせながら唄ひつくものである。實際はまりをくぐらせるのではなくて足を動かすのであるが。）

〔二〕オジヤメ唄

I

大黑さんとエーべつさん
支那から日本へ渡るとき
潮波ゆられ

潮風ふかれ
父も御色がまつ黑い
いーちのたーにふんばいて
にーでにほんの兵隊さん
さーんでさかやのばんとうさん
よつつよのなかよんよせ
いつついつものごとくなり
むーつむーところか
ななつないてにげてゆく
やーつやしまの合戰に
ここのつこうさん白旗を
とーでとうとうおいついた
十一いつこからわせた
十二につぽんばんばんざい

（この唄はテマリをオジヤメ代りにして二つ持ち、その二つのテマリを御手玉とするやうに宙に交互になげあげ、又は地について遊ぶのに合せて歌ふ。例へば「だいこくさんとエーべつさん」これまではテマリを地につくのに歌ひ、次にテマリを宙に飛ばせる時は、「支那から日本へ渡るとき」と續ける、次の一節は地につくとき、次の一節は宙にあげる時といふ工合にやる。）

II

こんぽなごとんよ
こんぽなごにーじゆ
こんぽなごさーんじゆ
こんぽなごごーじゆ
こんぽなごろくじゆ
こんぽなごひちじゆ
こんぽなごはちじゆ
こんぽなごくーじゆ
こんぽなごひやあく
ひやあくであがつた　おーさんこーさん
あなたのやしきに　なしのき三本かきの木三本
合せて六本　たこぼのやあひこぼのや
ひーほーいつこしよのかわりーわせ。

（これはオジヤメ二つを手にもつてやる場合で、三つでやる場合は、みつつこんぼとーんよ、みつつこんぼにーじゆといふ工合に、二つの場合の「こんぼなご」を「みつつこんぼ」と言ふのが異ふのみで其他最後まで二つの場合と同一である。）

III

なんかもおのせーは一
にーかもおのせーは二
さんかもおのせーは一二三

子供遊び集（松本）

しいかもおのせーは一二三四
ごうかもおのせーは一二三四五
ろつかもおのせーは一二三四五六
ひちかもおのせーは一二三四五六七

かくて十までも二十までも續き較べをするのである。それでこれは四五人の女の兒が集まつてから、ジヤンケンで順番をきめて一人宛順次にやつて、長くやれた者程いゝのである。

（以上の三つは共に立ちながら、オジヤミを宙になげあげて遊ぶ時唄ふものである。）

VI

おひとつおとして　オサライ
おふたつおとして　オサライ
おみつつおとして　オサライ
おみんな　オサライ
おちりんこおろして　オサライ
おてばさみおろして　オサライ
ててしやみおろして　オサライ
おひだり　おひだり　おひだり
なかよしすみよしさらへておてつき　オサライ
やつちやんどつこい
そうらいまーめ　てーのふしてーのふしてーのふし

子供遊び集（松本）

おろして　オサライ
のーせおんばさみ　おんばさみ　おんばさみ
きりして　オサライ
おーいし　ゆかけて　おろして　オーサライ
おーぞで　ゆかけて　おろして　オーサライ
てーてつ　ぱーたき　ゆかけて　おろして　オーサライ
ちいさなはーしをくぐれ
ちいさなはーしをくぐれ
ちいさなはーしをくぐれ
オーサライ
おほきなはーしをくぐれ
オーサライ
さだいことつてくんにやんせ
どうもくにやんせ
おまけにいつしよ
おまけににーしよ
おまけにさんじよ
おまけにしいじよ
（豫め何じよまでときめておく、そのきめたじよまで云ふ）
よいとーこにや
おまんがよし

てーのふし
てーのふし
てーのふし

最後のてーのふしで全部を掴むのであるが、つかみきらなかつたときは上りにならず、次の順番に、又初めからやり直さなければならぬ。これは三ツのオジャメでやるのであるが、四ツでも五ツでもやることが出來る、たゞ四ツの場合は「てーのふし」や「おんばさみ」や「ちいさなはしをくぐれ」等の複唱詞を四度、五つの場合は五度繰り返せばいゝのである。これは緣側等で車座に座つて順番にやる。全然術になげあげる樣なことはせず、唯手先でオジャメを色々にあしらうのであつて、そのあしらひ方は仲々筆で言ひ表せない。勿論オジャメをやる時は前の詞を唱へながらやる。順番でない者も一緒につけて唱へる。尚オジャメは布端の餘り等で作り、中には粟、蕎麥、小豆等を入れる。この遊びをやる年輩は小學校を出るまでの女兒で小學校を出るともう仲々この遊び等はやらない風がある。（終）

◇前月號の正誤

熊本縣飽託郡西里村の正月
三九頁下段拾行目の一はいに、四二頁下段八行目の網は綱に、四三頁上段附記の水破りは水被りに
子供遊び集（二）
四九頁下段二行目の題は頭に、五二頁上段五行目の御年玉は御手玉に

（松本友記）

秋田縣鹿角郡宮川村地方童謠

内田武志

雪と霰

雪も　こんこ
霰も　こんこ
こんこの寺コさ
小豆鷄コ泊つて
小豆ァ轉ば無ァで
豆ァ轉んだ

夕燒け

猿　赤ぁ着物干した

べご（牛）（一）

牛　牛　つんのがら
負げだ牛さ　味噌呉無ぁ

同（二）

牛　牛　べっけぁろ
山の牛に負げな
勝つた牛さ　味噌呉る
負げた牛さ　糞呉る

猿

猿　尻ァ眞赤だ
牛蒡　燒で　ぶつ付けろ

烏

烏　烏　汝行く路さ
お堂が建つて　行がれ無ぁ程に
叔母家さ寄つて　小豆飯食つて
ガオ　ガオと　飛んで行け

鳶

鳶　鳶　とっ鳶
男子だら袴呉ら
女子だら手箱呉ら
畑の周圍
まァーれ　まァれ

へびたげぁ（蝸牛）

へぴたげぁコ　角コ出せ
小豆粥コ煮で呉ら
角コ出せ　出せ　出せ

ばっけぁ（路臺）

ばっけぁ　ほっけぁ　ほっけぁコ
しもだの川コさ
樽コ背負つて流れだ

月

お月さん　何んぼ
十三に七つ　えんとご　搗で
あーげましよ

鴉と雀

烏ァガーガって　母呼ばた
雀ァチューチュつて　小便たれだ。

（終）

紀州安樂川村の子守・臼挽・田植唄

藪　重　孝

子守唄

○今度いんだらもて來てあげらよ――、有田蜜柑の枝折りをよ――

○有田蜜柑の枝折は　いやぢゃよ――、有田蜜柑のつゞこなり（鈴なり）（を）よ――

○ねんねする子は可愛いゝけれどよ――、起きて泣く子はつらにくいよ――

○ねんね根來え行きたいけれどよ、川がおとろし紀之川がよ――

○かどにたちばな（橘子？）でんじのぼたんよ、――内の樣子は菊の花よ――

○こんな泣く子わ一日負うたらよ――、足が棒になる杖になるよ――

○もりよ子もりよ朝晩大事よ――、背のつじにわもりゃいらんよ――

○こんな泣く子――誰りゃ負うて來たかよ――、わしは負うて來たら泣かなんだよ――

○ねんねこさんねこ酒屋の子よ――酒は飲みたいごんせんよ――

○赤いちゃら〳〵（買うて）こておくれよ――

○もりはにくいとて破れ笠くれたよ、――かわい我が子わさきぬれたよ――

○だんなよ――聞け奥さんも聞けよ――、もりにきつすりゃ子にあたるよ――

○もりわおとろし三ッ子のもりわよ――、おかど通ればいの〳〵とよ――、いねばお主さん早いとおしやるよ――

○ねんねした子に赤いべゝ着せてよ――、ねんねせん子に縞のべゝよ――

○よいやよい〳〵よい子のもりは何處えいたよ――、あの山越えて里え行たよ――

○里のみやげに何もろたよ――、飴やかんぞのおごしごめよ――（又ハ・べん〳〵太倶に笙の笛よ――）

○それを銜えてねぶらんせよ――、おかさんの乳よりあもごんすよ――

○旦那大黒奥さんえべすよ、置いたおなごし福の神よ――

○ねんねねぶたい朝寝をしたいよ――、朝の御飯の出來るまでよ（又ハ　朝寝する子はろくやないよ――）

51 ○泣く〳〵な泣かんすな泣かんとねぶれよ――、泣くとおかさん氣がもめるよ――

○今夜こゝえねてあすの晩どこえよ――、あすわ田の中あぜ枕、よ――

○ねぶたどろゆてねる子わかわいよ――、おきて泣く子はつらにくいよ――

○もりよこもりよ外え出てゆすれよ――、いばらぼたんの花もたせよ――

○いばら牡丹の花でわきかんよ――、せんよ椿の花持たせよ――

○えーか見てくれじばんの襟はよ――、少し出過ぎてみとむないよ――

○いやゝきらいやあの痩男よ――、破れ障子の骨のよな――

○破れ障子わ貼つたらなをるよ――、やせた男はなをりやせんよ――

○わしのねーさん子がのーてわるいよ――、まくら子にして抱いて寝るよ――

○とんとと豆わほらくの中でよ――、とぼか走ろか腹切ろかよ――

○鐵砲かたげて白犬つれてよ――、あとの山にわししやないかよ――

○師走狐わひやのーて（日は無うて）鳴くよ、わたしやお主さんきって泣くよ

紀州安樂川村の子守・臼挽・田植唄　（薮）

紀州安樂川村の子守・臼挽・田植唄（藪）

――

○ねんねころいちゃばくちにまけてよ――、縞の財布の底たゝくよ――

○このこぉ泣くしきわしゃ搖るしきよ――、飯のたねぢゃと思やこそよ――

○ぼんちかわけりゃもりに餅喰わせよ――、もりわこけたら子もこけるよ――

◇臼挽唄

○來いよ來いよわよ――何處までなりゃよ根來近くの坂本いよ――

○とろりとろりとよ――廻れよ臼ぢやよ――晩にゃよびきをさしゃしょまいよ――

○一夜やどかせよ――こもそでござるよ――吹いて聞かそよ尺八よ――

◇田植唄

○おいとしや梅の花よ――、師走に咲いてよ――霜にうたれる――

○ちよちよと鳴くわよ――、千鳥鳴かずとよ――立つわ池のおしどり――

○編笠を首にかけてよ――、彦根の奥えよ――おかたさがしに

○此處は道端よ――、棊盤に植ゑてよ――人にほめられようら――

○いざり勝五郎よ――、車にのせてよ引くよ初花箱根山――

○初花わ箱根の――、權現樣よ――願はたしに――

○なえもちわ御骨折よ――、この田の中れ（で）よ――ごしゅあげたい――

○今わ田植頃よ――、たすかみばたのよ――麥わびや（枇杷）色よ――

○やれ腰が痛いよ、――この田の中によ――腰かけのまつ――

○十七八よつぼ（坪）にいれてよ――、まひとはねはねてよ――植ゑて出よらよ――

後記 右は昭和六年正月三日、和歌山縣那賀郡安樂川村大字最上に於て採集したものである。なるべく發音通りの假名遣をしたつもりであるが、歷史的假名遣の習慣に引きつけられて、間違なきを保し難い。大方識者の御注意を願ふ。（昭和六・一・一一稿）

（**正誤** 民俗學第二卷十二月號『翁草の方言』の内、かっつる は ばっつる に訂正のこと。 橘 正一）

沖繩慶良間島の祭事

小牧實繁

以下は大正十五年七月十三日久米島旅行の際、久米島小學校長宮平文雄氏から伺つた所をその儘筆記したものである。

慶良間島では島民の宗教心が非常に强く、オカミサマ（ウカミサマ）を拜む。拜所は一ケ字に三、四ケ所あり、座間味村の山の中には十ケ所、里には十三ケ所もある。拜所のことをウガンジュと稱し拜所には建物があつて之れをオミヤと稱する。拜所に香爐を置くことは久米島に於けると同樣で、祝が居ることも同樣であるが、祝のことをヌルと稱する。

ニンガチウマチ（二月祭）、グンガチウマチ（五月）、ルクガチウマチ（六月）、ハチガチウマチ（八月）は毎年定期的に行はれ、尙十月にはタニツイ（tanitui—種取り）の祭が行はれる。

御祭には三人のヌル及び六十人乃至七十人のカミンチュが出て拜所に於いてウムイを奏する。農作物の豐饒、村內及び國家の安全、惡病の流行せぬことなどを祈るのである。

タニツイは沖繩でも餘り他には見られない祭りであるが、之れは全村擧つて行ふ。ヌル及びカミンチュの出ることは勿論であるが、イミ（忌）に服しない村民は全部出るのである。但しヌル及びカミンチュがウムイを唱へるに對して一般の村民は之れを唱へない。此の Tanitui の神はヤヒーノミチャンガナシと云ふ神である。

此の神はカミサザキ（神司）と云ふものに乘り移つてヌルその他のカミンチュに仰せを賜はるのであるが、儀式はそれから一週間續くのである。

初めヌル及びカミンチュなど村民の主なるものがミヤに集りその次に村の三、四ケ所にウクムチュ（御供物）、ウコー（線香）、ウザキ（御酒）等を奉り、神人等之れを各戶に頒ち與へ、各戶は之れをウガンス（御元祖）、のグリジン（御靈前）、又はブチダン（佛壇）に祭る。それが濟めば皆ウフナカに集り御禮を申す。その後神遊びと云ふことがあり神が遊ぶ。その翌日は御別れであつて、ウマンサン（御別の御祝）がある。

よくは解らないが此の祭に祭られるのは穀物の神であるらしい。

慶良間島では又たカーマチと稱して井戶及び泉を拜する祭がある。これは沖繩本島及び久米島に於けると同樣である。ヌル及びカミンチュが拜するのである。ミハナ（洗米）、ミチ（神酒）、ウコー（線香）を奉る。

山の中の拜所では九月に祭がある。タキヌブイ（岳登り）と稱せられる。一年中無難に暮したことを謝し、來年の安泰を祈るのである。

此の祭の時はカミンチュは山の中の各拜所へ分れ分れに登りムチ（餅）、ウヂュー（魚等を重箱に入れたもの）、ウザキ（御酒）、ウコー（線香）、ミハナ（洗米）等を捧げ、儀式終れば山中で宴をし、それが濟めば下山して相集り、無事歸着したことを相喜んで祝宴を催すのである。

山の拜所はクタキ（久岳）、ナカタキ（中岳）、ウフタキ（大岳）、アカサチ（赤崎）の四ケ所にあるのであるが、此等拜所には今は建物があるが、昔は丸い大石が置いてあつたと云ふ。

慶良間の祝は曲玉は用ひない。その代りサジと稱する白布を頭に巻き之れを後ろに垂れる。カミサジとも云ふ。カブイ（冠）と稱し、草を頭に着けることは久米島に於けると同樣である。祝及びカミンチュは下に赤、上に純白の衣を被る。これをカミイソーと云ひ、此の上にカカン（袴）を着けるのである。

慶良間では又厠の神を祭る。此の神をニヌファヌカミ（Ninufanukami）又はフールの神（Fūru）とも云ふ。

又たヒヌカン（火神）と云ふのは竈の神であつて、かまどの後に祭られ、その前には矢張香爐を置く。これは久米島でも同樣である。

因みに伊平屋島に於いては一家の主人が死ねば、かまどの神の表徴たる鼎足形の三箇の石を棄て、後繼者のものを定め、吉日を選び、他人に見られない樣に又三箇の石を新らしく取つて來て置く相である。

慶良間島では凡て神には絶對服從で、島民が正直素朴であるのは一つにはそのためであると云はれて居る。（昭和六年紀元節の夜稿）

八幡太郎義家が乘馬の蹄の石

千葉縣香取郡滑河町西大須賀村八幡神社北方廿米計りの路傍の叢の中に、八幡太郎義家が奥州征伐に通過された際乘馬の蹄の跡が印されたと稱へられる一米平方位の平石が祭られてある。勿論蹄の跡らしいものも認められないが村民はそう信じてゐる。けれど現今ではかゝる信仰は稀薄になつてゐることは申すまでもない。

（伊東　亮）

紙上問答

○たとへ一言一句でもお思ひよりの事は、直に答をしたためて頂きたい。
○一度出した問題は、永久に答へを歡んでお受けする。
○どの問題の組みにも、もあひの番號をつけておくことにする。

問(四三) 荷ひ桶の水はれ出るを防ぐ法。

一八九七年龍動板、キングスレイ女史の西非行紀五四〇頁に、カメルン地方の女兒が川の水を汲で、懸崖上の家え運ぶに、椰樹葉一片を水上におき、器の外に水がはれ出るを防ぐと記す。五年前紀州にも之に似た風あると知た。中森瀞八郎氏より來信に、南牟婁郡の某村の男女が荷ひ桶で水を運ぶに、細長い長方形の板二つを十字形に結合せて水面に浮べる。そうすると、荷ふた人が疾く歩んでも、水は決して桶の外え跳り出ぬ。誠とによく考えた物だと有た。當時氏は病氣で程なく予と絶信し、其手紙も失なふて、其詳を知るに由なきも、荷ひ桶から水がはれ出すを防ぐ設備をした所ろは、件の某村の外にもある事と察する。由てその類例を示されたいと願いおく。(二月三日、南方熊楠)

問(四四) 人呼び坂。

廿八九年前紀州東牟婁郡那智村のそこゝに僑居の間だ、大字天滿と大字湯川の間に、人呼び坂てふ高い處が有た。俚傳に昔しその一大字の人々、公用で他の大字の人々に意を傳ふる場合ひ、此坂迄大聲の者を遣はし、そこに立て呼しめた。すると向ふから人を出し來り近付しめて、用向きを聞取たと言た。宇治拾遺「利仁暮預粥の事」の條に、五位なる男芋粥を飽く程食たしといふを聞て、利仁たばかつて其男を遠く越前迄誘ひゆき、到著の當夜暖たかに臥させ、又「けはひ惡からぬ」婢女を割込しめた。「かゝる程に物高くいふ聲す、何事ぞときけば、男の叫びていふ樣、此邊の下人承はれ、明日の卯の時に、切口三寸長さ五尺許りの芋、各一筋づゝ持て參れと云也けり。」翌朝起てみれば、芋を持來る者引もきらず「居たる屋と均しくおきなしつゝ、昨夜叫びしは、早う其邊にある下人の限りに物いひ聞す迚、人呼の岡迚ある塚の上にて云也けり」とある。人呼の岡、人呼び坂、他處にもありやと質問する。(二月六日、南方熊楠)

答(三四) 施行の功德他に倍する所。

一八七六年板、サウシーの隨得手錄、二輯六四〇頁に、メッヂレッドヂンの東方人文之鑛山から、「エルサレムで行ふた事は、善惡共に、他の地で行ふたより千倍大きくなる」と引きおる。故に爰で一錢を施さば、其功德他處で千錢をまくに當り、他人の妻を一番すれば、他處で千番やつた程の重罪になるのだ。(二月五日、南方熊楠)

答(四〇) 雷と天井。

南方氏が擧げられた田邊地方とは一葦帶水故、同一サークルのものかと思ひますが、御參考迄に。阿波海部(明治三十六年)產の家內の話に、少時雷鳴はげしき時は、天井のある室に走り込み家內中縮まり居たりと。雷公は天井裏を這ふて隅の方へ行きよるものやからと言ふ由なり。なほ線香を焚きもする、桑原も唱えると。


(山田角人)

答(四〇)
岡山縣兒島郡地方では、雷は三天井を通さぬと信じられて居る(水原岩太郎氏談)卽ち雷に蚊帳を吊るのは、屋根、天井、蚊帳(天井の代りとなす)と三重の天井で落雷を防ぐためである。尙天井絹蚊屋絹とか、布幔を張つて天井とすると云う樣なことを讀んだ記憶があるが、雷、天井、蚊帳の三角關係とも云う樣なものがあるのではないでせうか。(桂又三郎)

答(四〇)

土佐國幡多郡では、今も尙雷鳴の時は、二階下、天井の下乃至蚊帳の中に避難すべしと信じ居る。初雷の時節分の夜の煎豆を食ふ事も亦田邊と同じ。(中平悅磨)

答(四二) 觀音のかり錢

岡山文化資料二卷五號(昭和五年五月)へ中島政雄氏が虛空藏の緣日と題して報告した中へ、寺の借り錢のことが出て居つた。左にその報告を抄出す。

岡山縣苫田郡一宮村東田邊所在の黑澤山萬福寺は日本三福地の一つとして、毎年舊曆正月十三日に緣日がある。此の日寺で福錢と稱するものを出す。卽ち福錢とは參詣者の誰れでも、一錢とか二錢とか乃至十錢、二十錢或は一二圓位迄希望のものが、虛空藏樣のお金を本堂で世話をしてゐる人へ申出て一年間拜借して、これを自分の財布へ入れて置くと、思はぬ收入があつて財布へ金がふえるといふことだ。お金は別に何某へ貸せた等記帳もせずドシ〳〵貸出が行はれる。借りた人は翌年の十三日に倍額にして、お返しをする定めで、毎年前年貸出したものは倍額になつて償還されて、借り貰ひなどの不心得ものは無いそうである。(桂又三郎)

學會消息

○國學院大學鄉土研究會講演會 は一月十五日同大學に於て開催され、金田一京助、中山太郎折口信夫の三氏の講演があつた。

○東京高等師範學校國漢學會例會 は一月卅一日同校に於て開かれ、高野辰之氏の『現時流行歌について』と題する講演があつた。

○考古學會例會 は二月十七日東大山上會議所に於て開催され、中尾萬三氏の『東洋古代の硝子と釉藥』八幡一郎氏の『我が南洋の古墳墓に就いて』と題する講演があつた。

○東京人類學會例會 は二月廿一日東大人類學敎室に於て開催され、今和次郎氏の『歐米土俗博物館視察談』といふ講演があつた。

○東大史學會例會 は二月廿一日同大山上御殿に於て開催され、井野邊茂雄氏の講演があつた。

○佛蘭西のシュトレイン自動車會社の主催にかかり、亞米利加國民地理學會の後援による、シリアのアッカより亞細亞內地を横斷して北平に至る探險隊のことについては、既に、度々紹介されて居るが、其考古學的方面の擔當者にして目下東京滯在中の日佛會館學長ジョゼッノ・アッカン

氏は中途よりこれに參加すべく、二月八日東京出發印度に向つた。氏はアフガニスタンに於て一行に加はる筈であり、又氏の助手建築家カール氏は北平より西行し、カシュガルに於て一行と會すべく、アッカン氏に先立つて出發した。

○第十八回萬國東洋學者大會 は本年九月七日から十二日の間に和蘭ライデン市に於て、總裁にヘンリ親王を戴いて開會される。會は第一より第十に至る部會に岐たれ、各國學者の出席あり、新研究が發表される筈である。

部會は、第一、アッシリヤ學、第二、埃及學及アフリカの諸言語、第三部は中央及北部亞細亞並土耳古學、第四、極東、第五、印度、第六、イラン・アルメニヤ・コーカサス、第七が舊約聖書、ヘブライ語、アラメヤ語、第八、マホメット教、第九、印度支那・蘭領東印度諸島、オセアニヤ、第十、東洋美術である。

○民俗藝術第四卷第一號

諸國手毬歌抄　武藏・上總・佐渡・越後・伊勢・阿波・各地聞き書き
諸國手毬唄抄の後　北野博美
秩父行　同行六人
能樂系統の人形芝居　藤野精
大物忌神社特殊神事　社務所
隼人の舞踊　青山倭文二

前號報告についてのお斷り

民俗學第參卷第貳號の、松林六朗・伊藤祐代兩君の採集報告についてゐます一項目每の番號の意味を、多くの方はお訣りになりにくいだらうと存じまして、ちよつとお知らせいたします。あの採集は、國學院大學鄕土研究會に於いて冬の休暇に際し會員に配つた。折口信夫先生の案になる、「歳暮年始行事傳承採訪目安」に依つたものなのです。其であゝした、訣る項目もありますが一見理會しにくい體裁を採つて居るのです。其目安をこゝに採錄してみます。

1 改年の準備は何時から始めてどう言ふ事をするか。さうしてその日の名稱は何といふか。
2 門飾り・家飾りは何時からするか。
3 門松（或は門に立てる柱）・歳神棚・しめ繩・その他の設備・作法或は其にあづかる人
4 大晦日の習俗。
　殊に夜中の行事。
5 歳暮に宮寺に參るか。何をする爲に。
6 歳暮に宮寺から出す御飯・供饌・護符の類。
7 みたま樣と言ふ類の名で、洗ひ米・粢(シトギ)・餅の類を呼ぶことあるか。あつたら其に就いての習はし。
8 魂祭りに關聯した事實。
　歳暮の贈り物・歳暮に挨拶に行く事があるか。
9 歳(トシ)の夜(ヨ)から正月へかけての忌み語。
10 元日の朝の習俗。
　村或は家の中の特殊な人のする爲事。
11 廻禮方法。
　親方子方の關係。
12 若水・鏡餅その他についての說明。
13 歳暮年始に出る特殊の藝人。
　祝言職・お札くばり・遊藝人・乞食等
14 歳暮年始に關聯した昔話・童話・傳說。
15 七日前後の行事。
16 何々正月等いふ名のある日。
17 道神(サイノカミ)・神祭り、附たり、どんど・三九郎などいふ行事。
18 十四日年越し。
19 小正月。

◎右一般にも特殊にも、ある村及びある家の傳承を中心として、他の村・他の家の習俗を採訪すること。

此目安のもとに、兩君の採訪をまう一度見直していたゞく樣、皆さんにおねがひいたします。

（國學院大學鄕土研究會世話方）

柳田國男序　折口信夫跋　早川孝太郎著

花祭

花祭の伎樂は、嘗ては全國的に交渉と脈絡とを有つて居たものらしいとは識者の想像するところであるが、今や其の花祭の伎樂は僅かに天龍流域地帶數十方里の峽谷に秘鎖されて仕舞つたのである。然るに篤學早川孝太郎氏によつて此の祭事の存在が注意せられ、實査研究は積まれ、遂に千七百頁の厚巻を世に贈る事となつたのである。我文化の結晶であり、縮圖とも云ふべき此の花祭が、極めて忠實に正確に世に展示せられたと云ふ事は、眞に我が學界の慶事と云はねばならぬ。
諸家の御繙讀を冀ふ。

限定三百部
定價二十五圓
送料東京市內十二錢
內地六十三錢
其他九十錢

兩編を通じて
菊判一六五〇頁挿畫二四二
地圖四色版等五十餘圖版
特織紬天金特裝
【內容見本進呈】

柳田國男先生序文の一節

早川君のこの書物には、題目の新奇さ捜査の周到、觀測の精確と記述の丁寧、其他推賞せられてよい多くの特徴を具へて居るやうだが、取分けて自分として懐かしく思ふことは、全篇がたとへば一本の大木の如く、さながら一つの研究の成長過程を示して居ることである。さうして又永い將來に向つて更に此上にも大きくなつて行かうといふ勢ひを含んで居ることである。我々の仲間のたつた一つの約束は、當世風の語を假りて言へば、學問の日錄化であつた。今までに獲たものは惜み無く之を人に與へ、自他共にそれを足場に踏んでもう一つ前へ進んで行かうといふに在つた」其方法は往々にして心無き者を速斷に誘ひ、又は自分の見損ひを暴露するの憂ひを伴なふが、奈何せん開けた國々の民間傳承は、斯うして片端から公表して行く以外に、其保存の道は無いのである。獨り三河の花祭のみと言はず古い慣習と其背後に潛んで居る心意の動きとはそれを究めようとする學問の進歩と反比例以上の速度を以て消えて行くのであるそれ故に私は既に何度と無くもういい加減にして一旦纏めて置くことを早川君に向つても勸說したのであつた。此書の刊行は自分たちの希望より遙かに時おくれたけれども兎に角に是だけ豊富なる資料がその未だ亡失消散せざるに先だつて能く一巻の册に結集せられたのは大幸であつた是にまだ何等の結論も附いて居ないことは寧ろ我々の本意とする所である。自分は何人よりも切實にこの採集者の深き用意に感謝、且つ早川君志す所の學問の前途の爲改めて多くの期待を抱き得るに至つたことを欣ぶ者である……單なるうろ覺え又聽きの程度を以て止めて置くことの出來ない性質を早川君といふ人は持つて居る。さうして見に行つた結果が終に斯ういふ大變な事になつてしまつた。學界を驚倒せしむる千六百頁の大著は出現し、荀くも民間藝術を談ずるの士は之を知らなければ恥といふまでになつた。

東京神田區北甲賀町四
岡書院
電話神田二七七五番
振替東京六七六一九番

◇前號目次

△原稿、寄贈及交換雜誌類の御送附、入會退會の御申込會費の御拂込、等は總て左記學會宛に御願ひしたし。
△會費の御拂込には振替口座を御利用ありたし。
△會員御轉居の節は新舊御住所を御通知相成たし。
△御照會は通信料御添付ありたし。
△領收證の御請求に對しても同樣の事。

昭和六年三月一日印刷
昭和六年三月十日發行
定價金八拾錢

編輯兼發行者　東京市神田區表猿樂町二番地　小泉鐵
印刷者　東京市神田區表猿樂町二番地　中村修二
印刷所　東京市神田區表猿樂町二番地　株式會社 開明堂支店

發行所　東京市神田區北甲賀町四番地　民俗學會　振替東京七二九九〇番　電話神田二七七五番

取扱所　東京市神田區北甲賀町四番地　岡書院　振替東京六七六一九番

MINZOKUGAKU

THE JAPANESE JOURNAL OF FOLKLORE

Published by the

MINZOKU-GAKKAI

Volume III March 1931 Number 3

MINZOKU-GAKKAI

4, Kita-Kôga-chô, Kanda, Tokyo, Japan.

民俗學

第參卷　第四號

昭和六年四月

民俗學會發行

民俗學會會則

第一條　本會を民俗學會と名づく

第二條　本會は民俗學に關する知識の普及並に研究者の交詢を目的とす

第三條　本會の目的を達成する爲めに左の事業を行ふ

イ　毎月一回雜誌「民俗學」を發行す

ロ　毎月一回例會として民俗學談話會を開催す

　但春秋二回を大會とす

ハ　隨時講演會を開催することあるべし

第四條　本會の會員は本會の趣旨目的を贊成し會費（半年分參圓　壹年分六圓）を前納するものとす

第五條　本會會員は例會並に大會に出席することを得るものとす　講演會に就いても亦同じ

第六條　本會の會務を遂行する爲めに會員中より委員若干名を互選す

第七條　委員中より幹事一名、常務委員三名を互選し、幹事は事務を執行し、常務委員は編輯庶務會計の事務を分擔す

第八條　本會の事務所を東京市神田區北甲賀町四番地に置く

附則

第一條　大會の決議によりて本會則を變更することを得

私達が集つて此度上記のやうな趣意で民俗學會を起すことになりました。

考へて見ますと學問が大學とか研究室とかに閉ぢこめられてゐた時代は何時まで何時までつゞくものではないといふことが云はれますが、然し大學とか研究室とかいふものを必要としなければならない學問のあることも確かに事實です。然し民俗學といふやうな民間傳承を研究の對象とする學問こそは眞に大學も研究室も之を獨占することの出來ない學問であります。然しさればといつてそれは又一人一人の篤志家や學究が個々別々にやつてゐたのでは決してものになる學問ではありません。出來るだけ多くの、出來るだけ廣い範圍の協力に待つしかないものと思ひます。日本に於て決して民間傳承の資料の蒐集なり研究なりが閑却されてゐたとはいへません。然しそれがまだ眞にまとまるところにまとまつてゐるとはいはれないのが事實であります。かう云ふ事情の下にある民俗學の現狀をもつと開拓發展せしめたいがために、民俗學會といふものを發起することになつた次第です。そして同樣の趣旨のもとに民間傳承の研究解說及び資料の蒐集を目的として、會員を募集し、會員諸君の御助力を待つてこれらを發表する機關として「民俗學」と題する雜誌を發行することになりました。どうかこの一般國民生活の中に深く生きてゐる事實の意義及び傳承を生かす爲めに、そして民間の學問としての學的性質を達成せしむる爲に、本會の趣旨を御諒解の上御入會御援助を賜りたく御願ひ申します。

委員

石田幹之助　宇野圓空　折口信夫
金田一京助　小泉鐵　松村武雄
松本信廣（在京委員）
秋葉隆　移川子之藏　西田直二郎
（地方委員）

昭和六年四月發行

民俗學

第三卷 第四號

目次

資料・記錄

支那古暦の特色

飯島忠夫

歳月日時に十干十二支を附することは支那暦法の最大特色である。古來傳承の説に據れば、十干十二支の組織は陰陽五行の哲學の應用であつて、それを歳月日時に附して其等の性質を指示し、吉凶禍福を定めるのである。歳月日時の吉凶を占ふのは即ち占星術であつて、支那の占星術は太古以來常に陰陽五行の哲學と並存して居る。それ故に、此の傳承の説を離れて、十干十二支を陰陽五行と全然引離して考へようとするのは殆んど不可能の事である。

十干十二支はもと十日十二辰と呼ばれた。干支は幹枝の略字である。日を幹とし辰を枝としたのは後漢の頃からのことである。十日は即ち甲乙丙丁戊己庚辛壬癸で、十二辰は即ち子丑寅卯辰巳午未申酉戌亥である。されば、甲乙等はもと日に附せられた名稱で、子丑等はもと辰に附せられた名稱であつたことは疑がない。日が太陽から導かれた名稱であることは勿論であるが、辰が何であるかは説明を要すべきものである。

1

辰はトキ（時、季節）の意義で、日と月とが天上に於て會合する「時」を指し、月が一年の間に十二回太陽と會合して其の姿を隱し、又は太陽と相對して滿月の姿と現はれ、其れ等の「時」に於て月の宿るところの星座が順次に轉移して、一年を經て復た當初の星座に還る事實に本づいて、此等の十二の星座に沿つて天に於ける日月の

2.

道を十二區劃に等分して、それらをも亦辰といふのである。されば辰はもと月に關係ある名稱であつて、月の盈虧から言へば、一年に十二のトキ（時、季節）があり、其の起る場所から言へば、十二の星座があるのである。しかし十二辰は以上の條件のみによつて成立して居ない。それには木星運行の知識が加味され、且つ方位の觀念が結合されて居る。木星運行の知識は支那の天文學古星術に於て非常に重要なものであり、方位の觀念は北極及び北斗と連絡を保つて居て、此處で說くのは複雜に涉るから、後段に於て更に陳述することゝする。

十日を一つの週期としたのは數の計算に用ひた十進法から導かれたのであらう。しかし十日の起原については、一の神話が傳へられて居る。それは山海經に見えるもので、昔し帝俊（これは帝舜のことゝするのと帝嚳のことゝするのと兩說がある）の妻に羲和といふ婦人があつて十個の太陽を生んだといふことである。羲和は每日東方のはてにある暘谷といふところから一個づゝ太陽を導いて先づ咸池で浴せしめ、扶桑の樹の枝に上らせ、それから馬車に載せて天空を馳せ、西方のはてまで行き、夜の間に更に暘谷に還つては翌日又次の太陽を導くのである。書經の堯典に見えた羲和のことは此の種の神話が合理化されたものと思はれる。此の神話は古星術の上に十日の組織が成立つてから後に完成されたものであらうから、其の原始的の形は十といふ數には關係のないものであつたかも知れぬ。

十二辰に關しても亦、山海經に、帝俊の妻の常羲が十二個の月を生んだといふ神話がある。それは羲和が十個の日を生んだといふのと同種類の神話である。月のことを嫦娥といふのも此の常羲と同一の語で、それが一方では月を生んだ婦人となり、一方では月自身のことゝなつたのであらう。

十日十二辰の組織が陰陽五行の哲學の應用であるといつたのは漢代の書なる淮南子及び史記に見えた個々の名稱の解釋を其の一の根據としたのである。此等より以前の古書には何等の記載もないが、此等の書は皆古來傳承の知識を編纂したものであるから、其の解釋も亦必ずしも漢代に始まつたといふことは出來ない。それに據れば、十日の甲「は」ヨロヒの意義を有し、草木の種子を被ふ厚皮のことで、種子が發芽するに當つてまだ厚皮を被つて居る狀態を指し、「乙」は軋（キシル）を其の語原とし、草木の幼芽のまだ自由に伸長し得ないで屈曲して居る狀態を指し、「丙」は炳（アキラカ）を其の語原とし、萬物が伸長して其の形體の著明となつた狀態を指し、「丁」は壯と同義の語で、萬物の形體の充實した狀態を指し、「戊」は茂（シゲル）を其の語原とし、萬物の繁茂して盛大となつた狀態を指し、「己」は紀（スヂ）を其の語原とし、萬物が充分に繁茂して盛大となり、且つ其の條理の整然となつた狀態を指し、「庚」は更（アラタマル）と同語で、萬物の成熟固結して行詰まつた結果、自ら新しいものに改まつて行かうとする狀態を指し、「辛」は新（アタラシ）と同語で、萬物の枯死して又新しくならうとすることを指し、「壬」は姙（ハラム）を語原として、萬物の內部に更に新しいものの姙まれることを指し、「癸」は揆（ハカル）を語原とし、萬物の內部に姙まれたものが段々に形造られて其の長さの度り得べき程になつたことを指したのである。以上は萬物の發生繁茂成熟伏藏の過程を十個の段階に分けて示したものであつて、卽ち陰陽思想の應用である。我國で甲乙等をキノエ、キノト、ヒノエ、ヒノト、ツチノエ、ツチノト、カノエ、カノト、ミヅノエ、ミヅノトと呼ぶのは、木兄木弟火兄火弟土兄土弟金兄金弟水兄水弟の意義であつて、木火土金水は卽ち五行である。十日を五行に配當することは淮南子に既に記されて居て、又兄弟とするのは同書に剛日柔日と言つてあるのに相當する。これらも亦或は最初から十日の組織の中に入つて居た思想であらう。五行相生の順序といふのは、木から火、火から土、土から金、金から水を生ずることを指すので、十日に於ける發生繁茂成熟伏藏の順序は卽ちまた五行相生の順序である。十日の名稱を語原的に考へる時、それ等が二個づゝ一組になつて居るのは、五行を剛柔に分けた思想と連絡するものであらう。しかし十日が五行思想を本質的に含有するか否かはなほ五行の起原を明にすることによつて始めて決定せらるべきものである。

十二辰は淮南子史記に於て寅を其の第一として居る。古代に於ては子を初とすることが殆どなかつた。其の語原については次の如く述べて居る。「寅」は螾（ウゴク）で萬物の發生することを指す。「卯」は茂（シゲル）で草木が發生して地面を蔽ふ様になつたことを指す。「辰」は振（フルフ、トヽノフ）で、萬物の形が整つて活力が旺盛になつた有様を指す。「巳」は已（ヤム）で、萬物が繁盛の極に到達した有様を指す。「午」は忤（サカフ）で萬物繁盛の極を過ぎて衰微の傾向が始めて起つたことを指す。「未」は味（アヂハヒ）で、萬物が成熟して滋味を生じた有様を指す。「申」は呻（ウメク）で、萬物が成熟して締めつけられて固まつて行く有様を指す。「酉」は飽（アク）で萬物が成熟の極に達した有様を指す。但し酉の語原を飽とするのは妥當とは思はれない。それは他の書に緧（チヾム）としたのがよからうと思ふ。「戌」は滅（ホロブ）で、萬物の盡く滅びる有様を指す。但しこれも亦妥當とは思はれない。戌には「切る」といふ意義がある。此の意義からして滅亡する有様を指したものとするがよからうと思ふ。「亥」は閡（トヂル）で、萬物が既に凋落して生命の力が種子の內部に閉藏されてしまつた有様を指す。「子」は孳（フエル）で、新しい生命が又萠し始めることを指す。「丑」は紐（ヒモ、カラム）で、萠芽が種子の中に生じてまだ充分に伸び得ない有様を指す。以上は萬物の發生繁茂生熟伏藏の過程卽ち陰陽の消長する順序を十二個の段階に分けて示したもので、十日の命名法と同一種類の思想から出たものである。

十二辰はまた淮南子等に於て五行に配當されて居る。それは寅卯を木に、巳午を火に、申酉を金に、亥子を水に、辰未戌丑を土に當てるものである。十二辰を四時十二月に配當する時は寅卯辰が春、巳午未が夏、申酉戌が秋、亥子丑が冬である。寅の月は正月、卯の月は二月で、以下順次に丑の十二月まで及ぼす。そして卯の月は春分を、午の月は夏至を、酉の月は秋分を、子の月は冬至を含むものである。十二辰を方位に配當する時は正東が卯、正南が午、正西が酉、正北が子となり、其の他のものをば、其の間に入れてある。十二辰が五行哲學を本質的に含有して居るか否かは、十日の場合と同じく、なほ五行の起原を說くことによつて始めて明にさるべきものである。

十日と十二辰とは互に配合されて六十種の名稱を作る。それは今も尙普通に行はれる甲子、乙丑から癸亥までに至るものである。日は陽で、辰は月に關係があるから陰である。從つて此の配合の上にも亦陰陽思想が認められる。十日と十二辰との名稱が共に陰陽思想から出たもので、此の二者が常に並存して居り、其の配合の上にも亦陰陽思想が含まれて居るとすれば、十日と十二辰とは畢竟同一時期の製作と考へねばならぬ。黃帝の時に大撓が十日十二辰を作つたといふ傳說は直に信ずべきものではないとしても、此の二種のものが同時に作られたものとする點に於ては、其の眞相に合するものと思はれる。

十二辰をネ、ウシ、トラ、ウ、タツ、ミ、ウマ、ヒツジ、サル、トリ、イヌ、キと呼ぶのは、子丑寅卯等に鼠牛虎兎龍蛇馬羊猿雞犬猪の十二動物を配したことから起る。其の事が支那の書に見えて居る初は後漢の王充の論衡に引いてあるものである。前漢以前のものには何等の形跡もない。古文字の學者の間には巳は蛇、亥は豕卽ち猪の象形であると說かれて居るが、それは疑ふべきものである。佛敎の經典の中にも亦此の十二動物が見える。それは十二緣生祥瑞經の中にあるもので、支那と全く同一である。又大集經の中の虛空目分淨目品第五には行化の賢聖が十二獸となつて四天下の海中に住することを說いて、東方に蛇馬羊があり、南方に猿雞犬があり、西方に猪鼠牛があり、北方に獅子兎龍があることを言つて居る。これは支那の虎を獅子に代へてあるものである。大集經は印度の本土ではなく、今の新疆省にあつた于闐國あたりで出來た書で、其の時代も後漢以後と思はれるから、これは支那のものが西方へ傳はつて其の間に虎が獅子に代つたのであらう。十二緣生祥瑞經には無明行識等の十二因緣に十二獸を配してあるので、これも亦支那の十二獸を無理に佛敎の知識に結合したものであらう。文化年間に生存した釋圓通の佛國曆象編には此等の經文を根據として支那の十二獸が印度に起原を有するものと論じて居るが、それは信ずることが出來ない。

陰陽五行の哲學は詳に言へば太一陰陽五行の哲學である。太一はまた太極とも呼ばれる。これは支那に於て宇宙及び人間の生成を論ずるところの唯一の哲學であり、また物理學である。太一とは宇宙の初に自存する渾沌無差別の活物卽ち「氣」である。其の中に次第に淸濁輕重寒暖の差別を生じ、輕くて淸んで暖いものは上にたなびいて天となり、重くて濁つて寒いものは下に沈んで地となる。天は陽の氣であり、地は陰の氣である。天の陽氣は下らうとする傾向を有し、地の陰氣は上らうとする傾向を有す。此の本原の一氣が二樣に現はれたところの陰陽の二氣が、互に複雜なる抱合をなすことによつて、人間及び其他の萬物が現出する。陽氣の精なるものは火で其の凝集したものは日となり、陰氣の精なるものは水で其の凝集したものは月となる。日月の精氣の溢れて外に出たものが、木星火星土星金星水星の五個の惑星と、（これは肉眼で見える惑星の全部である）又無數の恒星とである。五個の惑星は各陰陽の配合する分量の差異によつて其の性質を區別されるもので、木星は陽を主として陰を含み、火星は純粹なる陽の氣であり、土星は陰陽の分量が平均し、金星は陰を主として陽を含み、水星は純粹なる陰の氣である。此等の五星は卽ち木火土金水の五行の凝集したもので、日月と共に常に天を運行して、地上及び人界に於ける陰陽五行の集散離合に其の影響を及ぼして居る。五行の「行」は卽ち運行の意であり、五行は又陰陽の一段展開されたものである。これが卽ち太一陰陽五行の哲學の大體である。古代支那にて說かれた宇宙生成論は唯此の一種に止まり、陰陽と五行とは常に相提携して居る。其の中で易のみは太極陰陽を說いて五行を說かない樣であるが、それが五行思想の既に存在した時代の產物であることは易經の本文に其の形跡があることによつて知られる。老子は此の太一を道と呼び、其の書の中には陰陽が出て居り、又五行思想の應用たる五色五音五味が出て居る。此の哲學を最も詳に說いたものは淮南子の天文訓である。孟子荀子が說くところの倫理學の根據となるものも亦此の哲學に外ならぬ。人は精神と形體とを有するもので、精神は天の氣を受けたものであり、形體は地の氣を受けたものである。地の氣は暗濁であり、天の氣は淸明である。淸明から智と善とが生じ、暗濁から愚と惡とが生ずる。暗濁なる血氣を鎭めて淸明なる精神を强くし、又此の淸明なる精神を以て暗濁なる血氣を統御するのは人間修養の道である。これは淮南子の精神訓に述べてあるもので、性善を說く孟子も性惡を說く荀子も共に一致する所の根據である。孟子の性は精神に關して言ふもので、荀子の性は形體に關して言ふものである。支那哲學に於ける陰陽五行が日月五星と結合して說かれて居るところから見れば、それは天文學を其の背景とし古星術と分離し難い關係を成して居るもので、若し五星の運行が始めて注意された年代を知ることが出來るならば、支那哲學の成立年代も亦從つて知ることが出來るのである。

五星の運行に關する記載は太古から存在する。其の中で特に重要視されたものは木星である。木星は古典に於て歲星と呼ばれ、又單に歲とも呼ばれる。木星の天を一周する年數が十二年であることは早くから知られた。天に於ける十二辰の順序は日月の會合卽ち朔の時に於ける日月の位置が毎月星座の間を移動する順序によつて示されないで、木星の一年毎に星座の間を移動する順序を逆轉したものによつて示され、それを太陰（月ではない）なる神の運行する順序として說かれて居る。太陰は卽ち木星の反映として假想されたものであつて、又太歲とも天一とも靑龍とも歲陰とも呼ばれるもので、天神中の最も貴いものとされて居る。これは木星を陽とするに對しての陰であつて、其の命名には陰陽思想が働いて居る。太陰が寅に居る年には木星は丑に居り、太陰が卯に居る年には木星は子に居り、太陰が辰に居る年には木星は亥に居り、以下之に準じて其所在を定められて居る。歲に十二辰を當てるのは太陰の所在によるのである。此の方法は現今我國でもまだ用ひられて居る。今年卽ち昭和六年は未の年であるが、古法によつて言へば、木星が申に居るべき年である。歲の干支は今から二千年以前なる前漢の中世まで間斷なく溯り得る。漢の武帝の太初元年（西紀前一〇四）から前は一年づつずれて、子の年が亥の年となり、亥の年が戌の年となつて居る。それは戰國時代まで溯り得る。春秋時代から以前のことは左傳と國語とに記してあるが、それは更にずれて居る。しかし左傳と國語とにあるものは、前漢の末の頃に案出された一種の木星週期によつて逆算された結果を記入したもので、それは信ずることが出來ない。それ故に支那の木星の運行に關する記載として信ずべき價値あるものは戰國時代より溯り得ない。

十二辰の順序は木星と逆行するところの太陰が運行する順序を示して居るものであるから、十二辰は木星運行の知識が成立した後に於て始めて成立し得べきものである。惑星の觀測は同時に行はるべきものであるから、木星運行の知識が成立した時は卽ち五星運行の知識が成立した時である。五星運行の知識が成立して後、五行の哲學は始めて成立し得る。故に十二辰の組織の成立は五行の哲學の成立と相伴ふべきものである。五行の哲學は占星術の原理を爲すもので、十二辰は占星術に使用されるものであるから、十二辰に五行が配當せられ、又十二辰と同時に成立したと認めらるべき十日にも五行が配當せられて居るのは、其の最初からのことであつて、決して後になつてから附加した說であるとすることは出來ない。陰陽の一段展開したものが五行で、陰陽哲學と五行哲學とが常に相提携し相並存して居ることは前に述べた如くであるから、五行を配當した十日と十二辰との個々の名稱が陰陽消長の理論を應用して作られたとすることは決して漢代學者の牽强附會の說として排斥し得べきものではない。

支那の古代に於て用ひられた木星の週期は十二年である。しかし其の眞正なる數はこれよりは稍少くて十一年八六であるから、太陰が十二年で十二辰を進むものとして推して行く時は歲の名と木星の眞の位置との對照が約八十五年每に一辰づつ狂つて行く。卽ち木星の方が一辰づつ前に進出することゝなる。それ故に戰國の初（西紀前四〇三）の頃から漢初までの間に於て歲の名と木星の眞の位置との關係が規定に正しく合する年代を以て、此の木星紀年法が始めて實施された年代とすることが出來る。自分の計算した所によれば、それは西紀前三六六年（周の顯王三年）頃から始まるものである。それ故に大體西紀前四世紀を以て支那に於て五星の運行の知識が發生し、從つて五行の哲學が成立した年代とすることが出來る。五行の起原を太古に置く傳說は信ずべきものではない。

そして此の如き知識が發生する樣になつたのは支那の天文學が一大飛躍を爲した時であらねばならぬ。

支那の天文學が西紀前四世紀に於て一大飛躍を爲したことは他の方面からも知り得る。その主要なるものとしては冬至點の測定と、曆法の完成とを擧げねばならぬ。冬至點は古典に於て牽牛初度に在るものとして記されて居る。牽牛は卽ち二十八宿中の牛宿のことで、其の初度卽ち一度の目標となる星は今の β Capricorni である。古代の支那では天を三百六十五度四分の一に分けて、二十八宿の廣狹に應じて其の占める度數を精密に計つてあるが、自分の計算する所に據れば、此等の度數に適合する樣にして牽牛初度を取れば、其れは西紀前三九六から三八二までに亘る間の位置である。そして此の冬至點が十二辰の區劃の基準となつて居るのである。支那の曆法は古代から太陰太陽曆（卽ち吾人の謂ふ所の舊曆）であつて、最古の法は一年を三百六十五日四分の一とし、十九年に七個の閏月を置いて、此間の總月數を二百三十五とし、之を以て一の週期を完成し、更にそれを四倍して七十六年に日の完全數を含ませる樣にするものである。七十六年を一蔀と呼び、十九年を一章と呼ぶ。此の方法は頗る精密なもので、多年の實測を基礎として始めて構成さるべきものであるが、しかし尙約百二十八年で年の初日に一日の後れを生じ、約三百十年で月の初日に一日の後れを生ずるものである。それ故に、此の方法を續けて長く行へば、曆面上のものと觀測の結果とが差異を來すのである。此の方法の施行された形跡の明瞭なのは秦始皇帝以來であるが、此の頃は既に月の初に起るべき日蝕が、曆の上では多くは前月の終の日に起る樣になつて居たのであるから、其の實際の觀測に合する年代は尙前へ溯り得べきものである。自分が計算によつて求め得たところに據れば、此の曆法製作の基礎となつた實測の年代は西紀前四二七から同三五三までの七十六年間を含む或る必要な期間である。さればこれも亦西紀前四世紀の産物である。此の曆法を以て太古の黄帝の時代に作つたものとする古傳説は信ずるに足らぬ。

歳の干支が木星の位置によつて指示される樣に、月の干支は北斗七星の黄昏に始めて見える時に指して居る方位によつて指示される。北斗の指す方位とは天の北極から北斗の第七星卽ち搖光（η Ursae Majoris）を連ねて引いた線の指す方位である。其の方位は北極を中心として地軸に直角に据ゑた羅針盤が示すものと見ればよろしい。それは正月卽ち寅月に於て寅の方位を指し、二月卽ち卯月に於て卯の方位を指し、乃至十一月卽ち子月に於て子の方位を指し、十二月卽ち丑月に於て丑の方法を指すものとされて居る。北極の位置は常に移るものであるが、此の規定に合する樣にして取つた北極の位置は西紀前五世紀以前には溯り得ないものである。

最古の暦法では歳の干支も月の干支も日の干支も甲寅から數へ始められて居る。一日の時刻もまた寅の刻を第一とする。寅の刻とは太陽が寅の方位に在る時である。それは甲寅歳、甲寅月、甲寅朔旦立春、寅刻を其の起點として居る。此の年は西紀前四九二六年に當り、それから四千五百六十年を下つたところの西紀前三六六年がまた甲寅の歳となり、此年の正月が甲寅の月で、其の朔日が立春に當つて又甲寅の日となる。立春は冬至と春分との中央の點で、これを春の初とし、春は五行に於て木に配當される。甲も寅も共に木に配當されて發生を意味する名稱であるから、此の起點は五行說が最も自由に應用せられて居るものである。此の西紀前三六六年は古暦の基礎となつた實測の期間に相當して、其の正月朔日は今の計算に照しても丁度立春に當り、且つ甲寅の日に相當し、西紀前四九二六年の正月朔は其實立春でもなく甲寅でもないから、西紀前四九二六年の起點は畢竟古暦の法によつて西紀前三六六年から溯つて設けられたものである。そこで自分は西紀前四世紀に於て、木星の週期の知識の成立に伴つて、天文學を背景とする陰陽五行の哲學が完成し、その應用として干支の名稱が制定されたとする前記の論證に本づいて、日に干支を當てたのは此の西紀前三六六年の正月朔甲寅を起點としたもので、それより以前の年代に屬する記事に干支の含まれて居るのは皆西紀前四世紀若くは其の以後の人が溯つて附加したものであると結論するのである。

西紀前四世紀の初の頃に於てバビロンのキデナスは春分點を測定した。此の點から九十度を轉回すれば直に支那の牽牛初度冬至點となるのである。又十九年週期の太陰太陽暦の基礎を定めたのも此の人らしい。ギリシャのカリポスはバビロン傳來の知識に據つて支那と同一の數に本づく七十六年週期の太陰太陽暦を作つた。此の暦は西紀前三百三十年を起點とするものであるが、此の暦から得た朔の日は支那の古暦から得た朔の日と符合するものであつた。五星の週期もまた此の頃に於てバビロンに知られ、且つ日月五星の運行が人間の運命を支配するといふことを前提として作られた占星術も此の時代に於てバビロンからギリシャに傳はつた。ギリシャで十九年七閏法を始めた人をメトンとし、其の施行された年を西紀前四三二年とするのが普通の説であるが、それは疑はしい。木星はバビロンでもギリシャでも、ペルシャでも、印度でも皆支那と同じく最高の天神と結合されて居た。支那の太一陰陽の説はギリシャのヘラクライトス（前六世紀）の哲學の中に其れと酷似したものを發見する。ギリシャの地水火風の説は前四世紀の半ば頃からして、それにエーテルを加へ、且つ此等の五元素を五個の惑星と結合した。天の十二宮も六十年の週期も既にバビロンに成立して居た。印度にも十二宮があり、二十八宿があり、木星紀年法があり、六十年の週期があつた。支那の十二辰はバビロンの十二宮と其の區劃の法に於て半宮づつずれて居るが、印度の十二宮は支那のものと同一であつた。バビロンではもと月の初をみか月の見える時に置いたが、前五世紀頃からは支那と同じく朔を取つた形跡がある。（支那の古典では太古から朔を用ひて居る。）西紀前四世紀に於て、支那と西方諸國との間に、天文學及び占星術が此の如き同一の狀態を示して居たことは單に偶然の暗合とのみ見てしまふべきものではない。東西の交通がそれより以前から存在した形跡が認められることと、バビロンの天文學が其頃最も卓越したものであつたことゝによつて考へれば、此の時代に於ける支那の天文學は西方から傳來した知識を基礎とし、更に五行說及び十干十二支の如き著大なる地方的色彩を附加したものであらうと思はれる。支那の古典に陰陽五行說が浸潤して居るところを見れば、此等の古典は西紀前四世紀卽ち戰國時代に完成したもので、それより以前にはまだ今の形になつては居なかつたのである。戰國時代の天文學者として注意すべきものは石申と甘公とであるが、其の經歷は明瞭でない。陰陽五行說を盛んに宣傳した學者は鄒衍であつて、其の活動した年代は西紀前三百年頃から後である。孟子は鄒衍の以前に於て活動した學者であつて、占星術を批評し、（天時不レ如二地利一）又夏至冬至に關する知識を所有して居り、詩經書經春秋の如き古典は其の多く引用するものであつた。西紀前三百年は其の晩年に當る。天文學の上から見て古典の完成されたとすべき年代は大體に於て孟子の時代と一致して居る。

鞍馬の竹切について（二）

——山の神と素盞嗚尊——

肥後和男

五　素盞嗚尊と八岐の大蛇

古史中に於て蛇退治に關する説話を求むるならばその最大なるものは、素盞嗚尊の八岐大蛇を退治した話である。この説話は上述したいろいろの行事と何等かの關係をもつものと思ふ。この關係がなんであるかを究明しなければならぬ。

この神話は從來種々に解釋されて來たがその當否を論ずる前に我々はデュルケムが云つた次の言葉について考へなければならない。

一般に神話の對象は過去の事件を記念するより寧ろ現存する儀禮を解釋するにある。それは歴史より以上に現在の説明である。（古野淸人譯、宗教生活の原始形態　二〇五頁）

と。この言葉は正しいと思ふ。我國に於て記紀に載せられた神話にしてこの言葉の適用さるべきものは決して少くない。例へば山幸彦、海幸彦の話が隼人が宮闕を守り且俳優をなす理由を説明せる如きは一の著しい例である。この意味に於て八岐大蛇退治の神話も亦單に過去の歴史的事件に關する傳承ではなく、これによつて説明さるべき儀禮の存せしことを思ふのである。そうした儀禮として私は竹切やオンベエウチや山の神祭を擧げたく思ふ。

それらは現在の形そのまゝでなくてもいゝ、現在それらのものとなつて殘るに至るべきも一つ原始的形態に於ける蛇退治の行事が行はれ、それの說明として彼の神達が發達したものと見たい。

八岐大蛇が退治さるべき理由乃至目的は奇稻田姬が助けらるべきことである。書紀には奇稻田姬といひ、古事記には櫛名田比賣といつて居るが、宣長がいつたようにクシのシは語尾にイの音を含んで居るからクシイナダ、クシナダは全く同一の言葉である。そして宣長はこの稻田を地名と見て居るが私は文字通り稻田であると思ふ。奇稻田姬は實に稻そのものなのである。かくすればそれを助ける大蛇退治の話しが一つ農業神話であり、豐饒を祈る心が働いて居ることを容易に認めることが出來る。この事はこの話しが記錄された時代に於て國民の主たる生活樣式が農業により決定されて居たことの自らなる反映である。元來神話が語られて居た時代では、人々は神話の中に神話と共に生活して居たのだから、そこに神話が彼等の生活を說明するといふ現象を生ずるのである。そこで素盞嗚尊が八岐大蛇を退治したといふ話しは異民族との闘爭といふような歷史的事件に關する記憶ではなく、却つてこの一般民間に行はれて居た蛇退治の行事の說明として生れたものであると信ずる。

次に考へられるのは八岐大蛇退治の神話がやはり一の發展したものであるとすることである。卽彼の神話が發生した當初からあゝした形が出來て居たのではなく、もつと簡單な形であつたものが次第に發展し複雜化したものと認められるのである。從つて我々はあの話を分析してその發展の過程を考へる必要がある。

この點に於ても山の神祭りが充分に顧みられなければならない。その時供へられる蛇が一體何を意味するのであるか。これに對して私は蛇そのものが山の神であると答へよう。三輪山の神が蛇の姿に考へられたことは著しき事實である。人と山の神とについて見れば最初には人と山とが對立した。その時人が山について神的なものを感じ、山が神になつたのである。その場合には山卽神であつたが、次の段階では山と神とが分裂し、山と山の神といふ二つの觀念を生じた。萬葉に見える名高い筑波の嬥歌會の歌に『此山乎牛掃神』と見えるのがそれであり、そこでは山と山を領する神とが別になつてゐる。ここに於て山の神とは山を領する神となる。この神の一つ姿が蛇であつたと考へられる。神は可能力であるが故にその姿についても自由に變化し得るから蛇が山の神の唯一の姿であるとは云ひ得ないが、その最普通な形であつたように思はれ、書紀には伊吹山の神が蛇に化れることを記してゐる。雄略紀に少子部連螺贏が三諸岳神を捉へたことを記して居るがそれも大蛇であつた。かように見來るならば山の神祭りに供へられる蛇體が實は山の神の一の姿であることが明かであらう。山の神の觀念と蛇とがいかなる理由で結合したかは明かではないが、山の神が人間の世界に働きかけるに際しては何か特殊な形をとらなければならないし、その形の普通なるものは蛇としての姿であつた。

然るに山の神祭りに於てその蛇が殺されるのは何故であらうか。山の神祭りに山の神の一の姿である蛇が殺されなければならないのは一の矛盾である。この矛盾を解くには蛇の姿に於ける山の神が人生に對していかなる働きをなすかを考へなければならぬ。思ふに古代思想に於ける神は卽マナである。それは人生に對して善をなし得ると共に惡をなし得又なすところの存在である。我が古代人は神のこの兩面を抽象して和魂、荒魂の觀念を成立せしめた。蛇の姿における山の神は恐らく山の神に於ける荒魂を示したものかと考へられる。人生に於ける禍の根源である。蛇が退治されなければならないのは主としてこの理由によるものではあるまいか。然し神である蛇を人は如何にして退治し得ようか。

私の考へではこの爲にやはり山の神の力が借りられたものと思ふ。これは一見して矛盾した言葉であるが、山の神祭に於て蛇を山の神である大木に卷きつける形のあるのは、卽山の神によつて蛇が亡ぼされる意味である。蛇は最初山の神の觀念より發生したものであるが一度發生した後には獨立の觀念となる。然し山の神の觀念全部が蛇に移つたのではないから元の山の神の觀念はなほ依然として存在し兩者の間に自ら對立關係を生ずるのである。そして蛇と對立した場合の山の神は寧ろ人生に對して好意を有するいはゞ和魂風の存在となる。人はその力を借りることによつてのみ蛇を斃すことが出來る。上述した諸例に於て蛇が退治される際に種々の咒文や經文が唱へられることを見たが、それはこれらの行事に於て最重要な意味を有する手續であり、それの最原始的な形は和魂としての山の神を祈念するに在つたと思ふ。人は神に對して無力なものであるが、この祈念をなすことによつて禍の根源を除くことが出來るのである。

この除くとはなんといつていゝかつまり聖化することだといへる。生物としての蛇は殺すことも亡ぼすことも出來るが、神としての蛇はどうすることも出來ない。その働く方向を變へて貰ふより仕方がない。人生に對する禍の根源としての蛇もそのもつマナを轉向して人生の幸福を圖つて貰ふ手續きが卽聖化である。この聖化は善なる意志として和魂としての山の神の力によりてのみ可能である。この聖化を經たる蛇は人生の幸福の爲に多くの生產の象徵を身に擔つて山の神に返り、ここに一旦分裂した山の神の二つの觀念が再び統一されるのである。山の神祭りは卽この山の神の觀念を分裂せしめることによつて山の神の觀念を明瞭ならしめ、それを再び統一せしめて人生の幸福を希求する行事である。

この行事の神話的說明として八岐大蛇退治の物語りが發生したものであると思ふ。例へば滋賀の山の神祭りに於て蛇が酒の入つた竹筒を擔はされて居るが、これなどは八岐大蛇を酒に醉はしめたといふ話が成立するのに最恰好な素材ではなかつたか。素盞嗚尊の話の全部は今問題とするところではないが只八岐大蛇退治の章についてのみいへば、尊の最原始的な形はやはり山の神であつたらう。從つてこの說話に於てははじめは素盞嗚尊と蛇とだけあつたわけである。だから奇稻田姬がそこに配されて來たのに說話としては第二の發展をした結果である。

どうして奇稻田姬がこの說話に入つて來たかといふに、それはこの行事がその說明を要求し、そこに神話が發生するに當つて蛇が殺されなければならない理由が語られなければならなかつたからである。蛇が女を犯すといふ話は山の神の姿を蛇とする思想と共に古いものかと思はれる。今昔物語などにはそうした話が澤山記されて居るが、それは更に古い昔から人々の間に信ぜられた話なのであつて、この考へが山の神祭りに於て蛇が殺さるべき理由が求められるに際して直に思ひ浮べられたのである。もう一つは女が神に仕へて居た事實である。倭迹日百襲姬が三輪の神の妻となつたように神は大抵これに仕へる女卽巫女があつたことがやはり山の神に女を結合せしめたと思はれる。そうした思想圈内にあつて山の神が蛇に犯されようとする女を救ひ、これを妻としたといふ構想の生れることは比較的容易であつたかと思ふ。次の段階としては女の兩親が考へられ、てなづち、あしなづちなどゝいふ名がその名として案出されるに至つたのである。又奇稻田の名が農業生活の反映として生じたことを前に述べたが、この場合の姬は山の神と共に人々の欲求する幸福の象徵であるが、その幸福たるや農民達にとつては稻の豐作にあつた爲にこの名が生れたのである。從つてこの姬はこの行事の發生年代の如何にかゝはらず農業時代に入つてから考へられたものとすべきである。

次に山の神がいかにして素盞嗚尊といふ名をとつたかを考へて見よう。素盞嗚尊とは大きな統一神格である。かゝる神格の發生には當然その背景として社會の統一がなければならぬ。然るに我が古代社會に於ては勿論かゝる統一はなく魏志以下の支那史が記すように小國家の分立があつたのである。かゝる狀勢に於ては未だ素盞嗚尊によつてこれらの行事が凡て說明されることは有り得なかつたらう。その時代に於ては恐らくそれぞれの祖先に附會されてこの話が語られたかと思ふ。仁德紀六十七年の條に笠臣祖縣守が備中國川嶋川の大虬を斬つたことが見えて居るのは、そうした時代に於けるこの說話の形を殘してゐるものと見る事が出來る。家族的構成を基調とする社會に於ては必然的に祖先が神となる。人生に於けるあらゆる幸福と災害とが祖先についてその原因を有するのである。從つてこの說話も各社會に於てそれぞれ祖先について語られたことを想ふのである。この構造は竹切に於てもそのまゝに現はれて根本別當峯延に附會されて居る。それが素盞嗚尊によつて統一されたのは大和朝廷の統一が進んだ爲である。元來この行事と說話は大和朝廷の根幹をなした社會の所有せるものでなく、それ以前よりこの國に存在せる社會に屬せしものと考へられる。所謂出雲風社會がそれである。これは國津神系の社會といふ方が一層適當であるが、この社會は大和朝廷の大統一以前にこれに匹敵すべき統一をして居たのではなく大和朝廷の統一の進行につれてそれの反對觀念として構成された觀念的統一であり、素盞嗚尊はその社會の祖先として漸次彼等の社會に於けるあらゆるものを統一すべく運命づけられた存在であつた。この行事の如きもその一般準則に從ふものであり、最初は各の部落的國家の祖先のした事と考へられたものが、次第に素盞嗚尊に統一されて行つたものと思はれる。

ここに問題となるのは現在の山の神祭りに於て少しも素盞嗚尊が語られてゐないことであり、行事者は只山の神として祭つて居るだけであることである。この理由として第一に行事者達が昔の說話を忘れてしまつたのだといへる。滋賀村の人々などに聞くとなんでこんなおかしなことをするのだか分りませんがといつてゐるが、近江與地志略によると高島郡川上の莊では昔大蛇ありて樵夫を惱したので、素尊の敎に習ひ酒を置いて二人の童子が蛇を切つたがその蛇は八岐の大蛇の炎魂であり、それを切つた童子の一人は觀音樂師の應化で他の一人は村の鎭守角大明神是也と記して居るが、これなどはやはりこの說話が存じた痕跡であらうと思ふ。それがいろいろの事情の爲に忘れられてしまつたと考へられるが、他の理由は一般の民間に於てはこの行事が必しも素盞嗚尊と結びつかなかつたことにあるかも知れない。神話が發生し、また記憶される爲には一定度の文化的素地を必要とするが、この素地は常に社會のあらゆる層にまで擴がるものではない。ものしりといふものは社會に於ける特殊なる存在である。他のものはそれと同一の場所に生活しても多くはものしりの有する知識の中に入つて行かないものである。この行事の說明がそうしたものしりによつてなされ、一般の人には只慣習としてこの行事を續けたことが考へられるが、社會層の複雜化につれてものしりと一般民との距りが多きくなり、說話はものしりの手に、行事は一般民衆の間にとどめられるといふ說話と行事との社會的な分裂が起る。これが今日この行事の說明が忘れられて居るといふか、または說明が缺けて居る理由であると思ふが、實をいふとこの場合に民衆自身は始めから山の神を素盞嗚尊にはしなかつたのだといひ得る。それが今につゞいて居るのである。

素盞嗚尊は國津神の最高祖神である。それに今民間に殘る微々たる山の神が結合した理由を考へることも興味があるが、これは現在に於ける農村などの神觀念がいかなるものであるかを實見すれば容易に分るかと思ふ。彼等にとつては山の神が最高の威力なのである。これらのことは他日又論ずべき機會があると思ふが、日本に於ける神祇觀念の發達上甚だ注目さるべき事實である。天津神といふものを除いて古代信仰を考へるならば山の神こそ最も威力ありしものであり、それが國津神の最高祖神である素尊に結合すべきことは寧ろ當然であつた。

六　鞍馬谷と古代信仰

ここに再び鞍馬に歸つて竹切の行事と山の神祭りとの關係を考へて見よう。鞍馬寺創立以前の鞍馬谷がいかなる狀態にあつたかは分らないが必しも無人の境ではなかつたらう。貴船神社の創立は不明であるが恐らく平安朝以前のこと丶考へられるから、この邊りに人文の起つたのは鞍馬寺の創立をその發端とするわけではないと信ずる。鞍馬寺以前に於けるこの谷の文化がいかなるものであるかを考へるとやはり國津神風のものであつたかと思ふ。ここは山城國愛宕郡に屬する。愛宕の語源は不明であるが出雲風土記によれば意宇郡に意多伎神社が二社あり、秋鹿郡に宇多紀神社がある。これらは全く無關係とは思はれないのみならず愛宕郡には早く出雲郷があり、雲上里雲下里に分れて居たことが正倉院文書に見える。延喜式には出雲井於神社、出雲高野神社がこの郡にあり前社は賀茂御祖神社の地主神である今の河合社がそれだと考へられて居る。出雲が國津神社に屬する大なる勢力であつたことは云ふまでもない。さればこの谷間に始めて入りこんだ文化がそうした性質のものであつたと想定するのは多少の理由があるといへる。又鞍馬寺の鎭守の神として由岐神社があり、寺傳では天慶元年の創立とある。神社啓蒙にはその祭神を大巳貴命とし『或說爲二素盞嗚尊一者非也』と云つて居るから、とにかく出雲風の神が祀られてゐるのである。出雲風土記にも意宇郡に由貴神社の名が見える。由岐神社天慶元年勸請說が正しいとすればこの寺にはそれ以前には地主神がなかつたかといふに貴船を以て之にあてる考へがある。貴船と鞍馬とは接近はして居るが谷を異にするので貴船が果して鞍馬迄をその勢力圈に入れて居たかはなほ疑はるべきであるが、それはとにかくこの神が古來水神と考へられ高龗神を祀るとせられるのは注意すべきである。高龗神は云ふまでもなく蛇體の神で雨の原因をなすものである。我國に於て蛇と雷と雨とが三位一體風に考へられたことは云ひ古されたことである。これらを併せ考へれば鞍馬谷に於ける最初の文化が國津神風のものであることが多分の確實さを以て想像される。從つてそこに蛇退治の行事が行はれて居たことを考へ得るのである。それが鞍馬寺の創立と發展の結果谷の生活が自ら寺を中心とする樣になつた爲自然に寺にとり入れられ、こゝに竹切の緣起と行事とが成立したものであると思はれる。それが單に山の神の行事としてこの谷に入つたか又は素尊のそれとして入つたかは明かではないが、毘沙門天がそれらの神達に代つたのは鞍馬寺の行事である以上當然である。今でもこの行事者が寺僧ではなく地下のものによつて行はるゝことは實にそれが寺に始つたのではなしに地下の間より起りしものであることを證する。寺の護法善神として閼伽井堂に祀られて居る神は今は辨財天と考へられ近世の緣起では雌蛇を祀るとされて居るが、これが或は最初のこの寺の地主神であり貴船社の分靈であつたかも知れない。人々はその神を祭つて蛇退治をして居たのが竹切の前身であつたかと想像される。その蛇は勿論初は一匹であつたが後に雌雄二匹になつた理由は明かではないが、假に考へて見ると竹を切る際に豫備の竹をも一本用意するといふ樣なことから來たのかも知れない。又一面からいへば凡てを雌雄の形に考へることは極めて有りふれた事で說話の發展が自らそうしたのかとも考へられる。普通に藁である蛇が竹であるの理由も不明であるが、これも鞍馬が山間で水田がなかつたといふ爲であらうか。水田がないのに豐饒を祈ることがあるかといへばこの行事は必ずしも稻の豐饒に對する希求を常住の願ひとするのではなく要するに人生の幸福を願ふのであるから、その幸福が何であるかは結局それを願ふものゝ生活形態によつて決定されるので、豐饒を願ふのはつまり農民の願ひであり、他の生活は他の形に於ける豐饒を願ふであらう。これは少々議論過ぎるが竹を用ひるのが水田がなかつた爲だとする假定から出發したのだからこの假定が間違つて居れば問題は別である。

さてこの行事が近江丹波の豐凶を占ふといふことであるが、これは結局當時に於て京都に對する主要なる米の供給地がこの兩國であつたといふ事實に基くものであらう。平安朝以降大嘗祭の悠紀主基の國が常にこの兩國を點定したのと併行する事實である。鞍馬寺の發展は京都人との關係に於てのみ可能であつたのだから、寺としては單にその地元なる鞍馬谷を問題とせず廣く京都人の生活に關係あるべき兩國の豐凶に關心すべきであつた。參詣する諸人も亦それを祈つたらう。かかる双方の要求の下に何時の頃からかこの行事が近江丹波に關聯して行はるゝ樣になつたものと思はれる。この關聯が成立することによつてこの行事が愈有名となり又複雜化して行つたのである。鞍馬で聞いた話に昔から『近江が勝つと米がやすい。丹波が勝つと米が高い』と云つたとある。こゝに至つて竹切は單に農民の關心する範圍を逸脱して一般經濟生活に迄入り込んだのであつた。けれども今日ではそうした關心は既に失はれ只奇異なる行事として行事者自身も參詣者も考へる樣になつた。現在は堂前で行はれるが、それでは多人數に見えないし危險でもあるから將來は舞臺を作つてその上で行はうといふ計劃があることなどは既に遊戯化してしまつたことを示すものである。しかし一時代前では切手の修養もなみ／＼ではなく先輩は後輩に對し足のふんばり方から身のこなしを嚴重に敎育したものであるといふ。

以上鞍馬の竹切より出發して山の神を論じ、進んで素盞嗚尊の八岐大蛇退治說話の發展を分析したのであるが所謂論じて至らず、說いて詳しからざるものが多かつた。しかしそれらの點は他日又稿を新にして取扱うことにする。終りに當つてこれらの資料蒐集に好意を惜まれなかつた鞍馬の伊藤政次郎氏、花背の物部國造氏藤井定次郎氏、滋賀の大伴仙吉氏等に謝意を表して置く。（昭和五、一、二後）

鰹鳥—燕の繼母

南方熊楠

二卷・・號六九四頁に雜賀君が引れた伊達自得居士の餘身歸を、念のため今一度引出すと、云く『春の暮、卯月の初め頃よりなく鳥あり。是を堅魚鳥とよぶ。然いふは彼地（紀洲田邊）は海濱にて漁戶多かり、扨一年の間のいさり、松魚をもて幸の中のさちとす。此鳥の鳴初むる頃より、彼魚をつり初るが故にしかよぶと云り。誠は合法鳥也、又村里にては麥はかり鳥とよぶといふ。さるは麥を刈入るゝ頃にて、其聲の一斗々々と聞ればなりといふ。呼子鳥とは、和歌の秘訣なるを考ふる人有て、この合法鳥なりといふ。春の暮に啼出て、其聲人をよぶに似たればならむ。あはれめでたき鳥の契りかな。和歌の上にては三鳥の一に數へまつられ、村里にてはたなつ物の豐けさを言壽ふき、海人戶に在ては、海幸の驗をあらはす。今は浦べ近さに由て「熊野かた八十の釣舟誇るらし、青葉しげりてかつを鳥なく」』と。

紀伊續風土記九七に「カツホウドリ、鳲鳩、一名布穀、一名郭公（幷本草、○俗にカッポトリ又カンコドリと云、和名鈔に布穀の字を布々土利云々○歌書にいふ呼子鳥は是也といふ說あり）國中深山樹上にて三四月頃なく、其聲、カッコウといふ如く、音清閑也。布々土利（一名苗代トリ、又ツヽトリ、牟婁郡にてヤマエボ又麥ハカリと云、毎三月中旬よりなく事十日許りなる時は、麥多し、五月にも至りてなけば、凶作と云、形鳩に似て脊黑く小白點あり）國中田野處々樹上に在て鳴く、聲濁りて竹筒を吹くが如し」と出づ。重訂本草啓蒙四五には「ツヽドリは古名フヽドリ（和名鈔）一名ナハシロドリ（播州）ムギウラシ（土州）スミタドリ（豆州駿州鳴時田水淸故也）ヨブコドリ（古歌）大さ鴿（いへばと）の如く、背黑く小白點あり、鳴聲竹筒を敲くが如し」とあり。吹くと敲くは輕小ならぬ違ひだが、蘭山先生寡慾恬靜、たゞ一度下女に夜這して男子を生せたときくが、フヽドリてふ古名から、そゞろフウ〳〵の鼻息抔想ひ出し、ツイ恍然と吹くを敲くと誤筆した者か。合法鳥フヽドリ二種共、本朝食鑑、和漢三才圖會重訂本草啓蒙等の記載が多少合はぬ所あり。老少大に羽色を異にするから（內田氏日本鳥類圖說、下卷三二二頁）で有う。內田氏說に、この郭公屬の邦產三種は、羽色極めて類似し、ホトヽギスは大さ、著しく小きを以て、區別容易なるも郭公(乃ち合法鳥)とツヽドリ(乃ちフヽドリ)の二種は識別やゝ困難也、去ど鳴聲は三種各別で、ホトヽギスは鳴聲複雜で、ホンゾンカケタカ抔聞え、郭公なる名は鳴聲よりきた物で、世界各國凡て類似せる語で呼るゝを以て知る如く、クークーと鳴く、ツヽドリは一名ボン／＼鳥とも稱され、ボンボンと鳴く、故に採集の際注意せば、何の種たるかを知る事容易也と。(同上、三二五頁)然るにそこ迄注意して實物と鳴聲を引合すは容易でなく、大抵聞き學と書籍調べで方付たから、狩谷掖齋の箋注和名抄七。畔田翠嶽の古名錄六五抔には郭公とツヽドリを混同しある。

鰹鳥―燕の繼母　(南方)

古支那人は誰か鳥の雌雄を識んやと言た。が鳥のみ識り難いのでない。鳥類には、雌雄老少に隨つて形色の著しく、異なるも多く、時候と天氣で鳴聲不同なるも少なからぬ。其上ヘンな鳥を見付たからとて、矢庭に發砲すればチョイトこいと拘引される。人を木に上らせ、手取りにせしめやうとすれば、命ちが物種と尻こみする。鳴く鳥の何たるを突留る事それ豈に容易ならんや。現に拙宅の近所に偉大な古松一本有て、枝柯四方に垂れ、何ともいへぬ壯觀だ。南方閑話七一頁に述た如く、夜更て、其下を八島を謠ふて通ると幽公がでる、昔し此邸の住人が盲法師に藝せしめ、八島を謠ふ處を試し切りにした其亡靈といふ事で、幽靈松と俗稱する。嘗て井花伊左衛門君から惠貽された滋賀縣天然記念物調査報告第一冊をみるに、高島郡饗庭村帝釋天の松を圖す。均しく本草圖譜七六に所謂サガリ松乍ら、田邊のは饗庭のより小さく低い。だが枝葉密に茂れる事は勝れりとみゆ。和歌山縣天然紀念物と定めたは大出來乍ら、俗稱の儘幽靈松と榜示したは、縣吏の不雅を露はす。サガリ松とでも書替たが良らう。扨毎年春末初夏の交、多くは夜分、たまには晝間、此木の上で連りに鳥がなく。聞く者明日は鰹が多くとれると噂する。比隣の輩言く、この鰹鳥實は木菟だと。予每度氣をつけおると、初め件の松の上で數回なき續けた後ち、松を離れて周圍一二町を飛廻り、順次樹梢や、ハネツルベの柱頂に留り鳴き續く。其をよくみるに果して木菟だ。一生懸命に、毛角双び立た圓い頭を上下して、ホッ、ホーホー、ホッ、ホーホーと連呼する。春情盛んにして雌を喚ぶらしい。鳴き了つてひら／＼翅を動かす事蝶の如く、少しも音を立ずに飛去るは木菟に相違なし。是で此地で所謂鰹鳥又ホーホー鳥は木菟と判つた。

然し晝間幽靈松上でなく聲は、ボン／＼ボン／＼と聞え、紀伊續風土記に、聲濁りて竹筒を吹く如しといふに合ひ、夜間彼の松及び諸方を廻り、駐まつて鳴く聲はホッ、ホー／＼、ホッ、ホー／＼と聞える故、前者はツヽドリ乃ちフヽドリで、後者は木菟、此二つを併せて鰹魚と呼ぶのかとも思ふ。(上に引た內田氏說にツヽ鳥一名ボン／＼鳥とあるは、極めて予の耳にボン／＼と聞ゆるに近い、又箋注和名抄七に云く、此抄の下總本や伊勢廣本、又類聚名義抄や、伊呂波字類抄にはフ、ドリをホホドリに作ると、是は田邊で今も鰹鳥をホー〳〵鳥と一名するに同じ。）本朝食鑑六にフ、ドリは巣を營なむ能はずして樹穴に居ると記し、木菟も樹穴に住む者ゆゑ、幽靈松を捜したら、二鳥共棲する處を發見とくるかも知れねど、そんな事をすると、盲法師の幽公が取付く抔言て、誰も進まず。今に片付かずに、くる夏毎に鳴くねに耳を傾むくるのみ。扨白得居士の餘身歸には、カツホウドリの音が鰹魚に近いので、鰹鳥誠は合法鳥也、麥ハカリ鳥とも云、和歌の呼子鳥も是だと云た。が合法鳥は上に云た如く郭公、カンコドリで、牟婁郡でいふ麥ハカリ、古歌の呼子鳥、古名フ、ドリ、今名ツ、ドリ又ポン〳〵鳥とは別だ。（前者は學名ク、ルス、カノルス。後者はク、ルス、サツラツスと內田氏の日本鳥類圖說に出づ。）傳聞や書物のみあてにしたので、こんな間違ひが生じたのだ。熊楠自身も鳥學の方はアンマリだが、實驗上から確かめて、田邊で所謂鰹魚は、少なくとも其の一部分は、木菟に外ならずと判決し得た。終りにいふ、予が鰹鳥の實物として睹た木菟はみな小さい者だつた。コノハヅクてふ者か。田邊近村岩田の人言ふ、木菟は一斗二斗三斗となく故、麥量りの稱ありと。新庄村字鳥巣の人言ふ、其邊で所謂鰹鳥は、磯千鳥の樣な物で、其が群れ來る年は鰹多く取れると。紀伊續風土記九七に、八閩通志の孤猿をリヤウシドリと訓じ、フクロの中にて別に一種形小なる者をいふと記す。重訂本草啓蒙四五には、レウシドリはフクロの形狀にして小也、鳴聲は同じからず云々とあり。フクロの形とあれば毛角を缺き、木菟と別だ。兎に角そんな者が紀州等にあり。鰹鳥と等しく鳴く時は漁獲を豫報すてな事でレウシ鳥の名を得たと察する。鰹鳥の辯是でお仕舞ひ。

次に二卷一一號六九六頁に雜賀君は、予も知り合ひだつた田邊の歌人宇井翁の隨筆と新著聞集より、嘉永三年に田邊の近村で、燕の繼母が山椒の實で繼兒を毒害し、貞享三年大阪で、燕の繼父が茨の刺で繼兒を殺した記事を引れた。實否は知ぬが、此噺は此二書の外にもみえる。中道等君が前年手寫して贈られた平尾亮致の谷の響二の九に、嘉永中、青森の近江屋太作方の燕、卵を孵して後ち、雄燕が猫に殺され、三四日後、雌が他の雄をつれ來り雛を養ふ、此雛未だ巣立ぬ內、後の雄と共に又卵を孵し養ふに、六七日後、先の雛巣より落て三つ共死す、太作が老母訝かりて其口を開きみるに、中に砂石滿り、後に孵りし雛は、無事に成長して巣を辭せり、是は雄が前雄の孵せる子を忌だのだとあり。和漢三才圖會四二にも、燕巣內の雛みな死だので、口中をみるに、麥の禾(のぎ)や松の刺あり、その後母が殺したのだ、往々こんな事があると載せ、鎌倉時代の書、砂石集八の四には、遠州にも、燕の雛を後母が、茨の實を食せて皆殺したので、雄が怒つて後母を咋ひ殺した、嫉妬の心ある、人に違はず、是れ確かにみたる人の物語り也と記した。支那にもあるか否は知らず。印度には正しく似た話がある。

ブンセ王椽に坐して二羽の燕が其雛に食を齎らすを見付け、毎日之を視る。一夕二羽つれ立て出往たが、雄のみ歸り來り、翌日も然り。尋ねて鷹匠が其雌を捉て鷹に飼たと知た。雄燕數日の間だ獨りで雛を養ひ居た處ろ、一朝又雌を伴ひ來る。それ迄は日に幾回も出て往たが、それより日に一回雌雄伴て巣に入るのみ。翌日に成て雄は歸らず、雌のみ來る。王怪んで巣を探るに雛は四羽共死で居た。蛇に氣を吸れた者かと、精しくみると、一羽毎に小刺を喉に立て有たので、雛の繼母が、蟲の代りに刺を食せて殺したと知た。そこで、万一吾妃を喪なひ吾れ再婚せば、吾二子は繼母に害さるゝ事此燕雛の如けんと勘づいた。其後果して妃を亡なひ、悲んで政務を廢するをみて、輔相等再婚を勸めたが、王吾は燕よりよき教課を得たとて受入れず。されどとう〳〵勸め課せられて隣國王の娘を娶り、其後妻が段々二子を惡み出し、終に彼二子は、此程妾を强姦せんと取掛つた讒するを聞て、二子を追放に及んだとある。(Swinnerton, 'Indian Nights' Entertaiument,' 1892, pp. 273-274; *cf.* Knowles, 'Folk-Tales of Kashmir,' 2nd ed., 1893, pp. 166-167). 是等と志は異れど方便を同じくせる咄しが伊太利のピエモンテにある。

此地に聖母マリア草てふ小植物あり。鳥類が食えば忽ち死す。由て彼等の子が捉れて籠舍さるゝと、親鳥が子の可愛さに毒な物、くふなと云て叱るのにと歎き乍ら、其小枝を集めて銜えて子に食せ、速く幽囚の苦患を脱せしむといふ (Folkard, 'Plant Lore, Legends and Lyrics,' 1884, p. 142).

（二月廿八日朝八時稿成）

（追記） 趙宋の洪邁の夷堅志補四に、張子韶が、燕の母が何かに打れて、其の子が窠中に餓るを憐れみ、他の窠に徙して、其窠の燕が認めて自分の子として育つるを冀ふた、處ろえ一羽の燕が來たが窠に入らずに去り、暫らくして何か銜へてきて、かの母なし子供に食せたので子韶頗る喜んだ、二日立て其所に至ると、燕子がみな死で居た、よく見ると一匹毎に棘刺が喉や舌をつき居たので、子韶嘆息之を久しうしたとある。繼父とも繼母とも明記しないが、自分が産だ子でないと知て殺したとは十分判る書き振りだ。扨玉堂閑話中亦有二一事一相類と結んだ。其話は予未だ讀ぬが、是れで支那にも燕の繼親が繼子を殺す話あるは十分に知れる。

（三月五日早朝、南方）

資料・報告

久米島民俗斷片

小牧實繁

島の地理研究の爲め大正十五年七月十一日沖繩縣久米島に渡り、同十九日迄約一週間、島内を踏査した際、此の島の民俗ががいたく自分の興味を惹き、元來民俗學には門外漢の自分ではあつたが他日何等かの參考ともなるかと思ひ氣に着いた所又た島内諸氏の談話を斷片的に書付けて置いたのであつた。以下記す所は當時野帳に記入して置いた日記の拔書であるが幸民俗學の同好者が何かのことで御利用下さることがあれば幸甚である。

久米島の會場（カイバ）

久米島には各字に會場がある。會場のない字は殆んど無い樣である。以下自分が會場に就いて見聞した所を記して置く。

宇江城（ウエグスク）に會場がある。昔は若い女が相集つて絹を紡ぎ、夜は男の若い衆が寄合話する所である。會場は昔は村屋（ムラヤー）と稱した。此の村屋の前には榕樹（ガジュマル）などが植ゑられて居り如何にも南國の色彩が濃厚である。

嘉手苅（カデカル）にも會場があるが、之れは上述の如き用途に宛てられる外に夜、宴會に用ひられることもある。普通は協議の時に用ふるものであると云ふ。

儀間（ギマ）にも會場があり、矢張り榕樹（ガジュマル）等を植ゑて居ることは前記の場合と同樣である。

大田（オホタ）にも會場がある。

大原（バル）にも會場があるが此所には二宮尊德翁の像を置くと云ふ。戸主が集つて協議するのに用ひられるが、日中は小學生が學校が退けてから勉强する所となり、夜は青年が夜學する所となる。大分モダーンな要素が混入して居るのに氣付く。

以上の外仲地にも謝名堂にも會場がある。

久米島の祭事

久米島の祭事に關しては非常に原始的な要素と佛教的色彩の濃厚な要素との兩要素の存在する事を認めなければならない。之れに對する民俗學的考察をするのは今日の余の目的ではない。此所には唯忠實に島内で見聞した所を書留める丈けである。

比屋定（ヒヤジョウ）小學校長宮城（ミヤグスク）德清氏から聽いた所によれば、具志川村では字西銘（ニシメ）、字兼城（グスク）等に拜所があり、又、字宇江城にも拜所がある。五月二十五日新穀を祈るが、之れをツマと稱し、此の時は祝（ノロ）が拜所を拜む。六月二十五日に新穀を神に捧げるが之れをオマチイ（又はウマチイ）と稱し、矢張祝が拜所を拜むのである。宇江城に祝（ノロ）が一人居るが、矢張曲玉を用ひオモロ（ウムイ）を唱へる。新穀を神に捧げるまでは人は之れを食はぬ習はしである

久米島民俗斷片（小牧）

と云ふ。

拜所では又字の幸福發展を祈り、天變地異惡疫の流行を防ぐために祈りをすることがある。山里（ヤマジャト）の拜所に於ける如きこれであつて、字の役人が祝（ノロ）を招き、隣村まで來た惡疫豫防のため拜所を拜せしめたことがあると。

久米島では山里、西銘、兼城の拜所が最も著明なものである。概して拜所（オガン）は石であるが、山里では蘇鐵の木を拜する所がある。又森や泉や井戸を拜することがあり、又仲里（ナカジャト）では古屋敷址を拜所とする所がある。拜所の石は人間が置いたもので、此の石を拜するのであるが、那覇に於ける如く男根を拜する如き習慣は無い樣である。

上述の如く久米島でも森林を拜することがあるが、一說に之れに蔡溫の指揮によつて始めたのであると云ふ。卽ち當時沖繩島では人口十六萬人を超え森林の伐採が激しかつたので、森林保護のため、森林に神ありとして、拜せしめたのであつて、當時拜所となつた山林を伐ることを許したのは一年中唯九月九日の一日であつたと云ふ。（小牧註　然し勿論之れは一說に過ぎぬ。）

島尻では元旦には各人先づ火の神を拜し次いで十柱の神を拜し、次に祖先の神を拜するが、此の地では先づ火の神を拜し次に祖先の神を拜す。此の火の神は卽ち釜處の神であつて石を鼎足形に三個並置したものであると。

家庭に於いてはフルの神を拜することがあるがこれは厠の神であつて、先づ洗米（ミハナ）を供へ線香と神酒（泡盛）を供へて祈るのである。時には餅（ムチ）を供へることがある。

家庭には又別に佛壇があり靈前（リゼン）又は元祖（ウガンス）を祀る。之れは丁度内地の靈樣（ミタマ）に當るのである。

墓はハカと云ひ本家の墓は元（Mutu）と云ひ、墓に埋める骨はクチタマ（骨靈）と云ひ、春秋の彼岸、淸明（シーメー）、正月十六日、七夕等に墓參を行ふ。久米島には僧侶はなく、墓參にも僧侶は賴まない。尤も本島では僧侶はあつても賴まないのである。

死人がある場合、初めの一週は每日墓參しその後は七週間、七日每に墓參する。但し四十九日日參する所もある。

因みに出產は平常の室に七五三繩を張つて行ふ。此の產婦の室は裏座敷にあるのである。命名は出產當日又たは七日目にするが、十日間命名せぬ所もあり、月滿ちぬ子は長く命名せず一ヶ月も置くことがある。

宇江城には拜所の外に別に觀音堂があり、昔は地頭代がその祭を主宰したが、今は隣人がその祭を行ふと云ふことである。（小牧註　然し之れは勿論全く佛教的のものである。）

以上が宮城氏の談話の筆記である。

宇江城の拜所を一ヶ所見たので其れを敍述する。拜所の全幅は僅かに一米位で、大小八個許の火山岩の石が敷かれ、其處に九個ばかりの珊瑚石灰岩で作られた香爐が不規則に置かれて居り、之れを拜する時に坐る疊の代用としてクバの葉が三枚ばかり敷かれて居り甚だ原始的のものではあるが、香爐の存在は何かしら佛教的要素の混在を物語る樣である。

祝が之れを拜する時は草を冠（カブイ）の形に作り或ひは冠の形には作らずそのまゝ頭の上に乘せて拜するのであると云ふ。

龜城の地盤は隆起珊瑚礁であるが、此所に龜城の拜所がある。

（第一圖）

矢張り神々しい感じを與へる所である。第一圖は鬱蒼たる南國樹叢の影で祝が祈りをして居る所を示す。祝は今年七十歲の新里鍋（チンザト・ナビ）女である。

龜城拜所の祭は五月と六月とに行はれる。五月二十五日の祭をグンガンチウマチと稱し、初穗をとつて五穀を祈るのである。六月二十五日の御祭はルクガチウマチと稱し、新穀を奉る。此の時は朝早く祝がカミンチュ七人を伴ひ宇江城に至り、宇江城の祝と共に祭をする。カミンチュは龜城に七人あり、祝と同樣何れも女で、祝と同樣の服裝をなし、祝の音頭でウムイを唱へるのである。カミンチュは士族でもなく百姓でもなく、カミンチュと云ふ獨特の階級である。

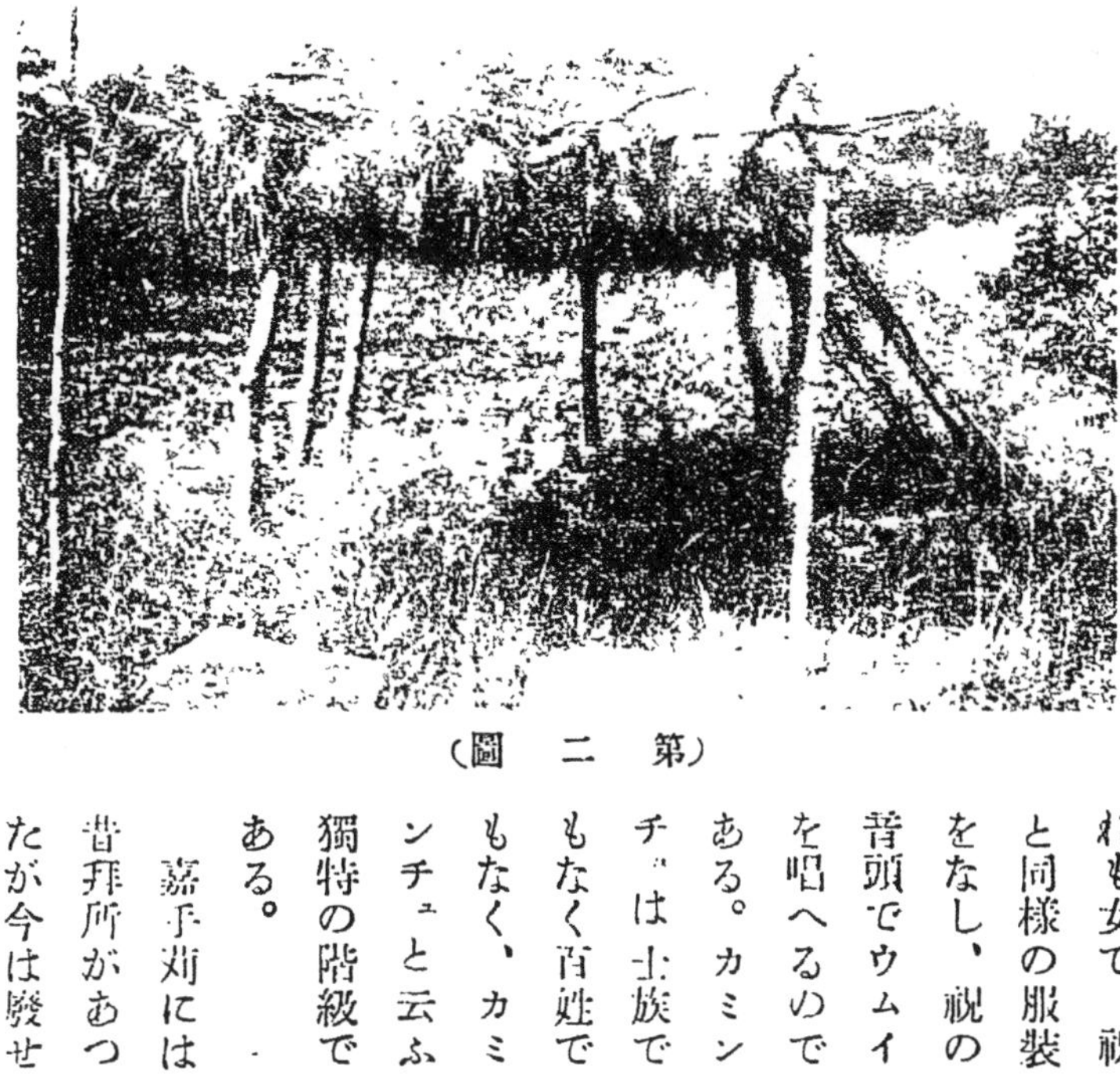

（第二圖）

嘉手苅には昔拜所があつたが今は廢せられた。但し伊敷索城址には拜所があると云ふ。

山城にも拜所がある。一ケ所の拜所では松の木の下に三本の

久米島民俗斷片（小牧）

石を置いて居る。里にも一ケ所あり、此所では火山岩の石を四本立て、珊瑚石灰岩で作つた香爐が四箇置かれて居る。そして第二圖に見る如くその上には竹と萱で屋根を葺き之を椎材の柱で支へて居る。五月祭を行ふ時にしつらへたものである。

鳥島の西端には寺があり、境内は石垣を以て圍み、其の中に拜所がある。然しこれは大體新らしい式のもので原始的の形式を備へては居らぬ。鳥島は大部分近年（明治三十六年）硫黃島からの移民の作つた聚落である。但し二十軒位は沖繩本島からの移民の住居がある。

鳥島には祝二人、カミンチュ五人あり、正月（ソウガチ）五月（グンガチ）六月（ルクガチ）九月九日（クンガチクニチ）にウマチがある。

此の鳥島の拜所はナナオタキ・ジンサ（七岳神社）と云ふ。神社と云ふのは餘程日本化したものと思ふ。拜所の本體も石製の祠形をしたもので原始的な所がない。

大原には拜所がない。大原は極めて新らしい新開の聚落である爲である。那覇首里方面から明治廿年頃以後移住して來たものゝ作つた聚落である。

西銘にも拜所がある。

久米島漁業組合仲村渠（ナカンダカレ）氏によれば、仲泊の拜所は昔は山の中であつたが今は開墾せられて畑の中となつた。舊五月の土の日、

及び六月二十五日が御祭日として選ばれる。

祝は兼城に一人、西銘に一人、具志川に一人、仲村渠に一人、鳥島に四人（上述によれば二人と云ふ）あり、鳥島の祝は硫黃島から移住し來たものである。此等祝の外に久米島にはチンベ（君南風（キンバイ））が居る。而して祝は政府から年額三十圓、チンベは同七十三圓の公債を與へられ祭祀に從事するのである。

チンベ（キンバイ）は舊六月二十五日宇江城に至り御祭をする外具志川の御祭をも勤める。仲泊の祭は西銘の祝、山里、上江洲の祭も西銘の祝が來て勤める。仲村渠の祝は仲村渠に住むが實は仲地の祝でナカチヌルと稱せられ仲地及び仲村渠の祭をする。田幸、大田、嘉手苅には祝がなく兼城の祝が來て御祭りを勤めると云ふ。

以上が仲村渠氏の談話の要領である。

具志川村役場の仲村渠氏によれば、祝の奏するウムイは各字によつて多少は異る。例へば沖泊（ナカトマイ）及び兼城（カニグスク）では津浪に對する祈りがあるに對して、山邊の字ではそれが無い如きこれである。

比賀（ヒガ）で聞いた話しでは、久米島では九月、各戸により日は異るが、祝を招いて火の神を拜した後元祖を拜する。これをクンガチウガンと稱すると。

宇江城、比屋定、阿嘉（アカ）の海岸絶壁の洞穴には古墓がある。阿

墓の絶壁をなす砂岩層中の洞穴ではその入口に石を積みその中を墓に利用して居るのであるが、その墓場に祭られたものの子孫は今尚絶えては居ず、正月十六日手製の御馳走を供へて墓を祭るのである。七年に一回は此の墓の入口を開いて祭する。之れをゴーリと稱する。以前は牛を殺して祭つたが、今は多く鷄又は豚を殺して供へる。現に大正十四年にはゴーリを行つた。時期はその年の十一月であるが、紙を四折りにしたものを骨の上に置く。と。之れは大分支那式の所があるのを認めざるを得ない。

眞謝には菩薩堂（ボサロー）があり支那式の佛像一體、脇侍二體を祀つて居る。境内に「琉球國新建姑米山天后宮碑記」があり「乾隆二十一年歳次丙子孟冬月、周煌恭撰」とある。久米島でも眞謝は殊に支那との關係が濃厚であつたと思はれる。

久米のカーマチ

久米島では泉や井戸を祭る習慣がある。之れは沖縄本島にも見る民俗であるが、非常に興味深いことである。以下自分が久米島に於いて見聞した所のみを記す。

宇江城の聚落では飲料水は泉から得て居るが、かかる泉が同聚落中に四ケ所ばかりあり、又た宇江城の上には井戸があるが、後者は神が使用した井戸と信ぜられて居り、カミガーと稱せられ、此所で祝が祈禱することがある。

山城でも飲料水は泉によつて得て居るが、此の泉は帶青色火山岩の礫よりなる礫層間の厚さ一尺位の砂層の所から僅かに湧出するもので、傍には大きな火山岩の轉石を置いて水桶などを置くのに便して居る。而して此の泉では例年九月にカーマチを行ひ、又九月以外にも行ふことがあると云ふ。

兼城では祝を招かず、香を上げないが、カーマチは各戸共行ふと云ふ。

太田では飲料水は堀井戸によつて得て居るがカーマチの有無は聞き漏らした。恐らくこれが何等かの形で行はれて居ると思ふ。

鳥島には共同井戸があり、之れは堀井戸で、周圍には阿檀、榕樹（ガジュマル）等を植ゑ石油罐の釣瓶で石油罐の水桶に水を汲み上げて居るのを見るが、之れは鳥島移住（明治三十六年）以後の新式の井戸である。然しここでも正月元旦にカーマチを行ふと云ふ。

仲地の飲料水は共同井戸から汲まれる。之れを石油罐で運ぶのは固より新制に違ひないが、此の共同井戸が仲地聚落の根元であることは眞實らしい。勿論今は個人の堀井戸もあると云ふが。而してカーマチが舊六月共同井戸の所で行はれる。又泉の水の濁つた時などには井戸替をしてカーマチを行ふ。

此の共同井戸の外に仲地には尚一箇の泉があり、又別にチンべの後にカミガーなる井戸があるが、後者は神の井であるから普通人は飲料のため汲むことが出來ぬ。祭(マチイ)の時に之れから水を汲んで神に捧げるのみである。

眞謝では蒲葵(クバ)の葉で水汲用の釣瓶を作つてゐるが飲料水を泉より得て居るか、井戸より得て居るかは見なかつた。又たカーマチの有無も聞き漏らしたが必ずあると思ふ。

西銘には堀井戸がある。ここのカーマチの有無も聞き漏らしたが勿論あると思ふ。

比屋定には崖の下に共同井戸が二個あり飲料水を得る外、芋などを洗ふのにも使用せられて居る。聞き漏したがカーマチは勿論行はれて居ると思ふ。

其の他興味ある民俗的事項

其の他久米島に於いて見聞した事項の中特に興味ある民俗的事項と思ふ所を附記して置く。

仲村渠には鬪牛場があり、舊七月十六日に鬪牛が行はれ、又具志川にも鬪牛場があり、此所の鬪牛は舊九月二十六日に行はれ、又北原でも毎年舊八月十五日鬪牛が行はれる。と云ふ。久米島、伊豫宇和島、伊豆大島などの鬪牛の間に何等かの關係が求められないであらうか。

嘉手苅其の他久米島の至る所で道路の突當りの所に石敢當を置いて居るのが見られる。之れは大體丁字路の所に多く土地の人には物よけの意と信ぜられて居る。勿論支那的の土俗である。

阿嘉では南洋から漂流した椰子の實を酒入れ、水入れなどに使用して居り、又た婦女子が頭髪を洗ふのに田の泥を使用して居るのが珍らしく見られる。(昭和六年三月二日稿)

信州下伊那郡千代村の年中行事

北澤悅佐雄

一月

一日

若水・齒がため　若水は、茶を沸して神に供へて後に喫す。齒固め、若水を飲み、串柿を喰ひ雜煮を喫す。

年の禮　先づ産土神に詣で、隣保、親類を回禮す。當日に終らざる者は二・三日若しくは上元に行ふ。

年の飾り　松竹を門に立て、注連をはる。歲棚を作る。

門松には「ヤス」を付ける。これに用ふる松は十二月十三日より二十五日頃までに共有地より切つて來る。

二日

藏開き

三日

えびす開き　出雲よりえびす様が初めて歸つて來る。そのお祀りで赤飯を進ぜる。

七　日

七草粥　六日夜、七草を打ちきざむ。七日の朝粥に混ぜて歳神の前にて歌を唄ひながら、きざむ。その歌、

『日本の踊と唐土の踊と、合せてバタ〳〵〳〵』

この日門松をとる。

十一日

神に供へた鏡餅を喰べる。

十三日

ものづくり　餅を搗き、立方形に刻んで竹の葉を去りたる小梢に繁く挿し、稻穗に似す。これを餅ばなと云ふ。又、餅をのし形に作り串に挿す。之を道具の餅と云ふ。粳米（ウルゴメ）の粉を以て團子を作り、ソヨボの木の枝に挿して、之を柿と云ひ、繭形に作りたるをビンカ（犬黄楊か?）の木の枝に挿し、之を繭と云ふ。餅花と柿と繭とは室内の隅に飾り、室外には門松のわきに若木と稱して新薪を立て、若木の上に二本の竹を立てゝ、その枝にヌルデを七・八寸の長さに切りたるを挿して、皮あるをヒエに擬し、皮を去りたるを粟に擬し、之を粟ボ・稗ボと云ふ。又、ヌルデを尺餘に切りて、皮をけづりかけ、大根に擬してエビス棚に供へ、五寸ばかりに切り俵に擬し、三俵づゝ積みてエビス棚とし、神棚に供ふ。亦、ヌルデを五寸ばかりに切り割りて翌日神佛に詣づる時の供物となす。之を贄木（ニエギ）と云ふ。

十四日

若木及び贄木には十二月の三字を書き閏年には十三月と書く。

年とり　十三日に營みたる事柄は、卽ち明日の式の準備にして年とりをなす。としとりは朝食に行へば朝とし、晝食に行へば晝とし、晩食に行へば晩としと稱す。

左義長　ホンヤリと稱し、夕刻之を行ふ。

お注連、松飾り、書初め、逢ひ初め、古き神符を燒はきの竹に結ぶ。

十四・十五日

御靈祭　オニギを墓、靈牌、神前に供ふ。

十五日

餅の粥　その粥を食ふ者、熱き爲め、吹き冷して之を喰へばその秋大風起る。喰ひ餘すときは苗が餘る。不足すると苗が不足するの兆候とす。

この日早起きして、一人は斧をとり、果樹の木を二・三度切るまねをして云ふ。

『なりさうか、きりさうか』と。

他の一人これに隨行して餅の粥を、その切り口にそなへて云ふ。

「なりますノ＼」

又、一人槌を取りて田圃の畔を打ちて、

『鼹鼠（ムグラ）は居らぬか御槌殿お見舞ひ申す』

他の一人榾木を腰にはき、之に隨行して云ふ。

『ごもつともノ＼』

これを鼹鼠追ひと云ふ。

二十日

節句　當日は早起きして小正月（十三日―十五日）のお飾りを盡くとり、秋の取入れに擬しまゆ、かきに擬したる團子を煮て食し、尊族訪問をなす。

二月

一日

門松の杭を抜く。小正月の鏡餅を喰ひ休業す。

初午　この月の第一の午の日　今は時又（トキマタ）の長せき寺の觀音に詣づる者多し。

四日

節分　方言ではセツボ又はセツボンと云ふ。夕食には年とりをなす。これを節分のとしとりと云ふ。

摑んだ豆の數と自分の年齢とが一致すれば開運の兆となす。

又、この一粒を一ケ月に擬し、十二粒を爐の中に並べて燒き、その灰に化したるもの丶黒白を見て本年の各月の晴雨を占ふ。

八日

ことの神送り　小兒相集りて紙旗、神輿を作り、鐘、太鼓にて囃したて、之を村境に送る。米川（ヨナガハ）にては維新後止めたが、野池、狄坪、田力（タヂカラ）にては今猶行ふことあり。

竹の笹へ、髮の毛と爪と米を少々入れて紙で包みて付け、紙に馬の字を書き、一緒に村界に送る。一に風の神送りとも云ふ。

三月

三日

上巳の節句

春の彼岸

四月

八日

釋迦祭り　竹竿頭に花を結びて門前に立つ。花はウツキ、ツツジなどを用ふ。

五月

下旬

山の口（クチ）　五月若しくは六月下旬に行ふ。

共有山は古來關係部落の人、同日に草を刈り初める慣例なり。これを山の口といふ。當日は個々未明に山に行き、夜の明けるを待ちて草を刈り、以て水田の養草となす。

六　月

下　旬

早苗振り　挿秧終りたる時、苗の根を洗ひ、神前に供へ、田植ゑに助力した人々を招いて慰勞の宴を開く。

農休み　一日を選んで遊び日とする。この時便宜上繰りかへて端午の尊族訪問をなす。

夏立て　陰暦六月末日までに尊族訪問をなす。即ち暑中伺ひなり。

七　月

陰暦七月に祭禮を行ふを忌む。之、一は秋季に移りて季節の遅るゝを避くると、一は盆の月を忌むことなり。

六　日

七夕祭り

七　日

方言で　ナノカ日と云ふ。

各自墓地の掃除をなす。

十三、十四、十五日

うら盆　十三日、迎え日。十四・五日墓に詣で、又、炬火を點ず。新盆の家では門から墓所への路すじに百八の炬火（今はローソク）を焚く。

十六日

送り日　茄子の馬。供へ物。とをチガヤに包んで流す。

盆前は貸借、決算の季。

蟲送り　部落の者鎭守に集り、造酒を飲み、鐘、太鼓を打ち、神旗を立て、田を練り廻り、終つて旗を河水に投じ、神符をくばつて田圃に立て、害蟲の除きとす。

風祭り　鎭守に集り、造酒をあげ、神主を請ひて祭りをなし、幣束を高木の梢の頭に掲げ、風害なきを祈る。

九　月

豊年祭り

秋の彼岸

穗掛け　新米の稍ゝ熟したる時、青稻を刈り、モミを蒸し、次に煎り、次に搗き、蒸煎米を得、之を穗掛けと云ひ、その米を燒き米と稱して初穗を祝し尊族に贈る。

月見

柿剝き　これには歌があつた。徹夜作業である。

秋祝　一に、稻扱休と稱す。秋收に助力した人を集めて宴會を開く。

秋休み及び秋立て　尊族訪問をなす。

信州下伊那郡千代村の年中行事（北澤）

十　月

二十日

えびすこ

十二月

八　日

蟲狂供養（ムシツクヤウ）　方言で　ムシツカウ　と云ふ。この日各々豆腐を喰ひ、冤罪で死刑に處せられた者を哀みて供養す。

氏神祭り　鎭守、產土神の外に氏神を齋き、同族祭典を行ふ。定日なし。

節季　十二月二十八・九日からを云ふ。勘定。

煤拂ひ　一月の置物。歲暮。

三十一日

門松、成神棚の準備　沐浴して年とりの祝をなす。

◇諏訪大明神の例祭

七月二十日。『みさやま』の祭りといふ。

昔、この日には毎年遠州より狩人が鹿の角を奉納し祭りを行ふて行つたが、これが例祭の始りとなり、その鹿の角は舊神官大平久男氏宅に何本となく藏められてゐる。その後、地狂言を行ふやうになり、今日は行はれぬが、その名殘りである相當大きな舞臺があり、當時用ひた面が數種、裝束と共に大平家にある。

老人の話では明治八・九年頃まで行はれ、徹夜で村の有志が行ひ、地狂言の練習は山中の人に見られぬ樣な所で行ふたといふ。

◇大平家のこと

この地を開いた人の家で、素盞嗚尊の御子ソトガタノ尊がこの地を開き居住して同家の祖先となつたといふ。諏訪明神の別れとも云ふて維新まで社守だつた。同家では『トタテノ祭り』といふのを行ふてゐる。

これは、素盞嗚尊が昔七甕に酒を入れ大蛇を退治された事蹟をお祝ひする爲めで、その甕に似せて七甕を作り、それに甘酒を醸して村人に振舞ふ、その家の祖先のお祭りであつた。只今では、甘酒だけは作つてお祝するが、子供等がこの日に飲みに行くにすぎない。甕の一つが同家にそのまゝ現存する。

十二月一日にその甕が祝ふのである。

◇諏訪明神の『おんばしら』

七年毎、四月十日之を行ふ。

用材は杉で、二本社の兩側に立てる。

今日では村に大木の松がないのでワリヤマといふ所から貰つて來るので、村中の青年壯者五六百人が之に加はる。

當日は赤飯、餅などを作り他村に居る親戚の者その他を招待して饗應する。別に催し物はない。

淡路津名郡鳥飼村探訪

中村 浩

◇社日祭

五月、社日祭りをして百姓は一日休む。此の時必ずシヾミ貝を食ひ、神にも是を供へる。當地方は是が春甚だ少ないので困るが、何とでもして少しでも手に入れる。秋九月社日祭りに早

是はかりとつた後の田へ立て、なくのである。先づ二本を斜に結びそれを曲げて中央で結び頭と尾を造るのである。

稲の熟した處を疊一枚程かり取り、竹四本を組み合せて前に示す如き馬を造り、是に稲二條宛結んだ物を十二對、是が符に掛け又門口その他の入口にも各是をかけ、氏神にも奉納し、又別にある社日の神の堂にも掛けに行く。此の日は一日休み、團子などをして食べる。

◇蟲除

舊六月十四日(?)實盛さんの祭がある。此の日豫め造られてある符(左の如きもの)を神職が村人等に渡す。村人等は田の數

だけ其の符をもらひ、竹の頭を割たものに挾み、田の中で一番虫の付きさふなところに突きさす。又同時に青竹の葉のあるのをもつて(大方一軒に一人、又一人で何軒の分をも兼てる人もある)鐘・太鼓ではやしたて『カンカチ虫やおともじや さねもりさんのおともじや 上から下まで皆はらへ』と云ふて田畔を廻り、段々村境へ出て、次の村との境の海岸に竹を流して歸る。此の符は又家の門口にもはられ、箪司などに入れておくと虫除けになると言れて居る。

村の人はサネモリサンは一國一社であると信じてゐる、此の社の祀られた原因としては、或年大饑饉があり、稲の實がたえようとした其の時に一人の篤農があつて稲種を多く殘しをき、皆なに分けたので、今でも稲が亡びずに殘つた。それで此の人

を祀つたのであるとも云ひ、又實盛の魂が稻虫になつたのだから是を祀つてそのかはり虫除をしてもらふのだとも云ふ。實盛堂の神體は甚だ大きな自然石の眞白いものである。

◇ヒザボ神

ヒザボ神と云ふ神は足腰の病に甚だ靈驗がある。昔此の土地へ或る武士が逃げて來たが、膝を甚だ傷めて居た。その武士が『乃公を助けてくれると足腰を守つてやるから助けてくれ』と云たので、村の人が助けてやり、死後是を祀るとよく其の言の如く靈驗があると云ふ。

◇鳥飼八幡社秋祭

九月十五日に綱引きをする。綱は太さ直徑二尺程の大きなもので、長さ北浮半、是を十五日夜各字の者が左右に分れて神前で引き合ふ。勝つた方が其れから向ふ一ケ年間豐年大漁である。

◇千本のぼり

神社又は小祀へ願を掛け、その願ほどきに半紙八切り位に自分の年を書いて竹又は葦徑に付けた者を千本藁ツトにさすか又は一本々々を境内の周圍に並べる。又木殿の石垣にもする。

◇民間邪神

狸狐が勢力があつて狸が中でも代表した形である、人をバカスので田の陰に小祀などあるのはお狸さんをまつつたものである。ガタロはカメだと思はれてゐてやはり人を引込むと云ふ。

又大かめさんを信ずる。海龜の大きなものが時々海岸に上ると漁士は酒を五六合も持て行き、是に飲せて海にはなす。又その死んだのが上ると地にうめて青竹を立て、七五三を張り祀つてやることにしてゐる。

◇辨天送

此の近村で辨天送りをする辨財天女の像を一年毎に次々の村に送て奉祀するので、其の時は常と異つた旗をたてる。卽普通の旗は白布に神社名もしくは神名を書いたものであるが、辨天送の時の旗は白又は赤の旗に「奉」の字一字だけを書いたものを用ひるのである。

◇小屋受

村の兒等は十五才から大方若連仲に入つて卅五まで其の仲間である。——年齡によつて小若者・頭衆等あり又一老とか云ふて總てを支配し、又若者の間にむつかしいことが起ると相談にのるものもある。——此等の人達が小屋を決める。それは年によつて都合の良い家を選び、今年は貴方へたのむと云ふて行くのだが、其の時使に行く正使は肩依を着て奴袴(たつゝけ)をはき副使(紋付き羽織をつける)を二三人從へ、酒一樽(近年は一升)をもつて先方へ出掛ける。小屋になる家では迎へて大いに馳走をして承知の趣を云ふ。此の正使の服裝も近年は羽織袴になつた。又前述の樣に異樣な風をする爲め、青年たちは是になるのを嫌つたが、その時なるべく大家の、殊に學問なども多少あるいやがる者をよつて無理にさせたと云ふ。

◇まじない二種

山に登る時息を三度吐いて登ると長虫にあはぬ、恨む人の履物に灸をすると足がまがつてたてなくなる。

◇ひとぼし

新佛の有る家では七月に入ると一日又は六日から切子燈を付ける。七日(七日盆)に僧に願つて切子に新佛の戒名を書いてもらふ。切子は昔は門口丈の長い青竹をたて、其頂上に近く、短い竹を十文字に結び、其の端の方に吊つたが、今では略して緣先などにつる。十五日ひとぼしをして新佛を迎へる。是は圖の如き木を百拾造り、門口に火をたき、新佛に一番近いものから一族親類順に一本宛、此の木を燃し、最後に殘り全部を一度に焚く。かくし佛を迎へる。然る後一同次の如き行燈を二つもつて墓參りをする。墓の前に突きさし蓮葉になす瓜の切つたもの團子を入れて供へる。十六日火あげで門口に松葉・おがら等を焚いて佛を送る。切子はやはりともす。廿九日切子を焼いて、その灰を河に捨てる。で一日から廿九までの間新佛はまだ先祖の仲間入りが出來ぬから、特に床の間にもち出して祀る。此の間繼ずお茶と云ふものを一日に數度もとりかえて供へる。又佛の食ふものとして必ずいぎすを供へ、客にもだす。さう麵も用ひる。(いぎすは海草の一種で炎てどろ〲したものをかため切つて味噌あへにするのである)

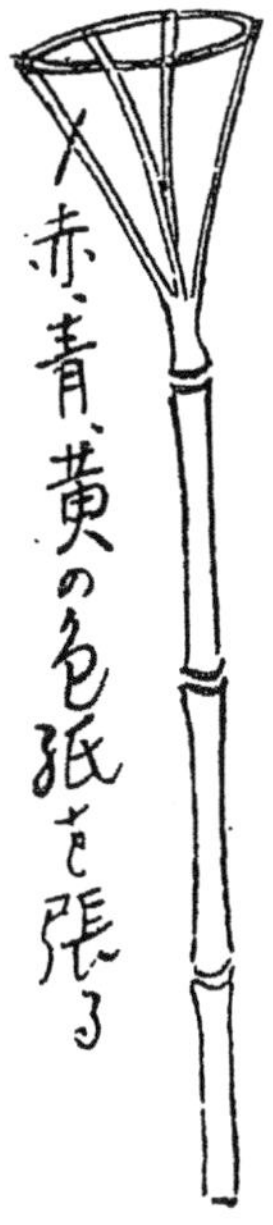

淡路津名郡鳥飼村採訪　(中村)

◇

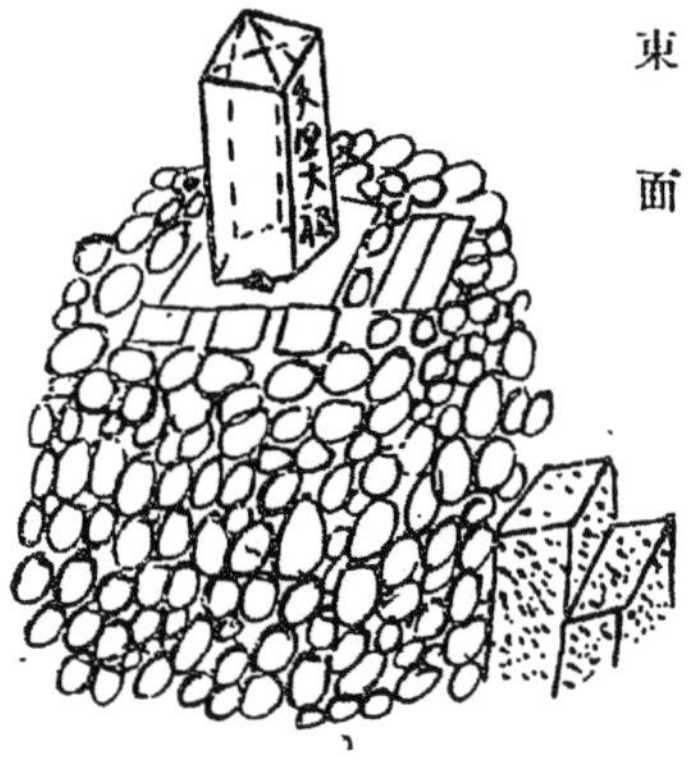

神社である。大きな石の鳥居などあつて建物はなにもない。上圖の樣なものだけあり、其の前方左右に大なる石のマナイタ樣のものがあり、又燈籠などがある。多く山の頂きにあり五角形で天照大神を初め五柱の神名が五面に刻んである。

兵庫縣下里村の民俗

栗山一夫

兵庫縣加西郡下里村の民俗に就いて、思ひ出すまゝに若干報告したい。

◇結婚の諸儀式

加西郡誌にも報告があるがその採取地は北條町附近のものらしく思はれ當地とは小異があるので述べて見よう。（嫁入りも聟入りも同じだから嫁入りの場合としておく。）

昔も今もだが東も西も變りはない、媒介者初め聞き合せ、問ひ合せは何處も同じことだらう。見合は娘の家か神社佛閣が利用される。法花山が近いのでよく利用されるらしい。いよ／＼「貰ふ」「やる」と決まるとおさへと云つて扇子、酒肴料を娘の方へ持參しその後吉日を選んでたのみ即ち結納を贈る。これには別に變つた慣習もない。近年は現物で贈るのがすたれ金一封が多くなつて來たそうである。結婚式前十日位が普通であるが、引換へといつて結婚式の朝持つて行く時もある。

たのみを貰ふと當日か翌日に親類や近所の女子を御茶漬けで招いて見て貰ひ、その翌日昆布とするめを切つて近所親類へ配る。

結婚式の當日は門出の宴を開き嫁と同行する者を正座にして親類知人がショシバンし賑やかに興じる。荷は先に行くのもあり嫁と同行するのもある。後者の慣習が古いのである。

嫁が家を離れると嫁が食べた最後の茶碗を地にたゝきつけて割り藁を焚く。これを門火といふ。何れも二度と歸らぬとの意味からである。

嫁が着く頃になると近親が弓張提灯を持つて途中まで出迎へる。結婚式にも別に變つたこともないが三々九度の盃事を障子を開け放し村人達に公開する。これが山一つ越へた所南郡志方村地方では閉め切つてしまつて盃事をする者より外に一切見せない。甚だしいのは宵の中から雨戸を閉めてゐるのもある。

式が終ると座敷持ち、取り持ちの指揮で翌日の正午頃まで賑やかに興じる。宴の酣な頃、別室で新郎新婦が部屋祝言をする。宴が終ると門送りといつて新夫婦が里方の者の歸るのを門まで送り出す。附近の者はこれを見んとして集つて來る。この時子供達に土産ものといつて嫁が持つて來た菓子や饅頭を子供達に與へる。いよ／＼歸る事になつて門を出てからも茶碗に酒を注いでするめや、ごまめを盆にのせたのを肴にして交歡し合ふ。勿論立つたまゝであるが兩方とも昨夜から飲んで／＼ぐた／＼でその上に歸る車に乘るまでやるのだから驚く。門酒、送り酒といひ酒嫌ひもこれと盃事の酒だけは飲まねばならぬのである。

その翌日嫁方から母か姉かともかく近親の女が部屋見舞といつて生菓子か饅頭を持つて尋ねてくる。結婚式當日よりは少し輕い御馳走を出す。鯛の燒物は必ず添へる。その見舞の品は近所親類へ配る。

三日目を三ケ日といつて、この日は聟の家から里方の親類へ蒸し物を配る。亦五日目には五ケ日歸りといつて普通新夫婦に姑の三人が里を訪づれる。この日はいくら遲くなつても婚家へ歸らねばならない。其の後吉日を選んで夫婦が初ツ歸りをする。この時は宿泊自由である。

結婚した年の暮に生家から婚家へ大きな鏡餅を贈る。嫁取りの時は婿鏡、聟取りの時は嫁鏡といひ貰つた方では程よく切つて配る。

◇姙娠と出産

出産後六日目をしをかきといつて家を清める。良人は妻の出産の時には家を離れてゐる。でないと笑はれる。産婦は二十三日間『荒血で汚がれてゐる』といふので神佛に遠慮する。それ以外は加西郡誌の記載と別に變りない。但し同誌にしんの餅とあるのはしろの餅といつてゐるが郡誌の誤でないかと思ふ。

◇葬　式

これは郡誌に詳細に記されてあり小異をいへば家々で違ふから足らない處を補ふに止める。湯灌をする時に普通は湯を入れ後に水をうめるのだが、この時には水を入れて後から湯を入れる。出棺の後に嫁入りの時と同樣に藁を焚いて門火をする。他人が嫌ふ樣な病氣で死んだ時には病氣が消滅する樣にといふので壺だとか甕だとか鉢等をたゝきつけて割る。

當地方は大體丸棺であるから坐らせるのであるが墓地へ運ぶ時には背を墓地の方へ向ける樣にする。

四十九日の間は死人の靈が屋根の上に居ると信ぜられ。死人は死ぬとすぐに信濃の善光寺へお詣りすると考へられてゐるので四十九日の間に善光寺へお參りすれば死人に會へると語る者が多い。私の祖母もよくそれを話した。

高知縣幡多郡田ノ口村下田ノ口の俗信（一）

中平悅磨

鄕里の俗信の記錄であるが、私の母は極めたる神經質で而も御幣擔であつた。私は八歲までこの母の影響を受け、その死後は、二十八年間この母の影響を受けて來た、父の感化をも蒙つた。父は今年七十五歲になつたが、未だに略〻以下の如き俗信の中に、老農夫としての生活を送つてゐる。以下三百二十三章、その一章一章が懷しい父と母と

高知縣幡多郡田ノ口村下田ノ口の俗信　（中平）

の生活詩である。

一　姙娠出產の俗信

○氏神は木花咲耶姫だから、誰も皆安產する。

○子育ちの悪いものは、中村町の多賀神社に參して、生れる子を其の契約の子とする。私もこの契約の子で、悅字はその際授かつたものである。

○子の無い人は守兒（マブリゴ）を貰つておけば子が出來る。（生れるの方言。）

○子供の出產は、すべて潮のさし。

○後產は太陽に當てゝならず、人に踏ませてならぬから、床下の土中に埋める。

○嬰兒の臀部の斑點は、產（オブ）の神樣の捻（ツメ）くつた痕。

○嬰兒に鏡を見せると、すぐ後が出來る。

○產婦は蕗を食つてはならぬ。

○親の四十二の子は育たない。

○「八月子は育つが、九月子は育たない。」

○乳幼兒の衰弱、夬の病氣はオトミといつて下の出來る前兆とされる場合が多い。

○火鉢や圍爐裏の灰を綺麗にする人は美しい子を生む。

○便所を清潔にしておくと、美しい子が出來る。

○大きい器から直接に飲食すると、大口の子ができる。

○姙婦が火事を見ると、產兒に痣ができる。

○飯櫃（メシツヤ）や鍋の蓋等の上で物を切ると產兒の顏に傷がつく。

○箒を踏むと產が重い。

○蜜柑の二子を食へば双子が出來る。

○双子は後から出來た方が兄姉である。

○双子は鶴と龜の名を負して命名する。

○双子は同じ調度で差引なく育てる。

○双子は女夫（メヲト）双子といつて、男一人女一人のが幸福だ。

二　結婚に關する俗信

○近親結婚は不具や白痴を產むことが多いから避けるがよい。

實在する惡結果の二例。

一、從兄妹の結婚、三兒あつて、長女と二男が共に白痴で、啞で、聾。長男は精神は正常だが手指四本、趾六本宛。

二、從兄妹が互に二組の結婚を行ひ、一方は双子二組ありて六兒の中、啞者二名。他方は五兒の中啞者三人。

○結婚には血統（トー）の事を喧しくいひ、犬神統を最も嫌ふ。

○夫婦の年の差は、七ツ、七ツ、三ツ違ひの兄がよい。

○「一つ違ひの姉は搜して貰へ。」といつてよしとす。

○婚禮と葬式は、觀衆（ミテ）の多いのが運のよい人だ。

○道の眞中に小便すると、嫁入の日に雨が降る。

○道の眞中に小便すると、嫁取の日に犬に吠えられる。

○寅の日に嫁入すると不緣になる。「虎は千里行つて千里戻る。」

から。

三　死と葬式に係る俗信

○鴉が啼くと身内の者が死ぬる。「糞ガラス　ツーツッ」と唱へる。
○人魂が屋根の上から出ると、その家の人が死ぬ。
○夜雀（蛾の一種）が啼くと人が死ぬ。
○齒が脱けた夢は、親戚に不幸のある兆。
○前齒の不揃なのは、親に早く別れる相。
○履物の緒の新しいのに切れるは凶兆。
○葬列に逢ふは不吉。
○葬式は見る人の多い程、後世がよろしい。
○墓に挿した樒の芽を出して勢よきは、あの世で幸福であることを示す。
○盆近くなつて逝つた人は、あの世で好遇せられない。
○田植の夢を見ると、身内に死人が出る。
○茶で噐磨るは葬式の時ばかり。他の時に忌む。
○帳を綴ぢるに紙の折目を下向きにするは葬式の時のみ。
○一膳飯を食ふものでない。死人に供へるから。
○御飯に箸を突立てるものでない。さうして供へるから。
○寫眞を三人で撮ると、中央のが一番先に死ぬる。
○茶の木の花を髪に挿すと親に死なれる。

高知縣幡多郡田ノ口村下田ノ口の俗信　（中平）

○友引の日に葬式すると、家族から又死人が出る。
○「二度あれば三度ある。」といふから、二人棺を出した家では家畜を殺すか、水甕（ハンド）を破るかして三つに足すのである。
○人の周圍を廻るものでない。
○左廻りは忌む。共に葬式の時棺を擔いで門前で廻ることの類似からである。
○逆手で柄杓の水を掛け、すべて逆手で物を注ぐことを忌むは、湯灌を使はす折、逆手で湯を浴せるからである。
○北枕は死人ばかり。
○左前は死人ばかり。
○屏風を逆に立てるのもその爲忌む。
○箸と箸で挾みあふのを忌む。骨あげの際の所作に似てるからだといふが、幡多に昔から火葬の無いのと思ひ合せると一寸解せぬ。
○死人を猫が跨ぐと、忽ち骸が立つて歩き出す。猫に限らずすべての魔を除ける爲、死人の枕頭には刃物を置く。
○疊の上から履物を穿いて庭へ降りるものではない。
○草履を二人で片方づつ作るものではない。
○着物の袖を二人で片方づつ縫ふものではない。共に葬式の折さうするからである。
○瓜のつべを食ふと、エンコにとられる。溺死人は肛門を検し

高知縣幡多郡田ノ口村下田ノ口の俗信（中平）

て、既に開いてをればもう駄目である。エンコがもう孩うにつべを拔いてしまつてゐるから。

○葬式から歸ると、戸外で鹽を常め、身體にふりかけて、淸めてからでなければ、家內に入つてはならぬ。

○死人の靈は四十九日迄は屋の棟にも留つてゐる。四十九の餅を一臼の餅で取つて、その一つを投げて屋の棟を越させる。

○一臼の餅で四十九個に作るのはこの爲に忌む。

○四十九日の日は、又一臼でノシ餅を作つて墓に持ち行き、藁火で炙り、庖丁で切つて、その刄の先に餅をつけて身內の者が食べて歸る。

○それでその日に搗いたばかりの餅を燒くのを忌む。

○庖丁に物をつき挿して食べるのも、此故に忌む。

○夜爪を切ると親の死目に逢えぬ。

○足袋穿いて寢ると親の死目に逢えぬ。

四　天候豫兆の俗信（その他氣象）

○「朝虹に川渡りすな、夕虹に傘を干せ。」

○虹が川を跨ぐと雨になる。

○「朝嵐にかさをほせ。」

○「夕燒は明日天氣。朝燒は日和が落ちる。」

○「子供が晩方騷ぐと、明日は雨になる。」

○鷄のトヤに入るの晚いのは。明日雨の兆。

○「鳶の風受けは時化のしらせ。」風受けとは、上空に羽搏いて一點から進みも退きもしない狀態をいふ。

○金床雲は時化の前兆。

○株虹も雨の前兆。

○コマツナギ草の葉に出來る折目樣の節の數で當年の時化の回數が知れる。

○雲が上げる（西行、北行）と雨。下げるとひより。

○北雷は大日のもと。——北方で鳴れば日照りがつゞく。

○蟹が木に登り、座敷に上るのは洪水の豫兆。

○月が暈きると雨が近い。

○暈の中に星があれば尙近く雨がある。

○靑蛙がフレ〳〵と鳴き出すと雨になる。

○鍋尻に火途りが始りまると、雨が近い。

○燈心に丁字が出來ると、雨になる。

○流星の走つた方向が明日の風の方向である。

○雄の三毛猫（三色からなる斑點模樣）は至極稀で漁師が珍重する。船に乘せて置けば、時化を豫知して、帆柱にかき上つて告げる。

○雉の啼くは地震の前兆。

○犬の岡吠えは大潮（津浪の方言）の前兆。又は火事とも。

○鈴鳴り（浪の音の一種）は大潮の前兆。

五　占に關する俗信

○一富士、二鷹、三茄子、四葬禮（ソーレン）、五癩病患者（カッタイ）、六火事など云ひ、凡そこの順序に吉夢とされてゐる。

○河水を夢見れば凶、海水は不凶。

○自分の死んだ夢を見れば長生する。

○惡夢は語つて難を免れ、吉夢は秘して福を待つものだ。

○魚を獲つた夢は不吉。

○舌が鼻にとゞく者は盜人である。

○目尻の下方にある痣は、泣き痣といつて悲運の相。

○眉の中間にある痣は、佛痣といつて立身出世の相。

○掌の斗搔、足裏の俵踏えは裕福の相。

○耳朶の下方脹らめるは福耳。米粘の乘る位の凹みあるは殊に吉相。

○掌中央の筋の中指に入り込めるは天下筋とて上吉。

○それの人差指に深く入り込めるは盜人筋（ヌスットスヂ）とて大凶。

○小指の先が藥指の最上の皺目に迄とゞいて居ないのは、親よりも貧しい暮向をする相。

○趾の第一趾が母趾よりも長いは親よりも出世する。

○サカモゲ（指の爪近く出來る逆剝）のするは不孝者。

○縮髮は吸具、赤顏は臭具。

○巨鼻は逸物。

○小人の大魔雜。

○人參の好きなは助平。

○頭の旋渦（ツジ）が中央から左右に逸れたのは、イゴッソ（利かぬ氣の方言）だ

○「夜の蜘蛛は親の顏に似てゐても殺せ。」「夜蜘蛛は禍。

○「朝の蜘蛛は仇（カタキ）の顏に似てゐても殺すな。」「朝のは福兆。

○「蜘蛛が下ると來客がある。」手を擴げてゐれば土産がなく、すぼめてゐれば土産を齎らす。

○「朝右、夕左。」といつて、その方の耳が痒ゆければ吉事を聞く。

○同じ事が眉の痒い場合にもいはれ、當る方が痒ゆければよい噂をされてゐ、逆は惡評されてゐる。

○「一ほめられ、二にくまれ、三ほれられ、四風邪、五ごねる—死ぬるの方言。」とは嚏の數でする占なひ。

○茶柱が立つとよい事がある。

○鷄の宵鳴きは火事の兆。

○ウドンゲの花が咲くと禍がある。

○家內に小鳥の飛込むは不吉。

○燕が家內に巢を造ると富裕になる。

○茗荷が繁昌すると家が衰へる。

○南天が繁茂すると家が榮える。

秋田縣鹿角郡花輪町・尾去澤・宮川村地方　（内田）

○蛇が倉に巣食ふと家運が興る。

○爪に出來る白星は着物の出來る兆。

○虹の兩脚の下には、寶物が埋つてゐる。

○武具寶物類の埋藏されてゐる所からは、火魂が出る。

○焚火の煙は其の座での一番きりようよしの方へ靡く。

○失せ物の在る方向は、掌に唾を載せて指で叩いて、その飛散つてゆく方向で占ふ。

○放屁犯人を見付け出すには、曲尺様の先の曲つた物を兩掌でもみ／＼「へひり／＼かなんど、屁ひつた方へちよいと向け。」と唱へ、手と口と同時に休止した時、カギの指してゐる方の者がそれだ。

○井戸を掘つて良水の湧くは、家運盛なるしるし。

○夕食時頭上に天の河が來る頃は、新米の食べられる頃。

○扇を拾ふは吉、要の方が手前にあれば「末廣に」とて大々吉。

○櫛を拾ふは不吉、拾ふ際は一度蹴つてからにする。

○流星の時、消えない間に「目に鹽三升の所帶したい。」と三遍唱へ果せば、無上の幸運を得る。

○鼬が鳴くと火事が近くにあるしらせ。

○白鼠が家に出來ると、貧乏になる。

○掌が痒いと貰ひ物をする。

秋田縣鹿角郡花輪町・尾去澤・宮川村地方

内田武志

じやっく（お手玉）唄

今朝の寒さに　何處さ行ぐ

んばコだましに　帶貰ひに

帶は何帶　繻子の帶

地良く　巾良く　丈長く

まず一貫借しました

◇

えじよは

えじよまぎ

えんけァ父な

額さ味噌粕ァ

未だ付でら

ほろても　ほろても

未だ落ち無ァ

肥桶背負て　氣張たば

どんと落ちた

◇

歸命頂禮　松川の
松川主十郎の　弟娘
年は十六　名はお米
三國一の美人なり
器量とおぼし　春の花
姿とおぼし　秋の月
源太　源太と　とうければ
薩摩の源太に　貰はれて
嫌と云はれぬ　呉れたれば
僅か二年と　經たないに
源太がお江戸へ　お商賣
後でお米が　産をして
産の患ひ　引受けて
醫者や驗者や　盡せども
藥のまはりは　更に無し
右の方には　本の母
左の方には　姑母
枕元には　小姑

秋田縣鹿角郡花輪町・尾去澤・宮川村地方（內田）

左程兄さんに　會ひ度くば
たまに硯箱　取り寄せて
一筆書いて　讀み流し
二筆書いて　讀み流し
三筆　四筆に　書き止めて
紺の股引　綿の足袋
四乳の草鞋を　履きしめて
七日七夜で　歩む道
三日三夜で　早着いて
源太のお宿は　此方すか
お米の方から　狀が來た
それを擴げて　讀んで見て
昨夜見た夢ァ　正夢か
お米が死んだと　夢に見た
血藥　粉藥　貰ひ集め
紺の股引　綿の足袋
四乳の草鞋　履き締めて
七日七夜で　歩む道
三日三夜で　早着いて
兄さん　今のお歸りか
昨日の今頃

秋田縣鹿角郡花輪町・尾去澤・宮川村地方（內田）

眼をばおとした　お姉さん
聞いて源太は　驚いて
股引草鞋も　解かないで
お米の部屋に　飛込んで
お米　お米と　呼ぶけれど
お米の返事　更に無し
去年下した　櫛笄
差しても見たか　お米殿
去年下した　立鏡
立ても見たか　お米殿
去年下した　なが機
織つても見たか　お米殿
お米は更に返事無し
お米の機竹　杖に突き
四國西國　廻れども
お米に似たる　女なし
そちらの岸にも　血の涙
こちらの岸にも　血の涙。

◇

高い山ョの榲桲の葉ョ
そよそよ風ョに誘はれで
おじよ　おじよめ子
菊屋のおふり子
年も行が無ァで
長吉と連れて
長吉ァ持た子は
男にならば
江戶へ上らせて
學問させて
江戶で一番
大阪で二番
三に盃
吉原四番　（宮川村にては吉原女郎衆と云ふ）
伊達男
伊達女子
まづ一貫借しました。

◇

此處の小娘さ
とんと惚れだ
惚れだならば

親に十貫　子に五貫
まして舅殿　四十五貫
四十五貫の　錢金で
高い豆買て　何に積む
船に積む
船は何處船（どどぶね）　關東船
關東土産に　何貫た
親の讓（ゆづり）の　古手箱
開けて見たれば　何ァ入てら
金（きん）が入てら
きんだと思たば
かねのお雛子（ひなこ）ァ
鼻血垂らして、反返（そつけア）ッだ

◇

えじよさま　どん
さいさま　どん
しのびは　どん
どんどごえ
どのがみさんまの
こごは　ふなばの
さかりは　どん
ひーや
ふーや
みーよ
いっむ
なんなや
ここのつとー
一つかしました
お侍衆は
お籠で
お供で
ちよいと
囃して
（えじよさまどんと續ける）

秋田縣鹿角郡花輪町・尾去澤・宮川村地方（内田）

◇

何處（どこ）到來（とうらい）
小田原（をだはら）到來（とうらい）
小田原の娘　中娘（なかむすめ）
中娘は色白で　櫻顏で
江戸さか鹽屋に　貰はれた

秋田縣鹿角郡花輪町・尾去澤・宮川村地方（內田）

その鹽屋は　伊達だ鹽屋で
七日色々　着せました
きんの　きのみの　金襴緞子
藍紫の　七小袖(なゝこそで)
七小袖　八重ね重ねて
染めておるのは　鹽屋殿
鹽が無ければ　雪より牡丹
雪に揉(も)まれて　あらなみだ
あらなみだ
どっこえ流れた
お瀧ァ袂に流(ながァ)れた

◇

一に　橘
二に　杜若
三に　下り藤
四に　獅子牡丹
五つ　いやまの千本櫻
六つ　紫色好く染めて
七つ　南天
八つ　山吹に
九つ　紺屋で振袖染めて
十に　徳川葵の御紋

◇

一月　門松
二月　初午
三月　雛さん
四月は釋迦さん
五月はお節句
六月　天王
七月　七夕
八月　八朔
九月　くねんで
十月　夷講
昨夜(ゆんべ)夷講に呼ばれて參た
鯛の蒲燒　雀の吸物
金(かね)のお箸で
一杯しましよ
二杯しましよ
三杯しましよ
四杯しましよ

五杯しましよ
六杯しましよ
七杯しましよ
八杯しましよ
九杯しましよ
十杯しましよ

邪視といふ語が早く用ひられた一例（追加）

三卷三號一五四頁に、今より千二百七十年程の昔し、唐の顯慶年間、李善が書た文選の註に、鷄好邪視とあるを、邪視なる語の尤も早くみえた一例として置た。其後又搜索すると、それより少くとも五百廿年古く、後漢の張平子の西京賦に、於是鳥獸、殫目覩覿、遷延邪睨、集乎長揚之宮。注に說文曰、睨斜視也、劉良曰、邪睨邪視也、同上、麗服颺菁、眳藐流眄、一顧傾城とあるを、山岡明阿の類聚名物考一七六に引て、邪視をナガシメと訓じあるを見あてた。この邪睨は邪視と同じくイヴル、アイを意味し、支那でイヴル、アイをいひ表はした最も古い語例の一つだろう。ナガシメは紀州田邊近村の麥打ち唄に「色けないのに色目を使ふ」といふイロメで、流眄によく合へど、邪視邪視には合はない。又同號同頁に引た馬來群島で海中の怪物が鷄を怖るゝてふ話に近きは、琉球にも有て、佐喜眞君の南島說話二九頁に出づ（三月十九日午後十一時、南方熊楠）

臺灣蕃族民俗資料（二）

淺井惠倫

二、ブヌン族の生と死

人間には、「魂」〔qanito〕、「息」〔isiaxŋ〕、「影」〔qaniŋo〕の三者が從屬してゐると彼等は信ずる。

「魂」は二個あつて、左右の兩肩に住む（**カトグラン社**）。頭、鼻、兩耳、兩肩、兩脇の八ケ所に〔qanito〕があるといふ話を聞いたが（**郡大社**）、その說明者の言葉はあまり信ぜられないが、一說として附記する。

〔qanito〕なる語は、インドネジヤ語であり、その機能は、他のインドネジヤ人の遊離魂に同じ。

「魂」の形態は人間と同じ、睡眠中に、體を離れて、遊びに出る、酒も呑めば、畠で耕作もする。目が覺めると共に、體に歸つて來る（急に呼び起した時に、「魂」が歸れないことがあるかと、問れたがかゝることなし、必ず歸つて來ると答へてゐる）。死ぬと、「魂」は〔asaŋ qanito〕「死人の國」に移住するのである。「死人の國」に移住する前に、一度「魂」はその土地を見に行く（**カトグラン社**）。この「死人の國」は、〔ranoŋan〕（臺中州社寮庄といはれてゐる）にある（**イバホ社**）、或は〔baq〕（下、平地）にあると云ふ（**カトグ**

ラン社）。彼等の傳說によれば、社寮庄附近は、彼等の原住地である。

「死人の國」に於る「魂」にも死がある。死せる「魂」は茅原に來て茅の葉にとまる。朝日がさす時に、チキチキと鳴くものがそれである。

「死人の國」に住む「魂」は睡眠中に訪問してくる、卽ち夢の中に現れて來る。もし一所に「死人の國」に來てくれと云つた時には、翌朝鷄を殺して、肉の小片を竹串にさし、外庭の緣に立てゝおく、次の呪文を唱へる。

ka: siða ðakko e saivanin tolkok!

鷄を與へる故吾等を捕へ行く勿れ！

勿論、「魂」は良い事も敎へてくれる、例へば、病氣を治す方法など。

天は一つの國であると彼等は思つてゐる。青空は「天の國」の草原であり、夜見る銀河はその河であり、星はその國の住人であり、流星は住人の糞である。

病氣以外の原因で死んだ變死者の「魂」は「死人の國」に行くことが出來ない、其等は、天に行き星となる。變死者の「魂」である星は、最初は赤色をしてゐるが、次第に白色に變る。時時赤色した星を見るが、あれは近く天に行つた變死者の「魂」である。

此等の天の人の食物は瓢箪と「パラ」の實である。『昔、pakke といふ男が、酒宴の際に喧嘩して、毆られて死んだ。その男の魂は天の國に行つた。天の國では瓢箪と「パラ」の實が食物となつてゐるので、彼は「パラ」の木に上つて實を取つて食べやうとしたら、枝が折れて、此の世に落ちて、一日間天の國に住んだ後で、再び息を吹返した。その男から天の國の食物のことを知つたのである』といふ話をイバホ社で聞いた。

天の人の喉に瘤（甲狀線腫）がある。（**カトグラン社**）

動物は、人間と同じく〔migomis〕（生きもの）だから、動物にも〔qanito〕があるだろう、そして「死人の國」で人間の「魂」と一所に住むのであらう、然し植物には〔qanito〕は無いと云つてゐる。（**カトグラン社**）

〔isiaːŋ〕は、呼吸に現れる「息(イキ)」であり、同時にそれの存在する間生きてゐる「生命(イノチ)」であり、又思ひ考へる「心」である。〔isiaːŋ〕は水落に住んでゐる、其れが我々の體を出離すれば、死が來るのである。

〔qaniŋo〕は、地上、水面に於る「影」を云ふ、近頃は、寫眞をも〔qaniŋo〕と名けてゐる。紙上に於る「影」であるから。生人には〔qaniŋo〕があり、死人には〔qaniŋo〕が無い。生命と「影」には密接な關係があるのである。「影」の有する力を信ずるが、寫眞に撮られることを恐れてゐない。（〔qaniŋo〕及び

〔isiaːŋ〕は、qanito と共に「死人の國」に行くと郡大社で聞いた、郡大社の説明者にはあまり信用をおけないけれども)。

出産　産屋はない。カトグラン社では家內で出産する。

出産の三日目に母が唱へる呪文〔pamiqomis〕(與生の意)、

miqomisin ovaδ-aδ!

子に壽あれ!

酒を呑みながら唱へる。

〔pasqo?lusun〕の月の滿月の夜に、子供の命名式〔pasqo?lusan〕が行はれる。彼等の信仰には、滿月と「成長」「生活力」とが關係が深い。それ故に、命名式の外、成年式も播種祭も滿月を以て行はれる。午前二時か三時頃に子供に祝著を着せ、首飾を掛ける、〔pasqo?lusan〕は「首飾をつける」といふ意味であるから、首飾を重大にみてゐるらしい。招かられた親類の男女に酒を御馳走する。命名式は年に一回あるので、式後に生れた子供は翌年の式にまはされる。式は兩親の家で行はれ、司祭の立會はない。

双兒があれば番社に禍があると信じてゐる、故に二人とも土に埋める。

一　埋葬は屋內。(但し近來その慣習を禁止して共同墓地を設けてゐる。)

埋葬は其日中に行ふが、もし日沒になれば、翌日にする。坐つた形で埋め、西の方に顏を向ける。埋葬に從事する近親者以外の家人を戸外に出し、戸は閉めて作業する。埋葬の呪文〔toka-qiɣv〕

kaːin sisiδa e pisihalun maqaltom!

良く埋めたれば我等を連れ行く勿れ!

埋葬に從事した人は手を洗はねばならぬ。

埋葬に從事した人は六日間
其の他の家族は五日間
同番社の人々當日一日
勞働を休む。(**カトグラン社**)

共同墓地が出來てから、屍を墓地に運ぶ時に、運ぶ人々は後を振り返つて見てはならないといふ新しい慣習の出來たことは注意すべきであらう。(續)

資料・記錄

山神祭文詞章

そもそも山の御神は天竺檀徳山の
腰には奥山太郎殿が立出來なされ候
奥山太郎殿は西の宮ゑと懸て參られ候
我が朝國（青黃黑ノ意カ）は拜ませたまへ候得ば
俄に正王國の山が御出來なされ候
紀の國熊野權現は
奥山太郎殿の後がのふては叶ふまいと
　仰候
山福靈次は坂左周路が館に
一人の姬是を□（然トモ見ユ）るべしと
さよづり召され候
奥山太郎殿は嬉しき事は千才なけれ迚
十二の五丈（御狀カ）玉章を遊ばせ給へば
坂左周路が館へ遣せ給へば
比はいつ其頃春三月中ばの比なれば
大羽小羽引や揃へて
大門口より白砂を虛空をねりて
練て廻らせ給へば十二人の御后達は
我は唐土の男子か日本の者か
事ざもうしきものと仰候
山福靈次は唐土の男子でなければ
日本の者に非ず奥山太郎殿の
七代の召使の者奥山太郎殿の姿こそは
鬼神の躰形ちこそは嶋の惠比須を繪取
　立たる如く
心も及ばぬ御殿君と仰候
奥山太郎殿は是の御聟に參らんと仰候
山福靈次は春雨にふり込られて
御釜の前にて居眠りめされ候
十二人の御后達はこゑを打立
からからと御笑わせ給へば
山福靈次は大に腹を立
十二の五丈玉章を喰や破りて捨させ給
　へば
其上山上ゑ立歸り奥山太郎殿に
差や向ふて仰候は坂左周路が館にて
大な巾ぞこないを仕たと仰候
奥山太郎殿は峯七ツ谷七ツ
有才に行ふべきかと仰候
山福靈次は我も七代の召使の者にて候
何か名乘がなくては叶ふまいと仰候
其時文字と平家と平家の名乘して
そのときほら（之ノ書誤リカ）壹つの主となられ候
山鳥三女は坂左周路（コノトコロ二字程脫
　字カ）
十二の五丈玉章を坂左周路が
館へ我持て參るべしと仰候
嬉敷事は千歲なけれと
十二の五丈玉章を遊ばせ給へて
坂左周路が館へ遣せ給へば
比はいつ其頃なれば
春三月土用中ばの頃なれば
大羽小羽光り羽を引や揃て
大門口より白砂を虛空練にねつて
廻らせ給へば坂左周路が館の十二人の
　后達は
我は唐土の男子か日本の者か
美しくゑどり立たると仰候ゑば
奥山太郎殿の七代の召使の者にて候

奥山太郎殿はこれの御舁に參ると仰候
奥山太郎殿の姿は秋三月
十五夜の月の風情を成し
姿形ちこそは春の三月花の比
眼所は笑止げに朱を指たるが如く
十ほう十の指をのべたるが如くにして
心も及ばぬ御殿君じやと仰候
坂左周路が館の壹人の姫は
奥山太郎殿の后にわれ祝われんと仰候
山鳥三女は十二の五丈玉章を
瑠璃の壺より金の壺ゑと納置ては
其上山上ゑ立歸り奥山太郎殿に
差や向ふて仰候は
坂左周路が館の壹人の姫は
奥山太郎殿の后に我祝んと
直に御舁に參らるゝと仰候
奥山太郎殿は山鳥三女の引羽
二羽抜ては五丈須にはいで
坂左周路が館を掛て參られ候
案内申ものもふし三度開龍王を
おとろかさいでは叶ふまいかと仰候へ
ては
坂左周路が館を懸て參られ候

波にゆられて雨落にかゝれば
十二人の后達は見出て
壹人の姫へと差上召され候へば
美敷きものじやと
畫は持遊ひ夜るは寢たけに持
姫君七日の月が留れば
七月夜半の苦しみ八月夜半のわづらい
十月夜半で御產の紐をとき
とかせ召れ候へば
開龍王は此御子此嶋と申は
男子男女のかよわぬ嶋にて候
なんたる荒神荒岩石がやどりたるかと
仰候
十二人の后達は荒神荒岩石にて候まい
奥山太郎殿より彼の五丈須壹手參り候
奥山太郎殿の御子にて非ずと仰候
開龍王は小川入へと送り付候へば
二人の后達わ紺地の錦が付して
小川に入え送り付ては
東三十三ケ國へ梅の三尺二寸に差たる
枝
西三十三ケ國に又旅の七尺二寸に
さいたる枝に腰うちかけて

山の御神御子を設け給ふ
大男神の御殿君は惣領なれ共
ふびんな人で戌七疋に鷹七番
三七二十一人の御けんぞく
宿男神の御殿君は弟成共
ぶげんな人で戌千疋に鷹千番
人千人三千人のかる狩人の方へ
朝はかりの積りを壹つに成らんと仰遣
候得ば
宿男神の北の方我が主は
三千人のかる狩人なれば
山を卷共卷べし川を卷共卷べし
三七廿一人の者數に入たら入ずば
狩の積りもしとつに成らんと仰被遣
左あらばあしたは辰巳の刻の首途
左あらばあしたは卯ノ刻と
天竺檀德山の御腰へ上られ候
山の御神御子を設けてあられしが
宿男神の御殿君と祟て
產湯を引て呉られよと仰ければ
宿男神の御殿君は狩の首途には
自にはあわんと申たとへに候
兎わどこ蘭が里と三度かいては

山神祭文詞章

道となり石三三度けはしらかいては
三足戻るまねして天竺檀徳山へ上られ
給ふ
大男神の御殿君は辰巳ノ刻の首途にて
天竺檀徳山の山の御腰へ上られめされ
候
山の御神大男神の御殿君と祟拜て
御子を設けてあるが産湯を引て呉よと
仰候
大男神は山のとちうで有れば
火の玉持て上らず水の玉持て上らず
爰はどこ蘭が里と三度かいては
火の玉ができ水の玉ができ渡り候へば
うすぼの釜を鍋と定てぢん立をゆわせ
然らば目出度ふ産湯にわかす物を
出し給へと仰候へければ
産湯にわかす物はないと仰候得ば
大男神の御殿君は
物をぶくせで壽命が有るかと宣ひけれ
ば
物をぶくせで壽命わあらずと仰候
天竺にてわ葺稲國へ下られば
粟の種迚戌の餌飼に少し持ちたるが
目でたふ産湯にわかし參らすべしと宣
ひて
山の御神大男神の御殿君と有上は
山の御神御子の名親に
なられ呉れよと仰候へければ
神子の名親に成る事甚恐れありと宣ひ
けれ共
山の御神强て仰ありければ
然らば名親に參らせんと宣ひば
先壹番に設育たるは今日(けふ)の日の三鞠神
三大げ九ぎう時のまろふに
日の守護神と名付たもふ
二番に設け育たるは天神が七代
地鎭が八代なる三ヶ月の御千宮と名を
付給へば
山の御神御悅び不斜大男神名親の方へ
と
天竺亀やが久保に千連れたる
鹿か有(お)ら須(ナ)に四白天
又鳥井を打たる鹿がありしと
三つ殘して取ほしかい引で物にて候
矢種盡たら柊木を逆さにこいて
投させ給へと仰候

是より大男神は狩殺生
朝日の登が如くに開運ならせ給ふ事
其ゆわれ穴賢
天竺國にて一万余騎の山の御神
中央一万余騎の山の御神
東方西方南方北方
壹万余騎の山の御神
此村此領壹万余騎の山の御神
此地の地講主村鄉主狩人講主共
結月ずその山の御神人は
難き育ちを語れば惡の腹を立
神は本地を糺せば再度び位に付くと聞
譬のゆれにて候
大男神の子孫と云に及ばゝ
遠くて七代近くて八代
きのふの産れ子今日の翠子(みどり)
又壹度びの御代が來ると
我れ守らんと先約速の氏子こそ
奥山外(と)山の霧が麓へ送
請じ送り奉る唸急如律令と
恐美々々祭謹で申壽

祭ル勧上神

一大男神
一宿男神
一天竺檀徳山中央五方ー万余騎の山の神
一狩人講に
一諏方大明神
一山王先
一五方天狗

罪料ヲトシ

同生佛果にして行ふに行れる道なれば
四天王の手に掛ける我れ恨みを成すな
よ

是は死鹿る緒鹿島ににてもうつ時此もんを
ゆふて矢を引く

附言　この山神祭文詞章は、三河北設樂郡豐根村大字三澤字粟世(あはよ)の熊谷武雄方に保存されたもので、横綴紙数拾三枚程の小册子で、表紙に山神之祭文として脇に秘授口傳書の文字がある。筆錄の時期は不明であるが、大體徳川末期のものと想像された。口誦をそのまゝ筆錄せるものでなく、幾度かの轉寫を經て居たらしいことも考へられ、其度に誤寫を重ねて來たらしい。假にこの想像が誤つて居たとしても、斯種詞章の常として、多分に意義不明の個所があることに不思議はない、從つて之を全體として理義の整つた形に還すことは出來ない。然し朧気に見える筋を辿つて見ると、大男神宿男神と申す二人の神の由緣を說いたものであることは想像される。而して後段の狩の途中山の神なる女性に邂逅する條は、自分には直に思ひ當る節がある。昭和二年五月中本詞章の保存されてゐた粟世とは、同村内である大字古眞立字分地の池田藤藏氏、及び遠江周智郡水窪町大字根の金澤鶴藏氏から穫た說話オ、ナンジとコナンジの譚(民族第三卷一五一一頁に報告揭載)との脉絡である。依つて詞章中の大男神はオ、ナンジンと訓むであらうこと、之に對して宿男神とあるはコナンジに概當する名であることも想像される從つて本詞章は、一方の說話の先型をなすもので、獵人祖神の由來を說いたものであることも考へられ、同一地域に、本末二ッの型が遺されて居た譯である。更に他地方に傳へられた、例へば後狩詞記に採錄された山神祭文の大摩小摩の神、陸中の磐治磐三郎の英雄譚等との脉絡は、次第に深くなつてゆくのである。

(昭和六、三、一五)　早川孝太郎

『人喰人種』

こなひだ、『人喰人種』といふ映畫の試寫をするから見に來い、といふ通知を貰つたので見に行つた。餘り映畫化されてゐるので少し物足りなかつたが、ところどころ面白いと思つた。

その中で、上陸した白人が人喰人種であるところの土人と初會見するところがあるが、興味をひいた。土人達は見知らぬ人間が砂濱に上陸してゐるのを知つて十人許が列を繰んで、白人の方に向つてすゝんで來る。こちらからは白人が出て待つてゐると、其の前方近くまでやつて來て土人達は横に一列に整列する。そして稍暫く睨み合つてゐたが、酋長らしい男がすつかり武器をすてゝ單身前にすゝんで來る。そして白人と向合つて立つてゐたが、二人は腰をおろして話し出す。そして愈ゝ危害を加へるものでないことが解ると後から一人寄り二人寄りして皆集つて來る。

かうしたことは臺灣の蕃人などでも戰爭の和解の時に行はれる作法と同じで、此の分布は可成り廣い。

この映畫はニュー・ヘブリッド群島中の小島を舞臺にしてゐる。(小泉)

紙上問答

○たとへ一言一句でもお思ひよりの事は、直に答をしたためて頂きたい。

○一度出した問題は、永久に答へを歡んでお受けする。

○どの問題の組にも、もあひの番號をつけておくことにする。

問(四五) 兒戲「レンコレンコ」。

予幼少の頃和歌山市で夕刻、小兒が集まつて「レンコレンコてふ遊戲をした。其一人が物蔭に立てレーンコレンコと呼ぶと、其兒に見えない處に、他の諸兒が横列しおり、誰サン隣りに誰ガキルと尋れる。彼の一人の兒が、吉サン隣りに榮サンガキルといふ風に、推量で答へる。それが中らぬ時は一同、大キナ間違ヒ、デングリガエレ〱〱と言ひ乍ら、又列び替る。が果して吉サンの隣りに榮サンが居たら、ソウヤ(左樣だ)と言て、居所を言ひ中られた榮サンが、彼の居ひあてた一兒と代り立ち、又レーンコレンコと呼び初める。斯て言ひあつる迄問答を續ける。明治十九年に洋行した頃迄は屢ば見たが、卅三年に歸朝して後ち此事を全たく忘れおり、卅五年の春の一夕、郊外の中の島といふ村通りで、五六兒この遊戲をなしおるを見て、甫めて往事を追懷した。十二三年前、泉州の貝塚が岸和田に、當時なほ時々行ふ者ありと聞たが、今日もどこかに行はれおるか承はりたい。三巻二號一一三頁に出た熊本縣西里村のカクレンゴは、其名が近いが別物とみえる。(二月十八日、南方熊楠)

問(四六) 朝早く僧に逢ふを不吉とする事。

一九二八年二板、カウルトンの中世紀の生活、一巻三五頁に、十三世紀に、佛國の或る地方では、朝起て一番に僧に逢ふを不吉の兆とし、之を祓はんため十字を畫くと記し、其一例として、一婦人朝の間に僧に逢ふと、當日中に凶事にあふと信じ、その度毎に十字を畫いた、其僧和女は貧道に逢ふを不吉と心得るかと問ふと、いかにも畏ろしう思ふと答へた、僧それでは今俺に逢たから、覿面こんな凶事に出くわす筈と、言も竟らず、其婦人の兩肩を執えて泥溝え突込み、いかにも僧に逢ふは不吉の兆だつたろうと嘲けつたと書きある。又其時代にドイツでも、猥に逢ふは吉兆、塗香した僧にあふは凶兆と信じたといふ。この紀州田邊でも從前お茶屋杯で、朝の内出家が來ると朝坊主と稱えて不吉とし、之に反して夕坊主を歡迎した。然し商店では朝坊主を吉兆とした。此事他處ではどうか。諸君の通告をまつ。又其理由として從來所説は如何。西洋の分は彼方の知人えきゝにやつたから、本邦の分にのみ就て問ひ上る。(二月十八日午後一時、南方熊楠)

問(四七) 狐使ひと飯綱使ひ。

一話一言三八に、明和元申年、原武大夫書置候書き物、先年より出入せる人數有增記すと有て、嘗て交際した種々の人々の名を列れた中に、狐使ひ未得、いづな使ひ京八とみゆ。狐使ひといづな使ひはどう異なる者か、諸君の教えをまつ。佛像圖彙には、飯綱の神を、狐に乘た烏天狗の形ちに畫きある。中山君の日本巫女史五三七頁に「飯繩使ひとは狐遣ひの別名の如く民間からは考へられてゐた。飯繩に關する資料も相當に存してゐるが、今は深くいふ事を遯るとする」とあるのみなるは殘念至極だ。(二月廿八日午前四時、南方熊楠)

問(四八) 尾のない鳶と火事。

一話一言三五、池田氏筆記に「東都浪華の似たるをよする」の一條あり。江戸大阪の景物民俗の相似たるを對比して出す。其内に「一、愛宕山の鳶、馬ン場の牛。右尾なき鳶飛で火になり、牛宿して雨になるをいふ。御城追手外、馬ン場へ牛多く來り一宿す、其頃雨ふる事あり」とある。鳶は愛宕の神使といふ事、和漢三才圖會

紙上問答

四四にみえ、妄りに其巣を毀てば必ず火災にあふ、此事稍や驗ありと本朝食鑑六に出で、新著聞集一四には、鳶家に入來つてより災難續きしを、愛宕神を信仰して忽ち其災止んだ由を記す。然し江戸の愛宕の尾もない鳶が飛ば火災起るといふは、其詳細を知ず。誰か御存知の方の教えを冀ふ。此事一話一言の外にも出有りや。又今も云ひ傳ふる事か。(二月廿九日午後四時、南方熊楠)

問(四九) 簸柑子の方言

土佐の幡多郡ではトッパンピーヨロ といひ、肥後熊本ではアカダマジャンジャンといふ。兒童語ならんも、その名の餘りに面白ければ、尙廣く各地方言の教示を仰ぎ度し。(中平悅磨)

問(五〇) 行基菩薩と後光

日本の高僧にて聖僧等に、後光の附せられるは行基菩薩のみなりや。川柳の「日本では行基菩薩と女郎なり」を後光かと解して見たが、弘法大師等にも後光を附するかの如くも思はるれば、高教を仰ぐ。(中平悅磨)

問(五一) エスノロジーと言語學

(一) エスノロジカル・スタディーの爲めの言語學にはどんな本を讀んだらよいか、又どんな勉強が必要か。

(二) エスノロジカル・スタディーとしての言語學の本にはどんなものがありますか。

以上二問御手數ですが、金田一先生・松本信廣先生に御願ひいたします。參考書は英佛獨の本でも結構です。(小川文彥)

答(五) 屋敷に忌む木

私鄕里では、枇杷、蘅蕷、芭蕉、紫陽花等を屋敷に植ゑぬものだといひます。病人が絕えぬからとの俗信です。

答(九) 瘤と福運

私達子供の折に、轉んだり、衝突したりして、額等に瘤が出ると、母等唾又は燒酎等をつけ「うつた所から太れ〳〵」と唱へつゝもんで吳れた。その呪詞の含んでゐる思想、太る―富有になるの意―ことを希求する心理が、瘤をも望ましきものにしたのではないでせうか。布袋腹福耳まで推して行つても、強ち附會でもなささうです。

答(一〇) 烏の金丸

私鄕里では、オガメのユーダレ(蟷螂の唾)と呼び、この黑燒を油でねつてつければ、小兒の口(クチ)ジケを治すと信ず。

答(一五) 葬禮の泣き女、泣き男。

幡多郡奥内村橘浦地方にては、出棺に際して泣き號んで言ふ、『オラもオッツケ後から行くぞうよ』『オバアに逢うたら善う言うて吳りやァ』等々人心朴訥、未だ形式的に泣く迄に墮落せざるものの如し。

答(二〇) 丁半の數と吉凶(主に贈物)

間には或は逸れるが。鄕里の風凡そ丁は凶事に、半は吉事に結ばれたる如し。葬式の使ひ物には玄米一升(升掻かけて)祝言事には白米七合五勺を使ふ。其他餅等を贈るにも丁數を忌み、五、七、九、十一等々の數を以てする。

答(二四) その二、門松の支柱

私鄕里では、杭の如く地中に打込んだ穀斗科の丸木に松を結びつけて立てますが、それを男木(オトコギ)といひます。(七夕の竹を結ぶも同樣同名)尙その上に三方から、松の割木(薪)を立て掛けます、その方は幸樣(サイリイサマ)といひます。

答(二八) 蜻蛉の方言

八月末より九月頃(稻の熟する頃)盛に出る大型蜻蛉、その雄をシャーラ、雌をメンといふ。幼童そのメンの翅の油色の濃きを喜び、特にアブラメンといふ。このメンを捕へ絲に結びて竿の先に附け、囮としてシャーラを釣る。その時の唱へ詞に曰く、

シャーラ來い 來い シャーラ來い 來い
あのや シャーラは 眼の無い シャーラ
奥のクのクの 油メンにさへ
負けて蹴られて エースク ドン〳〵 々々。

囮のメンを得ない場合、シャーラの翅に赤土

を塗り、その腰部の生殖孔周圍の美しい水色を白粉もて白く塗りメンの如く化粧して代用とす
別に、シンダヒトノトンボ、又はハカワラトンボと呼ぶものあり、翅黒色なるカゲロウの事なり。

答(四二) 觀音のかり錢類似

單に類似の信仰なる故に報告すると、私郷里では拾得した錢はすべて夷大黒樣の神棚に上げ置き、田地を買ふ際に借りてその中に入れ、かくする事によつて富有を致すと信じ居れり。(答五──四二中平悦麿)

答(四二) 水間寺の觀音樣からお金を借りる樣な事は、今もあらうと存じます。昨年の夏ごろか、友人石川欣一氏が「東京日日」の上越紀行にかいた所によると、上州沼田の北にある迦葉山彌勒寺といふ天狗をまつるお寺では、種錢と稱して、廿錢程度の金を貸す、多くとも五十錢どまり。圓の中に「心」とした紙に包んで貸すのを、翌年倍にして返すとありました。

なほそれとは少し違ひませうが、お寺などで金を貸したのは、徳川期には珍らしからぬ事でしたらう。芝の增上寺などでも、大金を貸したさうです。例にひかれた「日本永代藏」にしても、卷四「茶の十德も一度に皆」の末に「寺々の祠堂銀を借り集め」とある樣に、お寺では利殖を計りました。なほ品物を預つて金を貸す質といふ事も、もと〳〵支那のお寺で始めたときます。それは「宮崎先生法制史論集」かにも、たしか出てゐたと存じます。(別所梅之助)

答(四二) 觀音のかり錢

多少之に似た事が支那趙宋の世にも有た。洪邁の更堅三志已八に云く、台嶺に小叢祠あり、掲げて錢王廟といふ、祀典に載せず、亦何年に起りしか、及び錢氏何王の廟なるかを知らず、土俗從來みな敬事を加ふ、細民貧窶で且暮を給せざる者、之を過て禱るあり、乃ち竹根もて地中をほり廻れば、必ず一二百錢から五百錢迄を得、其心中覬かふ所を度し、過し與えざる也越人虞叔曹性滑稽なり、祠下を經由し、香を焚き、再拜して黃金十兩を賜えと乞て、終日掘たが獲る所無して去たと。五雜俎二に濟瀆廟神、嘗與レ人交易、以二契劵一投二池中一、金輙如レ數浮出、牛馬百物、皆可二假借一、趙州廉頗墓亦然。巫祝が神德を宣揚せんと、密計して、餘り多からざる金額を貸したり與えたりしたので、無論金額と人數に定限が有たゞらう。借用した後ち利倍して返したのも多かるべく、假令多少の借り倒し貰ひ捨てが有たにしても、その入れ合せ以上に、神德を仰ぐ輩よりの寄進等が多かつたでせう(三月十八日午後八時半、南方熊楠)

學界消息

○**第六回郷土舞踊民謠大會** は例年の如く日本青年館の主催により四月中旬同館に於て開催される。本年の出場種目は次の如くである。

千葉縣匝瑳郡南條村の鬼踊、神奈川縣箱根の駕かき唄、三浦三崎南海神社のチャッキラコ踊、山形縣大物忌神社の花笠舞、大小の舞其他、三重縣鈴鹿郡高津瀨村の羯鼓踊、愛媛縣の伊豫万歲、山口縣岩國町の南條踊、熊本縣球磨郡の太鼓踊、

○**史學會例會** は三月十四日東大山上會議所に於て開會され、尾佐竹猛氏の『明治維新の時代的限界』と題する講演があつた。

○アンドレ・ポール・アントワヌとロベール・リュジュオンが一九二七年十二月より翌年七月に至るまで大平洋の新エブリード群島中のマリコロ島の大ナムバ種族の部落中にあつて、土人の生活を映寫し、記錄的映畫として民族誌的香りの高い『人喰人種』(Chez les mangeur d'hommes) の試寫會が三映社の主催により三月十七日東京朝日新聞社大講堂に於て開催された。

〇考古學會　は三月廿一・廿二の兩日に亘り小田原急行電車沿線及箱根方面に研究旅行を試みた。

〇方言研究會例會　は東條操氏の東上を機として、三月廿六日東大山上會議所に於て開催される筈である。

〇日本歷史地理學會　の一行は三月廿九日東京府下元八王子村方面に、見學旅行に赴く筈である。

〇史學會三十二回大會　は例年の如く五月九・十の兩日東大に於て開會される豫定である。第一日には先づ午後一時より部會が開かれ、會員諸氏の研究發表があり、續いて午後六時よりは公開講演會が催され、第二日には午前十時より午後三時まで史料の展覽、午後六時よりは總會が行はれる筈である。

〇折口信夫氏　は三月十四日に東京放送局より『皇女の神聖なる御生活』と題する講演を放送した。

〇松本信廣氏　は『史潮』の創刊號に『笑の祭儀と神話』を寄稿した。

〇白鳥庫吉氏　は三月十九日・廿六日東洋文庫に於て『拂林問題の新解釋』と題する講演をなした。

〇『郷土研究』が第四卷第十二號を以て一旦休刊されて以來既に年久しかつたが、今回十數年振りにて復活し、同じ郷土研究社からこの三月、其第五卷第一號を刊行した。今後も引續き月刊されてゆく。以前の如き裝幀もなつかしく、菊判七六頁。資料に特徴ある好篇を網羅してゐる。其主なる目次をあぐれば、藤原相之助氏『石手紙の考』田村浩氏『おしら神の考』佐々木喜善氏『馬首飛行譚』小寺融吉氏『越後南部の山村』宮良當壯氏『甑島の涙石』早川孝太郎氏『神かくしの類例』土橋里木氏『山犬の話』秦秀雄氏『日本民間工藝染色法の調査』大藤時彦氏『傳說集書目』藤原相之助氏『ひなの一ふしを讀みて』資料報告としては、水野葉舟氏の『下總開墾の見聞』市の正月行事・小豆粥と果樹・角力の好きな道祖神・結婚と狛犬・贈答習俗例・まぎらはしい語のこと・童詞三項・歲時唄等がある。全國の郷土研究家が共同の機關誌として、大いに利用されんことを希望すると。一冊參拾錢、半年分壹圓八拾錢・一年分參圓五拾錢・見本は郵券參拾貳錢（二錢又は一錢切手）代用にても宜き由。發行所東京市小石川區茗荷谷町五二郷土研究社

〇佐々木清治氏編『遠州傳說地名の起原』は、飯尾哲爾氏の主宰に係り、遠州地方の郷土研究資料の蒐集發表の機關誌たる『土のいろ』の七卷十二號第四十册特輯號である。編者は先づ『緒言』に於て地名は大體次の如き、歷史的由緒ある地名、地理的地名、外來語より轉じたる地名、傳說的地名の四つに分類されること、從つて其取扱ひ方としては、史學的方法、地理學的方法、言語學的方法、民俗學的方法の四つの方法が適用され得ることを說き、一々について簡單なる批評を加へ、編者の企圖する所はかゝる地名の學的考察にあるのではなく、四類の地名の中、最近四ケ年始終心がけて集めて置いた傳說的地名を素材として提供することにあるが故に、其配列法も專ら讀者の材料索出に便あらしむる樣秩序なき配列をとつたことを斷り、既刊の『土のいろ』に揭げられた先學の地名に關する記述をあげ、それより三十五頁に亘つて乳岩より、神ケ谷に至る七十二の地名を擧示し、其一々の條に其傳說を記し、結尾に於て地名の分布狀態を考察し、家康に關する地名傳說が榛原郡を除く遠州一圓に、田村麿の地名傳說は姫街道とほゞ一致し、ダイダラボッチに關する地名傳說は濱名湖岸に多きことを述べ、卷末に地名傳說一覽表と地名分布圖を附してある。具體的な資料の蒐集に意を注ぎ、地名傳說記錄の一勞作を成

した編者に對して大いに其勞を犒ふ。半紙二枚折、美麗なる謄寫刷り五十頁、特製本補遺附百部、六十錢送料四錢にて頒つ由。申込・靜岡縣濱名郡曳馬村高林六二・飯尾哲爾

○旅と傳說四ノ三

琉球語の造語法二つ三つ　伊波普猷
松尾觀音堂　三村清三郎
德川將軍代替り巡見使旅行　太田榮太郎
德島縣那賀郡鷲敷町地方の年中行事　同
そしる巷談　卜部哲次郎
郡山町の門前物と狐四題　小島千夫也
植物の由來に就ての傳說　小寺融吉
鹿兒島縣の傳說處々　楢本範行
峽の里の話　栗山一夫
鄕土傳說四篇　加藤隆次
はる子谷池　大坊直治
房總地方の鳥に關する民謠　齋藤源三郎
佐渡の猫　中川杏果
繪馬漫錄　下村作二郎
柳田先生著作年譜(一)　水木直箭
既刊郡誌書目解題(九)　大藤時彦
『聽耳草紙』を讀む　橘正一
天草と琉球　濱田隆一
奥羽方言雜記　藤原相之助
菅江眞澄と宗祇庵香風　雜賀貞次郎
須磨明石小唄　塚本篤夫
ナ、カマドニ就いて追加　南方熊楠

○民俗藝術四ノ二

羽前の山戸能　小寺融吉
佐陀大社の七座神事並に能神事　朝川皓
黑石の裸體祭り　宮川秀理　田村浩
筑前志賀島志賀海神社步射祭　宮武省三
赤塚の田遊　上原七六
田遊連中よりの寄書　赤塚村田遊連中
嚴島神社の御衣獻上式　糸永新
諸國祭祀曆
民謠二題　藤井清水
淡路の壇尻　安田靜雄
諸國子供遊び集　備前・桂　紀伊・上城
子供石けり遊び・佐藤　賭博的子供遊び・藪　阿波・金澤

○方言と土俗一ノ十

三河の蝸牛の異名と唄と　白井一二
我が村の童詞童謠　齋藤義七郎
岩手久慈地方の小正月　嵯峨勇三郎
俗信集　梅林新市
鄕土誌方言資料目錄補遺　大藤時彦
蛙草(車前草の方言)　橘正一
アイヌ語か日本語か　同
盛岡辯のテニヲハ　同
遠野地方俗信集　笹村祥二
カゾヘカタ　松田松平
ジャンケンの掛聲補遺・ドンドヤ

○土のいろ八ノ二　第四十册

川名のヒヨンドリ　法月俊郎
河豚閑話(一)　後藤楠堂
見付名物に就いて　辻村梁一

○芳賀郡土俗研究會報二ノ一

芳賀郡口碑傳說　高橋勝利
苗尺その他　伴內万壽
おばやんの話(二)　箕和田良彌

○方言資料第一集

紀州漁夫の言葉　木下虎一郎
紀州漁夫の言葉索引

○方言資料第二集

相州漁夫の言葉　木下虎一郎
蛙地獄全國方言集　佐藤清明
全國メダカ方言集　佐藤清明
メダカ方言資料　籔重孝
メダカ方言地名索引

發行者　盛岡市新馬町中通り橘正一

◇前號目次

第十六回民俗學談話會

四月二十五日午後七時より青山神宮外苑、日本青年館會議室に於て談話會を開き、左の講演があります。

トルコ回教徒の祈禱作法　内藤智秀氏

△原稿、寄贈及交換雜誌類の御送附、入會退會の御申込會費の御拂込、等は總て左記學會宛に御願ひしたし。
△會費の御拂込には振替口座を御利用ありたし。
△會員御轉居の節は新舊御住所を御通知相成たし。
△御照會は通信料御添付ありたし。
△領收證の御請求に對しても同樣の事。

昭和六年四月一日印刷
昭和六年四月十日發行
定價金八拾錢

編輯兼發行者　小泉鐵　東京市神田區表猿樂町二番地
印刷者　中村修二　東京市神田區表猿樂町二番地
印刷所　株式會社開明堂支店　東京市神田區表猿樂町二番地

發行所　民俗學會　東京市神田區北甲賀町四番地　振替東京七二九九〇番　電話神田二七七五番
取扱所　岡書院　東京市神田區北甲賀町四番地　振替東京六七六一九番

昭和五年十二月五日第三種郵便物認可（毎月一回十日發行）

MINZOKUGAKU

THE JAPANESE JOURNAL OF FOLKLORE

Published by the

MINZOKU-GAKKAI

Volume III April 1931 Number 4

Page

Articles:

Short Notes:

MINZOKU-GAKKAI

4, Kita-Kôga-chô, Kanda, Tokyo, Japan.

民俗學

第參卷　第五號

昭和六年五月

民俗學會發行

第四回民俗學會大會講演

時日 六月六日午後六時

會場 麴町區丸ノ內（東京驛降車口前）
日本工業俱樂部大講堂

演題

ユーカラに現れたるアイヌの生活　金田一京助氏

虎杖丸に因みて　折口信夫氏

アルタイ民族の Jada（札答）呪法について　白鳥庫吉氏

（聽講無料）

民俗學會

民俗學會會則

第一條　本會を民俗學會と名づく

第二條　本會は民俗學に關する知識の普及並に研究者の交詢を目的とす

第三條　本會の目的を達成する爲めに左の事業を行ふ

イ、毎月一回雜誌「民俗學」を發行す

ロ　毎月一回例會として民俗學談話會を開催す
但春秋二回を大會とす

ハ　隨時講演會を開催することあるべし

第四條　本會の會員は本會の趣旨目的を贊成し會費（半年分參圓　壹年分六圓）を前納するものとす

第五條　本會會員は例會並に大會に出席することを得るものとす　講演會に就いても亦同じ

第六條　本會の會務を遂行する爲めに會員中より委員若干名を互選す

第七條　委員中より幹事一名、常務委員三名を互選し、幹事は事務を執行し、常務委員は編輯庶務會計の事務を分擔す

第八條　本會の事務所を東京市神田區北甲賀町四番地に置く

附則

第一條　大會の決議によりて本會則を變更することを得

昭和六年五月發行

民俗學

第三卷 第五號

目次

山の神としての素盞嗚尊（一）

肥後和男

拙稿「鞍馬の竹切について」（本誌三ノ三、四）は洛北鞍馬寺に行はるゝ竹切の行事を、諸國に見るところの蛇を殺して山の神に獻る儀式と連關せしめて考察し、ひいて素盞嗚尊が八岐大蛇を退治せし神話は實にこの行事の説明として成立せしものであり、素盞嗚尊の原始的なる觀念と形態とは山の神それ自身であつたらうといふ結論に導いたのであつた。

この考へ方は大體類比を基礎としたものであるが、それがより一層確實なものとなる爲には更に深き方法論的根據をもたねばならぬ。卽神話學と民俗學が、いかに交渉するかといふ根本の問題がこの間に横はるのであるから、この根本を定立しなければ民俗によつて神話を說くことは畢竟無意味である。然しかうした問題は既に人々も取扱つて居ることだし、私自身がその適當な解決者であるとも思はないから、かゝる問題があることだけを注意するにとゞめ、私の問題が必要とする部分だけについて少しく意見を述べて見よう。

一、神話と行事

私のとつたのは現在の民俗であつた。それによつて說明しようとしたものは遠き過去に於て發生せる神話である。兩者の間には時に於て既に千年の隔りがある。また私の見たものは一定の空間をしめて行はるゝ行事自體であり、それに關聯せしめられた神話は人々の傳誦する世界のものである。かようにその時と形を異にする二の事物を結合することが出來るとすれば、そこに必要なものは兩者を共に包攝すべき一段と高次なるエトソスでなければならぬ。このエトワスこそは人々の生活である。

行事でも神話でも人々の生活に基いて發生したものである。いはゞ生活の表現である。行事と神話とは要するに表現の仕方の相違である。だから一見しては分離して見える神話と行事もそれを生活に還元せしむるならば、容易に結合せしめ得るのみならず、兩者の本質を正しく理解することが出來るにちがひない。この意味からすれば私の敢てした現在の行事によつて神話を解釋するといふ仕方も、過去と現在との間に同一な生活の連續して居ることを證し得たならば問題はないと思ふ。それなら記紀時代の農業を主とする生活形態が、なほ現在の農民の間に引續き傳つて居ると認められる限り、千年を隔つる今の行事と古の神話との結合を試みたことは、十分ではないとしても多少の方法論的根據を有するものとせられようか。

とは云へ記紀が農民自身によつて記錄せられず、農業を基礎とする社會組織の上層にあつて、直接大地に足を印することとなかりし貴族階級の手に成る記錄である以上、それは昔ながらの下層階級にある現在の農民自身の行事とは、既にその基礎たるべき生活形態に多大の乖離があるとせねばならぬ。この乖離が即行事と神話との不一致の原因たるのみならず、現在の行事が千年以前の神話よりも却つて古き形であるとする一の時間的逆轉を考へしむるものがある。

我々が農民の行事と神話との間に發見する形態上の大なる相違の一は、前者が至つて單純なるに反し後者が頗る複雜な點である。この相違は兩者の性質上當然の結果であるとすることも出來る。即行事は具象的なものとしてこまかい內容を表現し難いが後者は思念的なものであるから、縱橫に變化し得るといふ技法上のちがひがあるとするのである。けれども仔細に見るならば兩者の相違には、かゝる技法上の問題以上のものがあるのである。それらの點は、從つて他の原因即兩者を產み出した生活自身の相違に基くものとせられよう。例へば社會の構成を見ても農民部落の簡單な組合と、貴族がその中心である大きな國家とでは比較にならない。かゝる生活自身の相違が技法の問題を超越して、一方の行事を單純なものとすると同時に、他方の神話を複雜ならしめたものである。

しかもかくの如く複雜高大なる國家組織も溯つて、その原始的な形を求むるならば、かの簡單なる部落社會にその源を見出すであらう。そこでは恐らく行事とその說明とが併行した形であつたかと思はれるが、その社會が分裂と統一とを重ね、廣さと深さを增すにつれて兩者も亦、その進路を異にするようになつた。この大きな綜合社會が成立しても、かの小なる部落社會はその組織の單位として存續し、昔ながらにその行事を續けて行つたのに反し、社會の擴大に伴つて發生した上層階級では、今やかの行事と直接の關係を失つて行つた爲に、神話をして一の獨立せるものとして發達せしむる傾向を生じた。この場合行事は神話の發達に間接の刺戟を與へるにとゞめられ、神話は上層階級の複雜な生活を基礎とし、嘗ての對象たりし行事をはるかなる源として自由なる發展を試みるに至つたのであつた。そこに行事と神話とを隔てる距離を生じたのである。山の神が素盞嗚尊にまで發展したのもこの過程に於てゞあつたと信ずる。そこには複雜な神系があり變化に富む物語が語られてゐる。これは決して單純な部落社會の生活が生み出し得べきものではなく、長い歷史とこみいつた組織をもつ大きな社會のみがその母胎となり得べきものであつた。而もこの大きな社會の原始的形態が、かの小なる部落社會にあり、その部落社會は上層社會の目まぐるしい變化と發達とにも拘らず、今なほその舊態を止むるものが少くない。こゝに私が現在の農民社會の行事から、既に遠き過去に於て記錄せられた素盞嗚尊の神話の、更に原始的なる形を推定しようとした理由がある。それは一見して甚しき時間的逆轉であるが、更に立入つて考へるならば却つて最も合理的な仕方であると思ふ。

以上は私の取扱つた問題について、その方法論的根據を若干檢討して見たのであるが、次の問題はかゝる方法によつて私の推論が成立したとすれば、その限界如何といふことである。卽素盞嗚尊の原始的な形を山の神とすることによつて、素盞嗚尊に關する神話をいかなる範圍まで解釋することが出來るか。單に蛇を退治する一點についてのみ兩者が相契合してゐるといふのでは心細い。もつと多くの點について、特にその本質的な點について山の神の觀念から、素盞嗚尊の神話が解釋されなければならない。少くとも私には、そうする義務があると考へるから以下二三の點についてそれを試みる。

二　木の神としての素盞嗚尊

書紀の一書に素盞嗚尊が鬚髯を拔き散てば杉の木となり、胸の毛を拔き散てば檜と成り、尻の毛は柀となり、眉の毛は櫲樟となつた。已にしてその用途を定め杉及櫲樟は浮寶とすべく、檜は以て瑞宮を作るべき材とすべく、柀は以て蒼生の奥津棄戸に將臥さむ具にすべしといひ、かの噉ふべき八十木種皆能く播き生した。時に素盞嗚尊の子、號を五十猛命とまうす。妹は大屋津姫命次に抓津姫命、凡て此の三柱の神亦能く木種を分布したと記してゐる。これは甚だ興味ある記事で、素盞嗚尊が木の神であつたことを示すものである。先づ前段について云へば素盞嗚尊が身體各部の毛をとつて播き散せば、いろいろの木になつたといふことは、山を人間の身に喩へ毛を以て木に比したのであり、かの大宜都比賣の身體各部から、五穀が生じたとするものと全く同じき說話的技法である。これ卽素盞嗚尊が山の神であつた證據の一つで、西江州の村々では大抵正月九日は山の神が、山々に木種を播いてあるく日だとし絶對に山に入らない樣にして居るが、それこそ素盞嗚尊が八十木種を播き生したといふ、この神話に恰當する信仰である。そして檜杉櫲樟などそれ〴〵種類によつて用途が定められ、殊に檜が瑞宮を作る材料であつた、杉が浮寶卽船を造るに用ひられるとすることは、有力な君主の存在と河海による交通の發達とを示す文化社會により、この神話が發展せることを思はしめる。その始めの形はやはり現在の農民が考へてゐるように、たゞ木種を播きそれを成長せしむるといふだけのことであらう。それはとにかくとして素盞嗚尊が靑山を枯山なす泣き枯したといふ形容も、山の神の怒又は悲の表現として見れば、いかにも相應しいことではないか。

また素盞嗚尊の子に五十猛命、大屋津姫命、抓津姫命があり皆よく木種を播いたといふことも面白い。大屋津姫命が五十猛命の妹とあることによつて、日本書紀通釋の著者は「兄五十猛命を大屋彥神と申すこと知られたり」と推定して居るが、大屋とは大なる家屋を意味すること勿論にして、大屋彥大屋姫共に家屋を掌り給ふ神である。木の神の子に家屋の神があることは話の順序として當然である。抓津姫の抓は短く木取たるを云ひ、杜とか薪とかに當るものといはれる。木の觀念が次第に分化せるものである。

書紀の一書にはまた五十猛命が、筑紫より始めて凡そ大八洲國の內播き殖して、靑山に成さずといふことなしといひ、この命が獨立した木の神であるかのようにも記してゐる。元來五十猛命－木の神としての－が素盞嗚尊の子であるといふのは、父尊の神格の中より特に木に關する部分を抽象獨立せしめたものと考へられる。卽分身の意味である。

今神々の系圖の由來を考へるのに、もしも神話の裏にさながらなる歷史があるとしたら、神々の系圖にもいくらかは人間的な親子の關係がないとも限らぬ。然し神話の神々は明かな歷史的人格を基礎とするものゝ外は、凡て自然の力或は人間の願望を表現したものであるから、そこに人間的な祖孫の關係が存する筈はない。それは專ら觀念の分裂と綜合とに基くものであるが、それが親子の形に配置されたのは、要するにその社會が血統を原則として組織されて居たことの自らなる結果であり、人の世の形に於て神の世を組織した爲である。親神から子神が生れるのは從つて親神の屬性が分離し獨立せるものである。一の神が定立されると次にはその機能が分析されそこにいろいろな屬性があらはれて來る。次の段階ではそれらが各分離し脫落して獨立の神格を獲得するが、それは最初の神に對して社會組織の原則のまゝに親子の形に表現される。子神は親神の分身であり、親神の神格に中に子神として分れ行くべきものを含むといふのはこの故である。

かく考へるならば、五十猛命が特に獨立した木の神であるにせよ、それが素盞嗚尊の子と考へられる以上、素盞嗚尊が木を掌る山の神でなかつたらどうしてこうした木の神を分身せしめ得ようか。

書紀では素盞嗚尊の子としては、天照大神との誓の際に生れ給ひし五柱の神には別とし、其外では大已貴神と五十猛命、大屋津姫命、抓津姫命しかあげられて居ない。大已貴神は後に論ずることゝして他の三柱の神には皆、木に關するものゝみである。素盞嗚尊の神格の中に於て木がいかに重要なる位置を占めてゐたかゞ思はれる。これその山の神たるに最も相應しき屬性ではないか。

三　年の神としての素盞嗚尊

素盞嗚尊が大蛇を退治して奇稻田姫を助ける話が最大きな農業的意味を有する神話であるべきことは、前の論文に述べたから今それを繰返さないが、この神話に關する從來の解釋について一言私の立場を述べて置かう。

神話の基礎に歷史があるといふ見解から、この神話は恐らく異民族或は他部落との爭鬪を神話的な形に表現し、たものであらうと一部の人々には考へられて來た。私はそれに反して、これはかの山の神祭りの行事の説明として發展し來りしものであるに過ぎないと見た。少くともこの神話と行事とは、何等かの關係に於て結ばれてゐるに違ひない。そこで論者或はいふであらう。この行事は實にかの故事に基きて行はるゝものであり、その點私の提出した解釋は本末を顚倒したものではないかと。これは見解の相違であるといつてしまへばこれ迄であるが、私がそうした議論について考へるのは、行事の連續には原因の連續が無ければならぬといふ事である。この原因は行事者の生活に直接基礎を有する現實の原因である。

農民がいかに我々のいふ歴史といふものにうといかは、少しでも彼等に接した人々の容易に氣づく點であらう。彼等が或る歴史的事件を紀念する爲に、年々その祭を行ふといふが如きは殆ど有り得ない。然らば何千年かの昔、出雲の簸の川上で行はれた活劇或は戰爭を、今江州の片田舍で紀念するとは、あまりにも考へられぬ話ではないか。だから私はかゝる行事の行はれるのは、年穀の豐饒山林の茂生といふ現實に持續し行く生活欲望を原因としてのみ理解し得るものだといふ。それでもなほかの故事が、この願望に結びついたのではないかといふものがあればそれは論者の自由に任せよう。とにかくこの神釋の解釋については、これ以上に辯を費すことはやめて次に素盞嗚尊の子に大年神があることを見よう。

古事記によると素盞嗚尊の御子は、天照大神と誓の際に生れ給ひし三神を除いては、八嶋士奴美神、大年神、宇迦之御魂神、須勢理毘賣命の四人であり、五十猛命などの木の神は見えて居ない。八嶋士奴美神は後述する。そこで大年神であるが、この神は素盞嗚尊が大山津見神の女名は神大市比賣を娶りて生み給ふところ、宇迦之御魂神はその同母弟である。大年神、宇迦之御魂神はいふまでもなく年穀の神である。その子神として年穀の神をもつ素盞嗚尊は、前述の論理に從へば、當然自身が年穀の神でありまたはあつたのである。大年、宇迦之御魂は共に嘗て親神たる素盞嗚尊の神格の中に含まれし屬性であつたと見られる。現在農民が山の神に年穀の豐饒を祈ることゝ併せ考へれば、素盞嗚尊に年の神たる屬性の存することは、彼を山の神とするに少しも支障はないばかりでなく、却つてこの推定を强めるものである。

だがこゝで少し問題になるのは、素盞嗚尊が大山津見神の女を娶つた點である。大山津見神は勿論山の神である。それなら素盞嗚尊の外に立派に山の神が居るではないかと反問されよう。この矛盾をいかに解決するかといふに、私は日本神話少くともその神系には二重性があると思ふ。いはゞ天孫系と出雲系の二の系統が重なり合つて神系が組織されてゐる。例へば木の神にしても天孫系では、諾冊二尊の子に久々能智神があつて出雲系の五十猛命等に對して居るし、年の神としては豐宇氣毘賣神などがあつて、出雲系の大年神など と並んで居る。大山津見神は諾冊二尊の子で、つまり天孫系神系に於ける山の神なのである。從つてそれは出雲系に別に山の神があることを少しも妨げない。加之素盞嗚尊が大山津見神の女を娶り得たのは、山の神同志であつたからだともいへないだらうか。とにかく大山津見にしろ何にしろ、山の神の系を引くものに大年神があるといふ神話の構成に注意して貰ひたい。又大年神の子に大山咋神があることも、山の神と年の神との淺からぬ因緣を示すものである。そしてこの大山咋神が出雲神系に於ける山の神を代表するように見えるのは、素盞嗚尊が次第にその屬性を分離せしめて行き、遂に一箇の綜合的神格と化し、特に山の神たる風貌を失つて行つた爲に、新に山の神を定立する必要があつて出來た神だらうと思ふ。尤もこれは古代に於て今の京都附近に盛であつたらうと思はれる比叡山の信仰がこの神系に結合したものかとも思ふ。

たなもとの神さんに就て

宮武省三

鳶魚先生からいたゞいた龍成堂發行西鶴五人女輪講を瞥讀すると共一九〇頁「大節季はおもひの闇」に「棚下を引連立て」云々とある棚下の意義に就て

三田村氏　棚下はどういふ解釋でしたかね

木村氏　私は乞食の手下か何かのことをいふんぢやないかと思ふんですが

三田村氏　さうざやない店先だらう

笹川氏　私もさう思つてゐる

三田村氏　ところが江戸ぢや棚下なんて言はないんだが、これや西鶴の田舍言葉で……

樂堂氏追記　棚下――タナモト、本來は勝手元をいふ食器なり食料なり支度のものを置棚を吊り並べた處といふ意味、稍轉じて臺所雜仕其事の意味に使ひ「棚元をする」といへば「流し元の始末をする」といふ程の意に當る、更に轉じて臺所勝手口流し元へ集つて來る物貰ひ類をも指す云々

と見えてゐる。乃ち輪講者諸氏は此棚下の意義に就て頭をひねつたのであるが、樂堂氏の説明により疑問はとけ、又此お蔭で關西地方で不斷常用につかはれてゐる言葉が始て一般東都の人にも知らるゝ事となつたのである。ところが、近頃の新建借家などでは最早タナモトらしいタナモトも見られぬので、見參でもせうなら、大阪では島之内邊か、其他舊家でも訪ねなければ面影に接する事も出來ないかと思ふ。エロとかグロとか外來の片言が世間を風靡する當節にツイ眼と鼻との距離にありながら此タナモトといふ言葉が今まで東都に知られずにゐたことは恰度自分が一年神戸に住んでゐながら、最近まで兵庫言葉のチョクイ（すばしこく狡猾なるを言ふ）を知らずにゐたと同樣無知千里の感がする。そこで此機にタナモトといふ言葉を更に吹聽しやうとするではないが、偶々奈良春日神社内に「たなもとの神さん」又は「はしり元の大黑」で名の通ほる風變りの神さんのゐらしやる事を思出し玆にお知らせする。同じくタナモトと呼ばれても斐太後風土記卷十三所載吉城郡小島郷の種元（タナモト）社は祭神宇迦之御魂神で

10

たなもとの神さんに就て（宮武）

之は五穀種子が此處に降つたに因て祀つたものであるさうだが、奈良のはいつごろから祀られたものか判らぬが御本尊は夫

婦大黑である。……と言ても、どちらを向いてもウンザリする程國寶の多い古都であるから知識階級には素より顧みられる筈もなく只、そんな事には、お構へなく御利益さへあらば堪能する民衆からは夫婦和合の神として無數の飯杓子が、さゝげられ祟められてゐるのである。そこで此「たなもとの神さん」は春日神社のどの邊にゐられるかと言ふと、本宮から若宮に至る竹柏(なぎ)の林を左に見て神樂殿の前を通りぬけたところ、乃ち福袋や、守護札等を授與するところの庭隅にあるから驚かされる。……尤も夫婦大黑としるした提灯を庭の入口に吊るしてあるから直ぐ氣附はするが、それでもなほ、たなもとの神さん」はどれですかと念を押して見なければならぬ程、あまりに貧弱に、民間の神棚に毛のはえたくらゐのものに祀られてゐるのである。

御神體は拜觀せぬから素より語る限りではないが、ことし正月大阪高島屋で開催された福神展覽會に出てゐた御神像の模型並に此社から授與するお姿を見ると、男神はありふれた大黑の像で珍らしくはないが、女神の方は曾て豊前彦山權現の田植祭で見た御田女﨟のやうに頭上に「ハンギリ」をのせてゐるのは奇抜である。彦山の此御田上﨟一名辨當持は手拭で、すつかり顏をかくしてゐるが、實入りのよいやうにとの縁起から殊更腹を太(ふと)く姙娠姿して齋庭で式のすむ間、神職の側に立てゐるのであるが、不斷あたまに物をのせつけないので浮雲(あぶ)なげに手で「ハンギリ」を支へてゐる。ところが、奈良の「たなもとの神さん」は、あたまに手をやらず右手には杓子といふよりも、昔は嫁入道具の一つに數へられてゐたといふ打盤(うちばん)の槌に似たやうな

豊前彦山權現田植祭の御田上﨟

頭上のハンギリの中に飯を盛つた茶碗をのせてあるが神職一同田植唄を唱へて奉幣殿に退くと拜觀人は已れ勝に此茶碗に手を突つこんで飯をとつて仕舞ふ。昔は別に汁もそうてゐたさうであるが、大正十四年三月十五日私が拜觀したときは汁はなく飯だけであつた。又此御田上﨟は男が女に扮裝して勤めるのである。

ものを持てゐるのである。芝居で鹽原多助に惚れた娘が嫁入にくる場面に、花嫁の振袖姿を多助が見て不機嫌の顏をすると、「多助さん、之でよいがいな」と察しのはやい嫁御は卽座に振袖を打盤にのせ短く袖先きを槌で裂て幕落ちとなるがある通り女神の持物が少々異形なれど槌であるとしたとて萬更緣故ないとは言はれぬが、見やうによつては是をも「リンガ」じやと夫婦和合神の謂れを此方面から說き下すものがないとも限られない。

しかし、つら〳〵夫婦和合の道といふをつきとめて見ると敬愛もとより必要なことであるが其圓滿を持續するには、なんと言ても生計が不如意に陥入らぬやうすることが第一肝腎で、是が旨くゆかぬと、和合も糸瓜もあつたものではない。よく下賤の夫婦喧嘩に「オノレが甲斐性なしだからおはちに蜘蛛の巣がはる」と山神が毒つく、揚句のはて、擂粉木に羽がはえて飛ぶといふのも、もとを糺さば左まへから起るのであるが如く、其いさかひも熱田萬歲國づくしの文句なら「いはして置けば、ど太福め、いくら亭主が石見や和泉でゐるとても近江口を吐かしてゐる、いはして置けば備前備中備後〳〵とぬかして居る、おのれのやうな奴は藝州ではなけれど、安藝の國がきたによつて東海道より暇だけ出さうと思てはゐるけれど、どこぞ、そこらに薩摩芋の腐さつたのが在つたら拾つてくらつて、豊後〳〵と屁こいて、どこぞなりとも壹岐對馬、そこらで但馬で、きつからうと伯耆をもつて、おのれのドタマを二つ三つも播磨にいたします」と面白くきかれもするが、根が意地きたない八木の喧嘩ときては聞かれたもの見られたものでなく、實に夫婦喧嘩なるものが悋氣沙汰によることよりも「タナモト」から崩すこと多きを考へるときは、なか〳〵に世帶持は、いろは假名四十七訓、伊兵の文句「イヤ上口より下口が肝腎ぢや」と太平樂をならべてゐるわけには行ぬのである。Leta. S. Hollingworth 氏著 The Psychology of the Adolescent に人類史上幾年間久しきに亘て世の親達は須て性に關することは口を緘し秘することを深慮の一と傳守してゐるが、このやうに之を語ることを卑ぶするに至つた所以は或は宗教から起るとも言ひ其他樣々の說はあれど、主として經濟問題に胚胎してゐるので在るとて、凡そ社會的に善いとか惡るいとか言ふことも解剖して見ると其社會に於ける勢力者の要求から起つたもので一家の內でも之と同樣、權力ふるふ親が着物汚すな、御飯の用意が出來てから喰へ、靜かにしろ、目上を敬へなどと言ふと、子供は、わけもなく之に背くことは皆わるいと考へてゐると善惡の由來から說きをこし、要するに世間親達は經濟的に無能力な未成年者が子をつくり出しては其經濟的負擔にたえられぬから彼等が自活しうるまで生慾の疾驅を抑止せしむることを急務としたことが、言はず語らざる裡いつとなく sexual impulses をわるいものとする如うになつた（自百頁至百四頁要所摘譯）のであると述べてゐるが如く性問題のことも常に經濟といふものを頭に置て論ずることが必要である。されば此「たなもとの神」に於ける場合でも夫婦和合神として崇敬せられてゐると言へば性的方面から興味濃かに論じ得らる方あるかも知らないが、實際は叙上の通り家計の破綻から和合にヒビのいらぬやう乃ち先づ食福を祈り之を基調として夫婦和樂の御惠みにあづからうとするので在て、其心理は此地に多き國寳と共に大に鑑賞すべきものである。

（昭和六年三月廿六日）

バタク人の夫婦

パラワン（フィリッピンの一部）のバタク Batak 人――スマトラのバタック Battak 人とは異る――の間には一夫多妻も一妻多夫も認められてゐるが、姦通は打擲によつて罰せられる。然し若しも夫が同意を與ふるならば、妻なる女は他の男と關係しても差支ない。然しその男は少なくも百バンディを支拂はなければならない。又若し夫が嫌でなければ、二人の男が一人の同じ女を有ち、同じ家に住んでも構はない。然し此の場合には第二の夫は第一の夫に對して奴僕同然であつて、第一の夫は全權を握つてゐて、全く働かない。このことは一人の男が二人の女を有つ場合にも同じである。

それから彼等の婚姻式は、結婚する二人は二人の男女の年寄りにともなはれて、飯米を盛つた皿の兩側に坐はり、先づ年寄りの二人が握飯を各々一宛とり、それを相互に交換し、次にそれを花婿と花嫁に手渡する。そして又二人はそれを交換する。それから其の握飯を二人は食べて、式が終はる。（小泉）

稻羽の素菟考

徳川義親

大和民族が南方から海を渡つて來たものであるかどうかは知らない。併しかなり古く、的確にいへば、古事記の出來た和銅五年以前に、南洋方面と交通のあつた事は想像出來る。それは古事記に、東印度諸島の傳説が入つてゐるのではないかと思はれる事である。東印度諸島との交通は、航海術の發達しない、古代に於ては、恐ろしく困難の様に考へられるが、其の言語の系統は臺灣にまで及んでゐる事を思へば、實は其の民族が案外手近まで來てゐたのに驚く。そこから傳説が島々を傳つて、日本本土に入つて來るのも、さしてむづかしい事ではあるまい。私は傳説に就いては智識が乏しいから、私の見付けた古事記に關係があると思はれる東印度諸島の傳説と、極めて簡單な考察のみを掲げておく。

古事記の中で、一寸毛色が變つてゐて、お伽噺的の色彩を帶び、又時々物議を醸す話に、稻羽(イナバ)の素菟(シロウサギ)の話がある。此の話で、今迄にとかく問題になつたのは和邇(ワニ)の事である。和邇は即ち鰐で、鰐は日本にゐないから、これは南洋から來た話である。といふ説があつた様に記憶してゐる。和邇の事は後まはしにして、此の話が南洋から扁舟に乘じて海を越え、我邦に渡つて來たものと思はれるのは、此の話と極めて類似した話を東印度諸島の傳説の中に發見した事である。

東印度諸島の傳説を集めた、Tjeritera Kantjil jang tjerdik (怜悧なる鼠鹿の話)といふ本に類話がある。一九二一年爪哇で發行された本で、著者は Wirjoestuka 氏、馬來語で書かれてゐる。

Kantjil は即ち Mouse deer (Tragulus pygmaeus) で東印度に於ては怜悧な、智惠のある動物とされてゐる。小さな、犬位の鹿である。こゝには單に鹿と譯しておく。

○

鹿がぶら〳〵と歩いてゐる内に、日が暮れかゝつて、あたりが暗くなり始め、而も雨さへ降りさうになつて來た。家に歸へるのには川を越さなければならないのだが、川は水が一杯で、中々渡る様なところが見付からない。水の流れが早いから、こわくて徒渉することも出來ない。名案が浮んだ。鹿はその川にゐる鰐を呼び出していつた。『おい、諸君。上流のも下流のも、水上のも水中のも、皆こゝに集つてくれ。地上の生き物の主たるスライマン樣の御命令だ。この悧口な已様(オレサマ)に、此の川に住んでゐる大小の鰐が、どの位あるか勘定をしろと云つけられた。』これをきいて大小の鰐は鹿の前に集つた。

『これはまあ、どうしたものだ。さう目茶目茶に、いそいで集つたつて勘定が出來るものぢやない』と鹿がいつた。『ぢやあ、どうすればいゝんだ。どうでもするから』と年寄つた鰐が答へた。『勘定しやすい樣に、こちらの岸から向ふ岸まで頭を上流にむけて押し合つてならんでくれゝばいゝんだ。尻尾はいらないぜ。背中だけ出してゐてくれゝば勘定が出來る。』

鰐は大急ぎで川幅にならんだが、まだ鰐は澤山ゐてならびきらない。

『靜かにしてゐてくれ。いゝかい。早く勘定出來る樣に皆の頭を踏み付けて、一・二・三と數へ初めて、おしまいまでゆくのだ。うごいてはいけないぜ』と鹿がいふ。鹿は脊中を跳んで勘定を始めた。『ヒイ、フウ、ミイ、ヨオ、…………三十…………五十…………』とう〱向ふ岸にゆきついて一番終りの鰐の頭を蹴とばすと同時に陸に跳び上つて、『諸君、左様なら、御機嫌よう。背中を借りたいばかりに頭を踏みつけたのさ。向ふ岸まで橋になつてもらつたんだ。夜になつて歸りたくても川の水が澤山で渉れないから諸君の背中を拜借して橋にしたのさ。』

鰐は鹿に欺かれた事を知つて、とても怒つていつた。『畜生、よくもだましたな。此の恨は忘れないぞ。貴様も、復此の川を越す事がない事はあるまい。今度見つけたら丸呑にしてやるぞ』

鹿は『そんならもう此の川を渉らないばかりさ。鰐なんかゐない川をさがすからかまはない。もし水浴がしたければ小さい川で充分だ。おまへとは違ふんたぜ。その醜い頭を隱さなければいけないから大きな深い川をさがすがいゝ。さうでもしないと人間に頭を打たれて死んぢまふぜ』といつた。

鰐は憤慨して、鹿に跳びかゝらうとして川からとび出したが、鹿は早くも見てとつて大急ぎて家に逃げ歸つてしまつた。

○

此の話は又新嘉坡で發行された Malay Literature series の Hikayat Sang Kanchil「サン・カンチルの話」といふ本にも載つてゐるが此の方では、鰐を欺いて川を渡つた後に、鹿がのどが渴いて水を飲みに川に入つて鰐に足を喰ひつかれたが、傍に立つてゐた竹をゆすぶつて、これが已の足だといつたので、鰐が足をはなして竹に喰ひついた間に逃げだした。といふ事になつてゐる。

○

それから尙、爪哇で發行された、Volksverhalen uit Oost-Indie(東印度諸島の民譚)、これは一九二五年 Dr. Jan de Vries の著書で、傳說やお伽噺を集めたもので和蘭語で書かれてゐる。これは鹿でなくて猿になつてゐる。

○

猿が島に果物が澤山生つてゐるのを見て鶴にいつた。『果物が喰べたいからあの島につれていつてくれませんか』鶴は猿を背中に載せて連れていつた。其の中に鶴は歸りたくなつたが猿の方は一向歸りたくないので、猿は鶴の羽を引つこ拔いてしまつた。鶴の羽が延びて翔んで歸らうとした時、猿はもう一度背中にのせてくれと賴んだが鶴は前に一度だましたからいやだ、といつて獨りで飛んで歸つてしまつた。

猿は島に取り殘されてしまつた。或日猿が海岸の砂の上に鰐が寢てゐるのを見付けて、砂の上に足跡を澤山つけ、それから鰐を起した。『起きないか。おまへの眷屬と己の仲間とどちらが多いのだ。戰をしやう。』鰐は砂上の足跡を見て、『成程澤山ゐる』といつて、幾晩かの後に戰をする約束をした。

澤山の鰐が戰の爲に集つて來た。猿は鰐に向つて『戰をするのにしても、第一にお互の數を調べなければいけない。まづ一列に向ふの陸の方まで並んでもらひたいな』といつた。鰐が正直に一列に並ぶと猿は鰐の背の中を跳んでいつて、一ツ、二ツ、三ツ……しまひまで來て最後の鰐の頭を蹴飛して陸に跳び上つた。

○

此の話のテーマは或る怜悧な動物が、數を勘定するといつて水に住んでゐる動物を欺いて行列をさせ、其の背を跳んで水を渉つて目的地に達した。といふのである。稻羽の素菟の話と全く同じなのは果して偶然の一致であらうか。

こゝに考へたいのは初めに書いた和邇（ワニ）の事である。古事記の和邇は何をさしたのであらうか。和邇は鰐で、即ちクロコダイルと考へるのは誤りと思ふ。鰐といふ漢字にワニの音を當てたのは何時頃からの事であらう。それ程古くないらしい。尤もライノセラスを犀、ライオンを獅子といふのは、いづれも實在の動物を確實に知つて此の字を古くかから當てゝゐたので、犀の如きは殊に其の角が烏犀角（ウサイカク）として大切な藥になつてゐる。然るに東西の交通が開けて、熱帶産の今迄見た事のない動物が照會されると、何んでも四角な字を當てはめないと氣がすまないのでジラフを麒麟、テーピーアを貘としてしまつた。麒麟も貘も、もと〱空想の産物であるから繪と實在の動物とは似ても似つかぬものになつてしまつた。クロコダイルをワニと呼ぶのもこれと同樣なので、古代の人がどう考へてもクロコダイルを知つてゐたとは思はれない。餘程以前に和邇考（ワニ）を書いた人があつて、和邇とは昔から日本にはワニザメなどの言葉があつて、古語の和邇とは鮫なりとせられた說があつた樣に覺えてゐる。和邇はクロコダイルでないとすれば一番よく似てゐる鮫であらうといふ說が正しい樣に思ふ。要するに此の話では和邇は水中に住んでゐる大きな動物ならばよいので、鯨でも一向さしつかへなかつたところである。

下總滑川地方の俗信

○一杓子飯は盛るものでない
○夜爪を切ると貧乏になる
○草箒の苗は盗むもの
○空春を搗くと貧乏神がくる
○左の手で酒をつぐものでない
○五月の節句には田へはいらない
○榎を宅地内へ植ゑるものでない
○雉の背鳴は火事のつげ
○柿の木から落ちると三年の内に死ぬ
○嘘言をつくと死んでから鬼に舌（べろ）を拔かれる
○桑の箸で食べると中氣にならない
○姙娠中に火事を見ると赤痣の子が生れる
○赤飯に湯や汁をかけて食べると祝言の日に雨がふる
○下駄の洗濯をすると親の死目に逢はれない
○茶柱が立つとよい事がある
○朝茶に貢くと緣喜がわるい
○一杯茶は佛樣ばかり
○一つくしやみは人にほめられ二つくしやみは惡口を言れ三つくしやみは感冒（かぜ）をひく
○庭箒で土間を掃くと旦那が氣違になる
○ねてゐて物を食べると牛になる
○繩は端切でも燃すものでない
○朝の蜘蛛はお客晩の蜘蛛は盗賊のしるし
○晩の蜘蛛は親と思つても殺せ
○櫛は拾ふものでない　（苦死）に通ず
○來年のことを云ふと鬼に笑はれる
○夜口笛を吹くと貧乏神がくる
○庚申月は感冒が流行る
○死んだ夢は人が生れる
○夏の牡丹餅（ぼたもち）は犬も食はない
○田植の夢は死人が出來る
○焦飯を食べると赤痣の子が生れる
○柚の木は植ゑた人が死なゝけれはならない
○鼬にさき道をきられると三歩あとへ下がるもの
○子供の襁褓を夜干にする夜泣をする

（伊藤　亮）

寄合咄

金剛石採取の咄

一巻四號二九三—二九四頁に、石田君は米人ラゥファーの著述其他より、東西文献に存する此咄を種々と引き示された。管見を以てすれば、支那で記された此咄の今に殘つた內、一番早いのは大般涅槃經卷十二に出づ。云く、復次善男子、金翅鳥の如き、一切龍魚金銀等の寶をよく噉ひよく銷するも、唯だ金剛を除きて、銷せしむる能はず、善男子、死の金翅鳥も亦復た是の如し、一切衆生をよく噉ひよく銷するも、唯だ大乘大般涅槃に住する菩薩摩訶薩を銷する能はずと。蛾眉を性を伐るの斧と稱えた如く、死を以て、何でもかんでも食へばよく消化し了る金翅鳥に比べ、その死ですら、大乘大涅槃に住する菩薩大菩薩を銷滅し能はざるを、金翅鳥さえ金剛石を消化し能はざるに比べたのだ。慶長見聞集六の末文に「夫れ黃金の正體は、打ても碎きても、火に入り水に埋もれ、万劫をふる迚も色性替らず、故に佛を金剛不壞の正體とは云り」。日本に金剛石を産せず、見た事もないから、黃金の剛くて壞れざる性質を金剛と呼ぶと心得違ふたらしいが、佛經に金剛とあるは專ら金剛石を指す。例せば、起世國本經世住品に、大輪圍山は高廣正に等しく、三百八十万億由旬、牢固眞實、金剛より成る所ろ、破壞すべき事難し杯ある。

大般涅槃經は西曆四一六—二三年の間だに、北涼の天竺三藏曇無讖詔を奉じて譯す（Eitel, 'Handbook of Chinese Buddhism', 1888, p. 87）この年紀は、石田君の文にみえた梁の天監中（西曆五〇二—五二〇年）の杰公より約百年早く、コンスタンチアのエピファニウス（西曆三一五—四〇三年頃）より少し後の樣だが、件の四一六—二三てふ年紀は、大般涅槃經が成た年紀でなく、漢譯された年紀たから、此經はエピファニウスの寶玉編よりは先に書れた物と想ふ。尤も此經の卷一九の、耆婆が阿闍世王に說く辭中に、以二象車百乘一載二大秦國種々珍寶一及其女人、身佩二瓔珞一數亦滿レ百、特以布旋と有て、此經の成た時、大秦乃ち羅馬人が種々の珍寶を印度や支那へ齎らしたは明白だ。だがエピファニウスは、谷底に落された羊肉に、寶玉が著たまゝ鳥が山頂に啣え去り、肉を食ふて玉を殘すを人が往て取ると述たに、此經文にはたゞ、金翅鳥は一切の物を噉ふて消化すれど、金剛石のみ消化し得ぬと說たは、石田君の文にみえる西曆十三世紀に劉郁や周密が、鳥糞中より金剛石が消化されずに出たのを採ると言た其說の、少なくとも九百年程前に、前駆を務めた者で、エピファニウスや杰公の說中に、肉あれども糞を入れざると、貌は似て實は異なる別派の譚と考へる。

所謂コンスタンチアの僧正エピファニウスに三人あり。第一は上述の者で宗論に奮迅したので尤も名高い。西曆四世紀の人だ。第二は第一に比べて若エピファニウスと呼れ、西曆六八〇年頃の人。第三は西曆九世紀の人といふ。而して鋭徹な批判家共は、第一のエ僧正が書たと云るゝ物若干は、實は第二第三のエ僧正の筆せる所と斷ずる由（Smith, 'Dictionary of Greek and Roman Biography and Mythology', vol. ii. p. 38, 1846, 'The Encyclopædia Britannica,' 14th ed., vol. viii p. 657, 1929）。果して然らばエピファニウスが肉食鳥に依て寶玉を採る說を書たは、大般涅槃經は勿論、杰公よりも二百乃至四百年程晩く、杰公の說なる者を梁四公記に書た唐の張說と同時、又は約三百年後の事となる。梅を吃はんと欲して齒の酸きを懼れ、吃はざらんと欲して腹へるを憂ふ。西洋人は佛徒に對しては基督敎の新らしきに誇り、回徒に向つては基督教の古きを矜む。本件に就ても、何がな西が東に先んじたと威張んとて、知たを知ぬふりして、斜二無二、寶玉編を第一の工僧正作と繰上げたで無らうか。金剛石が羅馬人に熟知されたは、印度品が入てからだといふから、(The Encyc. Brit., 14th ed., vol. vii. p. 316) 傳説も印度の方が早く起つた樣だ。

又石田君は、工僧正の説を鳥に依て人手に屆く寶玉が、金剛石(ダヤモンド)でなくて、ヒヤキントなるに懸念さる。佛教大辭彙一卷一四三一頁に靑、黃、赤、白、空〔無色〕碧と六色の金剛ありてふ一說を載す。何に出たか知ぬ。が實際金剛石に無色、鼠、褐、黃、白あり、稀には赤、綠、靑、黑もある ('The Encyc. Brit.,' 14th ed., *Ubi Supra*). と云によく合ふ。今所謂ヒヤヤキントは橙色で堅さ七度半、昔しのヒヤキントは今日のサファヤールで靑又碧色、堅さ九度、孰れも堅さ金剛石に劣り、結晶式も多少違ふが、昔しのヒヤキント乃ちサファヤールは金剛石に堅さ一度を輸すのみで、多くの他の石より硬い。故に結晶式の、堅度のちふ事の知れぬ世には、時々サファヤール(昔しのヒヤキント)を靑い金剛石と混じて、同一品としたとは頷づかれる。先は吾輩幼時、硝子を切り得る石を悉く金剛石と言ひ騷いだ樣な事だ。紀州東牟婁郡太地浦の豪族太地角右衛門は朝比奈義秀の後といふ。代々捕鯨を業とし全國の持丸番附にも出た。いつ頃の角右衛門か知ず。大阪の町を歩む內、大便堪え難く成たので路傍に垂れるを、見る者指さして田舍者と嘲ける。角右衛門靜かに事終て、財布を解き一朱や一分の金銀を、淺間が嶽にたつ烟然と、ゆげ立上る左りねぢりの上えふりかけ、程離れた處に立て見て居ると、今迄嘲罵した輩が、先を爭ふて拾ひ出し喧噪いふ斗り無つたと、卅年前彼地で聞たは、畧ば鳥糞より寶玉を拾ふに似てをる。凡て金山や金剛石取りに働らく者は、動もすれば金や寶玉を呑み匿すので、人糞の檢閱中々綿密な由、そこいらで働いて歸る輩と同船して、屢ば聞た。印度の大蝙蝠、學名プテロプス、エドワルヂは諸果を食ふ。其糞に檳榔子や番木鼈の核を雜え下すを、拾ふて商賣にするから、この蝙蝠が群栖する木は持主に利あり。斯る大木を東ベンゴルで一年一本廿乃至廿五ルピーで人に貸たといふ (Ball, 'Jungle Life in India,' 1880, p. 41).

酉陽雜俎一八に仙經言云々、凡學レ道三十年不レ倦、天下金翅鳥銜レ芝生。是れ印度に金翅鳥に依て金剛石を得る話あるに倣ふた支那說だ。同書七に、唐の太宗の時、王玄榮中天竺王阿羅那順を俘にし、又術士那羅邇婆、壽二百歲といふを獲て還る。太宗之を奇として、延年の藥を造らしむ。其咄しに、咀賴羅てふ藥は高山石崖の下にあり、山腹に石孔あり、孔の前に桑に似た樹あるを、孔中の大毒蛇が守る、大方箭もて其枝を射るに葉落る、鳥がこれを銜んで飛去る、其鳥を射て葉を取ると。唐書西域傳にも此話あり。葉梨の如しとある丈け差ふが、何にしても、鳥に依て寶玉を得る話に近い。

(三月六日朝七時、南方熊楠)

泡んぶくの敵討 (追加)

二卷十一號六六四頁に蓼花洲閒錄と琅耶代醉編より孫引きした話と、多少異つた者を趙宋の洪邁の夷堅志補、卷五から見出た。云く、鄂岳之間、居民張客、以ニ步ニ販紗絹一爲レ業、其僕李二者、勤謹習レ事、且賦性忠朴、張年五十、而少妻不レ登ニ其半一、美而且蕩、李健壯、每與私通、淳熙中主僕行商、過ニ巴陵之西湖灣一、壞地荒寂旅邸絕少、正當ニ曠野長岡一、白晝急雨、望ニ路左一有ニ叢祠一、趨入少憩、李四顧無レ人、遽生ニ凶念一、持ニ大磚一擊ニ張首一、即悶仆、連呼乞レ命、視ニ檐溜處浮漚起滅一、自料不レ可レ活、因言我被ニ僕害一、命只靠レ你、它時做レ主爲レ我伸レ冤、李失笑、張遂死、李歸紿ニ厥妻一曰、使主病ニ死於村廟中一、臨終遺囑敎ニ你嫁レ我、妻亦以レ遂ニ已願一從レ之、凡三年生ニ二子一、伉儷之情甚篤、嘗同食、値ニ雨下一、見ニ水漚一而笑、妻問レ之、何笑也、曰張公甚癡、被ニ我打殺一、卻指ニ浮漚一作レ證、不ニ亦可レ笑乎、妻聞愕然、陽若レ不レ介レ意、伺ニ李出一奔告ニ里保一、捕赴レ官、訪ニ尋埋骸一驗得レ實、不ニ復敢拒一、但云鬼擘ニ我口一、使ニ自說出一、竟伏ニ重刑一

聞錄や代醉編のと異り、妻が子を殺したとも、自ら投身したともない上に、平生僕李二と私通し居たとあるから、此女は決して節婦でなく、甲斐の話に其番頭に志厚い樣にみせて手なづけ置たとあるに較や近い。聞錄にたゞ傍らに人なきにあひ、卽ち其夫を水中に突落したとあるに、是には雨に逢て路傍の叢祠に入り憩む內に殺したとあるも、甲斐の話に、夕立を道傍の山小屋に避て殺したと云ふに緣あり。聞錄代醉編共に、奸夫が新寡婦と婚して、幾年して罪が露はれたと記さぬに、是にも甲斐昔話集にも三年と明記しある。勞がた甲州の譚は、聞錄や代醉編よりも、この夷堅志補より轉出した者と惟ふ。（三月六日朝七時半、南方熊楠）。

追記、夷堅志支丁卷九に徐中車集を引て、盜が淮陰の人を殺し、媒人を賴み其妻を娶り、三年間に二子を生だ。扨夫妻伴て、先夫が殺された處を舟で行く內、其事を告ると、妻怒つて保正に投じ、後夫を擒にして官に赴むき、賊の種は世に留む可らずとて二子を水に投じ、盜が罪に伏するを俟て、自分も沈んで死だとあるが、泡の事は余たく此話中にない。（完）

犬鼠

寬保三年板、菊岡米山の諸國里人談五に云く、信濃國上田の邊の或寺に猫あり、近隣の猫をおどかし、食殺じ杯して、世に云ふ猫また也と雖も、流石寺なれば、追放もせで飼けり、一日田舍より野菜を商ふ土民來り、此猫をみて、世には斯る逸物も有物哉と、こよなふ襃美しけり、住僧の云、所望ならば得さすべし、此男大に悅び、厚く禮してもて行けり、二三日過て、彼男菜大根樣の物を以て謝し、御陰に由て年月の難を遁れたりといふ、其謂れをとふに、我家に惡鼠一つ有て、米穀を荒し、器物を損ふ事年あり、是は去事なれ共、八旬に餘る老母あり、夜每に此鬓をむしるを夜すがらおふ事切也、晝も他行の時は近隣へ賴み置也、此鼠を樣々に謀れども取得ず、數多猫を求め合するに、飛懸つて猫を食殺す事數あり、きのふ當院の猫に合せければ、互に暫くためらひけるが、如例鼠飛つくを、猫則ち鼠を食ふ、鼠亦猫を咋ひて兩獸共に死けるとなり、其所を鼠宿といふ、其猫鼠の塚あり、上田と屋代の間也と。熊楠淸の趙吉士の寄園寄所寄五を讀むに似た話を湖海搜奇より引きある。云く、衍聖公の倉に巨鼠有て暴れ廻り、猫を數限りなく啗ひ殺す、一日西商一猫を携へ來る、其形は常の猫通りだのに、代金五十兩を求め、必らず其鼠を殺すべしと言ふ、公信ぜぬをみて證書を要し、彌よ克た上で仕拂はれよと云た、公承諾して猫を倉に入れると、米にむぐり込で喙だけ出しをる、鼠其上を通つて嗅ぐ所を、猫飛起て其喉を嚙んだ、鼠哀鳴しはね跳り、梁を數十度上下すれど猫離さず、遂に其喉を斷ち、猫亦力盡きた、明旦よく視ると猫も鼠も死で居た、其鼠の重さ三十斤と。こんな咄は猫と鼠のある國には自から生じた者で、必しも他邦に倣ふて作つたで無らう。（三月六日午前十一時、南方熊楠）。

日を負て戰かふ事

改定史籍集覽（明治卅五年發行）第十六册に收めた渡部幸菴對話に「眞田左衞門佐事、先強き大將、士卒迄勇壯也、但し於ニ大坂一御備之敗軍は、眞田が勇氣許りに非ず、寄手は日に向ひ候故、不働也、眞田は日を後に負て、此方を能見分て働きし故、御旗本迄敗軍也とて、さゝやき

て、神君も生玉迄御立退有し也、此間三十町計り也、大將さへ如レ斯なれば、御旗本は尤も也、此段御當家にて密事也」とある。曾て支那人の間に住で暇潰しに水滸傳を讀む內、誰かゞ、兜の眞向か胸前に圓鏡を掛て戰ふ所が有た。何の爲にした事かと尋れた處ろ、鏡面より日光を反射して、敵の眼を惱まし、自分の身を正視し能はざらしむる備へだと答へた。淮南子に、用兵之道、前レ冥而後レ明とあるもそんな事か。幾分こんな譯でか、「古人は日に向つて弓は引ざりし、今は狩杯に出て、獲物をみては、東西に構はず、畏敬なきの至り也、保元物語に、下野守義朝は、白川殿に寄んとて二條を東へ參向す、安藝守清盛も同じく續けて寄けるが、明れば十一日、東塞がりなる上、朝日に向て弓引ん事恐れゐり迚、三條へ打下り、河原を馳渡して、東の堤に北へ向ふてぞ步ませける。又盛衰記、與一扇の紙には日を出したれば畏れあり、要の程と志して兵と放つ、思ふ矢所は違へざりけり」(甲子夜話三五)。ずつと古い所では日本書紀三に、神武天皇孔舍衞の坂で長髓彥と戰ひ敗れて、皇兄彥五瀨命流矢に中り皇師進み戰ふ能はず。天皇憂レ之、乃運二神策於冲衿一曰、今我日神子孫、而向レ日征レ虜、此逆二天道一也、不レ若退還示レ弱、禮二祭神祇一、背負二日神之威一、隨レ影壓躡、如レ此則曾不レ血レ刄、虜必自敗矣、僉曰然、そこで軍を引て退き、他の方面から討ち入て、とう〳〵長髓彥を亡ぼしたとある。日を負て戰ふ者は勝つとは、西洋でもいふ事で、只今其出所を確かめ得ぬが、沙翁の劇曲に

"Be first advised
In conflict that you get the Sun of them."

又沙翁か死だ時十歲だつたサー・キリアム・ダヱナント(一六〇六—一六六八年)のニウス・フロム・プリマッスにも

"Our weapons have one measured length:
if you
Believe the opposition of the sun
Unto your face, is your impediment,
You may remove, and wear him on your
back."

とあるそうだ。(Southy,'Common-Place Book," ed. Warter, 1876, 2nd Ser., p. 359).(三月六日午後四時、南方熊楠)。

(四月八日追記)　經律異相四四に十卷譬喩經四を引て云く、昔し或人山中で鬼にあひ食はれんとす、其人哀れみを求め、一事を問ふから、其答えを聞き後ち食れても恨まないといふと、宜しいと言た、そこで鬼に向ひ、君の顏と脚膝と腹は白いに、其餘の處はみな黑い、是は何故ぞと尋ねると、鬼不辭尤もだ、我が性日を惡み、日に背けば行き得るも、日に向つて行き得ないからだと答えた、其人卽ち日に向つて走ると、鬼は追ふ能はず、飛だ奴に逢たと空しく悔んだと。

毒が變じて藥となる

印度の古い咄しに、蜜城の蜜主王が三乳ある女兒を生だ。梵士を召て問ふと、そんな兒は父の死を速めるから、早く人に嫁して卽時放逐すべしと勸めた。因て王國中に太鼓を打て廣告せしめ、今度三乳ある王女が生れた、誰でも其夫たらん者に十万金を賜はると同時に、國外へ放逐する筈と呼ばらしめた。金は欲しが放逐とは恐縮と誰一人募りに應ずる者無く、王女は密室に成長して、番茶も煮花てふ年頃と成た。所ろが城中に盲人あり、其手引きが駝背(せむし)だ。二人相談して、吾等かの太鼓に觸りさえすりや王女と大金を貰ひ得る、大金が手に入たら暮しが樂になる、王女が不吉で吾等死だ所ろで苦を免れて結構だと決議した。そこで盲人自ら滅相に往て太鼓に觸れ、私が其王女を貰ひ受ませうと言た。番人が王に告ると、王勅して盲人に王女と約束の金をやり、漁夫をして王女盲人駝背の三者を舟で國外え送らしめた。三人或る町に到り一宅

を購ひ、悠々と生活するに、盲人は始終床に臥し、駝背が家事を万端勤めた。其內王女駝背と私通し、共に盲人を殺して面白く添遂んと謀つた。一日駝背かどこかで死だ黑蛇を拾ひ、持歸つて王女に授け出往た跡で、王女其蛇を剉み酪乳と共に鍋に入れ「爰にあなたが好物の魚を拵らへをります、妾が用事をする間だ、此匙で掻廻して下さい」と言て立去ると、盲人大悅して起上り、他事なく掻廻す內、蛇の毒氣が兩眼に觸いて瞖障(かすみ)を剝落した。眼が明らかに成てよくみると、魚と聞たは剉んだ蛇だつたので、扨は自分を毒殺の姦計と悟り乍ら、なほ盲目を粧ほひ居た。暫くして駝背歸り來り、王女に抱き付き口を吸ひ、又それ以上の事を始むる體を、盲人よく〳〵見定めた上、進んで駝背の足を執へ、力めて自分の頭上で振廻して、王女の胸え駝背を打付た。すると驚くべし、王女の三番めの乳が全たく胸中え引込でしまひ、駝背の脊瘤か丸で潰れて眞直に立ち得て三人大滿足。斯の如く運さえよくば毒も藥、禍も福となるそうな。佛書にも似た噺あれど、其には盲目の舅を惡む子婦共が、彼れを毒殺せん迚、蛇使ひに毒蛇を求めると、蛇使ひ是は、彼等の舅を毒害する爲だらうと思ひ、蛇を惱ますと頭と尾に毒が集まるから、一疋の黑蛇を杖で打殺し、頭と尾を切去て中腹を與えた、それを舅に食はすと盲眼が開いたとあり。是では毒が藥と成たでなく、無毒な中腹が眼にきいたのだ。

本邦で河豚を食ても自殺し得ず、おまけに難病が全快した話を屢ばきく。例せば平戸に「癩を病し者あり、思ふらく、迚も惡疾世にある可らず、魚毒を以て死せんと、河豚を料理して飽食す、果して毒に中り嘔血する事甚しかりしが癩兒より愈て、常に復せりとぞ。」予和漢韓の本草書を見るに河豚癩を治する事少しもなし。然るに千年程昔しの支那書に次の話あるを見出た。饒州の吳生なる者夫婦和睦す。一日醉ひ歸つて身を床上に投す。妻其足を扶け舁ぐに、生の足運動し、誤つて妻の心胸に中つて妻忽ち死だが、生は知ず。妻の族に訟えられて入獄した。親族輩吳生死刑と成たら一門の辱だからとて、速かに牢死する樣、河豚の鱠を幾度も差入た。其を食ても更に恙なく、俄かに赦に會て免され出た。其後子を多く設け、八十迄長生して死だ。煮て熟せざる河豚を食てさえ必ず死ぬ物を、幾度も生食して何事も無つたは、肉とに命あるかと書きある。是はハーバー・トスペンサーが、倫敦貧民窟の子供が不衞生を極めるから成長するとの說を駁して、素質のよい子供に限り、不衞生を極むるに關せず生き延るのだと言たに同じく、河豚を食たからでなく、河豚を食ても壽を以て終たので、河豚を食て癩病が直つたとは支那談にない樣だ。江戸で自殺の爲め河豚を食て、瘡毒全治した者の事は、梅翁隨筆五に出づ。

河豚の代りに砒石が癩を治した話は支那にある。云く、分宜の人陳壽某氏を聘し、未だ婚を成ずして壽癩疾を得たり、其父媒をして辭絕せしむるに、女泣て從はず、竟に壽に歸(こつ)ぐ、壽已れ惡疾なるを以て敢て近づかず、女之に事ふる事三年懈たらず、壽之を氣の毒がり、私かに砒を買ひ自盡せんと欲す、婦覘ひ知て竊かに其半を飮み一連托生と冀ふた所ろ、壽は砒を服して大に吐くと頓に癩は癒た、婦も一たび吐たなりで死せず、其より組討ちをやり通し、二子を生み、家道も一儀と倶に日に隆へたので、人皆以て婦貞烈の報となした、めでたし〳〵とある。此話の譯述か又實事か知れど、日本にもお江戸本町三丁目、奈良屋市兵衞の手代放蕩で、主人の引負ひもしたゝかになし、勘定立難く、自殺と決心し、主人が貯へた砒霜を服したるも死せず、年來の瘡毒根治して健やかに成たといふ。アフリカ探險兼ゴリラ猴の發見で名を擧た人が、西熱帶アフリカで其廚奴に砒霜を肉羹え入て食され、終夜大腹痛大吐瀉して苦しんだが、毒を盛り過たので死せず、反つて久しく附き纏はれ居た熱病が全く去たと自記しあるを合せ稽ふるに、毒が變じて藥と成た話は、悉く虚構又模製と云可らずだ。(Ryder, 'The Panchatantra,' Chicago, 1925, p 469；根本説一切有部毘奈耶三一。甲子夜話六〇。柿仁本草一六。康頼本草、蟲魚部、中品集。本草綱目四四。本草從前新一七。東醫寶鑑、湯液篇二。琅邪代醉編三九。情史一〇。津村氏譚海一〇。Du Chaillu, 'Adventures in Equatorial Africa,' 1861, p. 245.)。

終りにいふ。江戸神田の或男、常に酒と河豚を好むを妻が憂ひ、万一河豚に中毒せば、糞汁を呑すべしと心がけをつた。一日醉ひ還つて人事を辨ぜず。妻扨は中毒したと思ひ、其口に糞汁を灌ぐに、半夜にして夫正氣づき、我れ今日某方で闌飲したるに、醒るの早きは意外だ、又口かわる臭いといふから、妻實を以て告しに、夫大に驚き、其事の違へるを笑ふたといふ。支那にも、呉に客たる者あり、呉人招いて河豚を食はしむ、將に行んとするに、其妻之を留めて曰く、万一中毒せば奈何、夫曰く、主人の厚意卻く可らず、且つ其味美なりと聞く、假に不幸にして中毒せば、便はち糞汁と溺を用ひて之を吐んに何の害あらんやと、既に席に及んで、市者夜風吹くを以て河豚を得る能はず、徒づらに飲で夜に至り大に醉て歸り、人を知ず、之に問ふも目を瞠して答へず、妻子怖れて曰く、是れ河豚の毒なりと、急に糞汁を絞りて之に灌ぐ、良久しくして酒醒め、家人を見て皇々として所以を問ふ、具さに對ふるに、始めて誤りを知ると。變な事だが、隨分世間にありそうな次第、甲子夜話續篇五五なる前譚を、必ずしも五雜俎九より翻譯したとも定め得まい。(三月九日午前四時、南方熊楠)。

シメナハに付て

和名類聚抄祭祀具七十に顔氏家訓云、注連章斷(師説、注連、之梨久倍奈波、章斷、之度太智。家訓風操篇の本文には、偏傍之書、死有二歸殺一、子孫逃竄、莫二肯在一レ家、畫瓦書レ符、作二諸厭勝一、喪出之日、門前然レ火、戸外列レ灰、祓二送家鬼一、章斷注連凡如レ此比、不レ近二有情一、乃儒雅之罪人、彈議所レ當レ加也と有て、北齊の民俗、死人を葬送するに、復た家え還り來らぬ樣、種々の禁厭を用ひた。其一つが繩を張て死靈の還るを防いだので、之を注連と名け、日本でシリクメナハに當てたらしい。東晉朝に譯された大灌頂神呪經一に灌頂三十六善神を舉た内に、彌栗頭三摩陀(善調の義)主二注連一。シメナハの神だ。卷四に、若男子女人爲二邪鬼所一レ得レ便者、當下洗レ手漱レ口清淨正心敬中禮諸佛三寶上云々、以二五色之縷、各七條一、長七尺而左索レ之、存二百神王名字一、亦赤結レ之云々。左索てふ朝鮮名に合ふ。是で印度にも左索を禁厭に使ふたと知る。又西晉の張華の博物志八に雨を止むる祝詞あり。詞末に云く、雨則不レ止、鳴レ鼓攻レ之、朱絲繩縈而脅レ之。雨を止めれば雨神の社を朱絲色の繩で、縛るぞとおどしたので、是もシメナハに似た事だ。支那にも印度にもこんな物が有たをみると、シメナハは南洋島に始まつたとも一概に斷ず可らざるにや。序でに申す。三卷三號、今村君の一篇に拙狀を載られたが、誤刊甚だ多い。就中一四七頁上段五行「祭印で一曲吹ふ」は、「茶臼で一曲唄ふ」と讀れたい。(四月十三日午前三時、南方熊楠)

正誤表

前號目次中『鰹魚』は『鰹鳥』の誤。

歐文目次中 "Spallow" は "Swallow" の "Step parent" は "Stepparent" の誤

資料・報告

村の記録

栗山一夫

村の記錄といつても私がこれから述べようとするのは紙に書かれた記錄でなく、それは石に刻まれたものである。

紙に書かれた記錄が舊家の沒落や火災でだん／＼滅びて行く樣に當時の人々が永遠に後々の人々に語り傳へようとして石に刻み書いた記錄も、新道の開通から道路標は草深い舊道の傍の溝の中に埋もれ、生活の窮迫は信仰心の滅退を結果し鳥居は崩れて其處彼處に殘骸を橫たへ、村人の協力で架けられた橋の爲に建てられた記念碑も土に埋もれ頭を缺きいつのまにか滅びようとしてゐる。偉大な隱れた信仰者が村人を動かし一字一石の塔が風聞に答へて禮拜の難有味を感じさせたのも思へば一寸の間でしかなかつた。

云忘れられるまゝに朽ち崩れて行くのが私には痛ましいものに感じられてならなかつた。これは鄕里兵庫縣加西郡下里村の里々を廻つて拾ひ集めて來た石に刻まれた「村の記錄」である。その範圍は僅に一ケ村に過ぎないのであるから萬余なものと云へないが郡、縣と擴大されるに從つて民譚、土俗、方言と共に民俗學の資料として大きな價値を持つ樣になることだけは豫想し得る。

私はこうした「村の記錄」を持ち集つて皆樣と共に研究したいと考へてゐる。

一、村のなりたち

史前のことは遺物遺跡がまだ一つも發見されてゐないので、何とも云ふことはできないが、加古川を逆流した文化の一支枝であつたことは察せられる。此の關係は原史時代になつても變化しなかつたから古墳の分布も大體に加古川の支流下里川の兩岸に築造されてゐる。

地勢から考へても牛居、中西、谷口、尾崎、大等の南面した段丘上の諸部落が最も早く開拓されてゐるだらう。この地域が播磨風土記の三重里、下鴨里、倭名抄の三重鄕であつたらしい。清水寺から法花山への巡禮道に發達した笠原、三口、坂本はこれよりも新しい部落であらう。

下里村成立までの變化を見ると現在の賀茂村福住、西劍坂、中山、大柳、東劍坂、西長、東長、岸呂を劍坂庄と稱しこれに王子、大、戶田井、兩月、牛居、野田を加へて下里鄕といつた。下里は下鴨の訛であり牛居は風土記にある確居の訛であらうと吉田東伍氏は記して居られる。

尾崎、中西、琵琶甲（ビワコ）、野條、段下を野上鄕と稱し東笠原、西笠原、三口、坂本、に前記の劍坂を加へて笠原庄或は笠原鄕と云つた。倉谷のみは九會（クヘ）村の田原、網引（アビキ）、富合村の常吉、朝妻、山枝、玉野、豐倉、玉野新家と共に河合鄕に屬してゐた。

寬延二年の播磨國細見圖には野條、ヒハノ甲、東笠原、西笠原、東月、西月、王子、トタイ、尾崎、段下、ウシイ、大村、皮多、三口、倉谷、坂谷が見え嘉永三年の播河泉播村名控には三口、中西、尾崎、戸田井、西笠原、東笠原、野條、琵琶甲、野田皮多、法花坂本、法花山、倉谷、兩月、谷口、牛居、大、王子、段下が見えてゐる。

王子はこの地にある鄉社王子神社（若一王子大權現）が地名の源であることは事實であらう。

大は部落が大きいからだといふがこれは疑はしい。戸田井は不明。古くは兩月（ワチ）の內であつたと傳へる。兩月に就いては小野寺草余は「昔善坊山に登つた者が池に月の映つたのを見て天の月と池の月と兩月なりといつたので兩月と稱した」といひ、福原潜次郎氏は「この地は足利氏の領地であつたから家紋の輪ちがひから兩月としたのだらう」と論じてをられるが、何れも苦しい解釋で寛延の細見圖に東月、西月とあるのから見るとこの二部落が合して兩月と書いたのであらう。ワチに月の字を當てたのは月のことをワチといふ方言でもあつたのだらうか。中西、琵琶ノ甲、野條、東笠原、西笠原何れも起源不明である。但し野條は野上と見るなれば地勢からの命名であらう。野田は明にその地勢からである。坂本は勿論法花山へ登る坂の口にあるからだ。書寫山の下にも坂本がある。門前村の一例であらう。細見圖に坂谷とあるが元はかく呼ばれてゐたのかも知れぬ。村名控には旣に法花坂本、と法花山の二村が見えてゐる。倉谷は年貢米を集收した倉があつたからとも法道仙人が法花山より馬に乘つて飛ばれた時に馬の鞍が落ちたので鞍谷といはれたのが倉谷となつたとも云ふが前者が事實に近い。三口は姫路、高砂、北條の街道に位置してゐるからだといふが恐らくはこの地の水口神社が起源であつて水口が三口に轉訛したのであらう。

新しく發生した村には段下新田、善坊、猫、藥師、大谷等がある。段下新田は段下の分地であり古くは四軒よりなかつたので四軒家と呼ばれた。善坊は自社至姫路と自北條至加古川の交叉點に當るので西笠原、三口の人々が混成したものであり大谷は村の中央に位置し學校、役場が出來てからその周圍に西笠原、王子、戸田井等の人々が混成したものである。猫は主として坂本の人々、藥師は藥師堂を中心に東笠原の人々が新開したものである。

政治關係は嘉吉の頃には赤松氏の一族刑部介則繁が善坊山に築いて領し牛居にはその部下前田氏が構居を構へて居たらしい。德川幕府の初期には代官が統治し享保三年姫路藩に屬し寶曆三年清水領となり同十一年松平右京太夫の領となつたが維新前には兩月、倉谷、坂本は田安領、王子は姫路藩、尾崎は忍藩、三口は古河藩、大、段下、中西、牛居、野條、琵琶ノ甲、野田、西笠原、東笠原、戸田井は龍野藩に各分屬してゐた。

○古墳　△石塔　(A)道路標　X道路元標

明治二十二年に現在の範圍を以て下里村が設置されたのである。（第壹圖參照）

二、道路關係の資料

西國二十六番の札所法花山一乘寺があるので道路標は比較的に多い様である。清水から法花山への道は今でも巡禮道と呼ばれてゐる。

九會村繁昌から西野を終り鶉野中町の分岐點にあるのが

A、型式A

左ほつけ山
是より一里
右きよみづ
是より七里
たんば道
文化六年巳三月
吉日建之
網引村　施主
（不明）
世話人（不明）

それから少し離れた畦道に頭のかけた小さいのが建つてゐる。

B、型式不明

すぐ　富家　丹波
左　北條　辻川
右　三木　兵庫
すぐ　口口寺
天保三年辰正月吉日

同じく下町に

C、型式A

左　きよみつ　京たんば
右　ほつけ山　ひめじ　たかさご
左　たわら　かこがは口　（不明）
天保甲午二月吉日　口　十方施主

D、型式B

左　きよ水
右　ほつけ山
左　それえ　高砂
文化三寅三月　西國同行

の二碑がある。以上四個は下里村のものではないが密接な關係があるので以下下里村のものとして考察に加へることとした。
それから坂を下つて踏切を越へ下里川に架けられた橋が「巡禮橋」である。

供養碑・型式D、

巡禮橋
梵字　觀空凉諷蕎淸居士
供養塔施主　三宅才次郎
嘉永七年霜月吉日

の供養碑がある。思ふに裏面故人の供養としてこの橋が架せられたものであらう。

この橋を渡つて坂にかゝる登り口に

E、型式E

すぐ　法花山
天保二卯四月　西國供養

の碑があり西笠原部落の中程に

F、型式F

左　ほつけ山　ひめじ
右　きよ水　やしろ
天保十壬寅八月吉日　願主西國同行中

がある。三口の上ノ山で姫路と法花山と二つに別れてゐる處に

G、一型式F

右　ひろみね　ひめじ
左　ほつけさん　しかた
南無阿彌陀佛
天保十五甲辰口月吉日建之

牛居村　前田兵左衛門
王子村　東郷孫市郎　同　七太夫
同　　飯尾善右衛門
戸田井村　高見彦左衛門
加東市場　近泰長兵衛

があり、法花山道を坂本のかゝりに來ると

H、型式F

右　□□寺へ三里　それより清水へ五里
左　きよ水へ　八里
安永五年丙申十月　石工　源五右衛門
願主　信州　信心　坂本村　一心

がある。善坊から加古川に下る道を少し行くと小川が横切り橋がある。

表には橋施主十方勸化と横書し裏は磨かず三面に寄附者の金額姓名を刻むだ橋供養碑がある。

型式D

寄附者の主なる者は戸田井村に東郷利左衛門、望月次良右衛門、倉谷村に櫻井久兵衛、森本直次良、坂本村に喜兵衛、當村(三口)圓岡三良右衛門、森井和平、王子新左衛門、稻岡宗五良、芝長右衛門等が見える。「金子百疋」で普請が完成したらしく大書され寄附金の内譯は十匁、一人。八匁、二人。六匁三十四人、それに世話人三人を合し四十人の「十方施主」が協力して架けたのだ。

特に注意を引いたのは

渡初　丸岡孫四良　寛政十二年庚申四月吉日

と刻むであつたことである。

三口の部落を離れると六藏峠にかゝる。この下に地藏尊や墓石が淋しくならびそれに混つて

I、型式D

右　淨土寺
左　北條
寛政十二申四月八日　西　法花山

がある。この「西」は方向である。

それより小坂に出で倉谷へ下る分岐點に

J、型式G

右　やしろ　明らくじ
左　□□□　□□じ
嘉永元年申年八月吉日
大村　後藤又助、小林庄兵衛
西笠原村、佐伯與次太夫、佐伯惣右衛門　尾上氏
當村　森本直次郎、世話人東笠原村　三宅文兵衛

が建つてゐる。

村の記錄（栗山）

善坊から北條へ上ると大谷に

K、型式C

右　加古川

左　三木　え

戸田井村

寛政九年巳六月吉日

があり王子と戸田井の中間に

L、型式F

右　村道　左　北條

右　高砂　左　三木

寛政十二歳庚申三月吉日

がある。飯盛野に年代は不明であるが嘉永頃と思はれるのがある。「東」とあるは方向である。

M、型式G

すぐ　三木　兵庫

すぐ　法花山　高砂

すぐ　北條　但馬　世話人 中西村 勇次郎

すぐ　ふけ　たんば　東

牛居の部落を抜け下里川に架つてゐるのが梅田橋である。

橋供養碑　型式F

梅田橋

干支明治三年庚午四月建之

十方施主に西笠原に作伯、王子に宮永、野條に菅原、牛居に前田の姓が見えてゐる。

×

以上の資料に依つて考へると橋を架けることも道路標を建てることも、總べてが佛教思想に支配されてゐることが明である。

その動機に就いては建設者も十方施主、施主、西國供養、西國同行中、或は故人供養が物語る樣に「施す」とか「追善」とかいふ觀念から爲されたものである。道路標の建設といふことは善行とされ、佛教的「陰德」が稱揚された結果麗々しく名を刻むことが避けられ多くは施主の氏名を明にしない。唯協同につた場合にのみ氏名が列記されてゐるが無記名のものに比して大きいのが普通である。

趣意がそうであるから從つて刻まれた地名にもその影響が反映してゐる。卽ち清水へ、法花山へが斷然他を壓してゐる。然し建設された碑の使命が道案內にあるのであるから往還の激しい街道殊に分岐點、交叉點に多く建設されるのは當然であり、單に巡禮者の道案內としてのみでなく一般旅人を目的とする樣になり刻まれる地名も建設者、建設地點に密接な關係を持つものが選ばれてゐる。第弍圖で察せられる樣に殆んど五里以內の地である。

第二圖

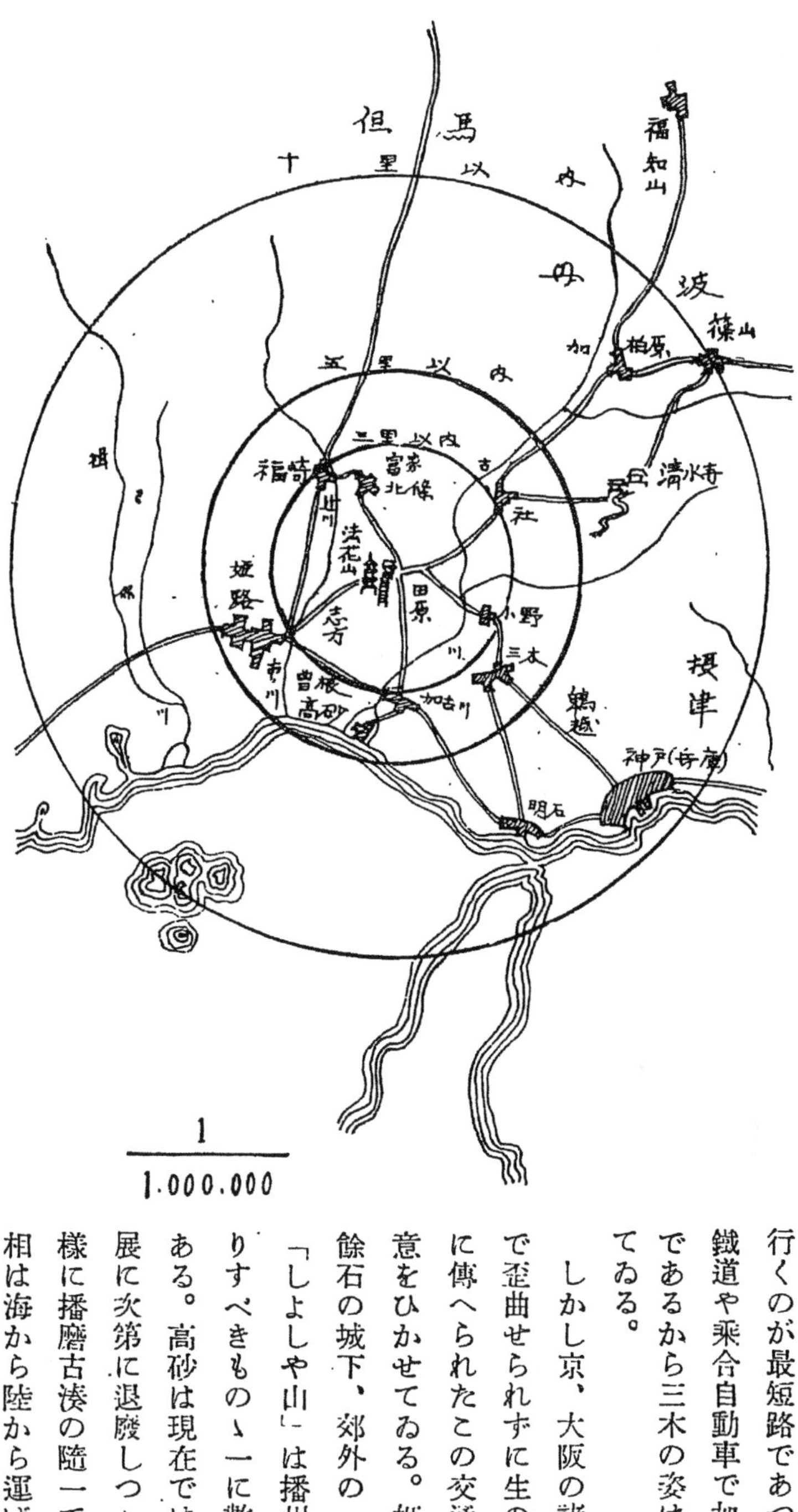

するに足らないが、三木には交通關係の變遷が窺はれる。「行、三木、兵庫」とある様に兵庫に出るには三木から鵯越を越えて行くのが最短路であつた。現在では播丹鐵道や乘合自動車で加古川へ出るのが常であるから三木の姿は忘れられてしまつてゐる。

しかし京、大阪の諸相が高砂や加古川で歪曲せられずに生のまゝで山奥の村々に傳へられたこの交通路は私に非常な注意をひかせてゐる。姫路は酒井氏十五萬餘石の城下、郊外の「ひうみねさん」と「しよしや山」は播州人には一度はお詣りすべきものゝ一に數へられてゐる處である。高砂は現在では加古川の急速な發展に次第に退廢しつゝあるが謠曲に謠ふ様に播磨古湊の隨一であり京、大阪の諸相は海から陸から運ばれて播磨人向に融和されて更に奥地へ旅立つたのである。社は隣郡加東の主邑、清水寺への道中に當る。富家は名の如くに富豪が多く丹波路の重要地である。丹波道の三に但馬の一は社から丹波へ、そして京への交通路が但馬への道に比して容易であり又頻繁であつた故に北條、高砂、姫路、三木がその次に位してゐるのは非常に興味の深いことでなければならぬ。これらの地がそれらの日に人々の最も懐しい關係深い地であつたのだ。北條は云ふまでもなく加西郡の主邑であり物資の集散地であつたのだから異と

村の記録（栗山）

第一表

地名	度數	摘要
法花山	七	西國二十六番札所、加西郡下里村坂本
清水	六	舊國二十五番札所、加東郡
北條	四	加西郡北條町
高砂	四	加古郡高砂町
姫路	四	姫路市、舊城下 但シひろみれチ加フ
三木	四	美濃郡三木町
たんば道	三	
兵庫	二	神戸市
やしろ	二	加東郡社町
かこがば	二	加古郡加古川町
富家（フケ）	二	加西郡多加野村富家
京	一	
但馬	一	
辻川	一	神崎郡田原村辻川
たわら	一	加西郡九會村田原
しかた	一	印南郡東、西志方村
そね	一	印南郡曾根町
明らく寺	一	不明
浄土寺	一	不明

からであらう。しかしこれが北條町、富田村になれば逆の姿になるであらうことは豫想出來る。その他志方、田原、曾根等も建設地點から觀ればそれ〴〵あるべき理由を持ち興味深いものがある。

道路標及び橋供養碑一字一石塔、墓石の型式は相互に密接な關係を保ち同じ流行に支配されてゐるらしく思はれる。私はこの型式を頭部で分類したのであるが最も重要な參考となる墓石の數が大に過ぎ調査未濟の爲比較することが出來ないので確實なことは云ひ得ない。

得られた結果のみでいふと。

ABCDEFGの七型がありE型が最も古い樣である。天明以後に多くの型が發生したらしいが殊にC、D型の樣に頭部に佛像を刻むことが寛政前後から流行したらしいことは注意すべきことだと思はれる。D型寛政の橋供養碑と道路標は殆んど同時の製作であり恐らくは製作者も同一人と考へられるから型が流行性を帶びてゐることは確實である。

第二表　道路標ト供養、一字一石塔ノ關係

年代＼型式・種	A 道路	A 供養	B 道路	B 供養	C 道路	C 供養	D 道路	D 供養	E 道路	E 一石塔	F 道路	F 供養	G 道路	G 供養	不明 道路	不明 供養
延寶																
天和																
貞享																
元祿																
寶永																
正德										一						
享保																
元文																
寬保																
延享																
寬延																
寶曆																
明和											一					
安永																
天明										一						
寬政					一		一	一			一					
享和																
文化	一		一													
文政																
天保	一								一		二				一	
弘化																
嘉永								一					一			
安政																
萬延																
文久																
元治																
慶應																
明治												一				
不明													一			
合計	二		一		一		一	二	一	二	四	一	二		一	
摘要																

村の記錄（栗山）

第三圖

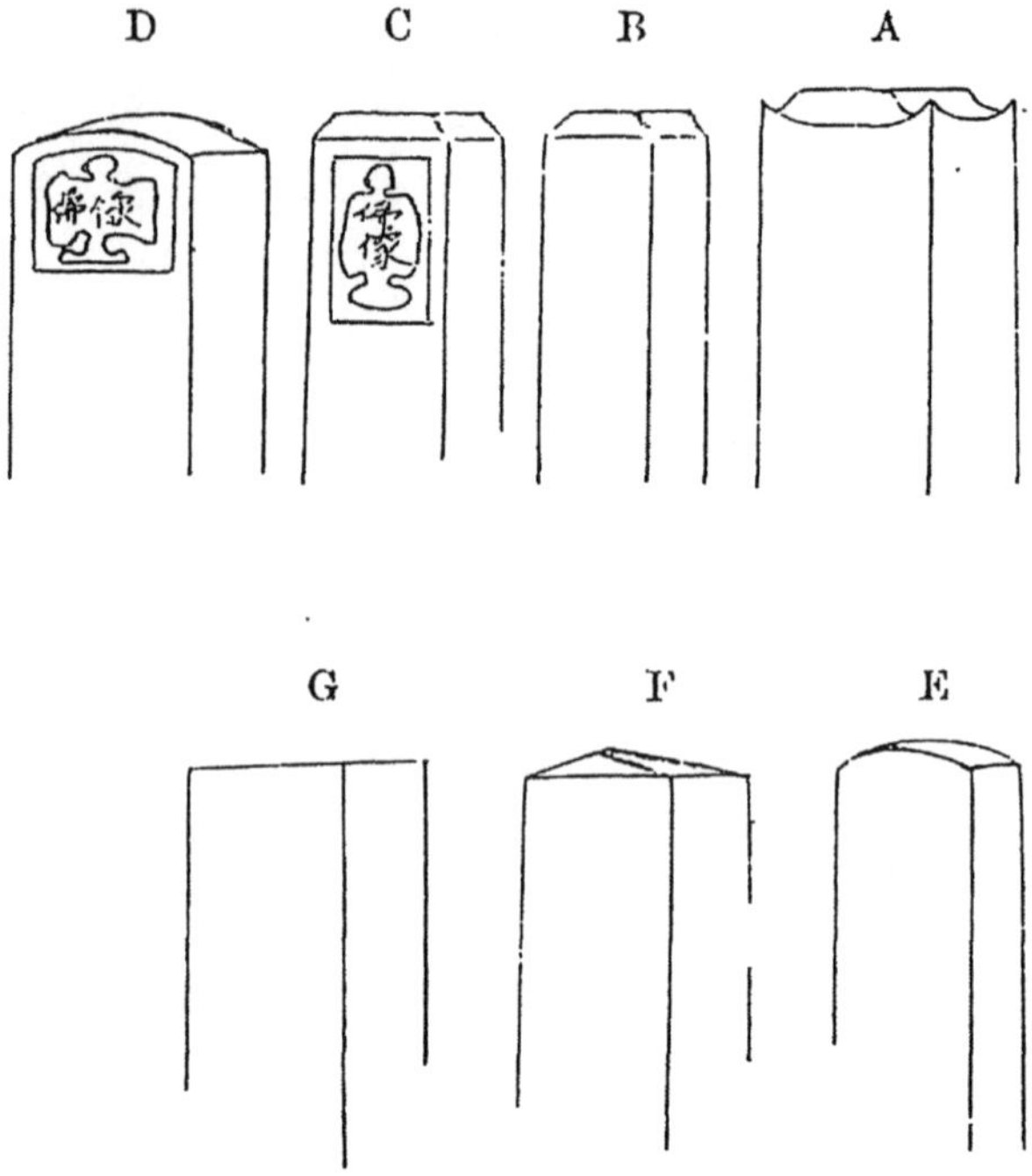

道路標は幅の狭い長方形であるが橋供養碑一字一石塔は著しいものでない。

墓石の製作は連續的でむしろこちらのものは偶發的であるから墓石の影響の反映であることは否め難い。唯頭部に佛像を刻むだのみが新手法であるに過ぎない。

三、神社關係のもの

神社關係のものとしては鳥居、常夜燈、繪馬、手洗石、唐獅子がある。今各部落別にその資料を列記すると

イ、坂本　村社、王子神社

祭神　天照皇大神　祭日、舊九月十七、八日

（常夜燈）

型式不明

延寶六年

ロ、西笠原　村社、笠原神社

祭神　忍穗耳尊、栲播千々姫、祭日、舊九月八、九日

（常夜燈）

型式D

奉寄附神前石燈籠

享保三戌戊年正月吉日

施主當村佐伯源八郎惟重

常夜祭

型式C

寛政戊午九月中旬　佐伯與七良寄進

御神燈

型式不明

文政八年酉九月　日　村中建立

（鳥居）

文政十三己丑九月吉日　願主氏子中

（手洗石）

　囧象女　享保什之　仲春

（繪馬）

　文政十三丙寅四月吉日　當所願主若中

　天保十二庚巳暮秋　姬路　平野氏、佐伯氏

八、東笠原　若一王子神社

　祭神　大歲神

（常夜燈）

　型式C

御神燈

　安政七申年三月吉日建

　願主當邑氏子中

（手洗石）

　文化十四年丑八月吉日

ニ、倉谷　村社　天滿神社

　祭神菅原道眞　大歲神、祭日十月十七日

（常夜燈）

　型式D

御神燈

　天明四丙辰念　氏講中

　型式D

　安永九午五月吉日

　型式A

獻燈

　天保三辰歲十二月　願主　森本直次良

　型式不明

　寶永元□申□□

　天滿宮□□□

ホ、三口　村社、若一王子神社

　祭神　天照皇大神　祭日　舊九月十七、八日

（常夜燈）

　型式C

　御神燈

　天保十五辰四月吉日　氏子中

（唐獅子）

　安政四年己五月　氏子中

（手洗石）

　盥水

　嘉永元年申九月吉日

　氏子中、世話人（八名略之）

へ、野條、大歲神社

　祭神　大歲神

この神社は野條部落が可成裕福と思はれるのに荒廢してゐる。

（常夜燈）
型式B
御神燈　中才男
文政二丑卯九月□日
野條村　蓬萊氏

型式A
文政十□年子九月吉日
願主當村中

ト、王子　大歲神社

（常夜燈）
型式B
大歲大明神

（鳥居）
寛政八丙辰夏　奉建立氏子中

同　鄉社　王子神社
祭神　（中央）天照皇大神（左）火産靈神（右）素盞嗚命
祭日　四月二十三日

播磨國神名帳所載恐らくは當村中最古のものであらう。以前は舊九月十二日が祭日であつた。神事として夜相撲と十二段の獅子舞がある。

（鳥居）
享保十九年寅八月吉日
拾ケ村氏子

（常夜燈）
型式D
元祿十三卯年九月吉日
施主　當村　嘉右門

型式A
御神燈
天保十四年卯八月吉日
當村願主　東鄉元右衛門
當村願主　飯尾善右衛門

（手洗石）
天保十□
奉納　當村中

（唐獅子）
安政四年春
牛居、前田兵左衛門

チ、戸田井、大歲神社
祭神　天照皇太神

（常夜燈）
型式D
安永九年九月
當村　嘉平治
型式B
天保十三寅十一月吉日
當村　高見彦左衞門
（鳥居）
寛政庚申建
リ、琵琶ノ甲　祇園神社
祭神　素盞嗚命
（常夜燈）
型式C
御神燈
寛政七乙卯九月吉日
型式B
御神燈
文政十亥九月　當村氏子中
ヌ、中西、村社　日吉神社
祭神　彥火瓊々杵尊　祭日十月十七日（以前は舊九月十七日であつた。）

近江日吉神社の方靈と傳へられ播磨鑑には山王權現と記してゐる。山王樣（サンノサン）と俗稱してゐるから山王神社が眞と思はれるが今は日吉神社と稱されてゐる。社殿は文化十三年五月の建築である。當社の祭日に參詣すれば腹痛を起さぬといふので參拜者が多い。

（常夜燈）
型式C
文化四年丁卯二月
願主西宮　播磨屋平八
型式C
文化二年丑九月
常夜燈
氏子日參講中
（手洗石）
蟠龍
文政四辛巳年春
（鳥居）
寛政甲寅九月建
施主氏子中ゝ發起人岩崎源兵衞
石工　魚橋村　原　文藏
ル、段下

（鳥居）
天明六丙午歳孟夏建之
願主當村　久保田淸□□
（手洗石）
盥嗽
文化七午年九月吉日
（常夜燈）
型式A
獻燈
文化元丑年九月吉祥日　當村氏子中
部落外れの飯盛野に常夜燈がある。
型式A
伊勢太神宮
文政十二年亡霜月吉日
東、西、南、北
この東西南北は四方の臺石に刻まれてゐるので方向を示したものである。

ワ、尾崎、大歳神社
祭神　大歳神
（手洗石）
盥
嘉永二酉□九月吉日
當邑中

カ、下中西（谷口）　大歳神社
祭神　大歳神
（常夜燈）
型式C
大歳御神燈
明和七□四月吉日
野上庄中西村

ヨ、牛居　大歳神社
祭神　大歳神
（手洗石）
□□壬申九月吉辰
前田□□

タ、大　若一王子神社
祭神、天照皇太神
（常夜燈）
型式A
若中

レ、兩月　大將軍神社
祭神　巖長姫神

その他に稲荷神社、大歳神社を合祀してゐる。
（鳥居）
奉建立文化□寅年八月吉日
加西郡兩月村
奉造立花表享保十年己九月吉日
播州加西郡兩月村
（常夜燈）
型式A
天保十四癸卯年霜月吉辰　當邑中
世話人　小野寺源□、前田宗兵衛、□　安平

以上の神社の内、中西の日吉神社と王子の王子神社の二つが親神様である。日吉神社は舊野上郷である尾崎、野條、段下、中西、琵琶甲を氏子とし王子神社はその他の諸部落と九會村の鶉野、網引、田原を氏子としてゐる。その内でも東笠原、王子、戸田井、大、兩月、牛居を本氏子と云ひその他を外氏子と別けてゐる。九會村の鶉野や網引が氏子だつたり同じ笠原でも東笠原が本氏子であるのに西笠原が外氏子であつたり可成錯雜してゐる。東笠原が本氏子であるのは氏神若一王子神社が祭神大歳神とあるが王子神社の分靈を迎へたからだと考へられる。

神社を調査中に感じたことは大歳神（オトツサン）の信仰が厚かつたことであつた。現在ではその信仰が急速に衰へて合祀されるものが多く跡には大根が二むね三むねうねつてゐるだけだ。恐らくはこれだけが机上の名論、合祀奬勵の獲物であらう。

第四圖

A　B　C　D

大歳神信仰の一班を見るべく加西郡に於ける各町村の神社分類表を作つて見た。これは加西郡誌に記された各神社を嚴密載な檢討を加へずにとつたに過ぎぬがそれでも大歳神の信仰が山村より豊村に厚く殊に下里村に厚かつたことだけは明瞭であらう。これに就いては稿を改めて述べたいと思ふので深くふれないでおく。

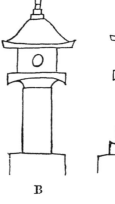

常夜燈の型式としては僅かにA、B、C、Dの四型があつたのみである。表に現はれたも

第三表

	北條	富田	賀茂	下里	九會	富合	多加野	芳田	大和	西在田	在田	合計
大歳神社	六	四	九	一一	八	五	九	一	二	五	九	六九
天滿神社		二	三	一	一	三		一		二	一	一四
熊野神社	一	一	一	一			一			一	一	七
王子神社	四	一	四	五	一		一				二	一八
八坂神社	二		一		四	二	九	二	一	二	六	二九
金刀比羅	二				一	一	一	一			二	八
稲荷神社	三	二	一	二	七	一	五	一	一	五	六	三四
八幡神社		二	三	二	六		一〇	三	一	一	四	三二
住吉神社	一	二	一					一		一		六
日吉神社		一	一	二	一		三			一		九
愛宕神社		一	一	一	一		三	一		二	三	一三
雜社	四	一〇	一三	一一	一八	一二	三〇	一八	三	一六	一九	一五四
合計	二三	二六	三八	三六	四八	二四	七二	二九	八	三六	五三	三九三

ので見ればD型が一番古いらしく次にC型が作られ化政に至りA、B型が製作されてゐる。一番盛に作られたのはC型らしく明治になつてもこれが多い様に思はれる。

私の注意をひいたのは中西・日吉神社のC型常夜燈の願主西宮・播磨屋平八であつた。農村を離れて都市に成功し故郷に寄進した當時には村人達の話題の中心となり華々しい噂をまいたことだらうと考へられて面白い。

神社の建築に就き概要を述べると、鳥居をくぐつて表門があり夜は閉され兩側には文武の大臣が祀られてゐる。拜殿は多くは兩側だけが板敷になつてゐるが西笠原・段下は全部板敷にな

第五表　常夜燈型式年代表

年代＼型式	A	B	C	D	不明	合計
延寶					一	一
天和						
貞享						
元祿				一		一
寶永					一	一
正德						
享保				一		一
元文						
寛保						
延享						
寛延						
寶曆						
明和			一			一
安永				二		二
天明				一		一
寛政			二			二
享和						
文化	一		二			三
文政	二	二			一	五
天保	三	一	一			五
弘化						
嘉永						
安政			一			一
萬延						
文久						
元治						
慶應						
明治						
不明	一	一				二
合計	七	四	七	五	三	二六
摘要						

第五圖

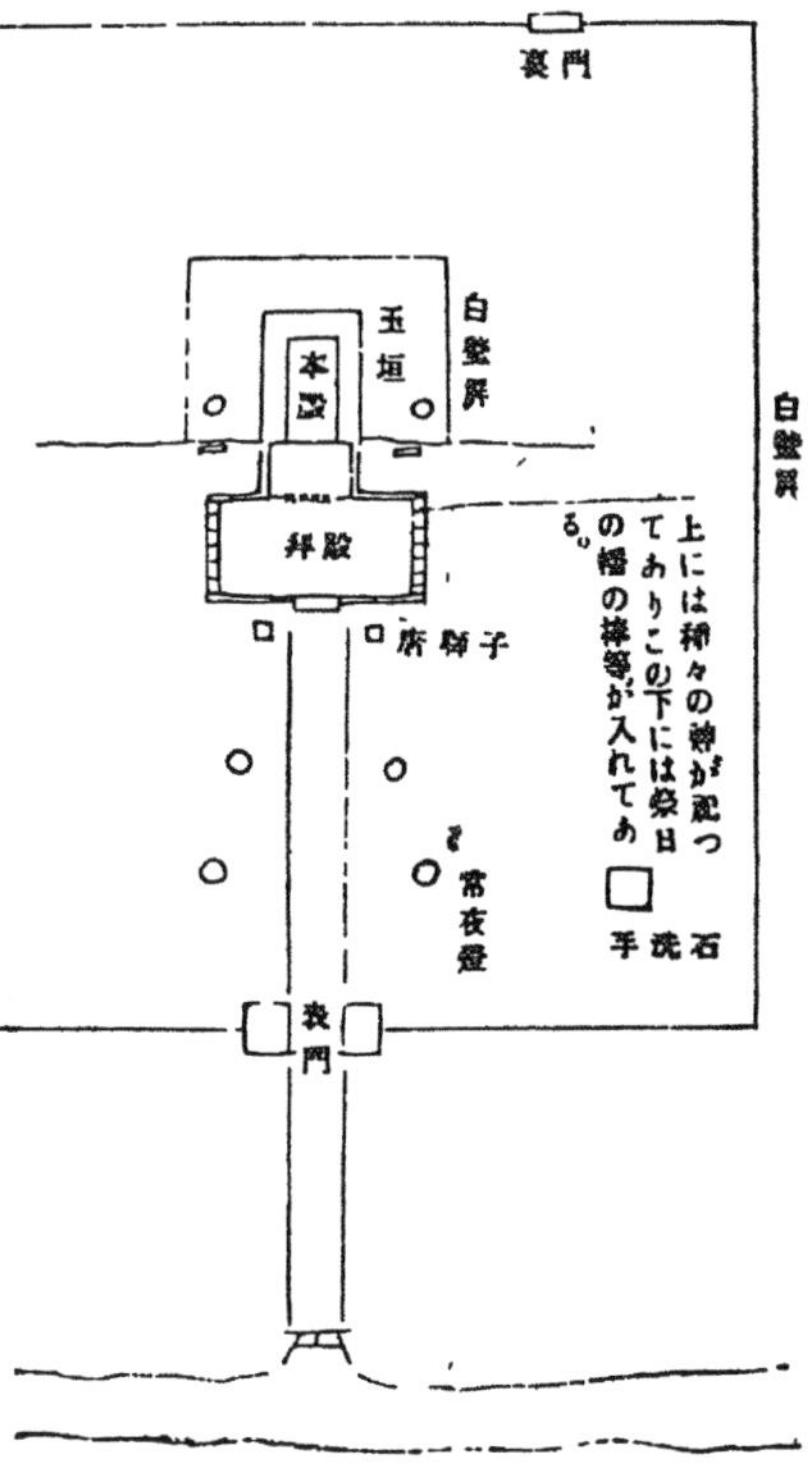

つてゐる。子供、子守の良い遊び場所であつて殊に雨天には澤山の子供達の寄合場所である。そして村全體の吉事の際には公會堂が出來るまではこの拜殿が祝宴の場所であり重大な相談場所であつた。拜殿と本殿は接してゐるのが多い。裏門から入れば裏門から、表門から入れば表門から出なければ罰が當ると信じられてゐる。神殿の向は殆んど南で稀に西、東向がある。

四、供養碑、一字一石塔

坂本の部落を離れて法花山の坂道にかゝる池堤の下に

型式E

仁王般若經

一石一字書寫入空

村の記録（栗山）

天明七丁未霜月　願主坂本中
がありその少し上に地藏尊がある。

享保十九甲寅七月吉辰　施主□□□□——

とあり法花山へ登る時この地藏尊を三度廻つて行くと足がつかれないといはれてゐる。

西笠原の大池の下に

大乘妙典一石一字塚
享保十七壬子年十一月
佐伯源右衞門惟親

がある。庵寺（尼寺？）には明治十年のであるが大乘妙典一字一石塔がある。

尾崎の外れ段下の近くの路傍に數個の供養碑が建つてゐる。殆んど磨滅してしまつてゐるが

奉參詣伊勢太神宮三十三度之供養願主謹言
播州加西郡段下村　長　右門
干時元祿九丙子□年九月吉日

天照皇大神□□塔
正德□□三月吉日

が漸く讀み得た。その他にも年號不明の笠峰山上四十度供養塔等がある。

一字一石塔建立の目的は北條町西高室の同じ大乘妙典一字一石供養塔に天下泰平、五穀成就、道路無難、日月淸明、牛馬安全、村內繁昌と刻まれてゐるので明であらう。西笠原の享保十七年の一字一石塔には西國、中國、四國の大飢饉の慘話がからまつてゐる。卽ち阿彌陀寺にある旌德牌によれば

夫五風十雨縱玉燭有稔者無復非其數矣享保壬子歲大荒矣匪翅民有菜色殆炊骨剜肉無不至矣而播之加西郡笠原近鄕餓□莩遍野矣佐伯源右衞門惟親不忍賑其處殺空倉廩救急若卽財有限而不能晉乃遠邇大風近鄕若干村中補空乏者一千七百口僅可只支命而足涯分已矣抑鄕人所德聚蚊鳴惟親之仁心聞州郡上達台聽輙次鈞命賜白金若干爲之褒賞焉惟親拜奉焉歸而自竊恩賜瓊瑶劈破以之於河於鄕人上則可平將執若作記貽諸後來以旌聖世仁政所致如斯恩覃群㞧哉載來議余竟書干牌以置諸鄕之阿彌陀禪寺正與冀郡縣人之及其箕裘者耳孫者曾瞻上下一般盛事而內心感焉自返則庶幾其不悖乎去噫呼所以記者乃於是乎有矣

享保十九歲次甲寅夏五令辰

杜多常無凝誌

とある。傳へられるところによると今でも千石岩といふのがあるがそれは善坊山から運んだもので源右衞門が饑農を救はんとしてこの岩を引いた者に一日米一升を與へたのだといふ。その岩引きの唄に

岩よ、いごくな（働くな）
米一升ぢや〱

といふのが語り傳へられてゐる。東笠原の如きは全滅せんとした樣に傳へられてゐる。その月が十一月であることを見れば恐らくこの飢饉が動機となつて建立されたのであらう。同樣な碑が向山にもあると聞いたが實見しないのでしばらく論じないこととする。

第六表　建立年代表

年代＼種別	鳥居	唐獅子	常夜燈	手洗石	繪馬	道路標	地藏	一字一石塔	供養碑 橋	供養碑 他	合計
延寶			一								一
天和											
貞享											
元祿			一							一	二
寶永			一								一
正德										一	一
享保	二		一	一			一	一			六
元文											
寬保											
延享											
寬延											
寶曆											
明和			一								一
安永			二			一					三
天明	一		一					一			三
寬政	三		二			三			一		九
享和											
文化	一		三	二		二					八
文政	一		五	一	一						八
天保			五	一	一	五					一二
弘化											
嘉永				二		一			一		四
安政		二	一								三
萬延											
文久											
元治											
慶應											
明治								一	一		二
不明			二	一		一					四
合計	八	二	二六	八	二	一三	一	三	三	二	六八
摘要				壬申トアリ。							

明治十の一字一石塔は尼僧が三歳の長年月に一石に一字を書いて塔を建てようとしたのを十方施主が集つて建立したことが刻まれてゐる。西笠原にはこの他に墓地に一ヶ所、向山に二ヶ所一字一石の經石が埋めてあるが現在は雷が落ちぬ樣に四方に埋めたので、それで西笠原には雷が落ちぬと信じてゐるのも面白い。

村の記録（栗山）

段下の天照皇太神供養塔は何れも群參としての御蔭參りに關係はないらしいが皇太神宮への献燈（この地方では恐らく最大の）が同じ村外れの飯盛野にあり一般に盛んであつたことが察せられる。男として生れたなれば一生に一度は詣るべきものとされてゐた。民謡にも伊勢參りに關したのがある。天照大御神はやもめであるから夫婦で參ると良い事がなくどちらかゞ先に死ぬと信じられ夫婦揃つての參詣は避けられてゐた様である。

第七表

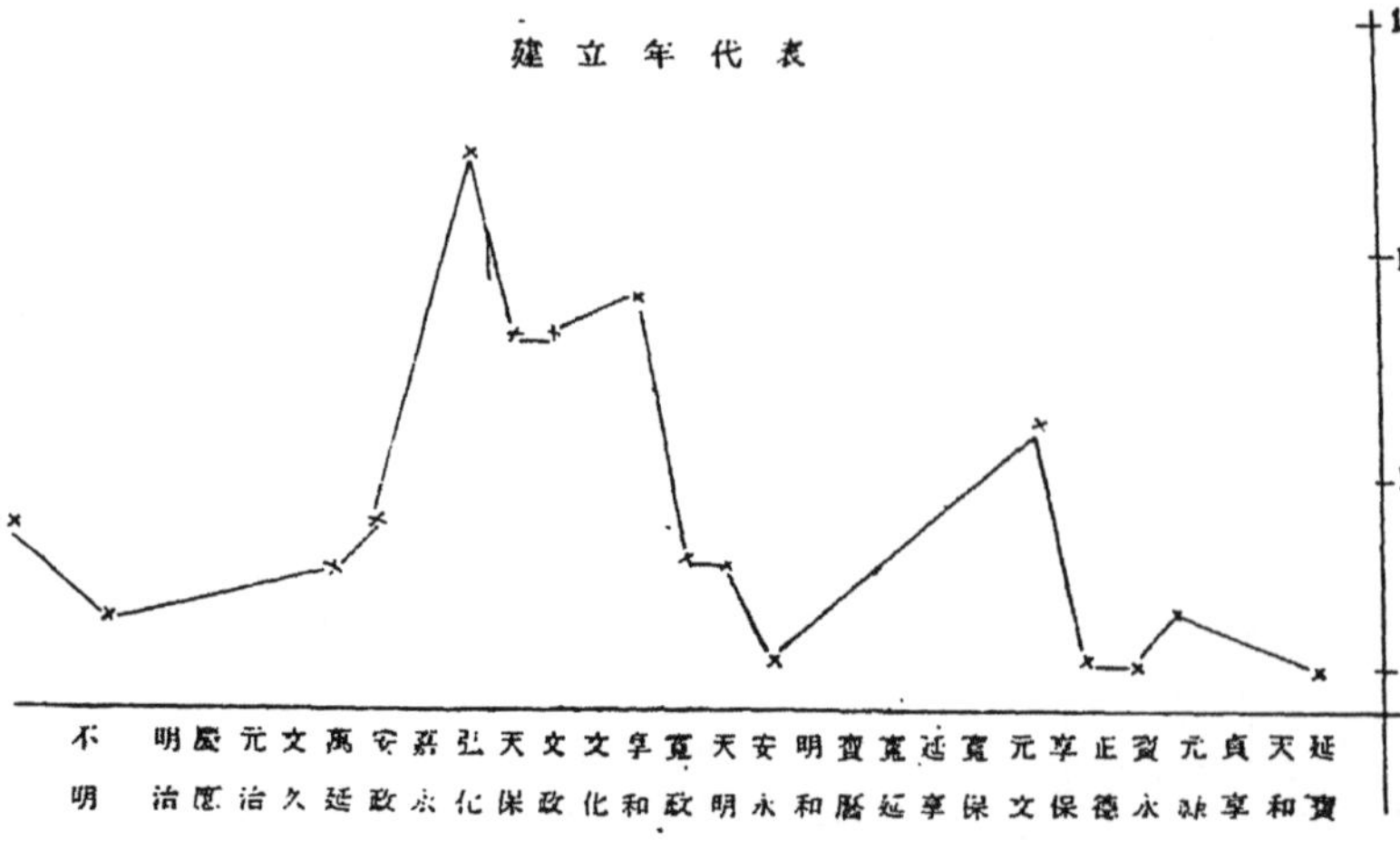

五、綜合觀察

以上の建立年代を見ると常夜燈は通じて建立されてゐるが鳥居は享保に二個、天明以降化政に六個がある。唐獅子は安政になつて初めて作られ繪馬は僅かに文政、天保に見えてゐるだけだがこの繪馬は額の大きなものであつて普通の繪馬で明治以前のものは一個の發見もなかつた。手洗石も文化、文政以降に多い。

道路標は安永以降に發達し供養碑や一宇一石塔は元祿まで遡つてゐる。

年號には長短がありその數で云々することが危險であることは勿論であるが大略は察せられる。即ち元祿頃からぽつ〳〵建立される様になり米將軍吉宗治下の享保から漸次增加し化政を經て天保に至つて極點に達してゐるのは單に數のみでなく建造物の種類も增加してゐることに注意すべきである。崩壞期封建社會に於ける早期資本主義の農村への進出は目覺ましく「田地永代の賣買可爲停止事」と云つても兼併の激增は如何とも出來なくて地主階級は彌々富裕となり所謂旦那衆の地位が强固となつた。故に各字に特權である姓を有する者が自己の富力に任せて奉納したものが增加して來てゐる。十方施主の中にも姓を有する者が多數を占めてゐる。

刻まれた姓ある者と郡會議員に選出せられた者の姓とを比較すると殆んど一致してゐるのは所謂明治維新のブルジョアー革命に「旦那衆」が「地主」として再生してゐることを物語つてゐる。

嘉永、安政と降るに從つて減じてゐるのは國內漸く動搖して來た影響に據るものであること云ふまでもあるまい。

これを月別に見ると道路標が春に建設されてゐるものが多いのは巡禮期節に入るからであらう。常夜燈・鳥居、手洗石等が八月から增加し九月に極點に達してゐるのは九月遲くも十月初旬が祭日であるから祭りまでに神社を飾らうといふ願望の現はれであらう。十一月になつて亦增えて居るのは刈入れもすみ經濟上の餘裕が出來た結果であらう。

以上概略であるが資料の增加は更に詳細な姿をつかむことが出來るであらうことを信じてゐる。私は皆樣の御協力を希つてゐる。（三〇、二、一九）

第八表　建立月別表

種別＼月別	正月	貳月	參月	四月	五月	六月	七月	八月	九月	拾月	拾壹月	拾貳月	不明	合計	摘要
鳥居						一	一	二	三				一	八	夏ヲ六月、孟夏ヲ七月トス。
唐獅子			一		一									二	春ヲ參月トス。
常夜燈		一	二	二	一			一	一〇		三	一	三	二四	霜月ヲ拾壹月トス。
手洗石			二					一	四				一	八	春、仲春ヲ參月トス。
繪馬				一						一				二	暮秋ヲ拾月トス。
道路標	一	二	二	二		一		一		一			一	一一	
地藏							一							一	
一字一石塔											二			二	
供養碑 橋				二							一			三	
供養碑 他			一						一					二	
合計	一	三	八	七	二	二	二	五	一八	二	六	一	六	六三	

建立月別表

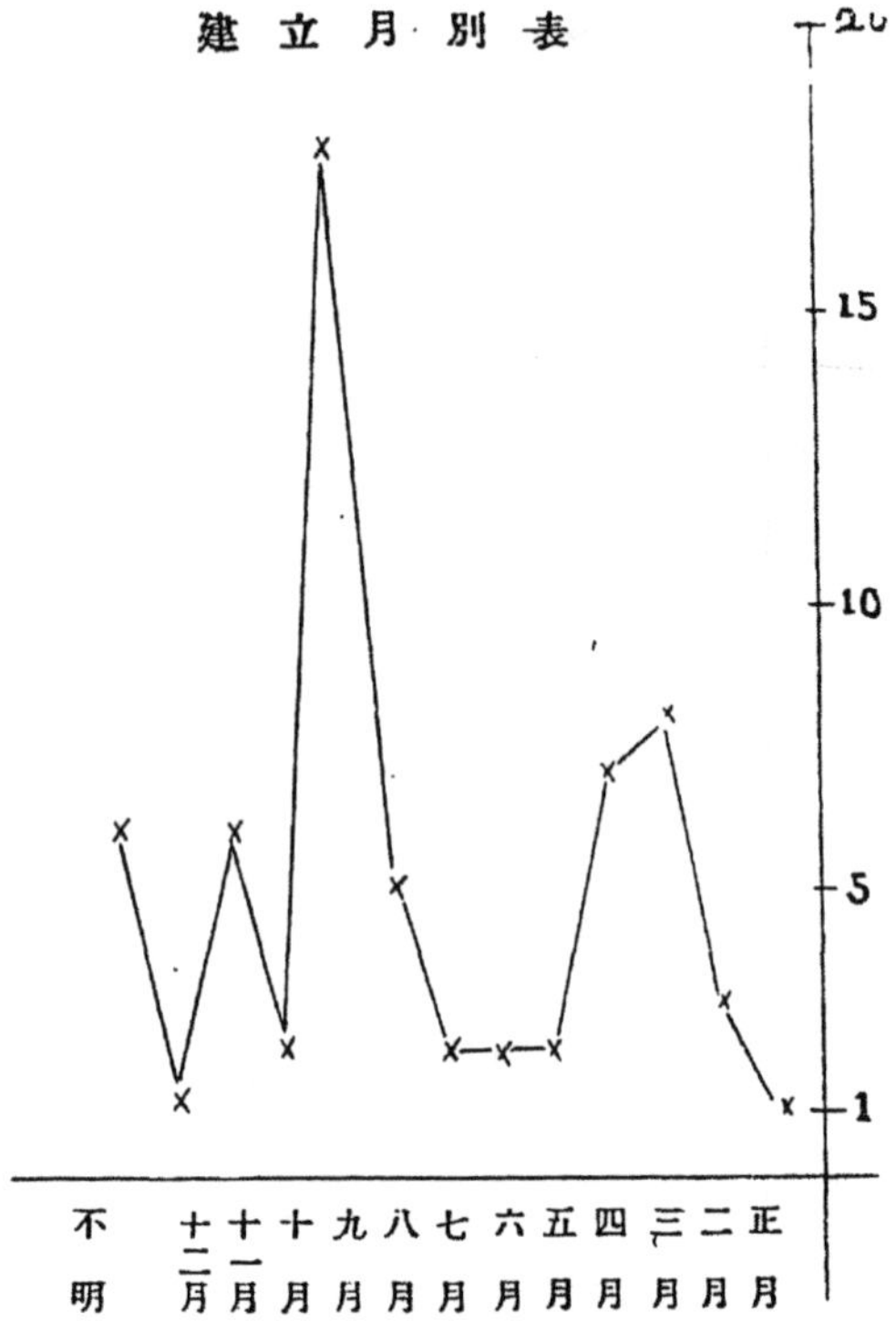

附記

法花山は一切除外した。倉谷には南北朝頃のものと思はれる石棺の蓋に刻むだ地藏尊がある。一言附記しておく。

道祖神の一例

中村留二

私は昭和六年二日下旬に神奈川縣中郡神田村の村役場の所在地である田村といふ農村に二泊した。偶々村落の岐路にある道祖神の祠が四個程目に着きましたが、皆同型式の趣味多き物であつた、この祠は毎年一月十四日に村端れの空地に移して燒きて左義長をなし、神體は一時假祠に祭りをき一月二十四日に同位置に新築して本祠に移しまゐらすのであると村民は云ふた。私はこの譯で新築の清新なるものを見るを得たのである。祠の構造は六本の柱を掘り出て棟木に桁とを渡して稲藁で屋根を葺いたものである、天地根元の宮造りである。間口三尺五寸、奥行三尺、棟高二尺五寸、柱も棟木も桁も末口二寸の杉丸太である、後面は全面藁を當てた壁で、左右兩側は下部二尺位藁壁とし上は明けてある。正面は下

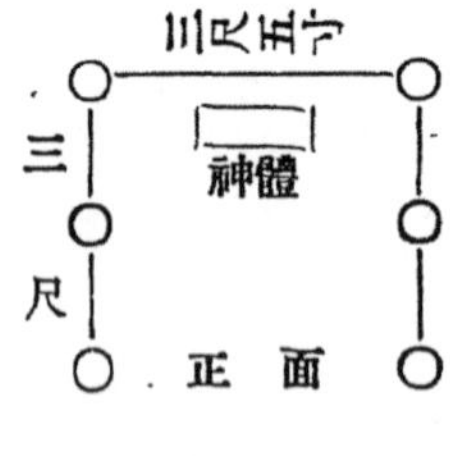

部一尺位藁を當てゝある、要するに堂內の神樣は街道を進み來る村人を迎へ見、又正視し、又送り見ることの出來る樣にしてあるのである。この祠は遠望甚だ優美であるが材料は杉丸太と稻藁と竹片と藁繩である屋根の棟の鴟尾か非常に雄大に見えるが、これは太い尻久米繩を置きたに過ぎぬ。神體は幅八寸、高一尺五寸位の石碑に衣冠束帶の男神一體を浮彫にしたものである、他村には男女兩神の併立したのもあると云ふ。

信濃下伊那郡遠山村大字和田行事

北澤悅佐雄

一、改年の準備

正月の前日。家に依つては前々日。

門飾り。

家內の飾り。一間に正方形に注連を張り、中央に臺を設けて、その上に歳神樣（かいだれ）を祀り、その日の作り物と栗、串柿、御神酒を供へる。

（又、神棚などには別におそないや俵の模型を作つて進ぜる。）

（おそないは平年十二、閏年には十三つくるが、皆、鹽餡が入つてゐる。）

門口の飾り。なりわいと稱する。樫の木に蜜柑、團子、芋は串柿に付け、門口に繩で結んで置く。

二、歳暮

親族廻禮、贈物は大低の場合、餅だといふ話。

勘定日。

諏訪社へ參詣。

三、小正月

若水。　朝早く、未だ雞の飲まぬ中にくみ、先づ明の方に向つて飲む。お茶を沸して飲めばまめになるといふので、家內全體、飲む。

齒固め。　歳神に供へた串柿、栗などを食へば「齒固め」となる。

宮詣で。　一日。參詣に行つてしまふまでは途中逢つても物云はぬ。

寺詣で。　二日。なかをりと云ふ紙を一帖乃至半帖位持つて行く。寺ではおかさ（酒）を吳れるから、その場で飲んで來る。墓詣りはしない。

檀家廻り。　お坊さんが四日に檀家を巡る。小僧に、前に納豆をくばらせてをき、新年の禮を言ひに來る。檀家では御馳走を出す。

信濃下伊那郡遠山村大字和田行事（北澤）

親族廻禮。　二日より六日まで、それ〴〵の日を選んで親族や世話になつた家々を廻禮。持つて行くもの、餅「なかをり」その他緣起のよいもの。

飾り物取拂ひ。　一際の飾り物は七日早朝取拂ひ、一所にをさめて、そこで、朝作る吸物を進ぜてから、それ〴〵自分の持場所へ送る。

七草粥。　六日夜、七草きざみ。七日朝食ふ。

十四日歳とり。

もちひと云ふて歳とりの朝同樣の物を作つて歳とりを行ふ。

和田町では、大正月（新）、小正月、十四日、三回、歳とりを行ふ。

墓詣り。十六日に寺へ御禮詣りに行く。おそない、うどん、錢を持つて行く。自分〴〵の墓所へ詣り、掃除をする。

（正月には宿屋では無料で酒の饗應がある。）

初午　一日から十二日までの午の日を選ぶ。

出山稻荷。

この日、遠山祭りの春祭りとも云はれてゐる祭りが行はれる。人々は、白―赤―白と三枚つなぎにした紙に、年號月日や大願成就など、思ひ〴〵の事を書き、桑又はカズの木に結び付け、稻荷社に進ぜる。

節分　煎つた豆をエビス樣に供へ、沐浴し、食事をすました後に行ふ。

「福は内、鬼は外。隣の婆（バンバ）小便（ションベ）臭（クセ）い。」

桝の中から自分の年だけつかみ出すことに依つて本年の緣起を占ふ。

蒔く者は誰でもかまはぬ。

五月節句　四日の晩、屋根にヨモギ、茅、菖蒲をクルミの枝などに結び付けて棟々に挿し置く。

茅に團子を入れて苞（ツト）を作り、入口の棟に結び付ける。薪の模型を作つて、佛壇、神棚、竈に十本づゝあげる。菖蒲、茅、ヨモギを入れて菖蒲湯をする。六日、菖蒲を親元に持つて行く。

七夕　六日の朝早く、子供達は起きて、畑へ行き、芋の葉にたまる露を集めて來て、それで墨をすり、色紙に字や繪を書いて竹に結ぶ。

その竹には七夕提灯を結び付け、家門に立てる。子供等は七夕提灯を持つて、六日に取り集めてをいた花を箱に詰め、家々にくばつて歩いたり、お互ひに交換したりする。

子供の無い家では竹は立てぬさうだが、御馳走だけは作つてお祝ひする。
八日朝、遠山川に送る。

お盆　十三日盆迎ひ。寺に行つて施餓鬼の旗を貰ひ、ほとけ祭りと云ふて、御幣を作り、佛壇棚を作り施餓鬼旗と御幣を兩わきに立てる。

十四・十五日墓詣り。

十六日、盆送り。朝佛を遠山川に送る。お土産として、茄子のお馬と花、茅（盆棚を作つた時の）はぎの秋草に、團子、油揚などを紙に包み、茅で苞に作つて流す。

その日、送りに行く時は、人に逢ふても物云はぬ。送るのに遅れると佛様のお怒りにふれるといふので、皆、朝夜明けに送る。

旗と御幣は大根畑に挿してをけば虫が付かぬといふので、何處の家でも作れば挿すといふ。（新盆の家では寺にお錢、うどん、十把位を持つて行く。十四日には、一軒一人の見當で出かけ念佛をしてくれる、その時御馳走は出來るだけする）。

かまのこ　九月二十九日に祝ふ。二十八日に餅を作り、棒形に作つた藁の中に入れ、菊を澤山挿す。これを「かまのこ」と云ふて、竈の神に供へて祝ふ。

それに使つた餅を十月六日に食べれば縁起がよい。

この日神様は出雲へ縁結びに出かける。

遠山祭り　十二月十三日、諏訪神社に於て行ふ。

諏訪明神のおんばしら

七年毎に三月の寅、猿の日に行ふ。一本立てるのて、杉を用ひ、切り場所は七年前に撰定して置く。一週間前から切つて注連をはつて置く。

おんばしらが立て終ると、神輿が出て町中を練つて行く。町の衆は御假屋（鳥居の所）で、祝ひ物を出す。神輿が御假屋に着くと「日月の舞」といふのが舞はれる。それが終ると神輿はおさめられ、おんばしらの儀式は盡く終了する。

一極めの詞

——攝津三島郡高槻——

內藤好春

左に採記したものは何れも、兒童の遊戯のうち、鬼ごとや、かくれんぼう等に於て、鬼となるべきものを定める場合、又は文字通り一を極める際等に唱へる詞であるが、然るべき名稱を知らないから、南方先生に從つて（南方隨筆四一〇頁）一極めの詞として、當地にて採集したもの數種を報告することゝする。尤も現在の兒童達の間には顧みられないものも數多くを占めてゐるが、詞の推移を知る上にも面白いと思つて採記した。

一　極めの詞（內藤）

1

かくれん坊しや
池のはたでは六齋念佛
しゅしょうしのわら
ほうしやどっこいせ

2

ひにふにふんだらかいて
夜(よる)も晝も赤い頭巾(づつきん)
かづき通し申した

　守貞漫稿第二十五遊戯の部に京阪におけるものとして掲ぐるものと大差はない

3

一ぽ鐵ぽ　だるま犬師
芋喰ひやぁまのアイ（ノ）ペ

4

一ぽ鐵ぽ　ぜゞ貝
やんまやまやま
ちみどり　みどり
油おけどうけ

むかひ(となり)のさむらひ
つきのぉけたつきのぉけた

　京都の一部にては此の後に「きりあいきりあいどうつんぼアイノカイスノカイ」を附加してゐる。

5

頭の皿わ幾皿む(み)皿
七(なゝ)皿八(や)皿こゝの皿十皿
とさらの上にやいとをすえて
あつやかなしや
かなぼぉとけかなぼおとけ
だぉれに當つても
おこりなえー　おこりなぁ

6

頭の皿わ幾皿む(み)皿
七(なゝ)皿八(や)皿九(こゝの)皿十(とさら)皿
とさらの上にすもゝをのせて
大(おっ)きぃのんをとろか
小(ちっ)さいのんをとろか
どうでも大(おっ)きぃのんを
選(よ)つてとろぉ選(よ)つてとろ

7

井戸のはたに茶碗おいて
あぶないことやつたぁことやつた

8

人どっけどっつけどっつけ
あたつたらおすよがポンする
ねをぬかしてやぁつかポン
ぬけたぁらドンドコショ

以上は主として、かくれんぼうや鬼ごと遊びの際に唱へるものであるが、これらを行ふ時には親以外の子供は、兩手を差出して環狀に並ぶ。親は中央にあつて右の差出された兩手を以上の一極め詞を子供等と共に唱へながら敲いてまはる、詞の畢りに當つたものは其手をおろし、かくしてくりかへし兩手ともに敲かれたものはこれを除き、最後に片手をのみ出し殘つたものを鬼と定める。鬼自身も一方の手の拳の上下を叩くことによつて兩手を敲つ代りとする。尤も以上の如き方法は其詞と共に老媼の語り草となつて今は殆んどかゝる事に遭遇することはない。倚かゝる一極め詞を伴ふものに下駄かくし、草履かくしがある。前述の手の代りを下駄又は草履の片方がつとめるわけである。

9

草履きんじょ（け）きんじょ（け）んじょ
おてんま　てんま
橋の下の菖蒲わ咲いたか咲かぬか
未だ咲き揃わん
妙々車（に）お手にとつて見たれば

一極めの詞（內藤）

しどろくまどろく十三六一（さぶろくいた）よ
嬉遊笑覧卷十二草木の部に信節の註として書かれてゐる『草履けんじょ』の童謠と殆んど同じ。

10

下駄（げーた）かぁくしくぅねっぽ
足（あーし）が痛（いーた）いたぁいこどん
元八彌叻どんのまないたに
てっしりこぉてっしりこ

11

下駄かくし　くぅねんぼ
はぁしのしーたのねーずみが
のぉりをくわえてちょっちょっちゅ

最後のものは現在街頭に聞くことが多い。類戯に芥かくし（當地にては茶わんかくし　くいんはかくし）があるが特殊な詞を聞かない。しかし鬼がさがしあぐんだ時には此等の遊戯に共通に「甘いか酸いか」大根（こ）の根（ね）がからいか」と鬼にさかんに降伏を迫り甘い辛いの返答を要求する。

12

又放屁の砲手極めとしては
今の屁は誰（たれ）がこいた（放屁すること）彼（かれ）がこいた
山のお猿がプンとこいて
逃げ（はしつ）た
（誰に當つてもおこりなぁし）

とて白羽の矢が立つことゝなる。田邊同樣猿が登場するのも面白い。猿については餘談になるが當地にては、子供が蛇や蛙等を殺して後、其祟りをおそれてか「おれのみィとちがふぞ　山のお猿のみィやぞ」とて唾をはく。犯罪の轉嫁に引き出された猿こそいゝ迷惑である。

一極めの詞（內藤）

13

尚一極めとして少し趣の異つたものにごんじやごじやごじやと中の中の小佛とがある。前者にあつては壁に倚れる定められた鬼の後方に他の子供達は手をつないで並び

　ごんじやごじやごじや
　誰（だあれ）のつぎに誰がゐる

と唱和しながら鬼の背後に迫る。中ればその者鬼となり中らなければ

　いゝえないことないこと
　（又ハ　ちーごたちごた）
　だァれの次に誰がゐる

とて又列を組みなほしてくりかへす。これによく似たものは守貞漫稿にもあるが最近まで行はれてゐたやうである。

14

なーかのなーかの小佛
なんで脊がひくい
えんまえびくて
そいで脊がひくい
うしろ「にだれがゐる

15

なーかのなーかの弘法さん
なんで脊がひくい
えんまえびくて
そいで脊がひくい
伸（のー）びよ伸びよ
うしろ（の）正面どーなた

目をおほふて蹲まつてゐる鬼を中央に、子供等は手をつないで鬼のまはりをまはり、唱へ終ると停止し蹲る。鬼は後のものを云ひ當てること等前同樣で、この場合も誤れるときは「ちーごたちーごた　一丁ほどちごた」など云ふ。

16

次に數へ詞の二三を記して見る。メンコやスイショ（硝子のもの）等を數へる時に、大抵は二箇づゝではあるが

　ちうちうたァくわいちよ（ちようちよう）

17

井戸のはたのゴメンジヤコ（めだかのこと）
とつてきてひるまのさいにしよ

18

ちょべさんちょべさん犬（いーぬ）にかまれてワン
蹄（かい）られましたらさあよに申しましよ

尙「おかあさんの針ばこ」又は「にしのみやひがしぐち」なる數へ詞

も聞くが「二四六八十」と云ふのが最も普通に用ひられる樣である。

又菓子などを子供に分配するとき。大小の差又は種類の異なるものあるときは

19

だれにやろかれにやろ
いっちのかはい子に
選つてやろゝ選つてやろ

と云ふ事をおぼえてゐるが。傷つけられやすい子供心を思つてか單に分配の先後をきめるに止つてゐる。遊戯の際源平にわける時の方法として親の唱へる「ひぃふう三つようぃいむうなゝ八つ」の詞により指された三つの組と八つの組とに分けることがある。

以上當地に行はれた、或は行はるゝ一極め詞並に此に類するものを拾つて見たが、時の勢と共に簡單なものが喜ばれる爲か、殆んどジャンケンによつて決する場合が多くなつた。

最後に當地方のジャンケン詞の若干を記して見たい。「ジャンケンホイ」も今は可なり行はれてゐるが ドッシン ホイ（男兒向き）「インジャンホイ」（女兒向き）も懷しいもので「アイコデホイ」とつゞけて行く。特別な場合に「親ドッシンホーイノホイ」「多い（少い）者勝でホーイノホイ」があり稀に「大阪ドッシン負けるが勝や」「兵隊ドッシン大砲聲つてドン」とか「イギリス、フランス、パーリー、ベイコク、イタリヤ、ドイツでホイ」（註、握りす、振りで齒、赤んべイ、捻つて痛い等の所作）など至極念入りのものもあつた事を記憶してゐる。

壹岐の俗信

山口麻太郎

（一） 飲食に關するもの

（1） 五月五日にコーセンを食はぬとコーセン虫になる。枇杷を食はねば枇杷虫になる。筍を食はねば筍虫になる。菖蒲酒を飲まぬと長虫（蛇類）の子を産む。

（2） 生マテ（まてがしの實）を嚙むと喉から血が出る。

（3） 鼠の喰ひかけを食ふと目がぴちぴちする樣になる。

（4） 雜炊にはさいを添へて食ふものでない。

（5） 大晦日の晩には長壽をする樣にと云つて、うどん、そば等の長いものを食ふ。

（6） 餅を搗く時に杵についた餅を直ぐ取つて食へば乞食になる。

（7） 野山で木の枝から箸を作つて辨當などをしまつた時には其の箸は折つて捨てねばならぬ。

（8） 胡麻と鰯の食ひ合せを忌む。胡麻がらの火で燒いた鰯を食つてもよくない。

（9） イッサキ（いさき）の骨は立ち易く、立つたら毒をする。

（10） 茗荷を食ふと物忘れをする。

壹岐の俗信（山口）

(11) 茶柱が立つと其の日の運勢がよい。
(12) 一杓子飯、一ぜん飯を忌む。飯ざるのつる越に飯を盛るを忌む。
(13) 生米（なま）を噛むと口がくさくなる。
(14) 佛樣のお下りを食ふと學問が上達せぬと云つて子供には食はせぬ。
(15) 肴の頭部はオカシラと云つて其の家の主人の膳につける。
(16) 師走の白湯は呑むものでない。
(17) 他家に行つて茶を出されたらそれは飲まねばならぬ。茶を飲んで居る間に其の日の災難を免れる。
(18) 他人に酒をすゝめる時は先づ自分でドクミをしてから盃をさす。
(19) 食物を宙に持つて切るを忌む。
(20) 一盃酒を忌む。
(21) ゴチヨミナを食ふと言葉が鼻にかかる。
(22) 箸で挾んだものを更に箸で挾んで受取るを忌む。
(23) 酒倉には汚れた女を入れぬ。
(24) 南瓜は年越させてはならぬ。必ず年内に食はねばならぬ。
(25) 盆や葬式の佛前の飯には箸をつき立てる。それで飯に箸をつき立てるを忌む。
(26) 酒を手酌で飲むを忌む。それは凶事にする。
(27) 茶碗を箸でたたくと亡者か出る。
(28) 木と竹とのちんばの箸を忌む。それはノベの膳にする。
(29) 食膳に生（なま）味噌をつけるのも葬式に限る。
(30) 飯を食つて直ぐ寢ると牛になる。又骨の間に食つた物がはいるともいふ。
(31) 飯を足で踏むと盲目になる。
(32) かげ茶碗で飲食するを忌む。女や老人は兎も角男殊に若い者は特につゝしむ。
(33) 味噌醬油の腐敗するのは何かの凶兆としておそれる。
(34) 味噌は舊一月二十日、舊八月二十日に搗くをよしとする。此の日以外は干支に依つて日忌をせねばならぬ。それで此の日搗く事の出來ない者は杵に味噌をつけるだけでもしておく。斯うして置けば後で何日でも都合の良い時に搗いて構はぬとされて居る。イノコミソと云つて舊十月亥の日に搗くのも良い。尚六七月中、八月十四日、同十五日、三月と十月、八月中など村により種々の吉日がある。
(35) 梅漬に紫蘇をもみ込むのは六月十六日にする。
(36) 「みつ味噌、たいら酒」と云つて「みつ」の日に味噌を搗き、「たいら」の日に酒を仕込むを忌む。

(37) 醬油の作日は六月十四日、六月二十日、七月廿七日、夏の土用中、など處により吉日の習はしがある。

(38) 福茶と云つて元日にはお茶に梅干を入れて飲む。喉の病氣をせぬともいふ。

(39) 柄杓から直ぐに水を飲むを嫌ふ。飲んだ時は柄杓の柄を噛むまねする。

(二) 衣類其の他裝身に關するもの

(1) 裁ち物を忌む日

イ、さる。とら。八日

ロ、部落内に葬式のある日はモンピとて忌む。

ハ、かのえさるは良過ぎる。

ニ、つちのえ。つちのと。みづのえ。みづのと。には子供の衣類を裁たぬ。

ホ、舟乘りは、みづのえ。みづのと。を忌む。

(2) 裁ち物に良き日

イ、かのと。かのえ。きのえ。きのと。

ロ、う。とり。

(3) 急ぎのものは左の方法で日忌をせぬ。

イ、柳の板を台にして裁つ。

ロ、柳の葉を載せて裁つてもよい。

ハ、「あられえびすの木に裁つ時は月も日も嫌はざりけり」と三遍唱へる。

ニ、「日見ずシャクダケ」とて柳の木から作つたものさしを用ふれば何時でもよろしい。

ホ、「アイギョー様」の柳箸を持ち出して裁つてもよい。

(4) 裁ち物をする時は一升桝に米を入れて道具と一緒にかざり、襟あげの所に其の米を三粒三ケ所に置く。最初は鋏を入れずに俎板の上で薄刄庖丁から襟あげをする。

(5) 死人には晒布で經帷子、手甲、脚絆、頭陀袋などを作つて着せる。此の場合は鋏は一切使はず指で引き裂いて作る。

(6) 着物を着ながら尺をあてるを忌む。

(7) 綻びでも着ながら繕ふを忌む。止を得ない時は「庄屋の嗅の死なした。急ぎ急ぎ」と唱へてする。

(8) 衣類の繼ぎやあては横切を忌む。

(9) 羽織のチボ(乳)は男物は伏せ女物は仰向ける。

(10) 着物を左前に着るを忌む。

(11) 細帯は死者を納棺する折にするから平素はしない。

(12) 寢る時に帯を枕もとに置くと長虫の夢を見る。

(13) 衣類を作りかへる時は袖を身にしてはならぬ。

壹岐の俗信（山口）

（14）縫初は正月二日。ゆづり葉を二枚合せて糸で縫ひ神樣にあげる。それ前には針仕事をせぬ。

（15）五月の節句から夏羽織を着る。又此の日から帷子を着るといふ者もある。

（16）古衣を買つて着る時は襟を足で踏んで着る。然うすると惡病もうつらぬといふ。

（17）女の腰のものには少しでも糸を通して置くとよい。陰門に蛇が這入つた場合に出せる。

（18）女の仕事着に「エーメーカキ」といふものがある。着物の上に着るものである。其の褄には必ず糸で小さい花の縫をしておく。蛇が陰門から這入つた折これでつまみ出すと直ぐ出せるといふ。普通に引つ張つただけでは鱗が逆立つて出るものではないと云はれて居る。

（19）洗濯のし初めも正月の二日で、それ前には決してせぬ。

（20）師走の「み」の日は惡日とて洗濯をしない。

（21）師走の二十日は山姥の洗濯日とて必ず雨が降るとされて居る。此の日は一般に洗濯をしない。

（22）師走の廿五日はお地藏樣の洗濯日とて雨が降らない。此の日は洗濯をする。

（23）子供の着物だけ一枚を竿にかけて干すを忌む。

（24）干物は竿のうらから取らない。必ずもとからぬいて取る。

（25）子供の衣類を干したら必ず日のある中に取入れる。

（26）子供のものに限らず衣類に夜露をとるを忌む。

（27）洗濯物は東に向けて干さぬ。水掛着物が東向にする。死者が火の山を越すのに燒けない樣にと四十九日が間死者の着物を東向にほして絕えず水をかける。これを水掛着物といふのである。

（28）七夕笹はしまひには物干竿にする。此の竿で干せば干物に就ての物忌をする必要がない。

（29）頭に紙をかぶるを忌む。

（30）袂をかぶるを忌む。

（31）敷布團を着て寢ると出世ができぬ。

（32）蚊帳は二日（ふつか）三日（みつか）といふ如く日を「か」と數ふる日から出す。

（33）履物をひっくりかへして置くを忌む。亭主の腹をほすといふ。

（34）家を出る時履物の緒が切れるのは何かの凶兆といふ。

（35）足袋を履いて寢ると親の死に目に合はぬ。出世をせぬともいふ。

（36）草履は夕方おろさぬ。必ず朝おろす。日が暮れてからおろす時はちょっと火をつける。

（37）おろした直ぐの履物で便所に行かぬ。井戸に履いて行くのも忌む者がある。

(38) 履物の緒は左綯ひにする。

(39) 疊の上から草履を履いて下りるのは葬式の時だから平素はしない。

(三) 家屋、屋敷に關するもの

(1) 家建てに良き日は、みづのえ。みづのと。きのえ。きのと。

(2) 家建てに忌む日は、三りんぼう。ひのえ。ひのと。天火。

(3) 天火の日には屋根の葺き替へも忌む。

(4) 地火の日に蒔いた麥のからで天火の日に屋根を葺くと鼠が小便をしかけても火事になる。

(5) 枯木、風折した木、落雷のした木、は家屋の材料に忌む。

(6) えつりを組むにカリマタになるを忌む。

(7) 家の建つ日を「タチマエ」と云ひ屋根が葺ける日を「フキヲロシ」「フキカブリ」と云ひ、此の日に知人親戚等を招待し又一般の祝儀を受ける。親疎貧富等に依つて米俵、肴、酒などを贈る。受けた方では酒肴を充分に用意して盛にもてなす。

(8) 新築の場合も屋根の葺替の場合も棟の上に竹の弓と桑の小枝とを立て粢團子をまつる。

(9) 「フキヲロシ」の日には「ニワウシ」(大黑柱から土間の上に渡された梁)」に鉉鍋をつるして粥を煮る。多くは前に粥を作り置き儀式だけにする。其の粥は妻が藁をまろげたものに盛つて夫に渡すと夫はそれを十二本の柱根に供へてまつる。其の間「ニワウシ」の上からはかねて用意の水を振り撒いてかける。其の柱は東の表の端の柱を一番とし日廻りに數へて大黑柱を十二番とする。粥を盛つた藁の具はあとで集めて竹に貫き屋根裏に挿して置く。それから棟領(或は他の式を知つた誰でもよい)が粥を口にふくんであたりに吹き散らす。前の水でも此の粥でも祝のものとして身にかかるを良いとする。

「ニワウシ」には牛の鞍をかけ側に味噌桶を据える。

此の夜は夜明頃までも盛んに酒宴を張つて唄ひ騷ぐ。

(10) 粢を作る時は兩親ある者が數人で何本もの杵を入れて搗く。

(11) 藁屋の屋根師は「祝うて鎌まき」と云つて屋葺鎌には稍はあるのに其の上から澤山の繩を巻きつけて持ち歸る。屋根師は此の繩を集めて賣るといふ事である。これは昔乞食の家に屋根葺きに行つて賃錢が出來なかつたので道竹繩(屋根に登る道竹を括りつける繩)を貰つて歸つた。其の時から道竹繩は屋根師が取つてもよい事になり其の後道竹縄どころか新縄まで斯くして持つて歸るに様なつたと云ふ事である。

(12) 閾に上ると主人の顔を踏む事になる。

(13) 柱や閾に釘を打込んだり刄物を當てたりすると借金取が來ると云つて忌む。

(14) 「コズスサゲ」と云つて舊十二月十三日に煤拂をする。藁一握の中に栗の枝二本と女竹二本とを入れて束ね紙にて巻き苧で括り、箕を下にすげて其れを以て荒神様の上を三度、爐の上を三度掃ひ、後は他の竹で家中の煤をとる。前記の藁束は輪形に曲げて大黒様にあげる。これを「エビガネ」と云ふ。

(15) 倉開きは正月二日にする。

(16) 牛屋は「ドヘー」と云つて煉り土を厚く積み上げて壁にするが其の外側に鮑貝を外に向けて塗り込んであるのを以前はよく見た。これは蛇を除ける爲めだと云ふ。

(17) キジロー(白蟻)屋敷は蚤が多い。

(18) 溜池を目下に見る屋敷は「朝鏡を見る」と云つて良いものではない。

(19) 屋内の土間に土が一面に瘤が出來た様に踏み固められるのを「ニワモチ」が出來ると云つて吉兆とする。

(20) 西座敷の家はあまり良くない。

(21) 馬越え屋敷と云つて悪鳥が屋敷を越えた爲めにいろんな不幸が絶えぬといふ事が法人などの占ひから出て來る。其の鳥が越したといふ部分だけを切り除けると良いと云ふ。其の鳥がどんな鳥であるかは知らない。

(22) 屋敷あとを畑にした場合に初年は食用作物を栽培せぬ。屋敷あとに出來たものを食うとかたゐになると云はれて居る。

(23) 屋敷が溜池の上手にあつて屋敷水がそれに流れ込むのは悪い。

（昭和六年三月七日）

高知縣幡多郡田ノ口村
下田ノ口の俗信（二）

中平悦磨

六、禁忌などに關する俗信

○屋敷内に枇杷葡萄紫陽花等を植ゑると病人が絶えぬ。
○雨降りの日に癩病(カッタイ)の眞似をするとカッタイになる。
○雨降りに吃の眞似すると吃になる。
○髪を焼くと狂人になる。
○蕗の皮を踏むと瘧になる。屋根の上に抛り上げる。
○生栗一つにカサ八十。「生栗を食べると腫物(デモノ)が出る。

○便所に金物を落し込んでおくと禍を招く。
○口眞似言ふと口ガサが出る。
○蛇を指すと指が腐る。
○南瓜を指すと腐れて落ちる。握拳で數へたりなどする。
○火つきすると寢小便する。
○濃茶を呑むと色黑くなる。
○蝘(ヤドモリ)殺すと喘息(イキヒキ)になる。
○臍の垢とれば腹痛になる。
○蚯蚓に小便すると閇が腫れる。
○井戸を埋めると祟られる場合が多い。
○魚の目を食べると魚の目ン玉が出る。
○食うて直ぐ寢ると牛になる。
○指で數へて屈める數に當る日は、寢枕といつて枕を買つてならない日。起枕を買ふべきで六、七、八、九、十の日ならば差支ない。——『寢枕買ふと病氣になる。』
○河に小便すると河伯(カハノカミ)の罰をうけるので、『河へ行つたら水になれ、海へ行つたら潮になれ。』と唱へてばれば罰を免る。
○手拭(テーテ)を火にあぶつて乾すものではない。
○汁三膳吸ふと馬鹿になる。
○烏の啼眞似するとクチガサが出る。
○夜爪切ると親の死目に逢へぬ。又は死別するともいふ。(前出)

高知縣幡多郡田ノ口村下田ノ口の俗信　(中平)

○圍爐裏へ蜜柑の皮や核(サネ)を入れると貧乏になる。
○朝歌唄ふと貧乏神に見込まれる。
○茶碗膳等を箸で叩くと貧乏する。
○御飯時に身體や手足を小搖ぎに搖がすのは、貧乏ゆるぎといつて貧乏になる。
○夜口笛吹くと盜人が這入る。
○女が釣竿を跨ぐと魚が釣れなくなる。
○天秤棒(オーク)を跨がれると商ひがうまくゆかなくなる。
○ぬかみその糠を分けると身代が減る。
○元日箒を使ふと福の神さんが逃げる。
○元日金を出すと、其年中金が出やまぬ。
○元日は刄物を使つてはならない。
○大歲の晩は早寢してはならぬ。家內明るく焚火して賑かに談笑し、戶を少し開けておく。そこから福神が這入つて來るのである。
○舟靈様(フナダマ)は舳先にゐるから、女は此處に立たれぬ。男も此處から、又は此方向きに小便せぬ。
○肩にすがられると商法損をする。
○冷飯食ふと男は出世しない。
○影を食ふと出世しない。
○着物の脊を縫ふ絲は中で繼がぬものだ。繼ぐと出世が出來な

高知縣幡多郡田ノ口村下田ノ口の俗信　（中平）

い。

○人に手の雫を振りかけるものでない。掛けられると出世しない。

○人に跨がれると出世が出來ぬ。

○硯に字を書くと上達しない。

○『頭かく子は恥をかく。』人形書を書くものは出世せぬ。

○笊（ソーケ）を被ると脊が伸びない。白髮になるとも。

○桝を伏せておくものではない。

○箕を倒に立てるものでない。

○からの唐箕を廻すものではない。

○土瓶の口を北向けにして掛けておくものでない。

○尺蠖（スントリ）に寸取られると脊が伸びぬ。

○臼の上に立つと脊が伸びぬ。

○親に手を振上げると土龍（モグラモチ）の手の樣になる。

○親を睨むと平目魚の目の樣になる。

○繩を燒くと恥をかく。

○『夕方（クラミヤイ）にする仕事は後へ戻る。』

○俵の底を叩くものではない。バサ／＼と兩手を打合す樣にして振ふばかり。

○卸し立ての履物を便所へ穿いてゆかぬもの。

○人の寫眞を燒くとその人禍に逢ふ。

○金物を海に入れると海が荒れる。

○朝汁掛飯食ふとその日の災難が免れられぬ。

○申の日に着物を裁つと燒ける。

○庚申の夜早寢するものぢやない。

○三りんぼの日高所へ上ると怪我（アイマチ）する。

○『くべ合ひすると、盜み合ひする。』

○二人双方から火を吹くことも忌む。

○自分の足を自分の足で擦つて洗ふと旅先で盜難にあふ。

○嘘を吐くと盜人になる。舌が二枚生へるとも。

○節分の豆煎る時には、釜の中を覗いてはならぬ。煎る時の唱へ詞『爺ン婆（モド）ア　エ、モギ　婆（バア）ン　モギャ　ワリイモギ。』

○鼠の惡罵をすると、その人の持物が必ず嚙られる。で鼠を呼ぶには「福樣」又は「お客樣」

○敷居に釘打つものでない。

○柱に傷つけるは親の顏へ泥塗ると同じことだ。

○生木に釘打つものではない。蘇鐵は此の限りでない。

○ミモチと言つて巳の日には餅を搗くことを忌む。

○坑内ではアナといふ詞を避ける。

○洗濯物は必ず一度疊み又は疊みてからでないと着ぬ。

○土間の中から鍬鎌等を擔いで出ぬもの、手に持ち柄を前に向けて出るものだ。

○歌ふ雌鷄は飼ふものでない。
○子供と同じ年の猫は飼つてならん。
○一貫を越えた猫は魔力を得る故家に置いてはいかない。
○人の去つたすぐ後で掃除せぬものだ。
○物干竿を載せる爲、木を三本組んで作つた三叉のその下を拔けると脊が伸びない。
○夜分新調の衣服を卸すものではない。
○紫色のトカゲは神様の使だから殺してはならぬ。
○砥石を女が跨ぐと割れる。
○シツケのかゝつたまゝの着物を着るものではない。
○澤庵漬は一切三切を忌む。「人斬れ」「身斬れ」に通ずる故。
○左り前、左り前を忌む。
○櫛を投げて渡すものではない。
○入野村の鄕社賀茂八幡宮祭禮の競馬には白馬を忌む。出せば必ず怪我人を出す。
○道のつき當りに門のある家は不幸がつゞく。
○月の三日に旅立ちするな。
○神様のお下げ物を頂くと出世するといふので、一家の若い者がそれを食べるが、大黒様のだけは、色が黒くなるからとて老人か父母が食べる。

七、俗呪方などの俗信

高知縣幡多郡田ノ口村下田ノ口の俗信　（中平）

○物貰の出來た時は、井戸の上へ行き、大豆を目に當てがひ置き『アリャメボが落ちた！』といつて豆を落しこめば治る。
○眼に埃が入つた時は、眞珠を入れると取れる。
○衝き眼には、乳汁を絞り込めばなほる。
○流行目の傳染を避ける爲には、患者に向つて『ヤンメ犬の糞ツーツー。』と唱へて、唾かける眞似をする。
○眼病を治するには、め字を年齢數だけ書いた繪馬を薬師様へ獻じる。
○眼病の折つけると治ると俗信される墓水も所々にある。
○鼻の孔のつまつた時は線香の煙を吸へば通じる。
○シャックリはビックリさせば治る。又怒らせても。
○シャクリに柿のヘタを煎じて服ますれば實効百パーセントだ。之は漢方らしい。
○シャクリが二十四時間續けば死ぬ。
○喉に小骨を立てた時は御飯を丸呑みにするか、又は茶碗に清水を汲み。箸を二本その上に横たえて大神宮様に供へ、しばしの後下げて呑めばとれる。
○小兒の齒の脫けた時、上の齒なら床の下へ投げ込み『オラン齒と鼠ン齒と生えぐらごオラン齒が先イ生え。』と唱へ、下の齒なら屋根に投上げて『オラン齒と烏ン齒と生えぐらごオラン齒ン先イ生え。』と唱へると、早く良い齒が生えて來る。

高知縣幡多郡田ノ口村下田ノ口の俗信 （中平）

○鼻血の出る時は頂(ドンノクボ)の毛を拔けば止まる。
○又地中に半ば埋れた小石を『ドッコイショ』と起しても。
○切傷の血は、イタチ草をもんで附けると止まる。
○クチジケはオガメの唾(ユーダレ)(烏の金玉)の黒燒でなほる。
○クチガサ其他のデモノにはヒトツバの黒燒を油でこねたものをつけるとよい。
○『風邪は食ひ拔け。』とて、大いに物を食べるがよいと。
○風邪には又、橙を二つに割り、それに砂糖を乘せて火の上に置いて燒き、沸立つた所で中味をくり出して食べるとよい。橙に蜜柑を代用することもある。
○蚯蚓に小便して腫れた陰莖は、どの蚯蚓でもよいから洗つて放してやれば、舊に復すると。
○犬に咬まれた際は、その飼主の家で作つた味噌を貰つてつけるとなほる。主若し與へ惜しめば惡報がある。
○蝮に咬まれた傷には莨のヤニを塗るとよい。
○ナマヅ(皮膚の白斑)病になれば、鯰の繪馬を神に献ずる。
○疣を取るには、蜘蛛の糸で切き卷ればよい。
○疣につければそれが落ちると傳へる墓碑の溜り水もある。それをつけつゝ『治つたら盆に踊りを進ぜます。』と頼む。
○ソラ手を癒すには、土瓶のつるの間からその手を差出して、男なら女の、女なら男の末子に糸で卷いて貰ふ。

○桑樹柳樹クサナ木等の幹にゐる木クヒ蟲は咳と疳氣の藥。火に炙つて用ゐる。
○蝮の酒漬けは婦人病の妙藥。
○蝮は人に精力をつけるに使ふ。鬪犬、競馬、軍鷄にも用ゐる。
○大葉子(ヘッコベ)の根は消渇の藥になる。
○百足油（茶を注げば百足はすぐ死ぬ。それを瓶につめておいたもの）は耳孔の腫れた時注入して効目がある。
○百足蜂等にやられた所へは齒クソをつけるとよい。
○雪解の雨垂水を瓶に受けて貯へおけば汗モの藥。
○茅ビレ茨(バラ)ガキ等の傷には、小便を掛て置けば湯スイをしない。
○風邪ひきを直すには、風呂に首まで浸つて冷水を飲み、又は蜜柑を食ふ。
○人の坐つた後に坐ると、梅毒(カサ)ヒゼン等をもらふ。三遍叩いて坐れば無難。
○梅毒ヒゼン等の患者の後で風呂に入る時は、燃えさしを湯の中にジウと浸して、然る後入ればうつらない。
○癩病人の死んだ時は、壁又は垣を破つて門と反對側から棺を出すと、その家に再びその患者を出さぬと傳ふ。
○寢汗、寢小便にはゴニナが効く。
○輕石の粉末を食ふか、煙草に入れて呑むかすれば、際限もなく屁が出る。

○鷄の病氣には辛子水がきく事が多い。
○初物を食ふと、七十五日長生きする。
○藜の杖をつくと長生する。
○茗荷を食ふと物忘れする。
○痺のきれた時は、壁のスサを取つて唾で額につける。その時の呪詞『京見ョ〳〵。』
○松虫手(他地方のまむし指)は痛みを治する効力がある。
○水虫苦虫を患づてゐる時は悪い掌へ墨で鯉字を書く。
○節分の夜の煎豆を初雷の時食へば悪難を免れる。
○桑の木で作つた瓢簞を小兒の脊につけて置くと、百日咳(クツビキ)にかからぬ。又は息災だとも。
○小兒の無病息災を祈る爲、瓢たん六つ、子供(息)の人形一つ、骸子一但を一緒にして(六瓢息骸)腰に吊しもする。
○流行感冒のはやる時は、『久松をらん』と書いて門口に貼るとその家には入らぬ。
○左義長の日に燒いた門松の燒け切れを門口に吊して置くと疫病が入らぬ。
○鮑の殼、刺のある貝殼等も同じ意味で吊す。
○昔は蘇民將來の符も吊した。
○土用の入りにニンニクを食ふと病氣にかゝらぬ。
○土用の丑日に川魚を食ふと暑氣に當てられぬ。

高知縣幡多郡田ノ口村下田ノ口の俗信 (中平)

○紺の脚絆を穿いてをれば蝮に嚙まれない。
○蝮の難を免れる呪文に『この山に鹿子斑の長虫ゐれば、逐ひのけ給へや山の姫神ツーッッ。』最後は唾吐く眞似。
○果樹には必ず一つだけ採らずに枝に殘して置く。之を木守といふ。來年もよくなる樣に祈るのである。
○大便を催し乍ら出來ない時は、人知れず小石を拾つて懷中する、暫時にして忘れた樣によくなる。
○節分の豆煎るに使つたトベラの枝を麥畑に挿せば、よく麥が出來る。
○葬式に用ゐたものをつけて出ると、漁が多くある。
○時化の時竿の先に鎌をつけて立てると風が鎭まる。
○帚を逆さに立てると、尙念入りにはそれに頰被りさせると尻長客もすぐ歸る。
○紙魚を防ぐには、銀杏の葉を書册の中に挾みおくべし。
○鼠の壁を穿つを防ぐには、崑蒻玉の皮や屑やをつきて土の中に塗り籠めて置けばよく、土龍の來るを防ぐには、その穴に雞糞を埋めるといゝがと敎ふ。
○想ふ人の髮の毛を自分のと結んで雨垂の下に埋めて置けば想が叶ふ。
○寒の入りに小豆飯を食ふ。この日轉ぶと怪我(アイマチ)をするので『小豆食ふた餅食ふた。疊の上で辷つた。』と唱へる。

高知縣幡多郡田ノ口村下田ノ口の俗信（中平）

○子供等誓約する時『指切り(イビ)　金切り(カナ)　鍛冶屋の前で、指切つて死んだ。』と唱へ、人差指と拇指で輪を造り、互にその息吹きかけては、人差指でその輪を切る。誓約を間違へたら、罰が當るぞといふ意味の詞である。

八、妖怪その他の俗信

○蚯蚓を蔭干にしたのを燈心にして蓖の油を燈せば、幽靈魔神みることが出來る。

○狸に化かされさうな時には、『誰ぞ？』と聲かける。と必ず『ウラぢやが』——狸はオラの詞が言へない——と答へる。こゝで早速『ウラ（梢）なら本よ。』と言返せば、もうばかし得ずなる。

○舟幽靈(フナユーレン)は阿迦換(アカカエ)を貸せと必ず言ふものだ。若しその時完全な杓を貸せば忽の間に舟中一杯海水を汲入れて沈沒せしめられる。で杓の底を打脱いて與へねばならない。

○立繰返(タテクリカヤシ)といふ怪は、手杵の大きい樣なものが顚倒し乍ら驀進して來るもの。之は猪の如くにて方向轉換の出來ぬものだから、も少しといふ時つと脇にはづせばよい。

○野襖(ノブスマ)といふ怪は、前面に壁を立てた樣に上下左右盡きる所がなく、斬つても擊つても駄目だ。その時はどつかと腰を下ろして煙草を喫すれば、數服する間に消去る。

○ヨルといふ怪は晝間空間を飛行する影の雲の如きもの。

○ヒルといふは、夜間飛行する火ではないが明りの塊。ヨルもヒルも格別人に危害を與へることをしない。

○怪火(ケチビ)は草履の裏へ唾をつけて招けば捕へられる。

○怪火、狸の火などを人間の作つた火と辨別するには薄目にして見ればよい。後光（光芒）のさしてる方が人間の火で、たゞほの明るいだけが怪火。

○雷樣は子供の臍をとる。

○雷鳴の時は『桑原々々』と唱へ　地震の時は『カア〳〵』と唱へる。

○雷鳴の時は蚊屋（麻を特に佳とす）又は天井のある間か、二階下かへ行き、線香を焚いて難を避けんと祈る。

○落ちた雷樣が再び天上に搔き上つた後には、宙に幾筋もの爪の痕が認められる。

○落雷は家を燒いても、雪隱は燒かない。

○水に溺れる者を助けに行くには、先づ茶を一杯呑んで氣を落着けて入るべきだ。

○猫の毛を呑むと、喉が腫れる。

○ツユイモは盜んで植ゑるとよく育つ。

○四國巡禮中には房事をしてはならぬ。

○石槌山の行者は、精進潔齋が足らぬと登られない。根性の惡い者は鎖から落ちる。登山中家族に變事があれば、白衣に血痕が現れる。

○茶の實の油を三年つけると蛇神に化生する。（了）

紙上問答

○たとへ一言一句でもお思ひよりの事は、直に答をしたためて頂きたい。

○一度出した問題は、永久に答へを歡んでお受けする。

○どの問題の組にも、もあひの番號をつけておくことにする。

問(五二) 海へ肥を施す。

寺門靜軒の靜軒痴談下卷紫儀子の條に、松前の地は田圃なければ屎糞の不用になる故、之を海濱へ搬びゆきて棄るといふ、因て思ふに松前の昆布の甘きは其すつる所の屎尿が自然と養をなすにやあらん、江都の海にて漁どる魚の風味よきは日に費ゆる小便が溝より川より流れ出て潮に和して海に至る故なるべし、某が著せし魚譜にも見得たりと記す。

岡山縣邑久郡の海岸地方にては牡蠣の風味をよくするため丁度口をあけて居る時を見計、人糞を施すと云ふ。斯る例他處にもありやと質問す。(四月五日、桂又三郎)

問(五三) 淡桃色の躑躅を嫌ふ。

兵庫縣加西郡下里村地方では淡桃色の躑躅の花を家へ持つて歸ると火事があるといつて嫌ひます。庭へ植えるのでも紅だとか白味の勝つたのは植えますが桃、淡桃色なのは植えません。類例がありませうか。

問(五四) 夜口笛を吹くを忌む。

同地方では口笛を夜ふくと泥棒が入ると信じられてゐます。これも類例を知りたいと考へてゐます。(以上二問、粟山一夫)

答(四一) 觀音のかり錢。

大正十一年三版、永尾龍造君の支那民俗誌、二〇三頁に、北京の新聞から『京師廣寧門外の財神廟は、廟貌巍煥、報賽最も盛ん也。毎歳正月二日(九月十七日亦然り)城を傾けて徃て祀る。商賈妓女最も夥し。廟祝は更に其説を神にして説て謂ふ、神前の紙錠を借て懷にして歸り、財を得るを俟て、當に十倍を以て神に酬ゆべしと。故に皆之に趨る事鶩の如し』と引きある。水間寺等も支那の風をまれたのでがな有う。(三月廿三日早朝、南方熊楠)

答(四三) 鳥取縣岩美郡大岩村地方。

下肥(シモゴエ)(糞尿)を運ぶ節切藁(キリワラ)とて藁を五六寸の長さに切つたものを一握り位宛桶の中へ入れる。桶には蓋がない。

それから飲用水を運ぶ節にはまゝ椿の小枝、路の葉、その他のあり合せの草木の葉などを入れて運ぶ事もある。然しこれは必らずさうすると云ふ程度ではない。(橋浦泰雄)

答(四二)

岡山縣兒島郡粒江村では開墾地のことゝて井戸を掘つても鹽水しか出ない、そこで山上の池へ水を汲みに行くが其時桶の中へ幅二寸厚さ二三分の十字形に組んだ板を入れる。此の十字形に組んだ板を入れることは岡山市にても現に酒屋で使用されて居り、又都窪郡早島町地方でも行はれて居る。尙早島町では五寸位の四角な板とか鍋ぶたを現に桶へ入れて居る。

又小田郡北川村にては田へ水を運ぶ時に擔ふ桶の中へ七八寸に切つた藁とか、藁を環にしたものを入れる、御津郡馬室下村にてはカイ(藁を一寸位に切つたもの)を入れる。都窪郡帶江村にてはモロの葉(モロ松の枝)とか松の小枝を入れる。

又兒島郡地方の酒屋では七寸四角位の簾を入れる。尙下肥に五寸位に切つた藁を入れることは廣く行はれて居る。

嘗て私が奇妙に感じたことは御津郡加茂村の山の奥で、野壺の上に股がる樣な大きな便所に入つたことがある。踏み板と壺との間に横に一本の棒がある、之は用便の際一度其棒に當てゝそれから壺に落すのであつて、少しも上に跳ね

上らない。之等もよく考へたものだ。（桂又三郎）

答（四四） 呼び坂、點頭坂、

岡山縣御津郡横井村大字富原より一宮村に至る途中に、オナリ坂（平津村）と云ふ峠がある。此處は古く呼び坂又は點頭坂と稱して居つた。吉備前秘錄（享和二年寫本）上卷に左の記錄がある。

呼吸點頭坂は往古の西國海道なり。永祿の頃津高郡金川の城主松田左近將監、惡逆の勇にほこりて、當國一の宮を燒拂ひ終日鷹狩杯して金川へ歸らんとせし所、此呼坂より兒壹人あらはれ出、松田を呼掛る。松田は遙に行のびて點頭坂に至りしが、跡より呼掛る故歸りて後を見る。其兒聲を上て曰、汝當社を燒拂ふ、大逆の罪科之に過ぎず。我三年の內に罪を報ふべしと云ふ。松田是を聞き、からからと打笑ひ、三年とは余り遠し、今急に報して見られよといふ。兒童重て其儀ならば百日の內に思ひしらせんといふて掻消す様に失てけり。松田は百日の內に業病を請て相果たり。此謂れに仍而、呼坂點頭坂といふ也。

（第二信） 甲子夜話續篇卷八十に左記の如き記事あり。

呼坂をうちたつ宿の主に呼坂とはいかなる故にていふと云へば、豐臣太閤の朝鮮を伐たまひし時此處にて從軍の兵卒を呼ばせ給ひしより名づけしと聞傳ふ』 尙吉田氏の地名辭典をみるに、大內氏實錄を引用して右の傳説なし。

又福山志料卷十七に讀坂の傳説あり、之も結局同じものならんか。

讀坂（備後品治郡服部永谷村）

明細書に、昔一馬卒空樽を馱して歸る。一男子忽に出て、此の書を屆け玉はれとて授けしを何心なく受取來り屆ける人の名を問はざりしかば此坂にて人に逢て其書を出し讀ましむるに名宛あやしとて剝封して見るに空樽つけたる人の膓一具進上致候と書けり。扨は水中の河童などの仕業ならん、川ある方を避て歸れよと推められ、迂路してその厄を免れしと云ふ。それより此處を讀坂と呼ぶとなり。（四月五日）

（第三信） 採輯諸國風土記（古典全集本）駿河國の項に（五十八頁）左の記錄あり。

不來見の濱　てこのよび坂

［するがの國の風土記に云。］廬原郡不來見の濱に妻をおきてかよふ神あり。其神つねに岩木の山より越て來るに。かの山にあらぶる神の道さまたぐる神有りて。さへぎりて不通。仲の神あらざる間をうかゞひてかよふ。かるがゆゑに來る事かたし。女神は男神を待とて。山木の山の此方にいたりてよる〳〵待にゝ待得る事なければ。男神の名よびてさけぶ。よりてそこを名付て手兒のよび坂とす。

×

又岡山縣小田郡新山村にては、ホートーと稱する者ありて村のしらせを觸れて歩く。其方法は道を歩き乍ら又は土手に登つて次の樣に呼ぶ。（高木勇氏談）

一、田植時分に雨が降れば、アマヤスミドヨー。
二、オーダウエの時は、シロミテドヨー。
三、五月節句の時は忙しきため節句の仕直と云ふものをす、其時はセックノシナヲシドヨー。
四、夏雨が降つた時など、ミズヤスミドヨー。
五、二百十日二百二十日が無事にすめば、オントーヤスミドヨー。（四月十一日、桂又三郎）

答（四六）

兵庫縣加西郡下里村では朝坊主はげんが惡いといつて嫌ひます。甚だしいのは寺へ行くのさへ嫌ひます。同じく凶事があるといふ考へからであります。恐らく商店でも喜ばないことゝ思ひます。商店で喜ぶのは第一番の客が女の人であるとよくもうかるといつて喜びます。（栗山一夫）

學界消息

○第六回郷土舞踊民謡大會　は四月十七、八、九の三日に亘つて日本青年館に於て開催された。熊本縣より來場すべき虎踊をのぞけば、大體其プログラムは既報の如くであつたが、これと日を同じうして同じ會場に於て催された大日本聯合青年團大日本女子青年團主催の第四回青年創作副業展覧會は各地方の副業的手工藝品を蒐めて三府三十一縣、臺灣、北海道の地に及び、長い傳統に培れた農家の日用品といはゞ都市の人々の鑑賞を本位とする工藝品とが併陳され、民間工藝の傳統と其推移を知る上にも、又其將來に於ける進路を示すものとしても、種々の點より興味多いものであつた。

○民俗藝術の會　は四月五日、武藏小金井日本青年館分館に於て座談會を開き、つゞいて四月二十四日青山日本青年館に於て第六回郷土舞踊民謡大會の合評會を催した。

○東京人類學會　の三月例會は同月二十八日東大人類學教室に於て開會され、橋本增吉氏の『支那民族の人種概念』と題する講演があり、四月二十五日同所に於て開催された四月例會には金田一京助氏の講演『アイヌのユーカラについて』があつた。

○中山文化研究所　の迷信と信仰の展覧會は四月二十日より二十四日まで東洋ビル四階の同研究所内に於て催された。同研究所の迷信研究の目的は所謂迷信打破にあるのであるが、かく多數に蒐集された迷信關係の文獻及土俗玩具は民俗學的にも重要な意味をもち來すものと思はれる。

○民俗資料類纂　本山桂川氏は既に發表され又は將來發表される民俗資料を分類整理する民俗事彙の編纂を企劃し、近世期の新舊刊行本、未刊本、新古各種雜誌其他必要の文獻を渉獵し、其出所、筆者、發表年月等を明記し、項目を五十音によつて分類し、『民俗資料類纂』と名附けて遂次刊行頒布することになつて居たが、最近其第一册アの部、その一を出した。今其目録を示せば、

「アイゴのワカ」(愛護ノ若)

「アイヌ」

アイヌの衣服、アイヌの飲食物、アイヌの住居(家居)アイヌなる名稱、アイヌの信仰生活、アイヌの婦人、アイヌの婚姻、アイヌの出產、アイヌの命名、アイヌの鬚髯、アイヌの熊祭、(熊送)

(毎月一册以上刊行〔毎册四六倍版五十頁内外一前金申込、會員に限り配布、二册以上前納の事〕毎册會費五拾錢、千葉縣市川町九九三日本民俗研究會振替口座東京七〇四九七番〕

○化け物は信仰上の事實であつて、古代の神の退化したものであるから、化け物の研究は正しい宗教學建設の第一歩となるといふ見地に基いて、橘正一氏はこの六月より月刊雜誌『化け物研究』を創刊する豫定であると。(會費廿五錢　盛岡市新馬町　橘正一)

○民俗藝術四ノ三

民間特別の演劇
備中神代神樂の敎本　橋本　青陵
備中神樂を觀る　同
南部神樂と歌舞伎と　本田　安次
地獄極樂の芝居　小寺　融吉
淡路の壇尻　安田　靜雄
春男女祭りの話　高倉　薰
筑後若宮八幡宮の卯の日　大亦詮一郎
尾張田縣神社の魔羅祭　上畠二十四
神戸駒林の左義長　河本　正義
たのむとたのめの行事　熊谷　勝
埼玉地方の節分二つ　北澤怡佐雄
阿波の子供遊び　金澤　治
諸國祭祀暦

○旅と傳説四ノ四昔話號

學界消息

昔話採集者の爲に　柳田國男
岩手郡昔話四篇　田中喜多美
三戸郡昔話二篇　能田太郎
鹿角郡昔話五篇　内田武志
津久井郡昔話三篇　鈴木重光
中魚沼郡昔話三篇　宮澤清文
南蒲原郡昔話五篇　外山暦郎
能美郡昔話一篇　早川孝太郎
南安曇郡昔話四篇　有賀喜左衞門
上伊那郡昔話二篇　同
奥設樂郡昔話三篇　佐々木弘之
南設樂郡昔話四篇　早川孝太郎
高島郡昔話二篇　三田村耕治
紀州熊野昔話四篇　樫山嘉一
播磨神崎郡昔話六篇　藤本政治
大屋の横生話　大田垣卯花
岡山市昔話一篇　桂又三郎
小豆島昔話三篇　川野正雄
八東郡昔話一篇　清水兵三
邑智郡昔話八篇　久野興仁
筑前對間話　小野吾滑
八代郡昔話四篇　濱田隆一
壹岐島昔話九篇　山口麻太郎
櫻を神木とする事　南方熊楠

○史學十ノ一

支那史料に現はれたる我が上代　橋本增吉
スサノヲノ命及び出雲の神々　松本信廣

○史苑五ノ六

民族學の文獻　岡田太郎

○鄕土一ノ二

なんぢやもんぢやの樹　柳田國男
小縣郡武石村小山家の圍爐裡　小山眞夫
村を渡り來る者(下)　胡桃澤勘内
山の生活　早川孝太郎
山村と馬　丸山壽榮
水引の製造　長田尙夫
庚申講の什器共同購入に就て　小林寬嗣
枝村の出來た話　中村吉次
上伊那郡伊那富村の山ノ神　小松三郎
正月の頃　小口伊乙
北安曇郡小谷の正月　南方華洲
下伊那郡伍和村の小正月　熊谷喬
北佐久郡小諸の正月　小栗擴治
お年越の話　中村吉三郎
南安曇郡の正月　池上隆祐
變化の多い兒童語　河原宏
北安曇郡の方言(一)　馬場治三郎
諏訪郡八ッ手の手毬唄(一)　小池安右衞門
諏訪郡上諏訪の手毬唄　竹澤直義
下高井郡福島の民謠　大月松二
子供の遊び　佐竹盛富
庚申講　伊藤政一
神樣の怒つた話　中村寅一
やまんば、誘ひの神　野村虎雄
鍵と火棚、死兒と後產　柚山富吉
氏神と禁忌　今井武志
更埴地方民間天氣豫報　安間清
蘇南傳說(一)　松澤松三郎
植樹の禁忌　松林六郎
枝垂櫻の報告　藤野、小口、酒井、桂
松代の文獻　伊藤英一郎
同想錄　矢ケ崎榮次郎

○方言と土俗一ノ十二

全國カヤツリグサ方言集　佐藤清明
岩手縣遠野植物方言集　笹村祥二
下野國羽黑山のボンデン　山口葭江
盛岡　長山生
信州伊那方言　北山長雄
發音調査　諸家
ヅーヅー辯の音聲學的觀察　橘正一

◇前號目次

△原稿、寄贈及交換雜誌類の御送附、入會退會の御申込會費の御拂込、等は總て左記學會宛に御願ひしたし。
△會費の御拂込には振替口座を御利用ありたし。
△會員御轉居の節は新舊御住所を御通知相成たし。
△御照會は通信料御添付ありたし。
△領收證の御請求に對しても同樣の事。

昭和六年五月一日印刷
昭和六年五月十日發行
定價金八拾錢
編輯兼發行者 小泉鐵　東京市神田區表猿樂町二番地
印刷者 中村修二　東京市神田區表猿樂町二番地
印刷所 株式會社 開明堂支店
發行所 民俗學會　東京市神田區北甲賀町四番地　振替東京七二九九〇番　電話神田二七七五番
取扱所 岡書院　東京市神田區北甲賀町四番地　振替東京六七六一九番

MINZOKUGAKU

THE JAPANESE JOURNAL OF FOLKLORE

Published by the

MINZOKU-GAKKAI

Volume III　　May 1931　　Number 5

Page

Articles:

Short Notes:

Folkloristic Notices:

MINZOKU-GAKKAI

4, Kita-Kôga-chô, Kanda, Tokyo, Japan.

民俗學

民俗學

第參卷　第六號

昭和六年六月

民俗學會發行

民俗學會會則

第一條　本會を民俗學會と名づく

第二條　本會は民俗學に關する知識の普及並に研究者の交詢を目的とす

第三條　本會の目的を達成する爲めに左の事業を行ふ

イ　毎月一回雜誌「民俗學」を發行す

ロ　毎月一回例會として民俗學談話會を開催す

但春秋二回を大會とす

ハ　隨時講演會を開催することあるべし

第四條　本會の會員は本會の趣旨目的を贊成し會費（半年分參圓　壹年分六圓）を前納するものとす

第五條　本會會員は例會並に大會に出席することを得るものとす　講演會に就いても亦同じ

第六條　本會の會務を遂行する爲めに會員中より委員若干名を互選す

第七條　委員中より幹事一名、常務委員三名を互選し、幹事は事務を執行し、常務委員は編輯庶務會計の事務を分擔す

第八條　本會の事務所を東京市神田區北甲賀町四番地に置く

附則

第一條　大會の決議によりて本會則を變更することを得

私達が集つて此度上記のやうな趣意で民俗學會を起すことになりました。

考へて見ますと學問が大學とか研究室とかに閉ぢこめられてゐた時代は何時まで何時までつゞくものではないといふことが云はれますが、然し大學とか研究室とかいふものを必要としなければならない學問のあることも確かに事實です。然し民俗學といふやうな民間傳承を研究の對象とする學問こそは眞に大學も研究室も之を獨占することの出來ない學問であります。然しさればといつてそれは又一人一人の篤志家や學究が個々別々にやつてゐたのでは決してものになる學問ではありません。出來るだけ多くの、出來るだけ廣い範圍の協力に待つしかないものと思ひます。日本に於て決して民間傳承の資料の蒐集なり研究なりが閑却されてゐたとはいへません。然しそれがまだ眞にまとまるところにまとまつてゐるとはいはれないのが事實であります。

かう云ふ事情の下にある民俗學の現狀をもつと開拓發展せしめたいがために、民俗學會といふものを發起することになつた次第です。そして同樣の趣旨のもとに民間傳承の研究解說及び資料の蒐集を目的として、會員を募集し、會員諸君の御助力を仰つてこれらを發表する機關として「民俗學」と題する雜誌を發行することになりました。

どうかこの一般國民生活の中に深く生きてゐる事實の意義及び傳承を生かす爲めに、そして民間の學問としての學的性質を達成せしむる爲に、本會の趣旨を御諒解の上御入會御援助を賜りたく御願ひ申します。

委員

石田幹之助　宇野圓空　折口信夫

金田一京助　小泉鐵　松村武雄

松本信廣（在京委員）

秋葉隆　移川子之藏　西田直二郎

（地方委員）

昭和六年六月發行

民俗學

第三卷 第六號

目次

山の神としての素盞嗚尊（二）

肥後和男

四　素盞嗚尊と大國主命

素盞嗚尊の御子神に木の神や年の神があつても、それはある自然力だとして説明することも出來る。然し大國主命が同じく素盞嗚尊の御子であり、而も最も大きな子であるといふ事は何と考へらるべきか。

素盞嗚尊が韓地へ渡つたとか、大國主命が國讓りをしたといふ話の基礎には多少の歴史的基礎があらう。それについては若干の私見もある。然し現在の私の立場は、專ら素盞嗚尊を山の神として理解しようとするにある。從つて大國主命の問題もこの立場から説明されなければならぬ。私はさきに神系に於ける子神は、親神の屬性が分離し獨立したものであり、子神としてあらはされた神性は、元來親神の神性の一部分であつたと考へた。それなら子神たる大國主命の神性は、嘗て親神たる素盞嗚尊に屬して居たとしなければならぬ。果してそんなことがいへるであらうか。その前に少しく兩者の世代的關係を見なければならない。

書紀の本文によると、素盞嗚尊が奇稻田姫と結婚して出來た子が大巳貴神だとしてある。がその一書には稻田媛の生んだのは清（すが）之湯山主三名狹漏彦八嶋篠、一名清之繋名坂輕彦八嶋手命、も一つの名、清之湯山主三名狹漏彦八嶋野で、この神の五世の孫が即大國主神だと述べてゐる。古事記ではこの關係が更に詳しい。曰く櫛名田比賣をもて隱處(くみど)を起して生みませる神の名は八島士奴美神といふ。八島士奴美神、大山津見神の女名は木花知流比賣に娶ひて生みませる子、布波能母遲久奴須奴神、この神淤迦美神の女、名は日河比賣に娶ひて生みませる子深淵之水夜禮花神、この神天之都度閇知泥神に娶ひて生みませる子、淤美豆奴神、この神、布怒豆怒神の女、名は布帝耳神に娶ひて生みませる子、天之冬衣神、この神刺國大神の女、名は刺國若比賣に娶ひて生みませる子、大國主神と。

大國主命が素盞嗚尊の子であるのと、六世の孫であるとするのは、どちらが正しいかといふより、どちらが原始的の形であるか。これを論議することは今の問題に格別必要もないから、大國主命は素盞嗚尊の子であるとして話を進めよう。たゞ舊事紀に素盞嗚尊が稻田姫と婚して生むところとして、大巳貴神矣亦名八嶋士奴美神亦名大國主神亦名淸之湯山主三名狹漏彥八嶋篠亦名淸之繫名坂輕彥八嶋手命亦名淸之湯山主三名狹漏彥八嶋野とあるのを吟味して見る。古事記傳には大巳貴神の亦名を八嶋士奴美神とするこの記事は「例の妄說なり」と一言の下にかたづけて居るが、宣長自身の解釋に從へば、八嶋士奴美神とは八嶋を知る尊き神の義であり、大國主神といふ言葉と殆ど同一の內容をもつてゐる。從つて宣長の批難にも拘らず、舊事紀が兩者を同一に見たことは却つて正當ではないかと思ふ。かくて私は大國主命を素盞嗚尊の直接乃至間接の分身と見て次の考察に移る。

そこで素盞嗚尊が山の神であるとしたら大國主命はどうなるか。大國主命は國作と形容せられ國土を經營せる大神である。かゝる大神が山の神の分身の而も最大なものであるとすることは、先づ現今の民俗に於て山の神による部落社會の結合が行はれてゐるといふ事實に說明の端緒を見出すであらう。前記近江の滋賀村では、正月の山の神詣りに際し一家中の男の數だけ白幣を切り、それを山の神の森の木に結びつける。花背のオンベ打に於て村中の男の名を全部書いた名帳をよみあげる。又滋賀縣甲賀郡雲井村大字黄瀬では、正月三日に山の神參りが行はれるが、こゝの山の神は森で杉の大木が神木である。また神でもある。この日參詣者は櫨の木の又でかぎを作り、それに男の數だけ拵へた藁苞をさげ、途中の川で小石を拾ひそれを各の藁苞に一つづゝ入れて行き神木の根本に供へる。また男の子は三歳になればこの山の神へ初參りをするが、その際には酒一升に三重を添へて參り參詣せる村人にこれを振舞のである。三重とは牛蒡田作等を料理して入れた重箱で、たとひ幾重あつても三重といふ。この男の子が長男であれば初參りから歸宅すれば親戚を招き、昔は嫁取ほどの盛宴を張つたといふ。今は萬事簡略になつたが一寸したことはやる。但し次男以下は初參だけでこの招宴はしない。

これらの行事は云ふまでもなく、山の神に結縁する仕方に於て、部落社會の結合が行はれることを意味する。男の子は山の神に參らなければ、この社會に仲間入りをすることが出來ない。かくして山の神はたゞに木の神年の神たるにとゞまらず、人の世の主宰者として進出し來るのである。山の神に於けるこの面を更に取出し、それを地域的に擴大したならば、そこに大國主命といつた樣な神格が發生するだらうと思ふ。

元來大國主といふ觀念の發生は比較的新しいように思はれる。そこには既に旺盛な國家意識が働いて居るし、殊に大といふ形容詞を冠して居ることは、かのすめらみことといふ言葉などゝ同一の構造をもつものとして、日本國家の統一が、かなりに進んだ後でなければ發生し得なかつた觀念であつたらう。尤も大小は比較を示す言葉であるから、たとひ一里でも二里でも大といへぬことはないと云ふかも知れぬが、大國主命の大は國神を代表して天孫に國土を讓渡す大である。そうした觀念は決して甚しく古いものではない。これが大和朝廷の大統一後その對應觀念として成立した神格であることは疑を容れぬ。そして素盞嗚尊の子の中で、この神が最大であるとされてるのは、この說話を傳へた社會の人々が山林とか五穀とかいふことよりも、むしろ人間社會の事に、より大なる關心をもつてゐたことの結果であり、卽この神話が大和朝廷の政治階級であつた貴族達の意識の中で成長し來つたものであることを思はせる。然るに古事記にはこの神よりも大年神の方に遙に多くの子神の名を傳へて居るのは素盞嗚尊の神格の中では年の神たる方面が元來重要であつたことを考へしめるのであるが、かゝる世の神たる神格が素盞嗚尊の子として理解されたのは、特殊なる出雲の歷史がその原因となつたとしても、その一般的な基礎としては素盞嗚尊の神格の中に、早く人の世を主宰する意味が含まれ、その信仰が行きわたつて居たことを思はしめる。

かくして素盞嗚尊の御子に、大國主命あり大年神あり五十猛命ありとすることは、素盞嗚尊の原始的な形を今の山の神に於て見るとすることによつて、最も適當な解釋を期待し得ると思ふ。今の山の神は山林の茂生と五穀の豐饒と部落社會の結合といふ、三の契機を未分の形として含む綜合神格である。これは木の神田の神世の神となつて分離獨立し行くべき可能力である。この關係は大國主命や大年神や五十猛命などが、素盞嗚尊に對する關係と全く一致する。そこで私は云ふ。素盞嗚尊は山の神であると。

一の神格がその諸屬性を順次分身せしめ行く最初の形は、いろいろの名がつけられて行くことであらう。記紀などにこれを亦の名と云つて居る。卽ち分身する前にまづ亦の名といふものが出來る。これは一の神の機能が分析せられ、その各部分がそれぞれ新しき名を獲得するのである。尤も亦の名の成立については、これと逆の關係卽多くの神が一の神に統一されて行く際にも、同一の現象を見るかも知れないが、今の問題では前者の場合と見て差支がないようである。それらの亦の名は後に獨立し子神となつて行く。

そこで私は甚だ大膽ではあるが、大年神とか大國主命とかいふ名が、素盞嗚尊の亦の名であつた時代が存せしことを推測するのである。たゞ大國主といふ觀念は、比較的遲く成立したのではないかと前に考へたのであるが、何かそれに通ずる樣な意味の名が早くついて居たかと思ふ。それが出雲といふ特殊な歷史を基礎とすることによつて複雜な內容を獲得し、記紀に傳へられる如き大國主命を成立せしめたものではなからうか。大國主命の名が素盞嗚等の亦の名であつたことを直接證明すべき資料はないが、舊事紀に大巳貴神の亦の名としてあげた淸之湯山主三名狹漏彥八嶋篠の名を考へて見よう。

淸（すが）といふのは出雲國大原郡海潮村の地名で、今その村の中湯石といふところに溫泉があり、湯山はその附近の山だと思はれる。私はあの邊の地理を皆目知らないから、その土地と地名とを問題にすることは甚だいけないのであるが、試みに議論をして見るのである。そこで出雲風土記を見ると、大原郡に御室山あり郡家の東北一十九里百八十步の地にあつて「神須佐乃乎命御室令造給所ﾚ宿、故云二御室一」と說明してゐる。後藤藏四郎氏の出雲國風土記考證を見ると、御室山は牛尾の溫泉より東へ眞直三町許りにある今、室山といふと書いてある。牛尾は海潮である。して見ると淸の湯山といふのも要するに、この御室山と同じではないかと思ふ。もしそうならば風土記を信ずる限り、この山の主と坐すべきは素盞嗚尊でなければならぬ。然るに書紀ではこの山主は八嶋篠となつて居る。八嶋篠をもし舊事紀の說の如く大國主命の亦の名とすれば、結局素盞嗚尊卽大國主命となる。從つて淸之湯山主三名狹漏彥八嶋篠とは、素盞嗚尊より大國主命を派生せしむる中間形式といふことになるであらう。然しこの考へ方は實地について、もつと嚴密に湯山と御室山の關係を研究し、併せて大國主命と八嶋篠との關係を確定する必要がある。實地を踏まない私としてこれ以上いふことは出來ない。とにかく大國主命なる名稱が直接に素盞嗚尊の亦の名であつたか、或は間接にそうであつたかは分らないとしても、何等かの順序に於て兩者の間に分身、被分身の關係が存したらう。このことから前記出雲風土記に、素盞嗚尊が御室山に宮居したといふ記事の意味を考へて見よう。

記紀にせよ古語拾遺にせよ、大國主命が三輪の大物主神と同體であることを說かぬものはない。然しその理由については從來あまり考へられて居ないようである。成程喜田博士などは天孫降臨以前國津神とよばるゝ神々を中心とする社會と文化とが、大和を始め諸國にひろがつてゐた。そこへ天孫降臨となつて大和を中心とし、先住民族を次第に邊境に壓迫したが、出雲の如きは僻遠の地であつたから、永く古俗を保存すると共に一時は國家の形をなして、大和朝廷に對抗するだけの力を保つたのであつた。出雲の神か大和の神と同體であつても、この歷史的事情より見れば、少しも怪しむべきところがないのみならず、却つて當然であるといつてゐる。これは確かに一の說明であるが、全く歷史的な立場にある見解で、神性そのものゝ比較に基いたものではない。

そこで神性そのものについて考ふるに、大物主神と大國主命とではあまり契合する點が無いかと思ふ。例へば三輪の神について最も著明な事項は、それが蛇を以てあらはされた事、夜な夜な女の許に通つたこと、種々の祟をなす恐るべき神であることなどであらう。然し國作大巳貴神たる大國主命は、嘗て蛇身を示したこともなければ祟りをしたこともなく、寧ろ人民の幸福を圖つたようである。古語拾遺に「大巳貴神、與二少彥名神一共戮レ力一レ心、經二營天下一、爲二蒼生畜產一、定二療病之方一、又爲レ攘二鳥獸昆蟲之災一、定二禁厭之法一、百姓至レ今、咸蒙二恩頼一」とあるのはこの神の性質を形容して餘すところがないと思ふ。これを直接大物主神に結合することは困難である。尤も崇神天皇の御代、大物主命が倭迹迹日百襲姬命に憑り「天皇何憂二國之不レ治也、若能敬二祭我一者、必當自平矣」と宣し、この神の力によつて海外迄も歸伏したとあつて、天下の治平はその掌るところであつた樣に思はれもするが、そのまゞ現はるゝや恐るべき災害としてゞある。この點に於ては却つて素盞嗚尊に近似するかに思はれる。

書紀の一書に素盞嗚尊をいひて、此の神性惡くして常に哭き恚くことを好む。國の民多に死に靑山は枯山になりぬとあるが、これは崇神天皇の五年に國內疾疫多く民死亡する者あり、まさに大半ならんとすといふ災害の原因となつた大物主神と相通ずるものである。また素盞嗚尊が大蛇を殺して女を助けたといふ神話に於て、私が解釋じたように殺された大蛇が、實は素盞嗚尊の一の姿であつたとするならば、それは直に三輪山傳說と一致して來るのであり、私はこの二つの說話は恐らく同根であらうと推測して居るのである。次に前記素盞嗚尊が須我の御室山に宮居したといふ話も當然、大物主神が大和の三輪山、卽三諸山にましますことと相對比して考へらるべきことである。御室は素盞嗚尊が室屋を作つたからだといふ說明は第二次的な說明で、本來は三諸と同じ言葉である。ミモロの意味は人の既にいへる如く、山を意味する朝鮮の古語モリ mori に關係があり、恐らくイミモリ卽神聖なる山の義であらう。要するに神山である。從つて神のましますの山々は皆ミモロであり、素盞嗚尊と大物主神のみがミモロを獨占すべきではないが、山にましますといふ點では、大國主命よりも素盞嗚尊の方がはるかに大物主命に近い。

これらの諸項は素盞嗚尊と大物主神とが、いかに類似せる神性を有つかを示すものである。然るに古典は傳へて素盞嗚尊にあらざる大國主命が大物主神と同體であるとする。この關係は恐らく大國主命が、素盞嗚尊と同體であるとしてのみ理解され得るであらう。卽ち大國主命は、素盞嗚尊を通じてのみ大物主神と握手し得ると私は思ふ。換言すれば大國主命は、一旦その發出點である素盞嗚尊迄歸ることによつて、大物主神に到達し得るのではなからうか。大物主の物は卽ものゝけなどのもので精靈—或は特に祟をなす精靈であり、大とはそれらを主宰する意味である。大國主命はこれに反して理想的な文化の創造者であるから、直接に兩者を結合する事は困難なのである。よつて以上の如き假說を提出して見た次第である。

大國主命が素盞嗚尊の許へ行き種々の試練にあひ、結局これに打勝つて尊の女須勢理毘賣と結婚するはなしが古事記に見えてゐる。これなども英雄神話に通有な形式であるとされるが、かうした說話の發生にも何等かの民俗的基礎がないであらうか。私は素盞嗚尊を以て山の神とする解釋に從つて來たのだから、こゝでも依然その立場に於てこの問題を考へて見よう。さすればこれは山の神が大國主命を試練したことになる。ところで大國主命はこの場合素盞嗚尊の娘に對する求婚者として、いはゞ一箇の青年として登場して來る。だから我々は、これを山の神が青年を試練したといふ命題に置き換へることが出來ようか。さうなると問題が大分簡單になり、話の筋がはつきりして來る。そこでひそかに思ふところは、古代に於て一般に青年は、その成年に達するに當つて山に入り山の神と結ぶことが行はれたのではなからうかと。

今、近畿の山の神を見ると、いづれも里近い山の口にあるがこれは必しも最初の位置ではなく、嘗ては山の頭きが神の棲みかと考へられてゐたかと思ふ。例へば伏見の稲荷神社は、最初かの稲荷山の上に社殿があつたと傳へられ、今の社地は後にこれを麓に移したものと稱せられる。その他はつきりと山上に社殿のあつた傳へのある社は少いにしても、神が山の顚に天降つたとする傳說をもつものは決して少くない。山に於て眞に神聖なのは、その顚であるといふ考へは今でも殘つてゐる。山の顚は神の結界の中心をなす。山の神も嘗ては山の頂きに鎭坐ましましたのであるが、後に諸人の便宜の爲に顚を降つて麓に移られたものである。從つて古代に於て山の神に結縁しようとするならば、谷に潛り峯に攀じ種々の艱苦に遭はなければならぬ。その際遭遇するところの蛇とか蜈蚣とか蜂とかは、何等かの意味で山の神の化身であり、己に近づく若者を試練せずには置かなかつたのである。そうした試練を經たもののみが、一人前の男子として世に迎へられるといふことがあつたかと思ふ。今でも高山の麓に住むものは十五、六になれば、必ずその山に登るべきだとされて居り、大峯葛城を窮めない山伏は、一人前に取扱はれないといふことがある。

大國主命が素盞嗚尊を訪ひ、或は蛇の室に寢させられ或は蜈蚣と蜂の室に入れられたといふ古事記の傳への基礎には、かうした民俗が横つてゐたのではなからうか。大國主命は幸にこれらの試練を通過し、愛する須勢理毘賣と結婚し得たが、古代に於てはかうしたことが或は結婚資格の要件であつたのかも知れぬ。而もかくまでにして山の神に結縁しなければならなかつたのは何故であらうか。私はこゝに山の神の本質如何といふ問を設け、それに答へてこれ迄叙し來つたこととの結論としたい。

五　山の神の本質

これまで述べたところで私は山林の茂生、五穀の豐饒、部落社會の結合といふような重要な機能を殆ど自明なものとして山の神に附與して來た。然し翻つて考へるならば、山の神はいかにしてかかる人生の重大問題を解決し得るか、かかる機能を一身に擔ふ山の神の本體如何と問はれねばならぬ。その答は凡そ次のようである。

すべてを具象的に認識した古代人は、社會生活そのものの中心をも何等か具象的なものに求めたのである。その際日本の如き山岳國では、山が自ら人々の目についたのであつた。天孫が高千穗崎に天降つたとか素盞嗚尊が簸の川上の鳥上の峯に天降つたとか、饒速日命が河内の川上哮峯に降つたとかいひ、山にかけて社會の發祥が說かれてゐるのは、要するにそうした山々が誰の目にもついて、必然に社會意識の中心とならねばやまなかつたことを示すものである。

私は嘗て近江の北部、坂田郡、東淺井郡地方をあるいたことがあるが、あそこでは伊吹山が獨り高く聳えて朝夕その影を離れることが出來なかつた。そこにこの山を中心とする一の世界が出來てゐることを思つた。土地の人に聞くと昔、伊吹彌三郎があの山を造つたといひ、その山下に點在する小さい丘などは、彌三郎の畚の目からこぼれて出來たのだと說明してゐた。まことにこの巨人はその伊吹世界に於ける造化者であつた。かかる觀念が實は伊吹山が、この地方に對してもつ位置から發生したものであることは云ふを須ひぬであらう。この彌三郎はかの日本武尊に抵抗したといはれる伊吹の神の後身と考へられ、今なほその世界に君臨してゐるが、それを中心とする神話が充分發達しなかつたのは、それこそこの地方がヤマトタケルによつて統一されてしまつたからである。もしそれが長く獨立を保ち得たら、その世界に於けるあらゆる自然と文化の發生並に組織が、この神を中心として物語られたにちがひない。而もそれは伊吹の山の神であり、且一般に山の神とよばれるものは、大なり小なりこれとその性質を同じくするのである。卽山の神は山そのものではなく、山を象徵として定立された神一般である。これ古代人がその生活地域の形に從つて、宇宙觀を形成せんとする傾向を有する結果、我が日本に於ては山は自らその地域の盟主たる形を具現するために、それについて神を認識せざるを得なかつたのである。

然らばその社會の一般的願望なる山林の茂生乃至五穀の豐饒等が、山の神にかけて求められることは寧ろ當然といはねばならぬ。この願ひが切實であればあるほど山の神は恐れられた。

近江の滋賀村大字滋賀里では、正月七日山の神祭りが行はれる。この日區長、組長、當番が公會所に集つて藁の蛇體を作る。形式は前にのべた南滋賀と同一である。作り了ればこれを座敷に安置し神主―以前は僧―の式が始る。この時區長がこれから式を始めますといへば、その後は凡て無言となる。神主は祝詞を唱へ、―終れば當番の一人が蛇を負ひ、これを山の神の森に運ぶのであるが、他の一人の當番がそれに先行し、部落の間を通り拔ける中は大聲で「出なよ」と叫ぶ。これを聞く人々は急いで家の內にかくれる。これ蛇の姿を見るものは必ず死ぬといはれてゐるからである。先觸をするものも決して後をふりむかない。彼は森に達したならば他の道より歸る。これ元の道をかへれば蛇體にあひ、これを見なければならぬからである。蛇體を負ふものは、その後より森に入り蛇體を下したゞちに歸る。神主が道々心經を唱へながら蛇體の後からついて行き、森に運ばれたそれの頭をあきの方にむけ、地に横たへて去るのである。

私などがその場所へ行つて見ると、周圍は田であり森といつても至極さゝやかなもので、本當になんでもない場所であるが、村人にとつてはこれほど森嚴な場所はなく、かの藁で拵へた蛇ほど畏怖すべきものはないのである。八岐大蛇に對する恐怖は卽この種のものであつたらう。山の神に對するかくの如き畏怖は、彼等の願の切實とこの神の恐るべき支配力とによる。かゝる支配力は實に人々が山にかけて附與した神の能力なのである。山に於て神を發見した古代人にとつて、自然と人生とは全く彼の支配の下にあつた。從つて社會のあらゆる願はこの神について求めらるべきである。こゝに山の神の本質があり、この本質を確立し支持するものは社會である。されば人々は常に山の神に結ばうとし、萬難を排してこれに媚びたのであつた。

甚だ未熟ではあるが、山の神の本質に關する私の見解は略以上の如きものである。されば山の神が年穀の豐凶を掌るといふような考へも、山林が繁茂すれば水源が保護されるといふ風に頗る學問的な理由よりも、寧ろ人々が山に於て神を認め、これに萬能力を與へたからだとすべきである。

私はこゝでかくの如き山の神の本質觀から、再び素嗚嗚尊の問題を論ずべき義務を思ふのであるが、上述したところを徒に繰返すおそれがあるから今はこれを省略する。たゞこれによつて素盞嗚尊が、いかに畏怖の對象であり、また各種の子神を有ち得たとしても、少しも不思議はないことが明かになつたらうと思ふ。素盞嗚尊は實にこの山の神の觀念を基調として、これに特殊なる出雲の歷史が加つて成立した偉大なる神格である。素盞嗚尊が山の神から發達したところで少しもその不名譽ではない。山に於て神を發見しなければならなかつたのは、日本とその國民との運命であつた。

これまで述べて來たところは、或は牽强附會と考へられ空想的だと批評される點が多々あつたかも知れない。然し神話といふものも何等か現實の生活に基礎を置いて、發生し發展し來たものであらうから、現今に於てなほ古代の生活を幾分なりとも傳へてゐると認められる地方農村の民俗をとつて、これを説明しようとして見たのである。そこで現今地方村落の神々の中比較的下級だと考へられる山の神が登場し、大膽にも素盞嗚尊は自分であると名乘りをあげ、しばらくその理由を説明したのである。もとより神話の世界は廣汎にして多面である。山の神が辯をふるつたのはほんのその一面にすぎない。そしてその一面だけでも、十分に説明されて居るかどうか疑問である。もし博識の諸君にして彼の爲に、その蒙を啓いてやつてくれたならば、ひとり彼のみの喜びではあるまい。

（一九三一、四、二）

智惠くらべ

別所梅之助

日本紀に敏達天皇の御時、高麗から烏の羽にかいた國書がきた。黑いものに墨で書いたので、讀みようが無い。それを船史(ふねのふひと)辰爾(しんに)が、羽を御飯の湯氣で蒸し、上に帛(きぬ)をあてたら、文字が帛にうつつたので讀めたとある。これを漢文のむづかしいのをいつた譬と說くのは、後の人には合理的であらうけれど、昔の人は何も今の人のいふ合理的の世界に住んでゐたと限らない。いや今の人とて、いたづらをする。

耶馬臺の詩にしても、百二十字が八幡(やはた)しらずのやうな字配りで、どこからどう讀んでよいのか分らない。さりとて讀めねば國の恥になるのみか、貴い書をも渡して貰へない。それを不思議な助によつて、讀むべくもあらぬものを讀む。蜘蛛が上から下つて來て文字の上を這ひ廻つたので、それにつれて讀んだら讀めたといふのであつた、無論、後の話であらうけれど、入唐した日本の學者の苦心といふ事になつてをる。

「枕草子」の「社は」の段に、蟻通しの話が出てゐる。それでは昔さる帝が、若い人のみを思しめして、年四十になれば失はれる。某といふ中將に七十近い親がある。親を遠くへやるに忍びない中將が、家の内に穴を掘つて、親をかくまつておく。その中に「唐土の帝(みかど)、この國の帝をいかではかりて、この國うちとらむとて」、いろ／＼の難題を言ひかけてくる。

まづよく削つた木の二尺ほどのをよこして、本末(もとすゑ)を尋ねる。帝もお困りになる。中將が親の許にいつてきくと、早川にその木を投げ入れて、さきになつて流れる方を、末としるせと敎へられる。まことその通りであつた。今度はまた同じほどの蛇をよこして、その雌雄を問ふ。中將が親の敎で、尾の方に細いすばえを寄せると、雌は尾を動かした。その後、七曲(なゝわだ)に曲つてゐる玉の中に穴のあいてゐるのをよこして、緒を通せといふ。これまた中將の親の智惠で、大きい蟻の腰に絲をつけ、一方の口に入れ、反對の口に蜜を塗つておいたら、蜜に引かれて蟻が通りぬけたので、緒を通せた。それで唐土でも日本を侮れなくなり、日本では老人たちも追ひやられずにすんだ。これでは老を棄つる事、老を尙ぶ事にも、話がまたがつてをる。

枕草子のに似た話は、今昔物語、天竺の部の最後にも出てゐる。それでは七十歳になる人を他國に流す國で、大臣が老母を我が家に隱しておく。然るに隣り國から同じほどの馬二頭をよこして、いづれ親子か、判ぜよといふ。誰も分らぬのを、大臣が母親にきいて、二つの馬の間に草をおき、さきに草をはむのを子、あとから食べるのを親と判ずる。その次には漆ぬりたる木の本末を判ぜよといふ。これも母の智惠で、水に入れて沈んだ方を本とする。今度は象をよこして、その目方を計れといふ。これは象を船にのせて、舟の沈むほどの水際に墨でしるしをつけ、象をおろしてから、その船に石を積みこんで、しるしの所までとゞかせ、さて石を計つて象の目方を出した。それで隣り國では、賢人の多い國に對し、わるい心を抱いてゐては危いとて、その後は中よくしたとある。

「枕」と「今昔」とに分れてをる此の話も、「雜寶藏經」といふのには、續いた一つの話になつてをる。それでは遠い昔に棄老國といふ國があつて、老人を追ひやつてしまふ。大臣が孝心から老父をかくまうておく。然るに天神が國王に對していろ〲難問をかける。まづ蛇の雌雄を問ふ。睡れる者と覺めたる者との事をいふ。それから白象の目方をとひ、一掬の水、大海より多しといふ事など、あれこれと問ひ、眞檀の木の本末を質し、馬の母子を尋ねる。大臣の老父が一々之に名答を與へる。但し細いものを出した時にさわぐのは、蛇の雄となつてをり、檀は水に入れると根もとが沈む。かく答へ得たので、國土が安きを得る。尤も斯る話も、もとは個々の話であつたかと思はれる。同じお經の第二にも少し似た話がある。

蟻通しの方は、「祖庭事苑」に出てゐるさうで、孔子が絲を螘（おほあり）につけ、密で誘うて、九曲の珠に通したとなつてをる。たゞこれでは、問をかけたのが、桑間の女子と賤の女になつてをる。

大象の話は、三國志では魏の鄧哀王冲の幼くして智なるをあらはす話になつてをる。孫權が曹操のもとに巨象をおくる。曹操がその目方を知りたく思へど、どの臣下も答へられぬ。操の四番めかの子冲が、象を船にのせ、水痕に印しをつけ、あとで外の物をのせて計ればよいといつた。卽ち負うた子に敎へられて淺瀨を渡つたやうな事になつてをる。

日本の東北地方などに殘つてをるつたへでは、唐から灰を繩になつてよこせといふ難題が來たのを、孝行な子にかくされてゐた親が釋いて、鐵の箱の中に繩を入れ、鹽をかけてから燒いたといふのもある。

も一つ戰國策に殘つてをる話では、齊の襄王がなくなつて、子が立つた。母なる后は賢婦人で、強國たる秦の機嫌を損ずまいとつとめてゐた。それでも秦は難題をいふ。始皇が齊に玉連環をおくつて、齊の人は怜悧だが、此の環を解けるか、どうかと言ふ。誰も解けない。后は椎（つち）で環を摧いて、謹んで解きましたと答へた。「齊后、玉連環を解く」は、智慧の輪、九連環の話の中で、早いのであらう。

然るに之と脈を同じうする話は、極東のみに止まらぬ。も少し西では、ソロモンを智者とするまゝ、よろづの智慧は、ソロモンへと集つてゆく。

「ソロモンの智慧は、東洋（ひがし）の人々の智慧とエジプトのすべての智慧よりも大いなりき。……彼又草木の事を論じて、レバノンの檜より牆にいづる苔にまで及べり。彼また獸と鳥と匍ふ物と魚の事を論じたり。諸の國の人々、ソロモンの智慧を聴かんとて來り、天下の諸の王、ソロモンの智慧をきゝ及びて、人を遣はせり」（列王上四の三〇―三四）

中にもシバの女王は、「難問をもつてソロモンを試みんとて來つた（列王上一〇の一）。その難問とある字は、サムソンの物語（士師一四の一二）では、「隱語」と譯してある。サムソンのは、「食ふ者より食物出で、强き者より甘き物出でたり」（士師一四の一四）といふので、己がうちたふした獅子のからだに、後日、蜂の群と蜜とのあつたのを食べたのを指す。その謎を、ペリシテ人は解きえず、サムソンの情人の手で聞いてもらふ事になつてをる。

ソロモンは女王の幾多の難問に皆答へたといふのらしい（列王上一〇の二、三）。二人の間の問答は、聖書にそれと記してなけれど、後の Midrash（邦譯聖書に「註釋」とす、歷代下一三の二二）などの傳へに遺つてをる。

シバの女王が問ふ。一人の女が息子にむかつて、「おまへのお父さんは私のお父さんで、お前のお祖父さんは私の夫で、おまへは私の子で、私はお前の兄弟だといふ。これは何であらう」。ソロモンはそれはロトの娘が己が子に言つてゐるのだと答へる。（ロトの女らが父によつて子を得たとの話は、創世記一九の三〇以下にある。）これは「本朝櫻陰比事」にのつてゐる祖父と孫女との間に子を設けたので、その子と祖父の男孫とは双方伯父に當るとの話に似てをるが、入りこんでゐないから、義經、辨慶をまつまでもなく分る。（尤も佛典にある青蓮華女の話も、やゝ之に似てゐる。）一度だけ日を見た地はと女王が問へば、波のたちわかれた紅海の底（出エジプト記一四の二二）と、ソロモンは答へる。こんな問答も幾つかある。

女王がおなじ身の長で、おなじ身なりの男女を何人も出して、男女を見わけよといふ。ソロモンは宦官にいひつけて、胡桃など食物をもつて來させる。すゝめられると、男は平氣で手を出して鷲摑みにする。女は手袋をはめたまゝつゝしましく受ける。それでソロモンは、これ／＼が男、これ／＼が女だと答へる。源平盛衰記の賴政のやうに、「いづれか菖蒲、引きぞわづらふ」と、菖蒲の前をみつけるに困らない。インドのは栴檀とあるが、女王のは地中海邊の話だから、香柏の樹の切つたのを出して、本末をきく。ソロモンがそれを水に入れさせると、一端は沈み。一端は浮ぶ。それで沈んだ方が本、浮んだ方が末だと答へる。

それから Hanauer のしるした聖地の傳へでは、やはりシバの女王が珠數玉に糸を通せといふ。それが曲り曲つてゐるのだから通しようもない。それでもソロモンは小い蛆をつかつて、その齒に糸をくはへさせ、一方の端から別の端へ匍はせて、糸を通す。その手柄で、蛆は今も木の實などの中にすんで、それを食べてゐられるのださうな。

それからコーランには、ソロモンがシバの女王をためすとて、御殿の床をガラス張にしておく。女王はガラス張を水だと思つて、衣の裾をかゝげて通つたといふ話が残つてゐる。それから更に延びたやうな艶な話も、別にある。尤もガラス張の床の話は、大婆羅多（マハバラタ）にもあるさうな。

ソロモンは傳への公冶長のやうに、鳥の音をきゝわけたのみか、立樹とも話を交（かは）したといふ。それはさきにあげた列王記の文をおしひろげたものであらう。「一千一夜物語」などアラビアの話では、ソロモンは半ば神のやうになつてをる。

さらにソロモンがかけた謎を、ツロの王ヒラムが解けないので負けたが、ツロからアブデモンといふ者が來て、ソロモンの謎を解いたのみか、ソロモンにも解けぬ謎をかけて、國の辱を除いた話も残つてをるといふ。すぐれた智慧者があると、その智慧者を負かしたい心理も動くと見える。

フレーザアはソロモンの智慧にちなんで、中央セレベスの君主同志の爭ひをあげてゐる。それでは Mori の君が Loowoo の君に鐵の棒を曲げて環にしたのを送つて、眞直にしてくれといふ。ルーウーでは鐵を燒いて赤くしてから伸してかへしたのみか、管の形にしたサゴ椰子の澱粉を竹筒の中で燒き、あたゝかい中に環にして、之を眞直にしてくれといふ。これは乾いてゐるまゝ伸ばさうとすれば碎けるし、水にひたしてすれば溶けるし、手がつけられぬので負けるとか。かく九連環や、なぞ〳〵は、つたへの世界では、子どものすさび以上のものになつてをる。それでアレキサンデルは解けぬ紐を斷つて天下の王となる。

ソロモンほどの智者でも勝たせてばかりはおかぬ。野夫（やぶ）にも剛（がう）の者あり、智者も智に破れる。

平安朝この方、白樂天は上なき詩人と仰がれてゐた。白氏文集の感化は强かつた。それだのに、足利期になると、謠曲の「白樂天」では、白樂天を擊退してゐる。あれでは「日本の智惠を計れとの宣旨」をうけて、樂天がはる〴〵と此の國にくる。然るに小船に乘つた漁翁が出て、樂天と問答をする。唐土の詩賦、大和の歌とあげつらうて、樂天が「靑苔、衣を負ひて巖の肩にかゝり、白雲、帶に似て山の腰をめぐる」と、氣の毒にも他人の詩を吟ずると、漁翁は「苔衣きたる巖はさもなくて、衣きぬ山の帶をするかな」と詠む。賤しき漁翁すら斯く心あるに、樂天は驚いてしまふ。それに舞の一轉すれば、漁翁は住吉の神の顯れいでしにて「住吉の神の力のあらん程は、よも日本をば從へさせ給はじ。速かに浦の波、立ちかへり給へ、樂天」で、「神風に吹きもどされて唐船は」、漢土にかへる。

西行はまことの歌人とあがめられてゐた。それに風騷の客として、西にも東にもゆいた。人望のある西行をやりこめたいお國自慢からか、方々に西行戾りのつたへがある。故山中笑翁のしるされた一つでは、西行が駿河路から甲斐に入らうと、西行峠にかゝる。さうすると甲斐の山賤があうて、

往きつちな蕾みし花が、きつちなに
ぶつ開いたる桶とぢの花

といふ歌をよむ。櫻の花がこんなに早くひらいたといふこの方言の歌を解しかねて、西行は逃げてかへつてしまふ。

連歌が流行して、宗祇の名が天下にひゞくと、宗祇も戾される。奥州の白河へ宗祇がゆかうとする途中で、綿をもつてゐる女にあふ。「賣るか」ときくと、

あふくまの川瀨にすめる鮎にこそ
うるかといへる綿はありけれ

と、女が答へる。宗祇は白河の詞藻當る可らずとかへる。女は神樣だともいふ。この歌、「松屋筆記」には「淀川の瀨にすむ鮎の」となつて、後水尾院の御製なる由、引いてあるが、御集にはちよつと見當らぬ。なにせよ、傳へでは川の名がそれ〲に變つて、古い歌人をかへしてゐる。また綿の東國にいつ入つたかにもかまはない。

この西行などの戾つたといふのを、橋占の古俗に基いたのであらうと、鄕土硏究第四卷で柳田國男氏は云はれた。尤も里の人は、文人だけをかへすに止まらぬ。方々の岩山でも、道のおそろしさに、辨慶をかへしてゐる。九州では球磨川の川ぞひの險阻が、加藤淸正をももと來し道へかへしてゐる。

「四方に使ひして君命を辱めず。」春秋戰國の士も、德川時代の大名の留守居も、隨分、機智を稱せられた。抑へようとすれば、するりと潜り拔けてゆく。秀句、名歌、警句、しやれ、利口、工夫。今の社交界でも存外つまらぬ事がもてはやされるのは、そのかみの名殘であらうか。尤もこのあとのになると、孔子樣が七歲の兒にやりこめられたとか、日本の御奉行が遊んでゐる子どもの智慧に感じたとかいふ話と緣のやゝ近いやうに思はれる。

熊野三山貸付所のこと

雜賀貞次郎

中山太郎氏の日本巫女史に『倭訓栞に、「熊野比丘尼といふは、紀州那智に住で山伏を夫とし諸國を修行せしが、何時しか歌曲を業とし拍枕をなして謡ふことを歌比丘尼と云ひ遊女と伍をなすの徒多く出來れるを統べて、その歳供を受けて一山富めり、この淫を賣るの比丘尼は一種にして縣神子とひとしきもおかし」とある如く、熊野は尼形賣女の大本山として是等多數の比丘尼を統轄して收入を計り爲めに一山富むほどの繁昌を致したのである』（日本巫女史五〇六頁）と言はれ、熊野三山貸付のことを註記されてゐる。熊野が尼形賣女の大本山であつたか、それによつて一山富むほどに繁昌したかは玆には措く。唯、熊野三山の貸付は熊野比丘尼とは關係なく、本宮社家玉置縫殿の試みた事業だ。享保二十一年、將軍吉宗、熊野三山修理料として金二千兩を寄附し、紀州藩に該寄附金の保管と利殖を命じ、其の利息を以て修理に充てしめ、後ち又日本國中總勸化の御免あり。吉宗は紀州から入つて將軍となり、所謂享保時代を打出した英主だ、紀州にあつても社寺を保護したが大樹となつた後も紀州を忘れず、此の三山寄附金の如きも保護の現はれだ、しかし、修理は尙ほ充分ならず安永の頃大破するものあるに至り諸國に勸財したが充分ならず、文化に至り又復大破に及んだ。時に本宮の社家に玉置縫殿あり才智膽略を兼ね備え雄心落々だ。紀州藩主治寶に請うて富籤の允許を受け、京、大阪にて之を興行した、富籤は當時最も流行したもので其の利潤は可なり巨額に上つた。縫殿は此の成功に滿足せず、治寶の權臣山中大輔（筑後守）、宇佐美源五郎、伊達藤次郎等に親近し、吉宗の寄附金を基礎とし之れに富籤、勸化等の金を併せ、更に各方面の預金をも得て之れを各藩其他に貸付け、全國的の金融業を營み、以て三山修理の費を得んと圖つた。否、三山修理の名によつて大事業を試みんとした。當時の藩主治寶は晩年從一位に陞敍され一位公を以て稱せられた方で、寛政元年紀伊藩主となり文政七年致仕したが、次ぎの齊順、齊疆、慶福の三代に亘り、嘉永五年即ち薨去の前年まで紀藩の實權を執つた。其の周圍にあつた山中等の權臣は藩政を左右にしたのだ、縫殿は夫れらの人々に取り入り、治寶によつて幕府に出願し其の允許を得た。最初は吉宗寄附金、勸化金、富籤益金等の積立一万五千兩を基本とし、之れに諸方よりの差加金八万五千兩を加へ都合十万兩まで貸付業を行ふことゝなし、文政十一年江戸芝の紀藩邸に事務所を設け、万石以上の大名並に社寺町人等に貸付を行ふた、芝三山貸付所といふが是れだ。藩から頭取、元締、手代を置いて事務を管理し次いで京都、奈良、堺、大阪等に出張所を設け、漸次業務を擴張したが諸侯之を便とし續々借入を請ふに至つた、何分將軍寄附金を基本とするため、債務者が違約すれば寺社奉行に訴へて裁許を受け、借金先取りの權あるを以て損失の憂少く、信用頗ぶる厚かつた爲め差加金卽ち預金も多く、確實なる一大金融機關となつた。而して縫殿は其の頭取、總裁たる實權を握り、江戸に往來するに東海道の道中は、十万石の大名にも比すべき羽振りを示し、和歌山に宏荘華麗の邸宅を營み、大浴槽に白砂糖を混じたる湯を沸して入浴し、京の名妓二十餘名を呼び寄せて宴遊するなど、豪奢放逸の生活をしたといふ。しかし縫殿は藩老水野忠央（土佐守）が藩主慶福、後の將軍家茂を擁して、嘉永五年一位公側の權臣を斥けた際、貶黜せられて新宮に幽囚され、文久元年赦に遭うて本宮に歸り同年七十六歳を以て本宮に歿したが、貸付所は忠央等の手にて經營せられ、安政二年には貸付金額を無制限とし、遂に貸付元金四十四万二千八百二十四兩二朱と永百六十二文七分、此利子二十一万二千六百四十八兩と永百四十七文八分、預り金は元金二十六万八千六百四十兩二歩三朱と永百三十六文二分、此の利二万九千九百十五兩三朱と永三百二十八文九分（明治四年十一月調査）に上り、後ち藩は之れを直轄事業とし獨立の理財の一局としたが、藩の財政を益したこと非常だつた。所が維新の變亂に遭ひ諸藩への貸付金は延滯不納となり、遂に貸し倒れとなつて慘憺たる結末を告げた。中山氏の言はるゝ如く三山貸付所は江戸時代の金融機關として屈指のものであり、玉置縫殿の名は文政、天保年代に著名だつたのである。さて話は元へ戻るが、前記の社殿の大破云々から推すと熊野比丘尼は三山に附屬した社家、修驗輩と交涉あつたが、所謂歲供は社家、修驗等の手に歸し神社の修理等には廻らなかつたものらしい。

龜の肉

雜賀貞次郎

和歌山の儒野呂隆訓は松盧と號し叔父に野呂介石、同正祥の書と武の名家あり、自からも俊邁不群を以て知られ後ち京師に移り徒に授け天保十二年五十二歳で歿したが、松盧はまだ京師に僑居せぬ前、天保六年に紀州田邊に遊び一ヶ年ばかり滯在して子弟に書を講じた。從うて松盧先生遺稿には田邊附近の詩が相當あるが、內ちに左の一詩がある。

江川鯨歌

江川鯨者蓋龜肉也江川漁人秘而翳レ之猶諱二其名一爾

吒レ龍罵レ蛟膂太粗、胡悲腰間劍氣孤、客窓照レ硯燈火冷、飄蕭只頼酒半壺、忽笑先生指先動、熟羨誰進一杯腴、或云大年有二蠦偉一宦下二厲禁一不レ許レ屠、或云先生王定二令典一、取レ鼉取レ龜懲二獰愚一、老餮性食兩不レ問、但言饞腸乾欲レ枯、瞥然下レ筯脂香流、染レ指已醫吟骨臞、自レ今肺脾容二瀛海一、筆端瓦濤坐可レ驅、於戯於戯落魄踪難レ定、飛蓬風轉滯二牟婁一、口腹別開一飽福、天也何心厚二微軀一、方寸同是鯤化處、太瑰噫氣吐吁吁、東流波臣葬已畢、竊怪湘纍事却迂

即ち龜の肉を食うて口腹に飽福を得た喜びの詩だ。舊藩時代には何處も同じであらうが、田邊地方では獸類の肉を食うと穢れるといひ、山間の獵人こそ猪、鹿等の肉を食うたであらうが、農家、町人、武家などは之を避け、偶ま猪の肉などを得て食うにしても、本家にあらざる別棟の部屋又は屋外で煮、器物も平常のとは全く別のものを川ひ、これを藥喰ひと稱し、食うたものは以後三日乃至七日間は神社境內に入るを遠慮し、自家の神棚にも觸れぬを例とした。唯、野兎のみは鷄と同樣であるとし、其の肉を喰うも他の獸肉の如く神社、神棚に遠慮せず、鷄を食うたと同樣にされた、しかしそれは何の故であるか知らぬ。所でその鷄さへも卵は食うたが肉は概ね食はず、老鷄となると神社境內等へ放つを例としたものだ。明治初年、當時のウルトラだつた洋方醫などが牛肉や牛乳を奬勵した際、ウルトラを標榜してゐる人々の家庭で、牛肉を食鹽で數回揉んだ上、幾回も水で洗つて煮たと言はれる位だ。明治三十四五年の交、尙ほ牛肉食を盛んにせよと醫師達が機會ある毎に奬勵したもので、藥喰

ひ的の風習は其の數年後まで殘存した。扨て本題の龜の肉だが、紀州では田邊の江川浦の漁夫のみが、阿波、土佐の海岸まで出懸けて盛んに捕獲し、之れを屠つて肉を食用に賣つたものだ。龜は靈ある動物だといふので、田邊藩は捕獲を禁ずること屢〻だつたが、江川浦の漁夫は肯かずして捕獲した。藩吏が『何故に捕獲を止めぬか』と訊くと漁夫は『肉を買ふものがあるからだ』と答へ、更に藩吏は『何故禁令の肉を買ふか』と訊くと町人は『肉を賣るものがあるからだ』と答へたといふ水懸け論的の笑話問答が、湯川退軒翁の田邊沿革小史記事本末に記されてゐる。要するに藩は禁止の令は出すが勵行せず、實は藩士も內々買求めて賞味したのであつて、唯、禁令を憚り名稱だけは龜の肉と明かに言はず、江川鯨と唱へたものらしい。この龜は正覺坊といふ大海龜で、夏期には紀南や阿波、土佐の海岸の砂濱へ產卵のため上陸するものが多い。肉は鷄肉よりも脂肪少く味は輕く、煮て酒など飮むには牛鍋などよりもオツだつたが、其の後牛肉、鷄肉など盛んに用ひらるゝに及び、遂に廢れて大正初年以後は全く捕獲する者無きに到つた。尙ほ江川浦は以前トラホーム患者多かつたが、龜は靈物であるに拘はらずこれを屠るから、屠者は其の祟りで眼を患ふのだと言はれた。

龜の肉（雜賀）

下總滑川地方の俗信（二）

○めれぐも（眼瞼の腫物）が出來たら味噌こしを井戸の上へ半分見せて頼む癒ると全部見せる
○洗濯物は一ぺん疊むもの
○鼠がゐなくなると其家に火事ができる
○猫が耳をかけて顔を洗ふと天氣がかわる
○新らしい下駄や草履は午後から下ろすものでない（若しせなければならない時は竈のすみをぬる）
○味噌醬油の味の變つたのは死人の出來るしらせ
○茶碗の音をたてゝ食べると乞食になる
○流れ川に小便をするものでない
○笊をかぶると背がのびない
○火事の時に女の腰卷を張ると風向がかわる
○子供が茶をのむと頭が禿げる
○扇子を落すと緣喜がわるい　拾ふと緣喜がよい
○月の廿四日八日は山仕事をするものでない　山に神樣がきてゐるから
○下駄を盜まれると緣喜がわるい
○鍋釜のすみは午後はかゝないもの
○芋の種は他人から貰ふとも親類ではだし（呉れる）貰ひをしない
○初物は七十五日生延びる
○子供は茗荷を食ふものでない（食ふと馬鹿になる）
○前齒の離れてゐる人は早く親に別れる
○兎の肉を食べると兎脣の子が生れる
○馬の飼料を煮るときは蓋をするものでない
○長居のお客には箒を逆に立てると早く歸る
○火惡戯をすると寢小便をする

（伊東　亮）

稻荷考

肥後和男

この五月十一日われわれ京都の民俗學研究會が九州旅行の歸途にある柳田先生を擁して歡迎會を開いた席上いろいろな話が出た。その際私が稻荷といふ字は實はタウカの宛て字で、これをイナリとよむのはイナニのニがリにかはつたのだらうといふ考へを述べたところ、先生もそれは面白い。成長する見込のある考へだといはれた。そして下總邊では今に狐のことをタウカ樣といつてゐるといふ例を早速あげて下さつた。同席せられた新村先生もそれは穩當な考へらしいから一つ「民俗學」へでも登錄して置きたまへといはれたので、民俗と文献とによる論證は後日を期することゝしてこゝにこれだけを御報告して置く。この神社は宇迦之御魂神を祀り特に稻の豐饒を掌り給ふのであるから、タウカ郎田の宇迦といつたものかと思ふ。こうしたことばがあつたところへ稻荷といふ漢字をあてたのであらう。これをイナリといふのは勿論イネナリの意味に後世では解して居るが、もしこれが本來の言葉であれば後には時に用ひられた稻生といふ字などが宛てられた筈だと思ふ。然るに稻荷といふ字が本來の字であるのを見ると實はタウカに宛てたものに違ひない。でこれをイナリとよむのはこの字のよみであるイナリニから出たものか——ニがリになる例はかなり多いかと考へる——と思ふ。それにはニがリに轉じ易いといふ理由の外にイネナリといふ言葉がすぐ聯想されたからにもあらう。

鈍口の類魚方言に對する疑問

藪重孝

私は、橘正一君の編する「方言と土俗」第二卷第一號に「ドンコ（鈍口）方言資料」なる稿を寄せた。然るにこの魚の方言が、スコブル厄介千萬な奴だと言ふことが後になつて解つて、拙者少々ならず閉口してゐる。博物學者でない者が魚類等を云々するもの でないと思つた。それは、このドンコに類する魚が案外多くて、然もその方言が徹底的に混同してゐる事だ。私が最初この魚の方言を集めようと思ひ立つたのは、和歌山縣の安樂川村で聞いた「ウシノトー」や同縣岩手町の「ウシヌスット」（牛盜人）が大變面白く（拙者の大阪府下高槻町では「ガンド」と云ふ）忘れられなかつたので、見る人遭ふ人に尋ね廻つた結果七十余種を集め得たので、早速これを發表したのが失敗のモトである。其後橘君から送られた拔刷を配布して叱正を乞ふと、文字通り方々から叱られた。今なほ叱られつゝあるのである。先づ最先口、紀州安樂川村の鄉土史研究家で縣立圖書館司書の片山竹之助翁から次の如き書簡を受けた。

（前略） 御說明によれば「ドンコ」は恰かも當地方にていふ「アイカイ」の事ならん。當地方にても「ギンギ」といふ方言あり。これは捕へた時烈しく刺す奴にて同型のものに刺さぬ奴あり、之を當地方にては「ウシヌスット」と呼ぶ。又同じ刺さぬ種類にて形稍小なるものを「エッタノマラ」と呼ぶ。更に小なるものを「ゴリ」一名「コロビッシャン」と呼ぶ由に候。

又、同地の堀内文一氏より、

ギンギは當村方面（郡内一般とは申されず）ではなまず科のぎばちのことを申します。

と申し送られ、又同輩水木直箭氏よりも種々御注意を受けた。此奴は仕舞ッたと思つて後悔し乍ら一日讀書に耽つてゐると、見附けたッ〳〵、故人も亦これに迷つたことを。安永より天明年間にかけて物せられた旅行奇談集「笈埃隨筆」（百井塘雨著）巻之五に、

又爰に一種の物有り。其聲麗々と清く澄て、初夏より中秋の頃まで、水底にありて鳴。是を河鹿といふ。……京都には八瀬川、鞍馬川などの山谷の流にあり。好事の人は行て聞くなり。然るに此魚水上に出ずして、石の下にかくれて鳴故、容に取得がたし。…………。

嘉栗云、予が同姓なるもの、先年川鹿を養ふ。夫はいかにも蛙の形にて、色黑く足脛細きものなり。是は冬箱に入て封じ、暖なる所の棚に上げて置、春になりて取出す也。又石持ごりの大きなるを俗に牛盗人といふ。これも能鳴くもの也。東川にも西川にもあり。必ず夜に入れば鳴也。されば此食經本草等の説も破り難し。一名二物と心得べき歟。

……。予退て案ずるに、この河鹿といふものは、世に云傳ふ井出の蛙なるべし。その音聲丹後にて聞し井出の種類といひしと同聲なり。……。然るに寺島氏本草綱目を引てゴリとし、又圖にもゴリを以す。誤れりといふべし。……されば魚には聲ある物稀なれば多く疑し。

とあつた。隨分非道い間違で蛙の河鹿と魚の鰍とを混同した時代もあつたのだ。さて右の文中にある「石持ゴリ」「牛盗人」「鰍」とを同樣な魚であることを言つてゐる。これ等とドンコ・ギギ等との間には一體如何なる相違があるのだらう。博物學者ならざる拙者には終に分らない。これは南方先生や佐藤清明氏に御願ひしたい。私は唯以下文献を擧げて故人も亦混同し、判斷に苦しんだことを示したい。

「重修本草綱目啓蒙」二十九魚の部に、杜父魚の漢字に以下の如き方言を當てゝゐる。

カジカ（古歙仙臺） カハカジカ（仙臺） イシモチ（京） カハチコゼ（伏見） ゴロモチ（同上） ウタウタビ（淀） 子マル（嵯峨） 子ンマル（共同上同上） ウシヌスビト（播州） ステッコ（同上） ドウマン（江州） チンコ（石部） トチンコ（同上） チ、ンコ（彦根） 子ンカボ（駒井村） ボンノコ ムコ ドボ（共同上） トホ（備前） ドウボウ（同上） ドンボウ（筑前） ドンボ（同上） ドボウズ（備前作州） アブラハゼ（豫州西條） クチナハドンコ（同上） カコブツ（越前福井） イシビシ（敦賀） イシビス（同上） クロテンジヤウ（同上） テンジヨ（共同上同上） グズ（越中、同名アリ） ドンゴロ（筑後） ドンクウ ドンコ（共同上、同名アリ） ドンコツ（勢州龜山） ドゴズゴ（同上） ダンギボウ（共同上桑名） ドンゴウ（肥前） ドンコウ（防州） ゴツボ ホンシキシヤ サムラヒ（共同上） ゴンパ（雲州） カハギス（加州） チチコウ（阿州） ゴモ（薩州） ゴモゾウ（同上） ベト（佐渡） ベトカヂ（同上） アカゴウ（土州） アナゴウ（同上） アナハゼ（日州） キハチ イカリイヲ シマハセ……以下略

の多数を擧げてゐて、私の採集と比較して實に興味深いが、全く混同してゐる。又、その説明に「常ニ水底ニ居リテ浮游セズ」とか「長サ五六寸」と云ひ、全くドンコの事かと思へば、「肝ニ毒アリ、食ベカラズ」等はドンコと違ふ。「杜父魚ノ一種相似テ小ク、背ハ黒色腹ハ油色ニシテ鱗ナキモノチ、フグリクラヒ(京)ト云フ、是食物本草ノ土鮒魚ナリ」、大和本草ニ、ウロ、コト云フ、チロ、コ(同上)　ドンツコ(豫州)　ゴロツボ(勢州山田)　ドロボハゼ(桑名)　クロボウズ(龜山)　クロンボ(共同上同上)　ダボハゼ(江戸)　ヱツタ(江州石部)　トチンカブリ(同上)　チチンカブ(同上)　アブラ魚(共江州、山田)　ヤマドンコツ」等とあつて全く見當がつかぬ。次にゴリは如何。

大和本草十三河魚の部に云ふ。「二種アリ、一種腹下ニマルキヒレアリ、其ヒレノ平ナル所アリテ石ニ付ク、是眞ノゴリナリ、膩多シ、爲レ羹味コシ、形ハ杜父魚ニ同シテ小ナリ、但背ノ文黒白マジレリ、又名イシブシ、賀茂川ニ多シ、漁人トリヤウアリテ多クトル、一種ヒレ右ノ如ナラズ、膩ナシ味チトレリ、然レドモ是亦羹トシテヨシ、賀茂川ニ多シ、筑紫ニテウロ、コト云物ナリ」と云つて、本朝食鑑には鮴の字を當てゝゐる。和漢三才圖會にてはこのイシブシ（石斑魚）は「性婬、春月與二蛇醫一交犯、故其子有レ毒」と云つてゐる。長さは三四寸で常に石間に伏してゐるから石伏だと云ふ。處が重修本草綱目啓蒙ではゴリとカジカとイシブシとは皆異なりと云つてゐる。次にギギとは？

物類稱呼二動物の部に「黄顙ぎゝ、備前にてきゝ、東國にてぎゞう、北國にてあいかけ、加賀にてざす、奥州及越後にてはちりな、越前にてあかにこ、出羽にてがばち、上總にて川ばち、伊勢にてども、土佐にてぐゝといふ、此魚背の上に刺有て人を螫す、ごき〳〵と鳴く、人これを捕ふ時は、はなはだかなしむ聲を出す」とあつて、和歌山北部のギユッタに當るらしいが、右の中のあいかけと片山翁のアイカイとは如何なる違があるか。これは同名に違ない、而も異魚らしい。ギギには鮠（易林本節用集）や鱨絲魚（和爾雅）黄顙魚（物類稱呼）や鮠（本朝食鑑）等の字を當てゝゐるが、食鑑十に『本草所レ謂杜父魚也』と云つてカジカと混同してゐる。然も長さ二三寸と云ひ五六寸と云つて定らない。本草啓蒙には方言『ギギウ　カラカギ(丹波)　カハハチ（羽州秋田、奥州白河)　カハチ(同上)　ギバチ　ウシギヾ(江州大者)　シシバチ(小者)　トンボギ、(共同上、二寸ニ及ザル者)』と云ひ、これに海ギギもあるさうだ。

以上極く簡單に抜き出して見たが、結局私には要領を得ることが出來ない。今日ではドンコ（鈍口）は學名であるが、案外にこの名稱の分布が少いらしい。然らば地方では何と呼んだか。私の採集の七十余の内、眞にドンコを指す語はどれだけか。或は同名でも、土地を異にすれば異魚であり、異名でも同魚が多いのか、諸先輩の御教示と、一般讀者の調査御發表を御願ひします。

追而、本稿起草中にはまだ「方言と土俗」第二巻第一號が發行されて居らぬが、何れ近々發行されるから、同誌の讀者はそれで讀んで戴くとして、他の方で抜刷御入用の方は御遠慮なく、大阪府高槻町の拙者當御請求下さい。（但要二錢切手）進呈します。（昭和六・四・廿四）

資料・報告

武藏北多摩郡保谷村婚葬習俗

高橋文太郎

一　婚禮（大字下保谷）

ギジヤウ（起請）　口固めである。聟方の媒酌人が嫁となる可き娘の家へ赴き娘と兩親に會ひ、尙娘に直接當り嫁入の意思を確める。異議無ければ其席で口固めをする。

輿入　家の都合で輿入だけ濟まして置き、後改めてヒロメ（披露）をする例がある。嫁は輿入の夜から數日又は幾月かを婿方に寢泊りして、ヒロメの當日は再び實家より出直す。

結納　ゴシフギ（御祝儀）の當日になつて結納の品を御膳籠と謂ふ方形の竹籠に入れて聟方より嫁方へ持參し、當夜嫁入行列と共に嫁方よりは矢張り同種の籠に入れて聟方へ屆ける。

シンキヤク（新客）　御祝儀の當日、聟は媒酌人及親戚の者と嫁の家へ赴き酒宴の席に加はる。其處へ嫁は禮裝で出る。此席に臨む聟方の人々を新客と呼ぶ。

ナカヤド（中宿）　嫁が媒酌人の家へ立寄り着付けなど整へて貰ふ。且つ媒酌人側から多少の馳走が出る。此例は畧す場合が多い。

マチヂヨラウ（待女郎）　現今では見られぬ。嫁が聟の家へ著く時に入口で待構へお迎へ申す者で、其夜宴席に參加する婦人達から選ぶ。

松明を焚くこと　嫁入行列が近づくと聟方からは酒德利を持參して出迎へ道具持ちの若衆連に飲ませ、一段と高く長持歌を唄はせ賑かにする。愈到着するとトンボグチ（農家の勝手口に當る表入口）の正面で、嫁は持參の蝙蝠傘又は蛇ノ目傘を媒酌人か伯叔母又は姉妹の手で差しかけらる。其處には一對の麥藁製の松明が地面に燃やしてあるが、合盃の銚子持ちとなる男女童が其の松明を取上げ左右に別れて差出すと、嫁は其間を通り抜け乍ら地面の燃えさしを跨いで家に這入る。

アヒサカヅキ　合盃で、謂はば三々九度の式である。銚子持の兒童は聟方の親戚又は其丁場中の家より選ぶ。兩親の揃つてゐる六、七歳より十一、二歳位迄の男女各一人で服裝には制限が無い。此式は新郎新婦其他が着座したデヰ（奥座敷）で行ふ。式が始まる前に馳走が既に出し始められ事實ヒロメと式との間に區切りは無い。

男兒は雄蝶の銚子を、女兒は雌蝶の其れを持ち、各童左手には三ツ重ねの盃を持つた儘、座敷の中程に据ゑた一對の燭臺を各右廻りして共中央で會し、雄蝶を上に雌蝶を下にして各銚子の口を合せる。之を行ふと、男兒は嫁へ女兒は聟へ行き盃を渡して各自の銚子より注ぐ。終つて燭臺へ還り前同樣に行つて今度は男兒は聟へ女兒は嫁へ注ぎに出かけ、燭臺へ戻つて前同樣に行ひ男兒は嫁に女兒は聟に至つて注ぎ、終つてから媒酌人へ盃を納める。燭臺の代りに行燈を用ひた例もある。

シノギと蛤吸物　右の宴席の座順は最上座が新婦、其側へ嫁の伯叔母と媒酌人が並ぶ。其次が本家又は有力な親戚、聟は嫁に向ひ合つた一番下座に構へる。此席へ第一に出るのがシノギと謂ふ空腹を充たす爲の餅の吸物である。第二が蛤の吸物で此二つは必ず出す極めになつて居る。第三に冷酒、次に燗酒が出て、種々な馳走の合間に幾通りかの他の吸物が出る。

ホンゼン(本膳)　終り頃に本膳と謂つて腹拵へのもの卽ち饂飩が出る。

茶を引く　最後に茶菓子が運ばれ新婦が其座の人々へ茶を引いて廻る。もう此通り働いてゐる事を見せる爲だと云ふ。

衣裳に就て　角隱しは合盃が濟めば取去る。吸物椀の出替る每に新婦は衣物を着替へると謂ふのが本則で、必ず斯くせねばならぬ極めは無い。脫いだ着物は次の間に飾つてある衣桁へ掛け、並べた調度と共に人々に觀せる。

お高盛　新郎新婦の膳にはお高盛りの米飯を供へる。翌日兩方の椀の殘りを交ぜて握り飯となし兩人に食べさせる。

メデタモチ　目出度申しである。婚禮當日正式に招かれぬ場合か又は關係の薄い場合に、單に祝詞を申す爲め顏出しをするのをメデタモチに行くと謂ふ。

顏見せ　嫁入の翌日姑は禮裝の新婦を連れて組合中の家々を挨拶旁々顏見世に步く。

ミツメ　里歸りである。嫁入から三日目に聟方では赤飯をたいて嫁に持たせ實家に還す。此日始めて双方の兩親が往來する。

コナバツ　小麥の收穫後それを臼で挽いて粉にする。此初物を嫁に持たせ里に遣るのをコナバツに行くと云ふ。

(附記)

若衆振舞　ワケーシブルメーと謂ふのを、聟を取つた家では祝儀の濟んだ後に改めて行ふ。當日はヘラヘラ(饂飩の巾廣きもの)を拵へ酒を貰ひ組合中の若衆連を招く。

二　葬式　(大字下保谷)

トコトリ(床とり)　床番で、棺を擔ぎ墓へ行つてから穴を掘り死體を埋める役に當る者を云ふ。組合の者が順次に務めるので、此番に當つた者には酒が出る。

リョウ　下保谷字新田丁場の共同墓地を謂ひ、墓地には墓守の住む家がある。此丁場は日蓮宗旨に屬す。

膳持ち　死人の平生用ひた茶碗に米飯を高盛にし一本箸を挿したのを膳に載せて持ち葬列に加はる者を云ふ。

藁草履をはく　葬列に加はる者の中、施主、香爐持ち、膳持ちは組合の者が新たに造つた藁草履をはき表椽側（農家の玄關に當る）から下りる。

シロを着る　葬列に加はる婦人は嫁入の時の禮裝の下着である白絹を着る。之をシロを着ると謂ふ。髮には晒布（V字の倒型に折つたもの）を載せる。之等の風は死人に對する近親者がする。

懷に鏡を入れる　姙婦が葬列に加はる時は、前記の晒布片は髮に載せず、小さい鏡を懷中に入れる。

折紙を額につける　葬列に參加する男は帽子を冠らず、半紙の向ひ合ひの二隅を持つて二つ折にした形（W字の倒型）を額から後頭部へ廻し糸で留める。

ユクワン（湯灌）　葬式の前夜、死體を棺に納める直前に之を行ふ。奥座敷の中程の疊を揚げ其處へ新調の盥を倒に伏せて其上に死體を載せ、近親者と丁場の者が代るがはる新調の手桶又はバケツから之亦新調の柄杓で湯を酌み出し、手を逆にねぢり廻し乍ら死體に湯をかけて洗ふ。此場合に男達は裸で之等を行ふ。湯灌が終ると剃刀で死體の髮毛を各人少し宛剃り合ふ。剃り終つてから抹香を摺り付けた例もあつた。裸になつた男達には褌が贈られる。

錢六文を入れる　納棺前に死體には新調の晒布一反を少しも殘さず使つて出來上つた手甲、頭巾、繻絆、三尺帶、チャンチャン、脚絆、ズタ袋を著ける。之等は麻糸で縫ひ糸留めはせぬ。針も新しいものを用ひ其處に居合せる女達各人が一針宛を縫ふ。ズタ袋の中へは錢六文を入れる。地獄へ行つて六回山川を超える時一文宛を取られるからだと云ふ。

桑の杖　尚死體には新調の白足袋、草鞋を著ける。足袋は左右を逆にする。死人が平生用ひた珠數と桑の樹で造つた杖を持たせる。

死者の衣に水を注ぐ　死人の着てゐた單衣を北向きに竿に掛け、其傍に水を備へ置き、死後幾日間か水を絶えず其衣に注ぎ乾かぬ様にする。

トドケ　葬式當日に正式に招ばれぬか又は關係の薄い場合、只弔意を表しに顔出しをする事をトドケと謂ふ。

茨城縣新治郡上大津村の葬式

中川さだ子

當地方の葬式はお祭り氣分の濃厚な葬式である。葬式をだすには大低支障なき限り死亡の日とも三日を要するが、三日目が友引等にあたる時には二日目卽ち死亡の翌日になす事もある。

茨城縣新治郡上大津村の葬式　(中川)

(1)お通夜

近親者と近所の人一人、それからおこやの坊樣(時々家々の佛壇を拜んでお米をもらつて生活する人で村の人の承認をへて土地の一隅に住む人)との少人數でする。もし死亡の際近親者で間にあはなかつた人のある場合には、死亡した位置を動さずに置く。卽ち死人としない。そうした場合でない時には北枕となし、顏に白布をかけ、胸に魔除けとして刀若しくは箒をのせる。枕頭には小机を置き、線香と燈明のみをそなへ、煙をたやさぬやうにして夜をすごす。家によつてはおこやの坊樣一人殘して他は交替にねる事もある。お話は死人の追憶談のみに限られ途中で夜食をする。

(2)納棺式

近親者全部告別をなしてより、極く緣の近い人々によつて湯あみをさせる。新しい盥に微溫湯を入れ、死亡した場所の疊一疊をとりのけ、そこに盥を据ゑてする。洗ひ清める役は近親者中の最年長者又は親がする。洗ひ終ると新しい手桶に新しい柄杓を添ひて持ち來り、左手にて湯を汲み、逆に體にかけてやる。これは居合せた人全部がする。これがすむと入念にふきとりてすぐに京かたびらをきせるが、若しくは當人の一番の晴着をきせた上に京かたびらをかける。娘なら美しく化粧して髮を結んでやる。

棺の中には六道錢と稱し、一文錢を六つ糸にさして入れてやる。現今は一文錢の代用とし紙にかいたものを入れる。其の他當人の身のまわりの品等を入れられるだけ入れる。(棺は家でつくらせるから多くの品を入れらる)

それが終つたら皆が別れをつげて蓋をする。そして葬式の行はれる室に安置し、供物をそなへて讀經を待つばかりにして置き、棺側に近親者一人附添ひ、他の者は奥にひきとる。

(3)葬式の準備

死亡した時はその家の人が隣家にその由を知らせる。隣の人はそれを坪中にふれまはり、當夜すぐ死人のあつた家に坪中の人があつまる。そして御飯の御馳走になり、其家の主人より使ふ品や引き物の數、時間その他をきいて、各々分擔を決めて、翌日買物にでる人とゞけに行く人とに分れる。買物は多く四人卽ち棺をかつぎだす當番の人がする。そしてこの人達を六道の人と云ふ。とゞけとはその家の親類に死亡の由と出棺時間を知らせに行く人の稱で、二人一組となり、紋付・羽織・わらじの扮裝で五六里の所まではでかける。役場への死亡屆、その他一切この人達によつてなされる。買物の人達及とゞけの人の歸る頃は、近所の內儀の手になる酒肴の用意が出來て居り、賑かな夕食をすます。一方翌日の食物調理の準備もこの前日になされる。

大工の手によりて棺桶・棺臺その他も分に應じて用意する、

(4)葬式當日

坪の男女は朝早くよりつめかけて男は汁及肴類の調理を、女は御飯その他をする。子供は多く親につれられて來て、この日一日葬式のある家で食事をし、多く庭一ぱいにあつまつてゐる。坪の重立つた人二人が張場とて香料受付の席につく。午前中はごた〱準備にすごし、正午食事がすんでから念佛衆（村の老人達）がやつて來て本膳の食事をする。（さしみつきで精進料理でない）本膳には菓子折・砂糖等のひきものがつく。その中親類のものもあつまり。皆本膳につき讀經僧の來るのを待つ。親類の者があつまると又佛と對面する。それがすむと庭先にむしろをしいて念佛衆が念佛をする。その後僧がやつて來て食事をすましてから讀經する。讀經がすむと燒香であるが、これはある一人がたつて、喪主を始めとし順次親族の名をよみあげて、一人一人だして行く。緣のうすい親類や村の人々にはまわし燒香とて一人が各人の前にもつて行つて燒香してもらう。燒香がすむと、出棺であるが、その前、家族及極く近親の人達の最後の告別があり、棺の蓋をとじつける。そして紫又は白布にてまき、棺にのせ、棺の屋根をのせ、棺臺の下に二本の青竹をさしこみ、前を二人、後を二人、四人にてかつぎだす・棺側には親類の者が一人つく。今や棺が庭に下されようとする時に、又賑かに念佛をなし、ぢやらん〱と鐘をならし始める。棺が庭におり切ると、葬列をとゝのへて墓地にと向ふ。この時棺を安置してあつた座敷は鹽をまき、かごをころがしつゝ近所の婦人がはきだす。そして又この時その家は勿論、葬列の鐘のきこゆる範圍の家々では馬に草をあたへてなかせぬようにする。馬がなくとその家より死人がでるとてきらはれる。

葬列は先頭　松明（近所の手傳ひの男がもつ）　六地藏をもつた人（同上）　門（同上）　僧。棺（側に一人つきそふ）　喪主（位はい）（服裝は黑紋付羽織。袴。白足袋。普通の下駄。）　膳（佛の生前食し居りし膳。御飯は茶碗にまるくもりあげ箸を二本その中央につきたてたもの。精進料理。もつ人は喪主の配偶者若しくは最も緣の近き人。）　花（白木の位はいと同形のものに桃色と白と二つの菓子を花形に作り桃色を上にしてはりつけたもの　近親者がもつ）　香爐（親族のものがもつ）　線香とマッチ（同上）　生花（同上）　花環（同上——但しこれは少い）　墓標（手傳ひの男）　息つき竹（同上。節ぬき長さ一間以上の青竹二本）　花たて（節ぬきの青竹四寸位のもの二本。手傳ひの人がもつ）お師子（?）（一間半位の枝葉付の青竹。下の方は枝を拂ひ、上は幹、枝平らに切る。最上部の枝のもとに紙でつくり青赤の色を細くぬつたテニスボール大のもの二つをつける。高さ四寸直徑三寸位のかごをつくり幹に二つくゝりつけろ。手傳ひの人がもつ）　伴の衆（會葬者親族が先、次が村の會葬

茨城縣新治郡上大津村の葬式　（中川）

者）念佛衆（鐘、たいこをならしつゝつゞく）

葬列は親族の多少にもよるが淋しいのは稀である。會葬者の服裝は女は白むく。そして子供にあたる人はからしまだと稱する髮にむすぶ（近來はすたれつゝある。） 夫婦の一方が死んだ時は一方は送らぬ。親類の間では事情の許す限り一家より何人も會葬する。葬列が家を發する時、手傳ひの女達は會葬者の服裝について品さだめをし、ずらりと入口にならぶ風習がある。葬列は家の門口を出ると、先づ六地藏二本を兩側に對立させてとぼす。

もう二本を家と墓地のほゞ中間にたて、殘りの二本は墓地の入口にたてる。

同樣入口には門をたてる。門は青竹の長いものを二つにわつて四角（長方形のもある）に門の形にまげたもので棺をかついで、その中を通り、中に入る。墓地の入口の空地にお師子（？）をたてゝ僧を先頭にし、棺、次に近親者がつゞき、逆廻りに三度半まはつて墓穴の側に棺を下す。その時一方の空地で念佛衆は念佛をし、僧は墓穴の側で讀經する。先づかついできた人が棺臺・屋根をのけ、ひつぎを荒繩にて二ケ所しばり、徐々に墓穴に下し、繩をとり、土をざるにてかける。次に近親が各々一つまみの土をもつて埋葬する形のみをする。墓はお師子（？）息ぬき竹二本を中央にして土饅頭をつくる。後墓標をさし、膳・花・その

他佛の病中使用したもの（主に器具）棺に入れ忘れたものをそなへ、線香を手向けて歸る。會葬者が墓地に向ふ途中で轉ぶのは死ぬしらせなりとして非常にきらひ、葬列は多くゆつくりである。

棺臺と屋根はやきすてる。家に歸つた時は庭先に草刈かご（めのあらいもの）をふせ、その上に盆に鹽と幣帛をのせ、新しい手桶に水を用意して新しい柄杓を入れて置く。會葬者は皆鹽を以て手を洗ひ、お祓ひをしてもらつて家に入り、佛に線香をあげ、本膳について（出棺前食事をせぬ時は）歸る。遠方の極く近親者は泊つて翌日の墓參をすまして歸るのが普通である。尙流行病で死んだ人の場合は大正の始め頃までは六道の人が夜薪をつみ、石油をかけ、棺をのせて燒いたが、今は町の火葬場に運んで燒く。同じく大正の中頃には家の格に隨つて出棺の時盛に金をまき、皆が群集し、きそつて拾ひ合つた。

香料――子は米一段に金、その米は張場の近くの軒端に札をつけてならべる。坪の人は米一升に一錢。村の人はつきあひによるも大抵十錢より五十錢（稀に一圓）をもつて來（夕方）膳につき、引物をもらひ、佛には線香もあげずに歸る。皆歸るとあとに殘つた坪の人の忌中拂ひと稱し、酒をのみ、感心せぬ場面をみせる。普通この酒は一升ときまつてゐるが、非常にのみさわぐ。後本膳につき十二時、一時頃各々歸宅する。この日は近親者より多くの心づけをもらひ、これの多少が當家の名にかゝは

る樣におもふ風習がある。又坪內の人の親（實家の）が死んだ時は各十錢づゝの香料をあつめ、二人が代表して會葬する。

(5)翌日の墓參

近親者と家の者すべて手傳ひの人。當日は僧も來て讀經し葬式當日のお禮金（實は改名によつて價がある）の他によき衣類・お花等（花環で當日墓地にもつて行つて持ち歸つたもの、當日直ちに墓地より寺に運ぶのも一方）をあげる。

墓參をすまし、齋食をすますと近所の人はあと始末をして二三時頃家に歸る。

その次お讓りといふ事がある、これは近親者や近所の人に死人の着用してた衣服その他を分けあたへるのである。親が死ぬと子には多く金を家の資產に應じてだす。時には孫にも及ぶ。それらは衣類等の上にのせ、黑白の水ひきをかけのしと必ず墨でかいて送る。讓金はこれが又口から口へつたはり、近隣で評判をするのが規則の樣になつてゐる。

これで葬式がすんだといふ。

六道の人は多く各坪定めのハツピ樣のものをつけ、出棺前その家で風呂に入る。足はむきだしでわらじをはく。棺にまいた布は四分してもらうが葬式褌と稱し、この布はさらしを用ひ、四分して六尺ある樣にする。坪によりては始めより別に六尺のさらしをもらつて帶にして行く所もある。

尙葬式のある家が信用のない家にくまれてる家だつたりすると、六道の人がかくれたり、食物を皆ですてたり、材料を各自家に運んでしまつたりして出棺の邪魔をし、又は夜中に出棺を漸くすませた等の事も以前はあり、今も一寸した邪魔いたづらを時々きく。

信濃下伊那郡遠山村字下粟の嫁取と葬式

北澤悦佐雄

嫁取り

聟には親戚の者が付添ふて、酒樽（七合五勺入）を持つて行く。大きな婚禮式になると樽かつぎといふのが別にある。すると、先方では付添ふた者全部に祝儀が出る。子供等にはその道中でお菓子、餅などを投げ與へたり、呉れたりする。

里歸りは膝直しと云ふて、その日、聟は嫁をつれて戻つて來、嫁の親達が付添ひ、一日、二日泊り、聟方の親戚に廻禮し、又、嫁方の親戚に廻禮することは追て吉日を選び之を行ふ。何れもその途路、嫁聟の名や、ほめ詞を付添ひが大聲で云ふとか。

葬式

死人あつた家では村中にその死を知らせる。肉親中でも最も死者に近い者二人が湯がんを行ふ。荒筵を二つに折り、その上で死者を裸にさせて綺麗に淸めてやる。

棺桶は桶屋が來て作つて行く。

死人に盛飾させる。足には脚絆、白足袋、わらじ。頭には、白布で「頰かぶり」をさせ、その上に△形の紙を付け、首にはのた袋といふのを掛けさせ、その中には、錢六文、お茶、小ぬか、を入れてやり、あの世に行つて不自由せぬ樣にしてやる。

これ等のことが全部すむ頃僧侶が來て引導をわたしてやる。

葬式は先づ庭の大きい家では庭で三回僧が眞先に立つて親類緣者皆禪の綱にとりついて廻る。棺桶をかつぐ人は湯がんを行ふた人である。行列は出來るだけ村中を巡つて行く。寺について又禪の綱が行はれる。

埋葬されてしまふと、その上に、鎌鍬などを三十五日間立てをく、魔除けだといふ。

三十五日目に家人はおふだたてをして、鎌鍬などを持ちかへる。

（時間の都合と大略のことききり採訪出來なかつたことは殘念である。猶多少の誤りがあるかもしれない）

「村の記錄」の補追

栗山一夫

「村の記錄」の綜合概觀中その時代的觀察は極めて簡單に叙してしまつたが、それは餘り表が多きに過ぎてはと思つて除いたのであつた。しかしその經濟的叙述は誤解の怖れもあり又以後の比較の便もあるので補追したい。

建立者全體から考察すると共同で爲したもの例へば氏子中、若中、村中、講中、十方施主等は二十九、一人或は二人その他西國供養、西國同行中等が二十一で殆ど相等しい。不明なものが十六あるがこれは恐らく影響あるまい。次に述べる樣に享保以前には個人が多く以後は少し共同が多いであらう。

注目すべきは享保以前に於いては個人が多いことである。從つて小規模のもののみである。卽ち常夜燈に於いては最も簡單な形も小さいD型のみでありその他一字一石塔、供養碑等みな三尺以下の小型である。そして共同になれるものは唯鳥居の二例があるのみだ。これは勿論鳥居を個人で建立するだけの經濟的能力がなかつたことに原因してゐる。この個人建立者の判明してゐる西笠原の佐伯氏は嘉吉頃本村を領して善坊山に築いてゐた赤松刑部介則繁の末裔と傳へ所謂「鄕士」であつたらしく傳唱にも語られてゐるし又分家の過去帳等によるも察せられる。故にこれは歴史的背景を持つ「長者」で土地の開發者として「本家」としての自然的長者で代々分家の毎に分地する結果多くは次の早期資本主義の浸入と共に沒落してしまつてゐる。けれども歴史的特權である寺總代或は宮總代等といふ樣なものは保持してゐるのが普通である。これは田舍が常に保守的である一面の曝露であらう。

これが明和以降になると常夜燈に於いては壯大なA・C型、唐獅子、鳥居、道路標――西國供養、西國同行中等は旦那衆の陰德思想の具體化したものと解す可きであらう――等に個人建立のものが現はれる樣になり、それも各部落に各種別に涉つてゐる。これは各部落にそれぞれ旦那衆の發生したことを雄辯に物語つてゐる。私はこの表に據つて大體當地方に都市の貨幣經濟換言すれば早期資本主義が大擧浸入して來たのは明和以降であると斷定し得ると思ふ。

「――在方一統困窮仕候內に間には豪富の者も相見へ候是は如にして富有に相成候ぞと申に耕作計にて身上仕出し候にては御座無く多くは酒油店商質屋――それから醬油屋、醫師、宿屋なども數へられる――にて御座候金貸ほど利分よきものは御座無く間々不拂者御座候て捐亡多く御座候得共利分の方多き事と被存候又借銀する者ほど哀むべき事は御座無く候所持の家財山林又は年貢安き田畠など――それのみではない。人身賣買も行はれた。當地方にも證跡がある――は此銀主へ取られ候樣に相成――」云々といふ武元立平が勸農策に指摘した旦那衆の發生原因は當村に於いても正に軌を一にしてゐる。集權封建制度下に於ける農民の搾取が如何に暴虐なものであつたかは云ふまでもあるまい。全く耕作計にて身上は絕對に出來なかつたのである。貨幣經濟への迎合のみが豪富たり得たのであり、旦那衆發生の裏には窮迫せる農民が激增したことを暗示する。共同になれるものにでも旦那衆の資力が如何に影響してゐるかは、發起人或は世話人として名を刻んでゐる事實に見ることが出來よう。殊に一般的である架橋とか道路標に於いては廣範圍の旦那衆が共同してゐるが、これは一般農民が未だ自部落內のみの交際に限られてゐるとき、有閑者である旦那衆の「交際」が一步廣い地域に涉つてゐたことを物語るものでなければならない。

そしてこれらの旦那衆は例外もなく明治維新を經て資本主義社會に支配階級の一部としての地主として遷移してゐる。

建立者月表を見ると甚だしい相違はない。これは經濟的生活條件が同じであつたのだから當然であらう。

この資料では正確なことの云へないことは私自身よく知つてゐる。しかしこれだけのことは斷言し得る。卽ち農村に於ける都市文化は早期資本主義の先導によつて播布されたと――。そ

建立者別月表

月別＼建立者	共同	個人	不明
壹月			一
貳月	一	一	
參月	一	四	三
四月	四	一	一
五月	一		二
六月	一		一
七月		二	
八月	三	二	一
九月	一〇	六	三
拾月		一	
拾壹月	三	三	
拾貳月		一	
不明	三		七
計	二七	二一	一八

建立者別年代表

年號＼種別・建立者	常夜燈 A 共	A 個	A 不	B 共	B 個	B 不	C 共	C 個	C 不	D 共	D 個	D 不
延寶												
天和												
貞享												
元祿											一	
寶永												
正德												
享保											一	
元文												
寬保												
延享												
寬延												
寶曆												
明和							一					
安永											一	一
天明										一		
寬政								一	一			
享和												
文化	一						一	一				
文政	二			一	一							
天保	二	一			一		一					
弘化												
嘉永												
安政							一					
萬延												
文久												
元治												
慶應												
不明	一					一						
合計	六	一		一	二	一	四	二	一	一	三	一

道路標		供養碑			一字一石塔			鳥居			手洗石			唐獅子			不明		
個	共	不	個	共	不	個	共	不	個	共	不	個	共	不	個	共	不	個	共
																	一		
			二																
																	一		
		一																	
						一				二	一								
一																			
							一		一										
				一				一		二									
二										一	二								
										一	一								一
二	二												一						
	一		一										二						
															一	一			
												一							
五	三	一	二	一		一	一	一	一	六	四	一	三		一	一	二		一

摘要	合計			繪馬			地藏			
	不	個	共	不	個	共	不	個	共	不
	一									
共ハ村中、氏子中、若中等共同ニナレルモノ、個ハ一人或ハ二人ニテ建立セルモノ、不ハ不明ノモノデアル。		二								
	一									
	一									
	一	三	二					一		
			一							
	一	二								
		一	二							
	五	一	三							三
	二	三	三							
	一	二	五		一					
	一	四	七			一				一
		一	三							
		一	二							
總計										
	二	一	一							一
六六	一六	二一	二九		一	一		一		五

して資本主義現段階に於ける小作人と地主の對立はこゝに淵源を發してゐるのを見る。

一言したいのは徳川初期以前の金石は非常に注目されてゐるが私達に教へる處は極めて尠い。これに反して徳川期のものは多くのことを教へて呉れる。民俗學上にも權威ある資料を與へて呉れることは旣に明であらうと思はれるので重ねて諸氏の御調査報告を希つてやまないのである。（一九三一、四、二七）

手毬唄

—加賀江沼郡南郷村—

山下久男

1

おんせつせは、お正月は
おまつだつても、さきだてゝ
よろこぶものは、お子供しよ

いやがるものは、わたしやれ
だんなん家來の、お姫さま
一夜あければ、願成さま
年始のお馳走を、申さうなら
おたばこぼん、お茶持つて來い
すひもんなんぞは、はい持つて來い
てゝしやん、てゝしやん

2

花のおりんの、前髪を
だれが分けたか、うつくしや
五りよごばんに、きり分けて
きつたきりめに、花が咲く
江戸で江戸ばな、京で京ばな
けふつゝじ、おひなさま
おいでんか

3

こんのきたない、てんじよのなーらば
たかしはしかし、よこごしやく
人のゆかれん、みちなれど
せんまへいみしる、うわずゝみ
この上の一つた、百姓でも

37

手毬唄（山下）

一にち二日、まゐらして
三十五日、たつたれば
足もおこわる、手もこわる
大さかあしげる、手もしげる
わかよし、わかよし
三國の女郎に、だまされて
まへのきんちやく、おとすなや
おとすなや

4

かねざいをの、手まり上手は
城へあがりて、城の御門で
おやみだーいて、醫者もよびそり
針もたてすり、醫者も針もかなはいで
やつと佛に、ならしやんした
親だちーも、家來だちーも
なげき、ながいて
すつとんとん、もひとつかやいて
すつとんとん

5

ゆふべえびすこに、よばれて行つたら
鯛のはまやき、小鯛のすいもん

手毬唄（山下）

一ぱいおすゝり、すふ
二はいおすゝり、すふ
三ばい目ねは、なゝせのごん兵さが
肴がないとて、お腹だちー
はてなが、はてなが

6

ひふみよは、みやの山から
せき田をみーれば、おまん、このまん
ことしのせーきだ、せのせーきだ
川へ流せば、柳にかーかる
山へあげれば、木にかーかる
死ねばとのさの、手にかゝる

7

今年しや九十九で、熊野へ嫁入り
白髪みすぢに、びんつけつーけて
銀のかんざし、おとしにさーいて
前へでとすりや、子供が笑らふ
せどへでとすりや、若衆が笑らふ
笑ふてくれるな、ゑんのみちー
ゑんのみちー

8

ばんば何處へゆく、ちょこちょこばーしり
白髪みすぢに、びんつけつーけて
前歯ふたはね、うわぐろつーけて
嫁のさいしよへ、孫だきに
孫だきに

9

こんのばんばね、お茶くれと云ふたら
お茶はやられん、水なら進じよ
かねの杓子ね、黄金の茶碗ね
せどの泥水、汲んでくれたー
くんでくれたー

10

こんのとなりの、おなべ女郎さん
顔は、杓子で
鼻は、だんごで
耳は、きくらぎ
めーは、しんちよ眼で
はーは、ご石で
したは、こんにやく
口は、わにぐち
足は、すりこぎ

手は、こんぼ

11

あぞのかいどの、けふの京の町の
おわんちよやに、お茶やがごーざる
ちややの娘が、何人ごーざる
三人ごーざる、姉よりも仲よりも
いつちん妹は、二本たけきりきりこいで
だい神樂、小神樂
だいか小かの、たけきなりやこそ
一つでは、乳をのみそり
二つでは、乳くびはーないた
三つでは、お茶のかよひも、みならひまーする
四つでは、ものも書きそめ、さんによもしーそめ
五つでは、糸を繰そめ
六つでは、むつばた織そめ
七つでは、綾をおりそめ
八つでは、にしきを織そめ
九つでは、小野の小町へ嫁入りしそめて
十で、とのごへあいそめらーれて
お十一では、お講をもうけて
お十二では、くわんとまゐりはなんぼやさしや

39

手毬唄（山下）

十なんぼ、十なんぼ

12

こんのおとーとの、せん松は
なーがい刀を、さしたがる
みぢかい刀も、さしたがる
向ひのやーまから、ほゝの木を
きつておろーいて、葉もいで
あとさきつーまいで、なか採つて
木挽だーい工に、つぐらして
高いやーまかーら、七轉び
ひーくいやーまかーら、七轉び
こーろびこーろびと、ころばつて
たーけのとーぐひで、足ついて
こゝらにお醫者が、なからうかの
醫者はあーれども、藪醫者や
せーんじぐすりーも、あげませうか
せーんじぐすりーも、いやわいの
あか玉ぐすりーを、あげませうか
あか玉ぐすりーも、いやわいの
わーしが死んーだら、墓たてて
はーかのぐるりーに、松植ゑて

40

まーつのぐるりーに、竹さいて
たーけのあーたまーに、鈴さげて
すゞやがらがら、おもしろや
おもしろや

手毬唄（山下）

13

ばたけばたーけーに、子が泣くぞ
さーぶて泣くのーか、ひもじのか
さーぶもひもーじーも、ないけれど
かーまと、つゝあまと
金のかんぢやへ　かねうちに
一年たつても、狀が來ぬ
二年たつても、狀が來ぬ
三年三月に、狀が來て
やれやれうれしや、おかへりか
入つて火を焚け、灯をとぼせ
三人の子供を、どうどした
一人は、おばごへ、やりました
一人は、おぢごへ、あづけまし
一人は、ゑんに、つきました
ゑんにつきたは、しよづけや
赤い小袖を、七つうーら
白い小袖を、七つうーら
帶やたぐりは、十二すぢ
うはぐろ壺は、馬ねくら
金の屛風を、百十さう
ごんぞ草鞋を、馬ねつけ
これほど仕立てゝ、やるほどに
ぬかれてくるなや、をとむすめ
さられてくるなや、をとむすめ
ぬかれてこうとも、思はねど
去られてこうとも、思はねど
男のこゝろと、秋の日は
夜のまに七度、日に三度
かはるたとへが、あるといの
あるといの

14

向ふへ見えるは、おさきさんぢやなーいか
おさきさんなら、こゝへちよっといらっしやい
橋のらんかね、お腰掛けなーれ
たばこもあーがれ
煙草あがれと、よう云ふてくつさった
腹のねんねこが、ぎあぎあとおつしやる

うんで見せうかの、男のこーなら
寺へあげませう、願成のこーらへ
寺の椽から、つきおとさーれて
だれがおといたと、せんぎをしーたら
下ちよくわんちよの、おとばがおーといた
おとばにくいやつ、しもの川へなーがせ
下の川には、すいとせうがごーざる
上の川には、どんどせうがごーざる
すいとどんど、すいとどんど

15

せんせんさいたる、笄を
買ふたか買ふたか、うつくしや
買ひもせぬ、買ひもせぬ
死んだおつるに、貰ふたんや
おつる死んでから、けふて七日
あすは七日の、お逮夜や
…………、…………。

16

一

こんのあね様、いとやへ嫁入り
いとや一ばん、だてしよで二ばん
さかや三ばん、よしので四ばん

手毬唄（山下）

41

よしの四ばんの、あね様だーちか
五りよで帯買ふて、三兩でくーけた
くけた名もよし、きりよもよし
きりよもよし

17

淀のかはせの、水ぐるま
いわせで、あーがる
ひとしや、ふたしや
みーしや、よーしや
いつしや、むーしや
なゝしや、やーしや
こゝのしや、とーしや
とーでおろいて、うちかたそてかた
おん手に、ちよはなす

18

ひふみよは、いつもでなゝよ
こうと十三、十四が、なめふく
二十ふく、さんさぶろく
ふくしが、四十九で
七ごん、どんぢよて
七六、ろくぢよて

手毬唄（山下）

七七、七ちよで
七八、八ちよで
むすびこんぢよも、ちようど百
『それで一せんついた』

19

一では、銀杏の樹
二で、二の木
三では、さくらの
　椎の木や
五では、五葉松
　もくでの木
七つ、南天
　やじよめの木
九つ、こぼしで
　とがの木や、とがの木や

20

こぼろわらかし
一ちよさま
二よさま
三よさま
四よさま
五よさま
六よさま
七よさま
八よさま
九よさま
十よさま
とうからとうまで
おつき上げませう
一ちよさま、どーやどんどやど
二よさま、どーやどんどやど
三よさま、どーやどんどやど
四よさま、どーやどんどやど
五よめから、お百まーでも
おつきあげませう、
一ちよ樣、どーやどんどやど
（何回でも繰返す）

註　18の終りの「それで一せんついた」は「おれて一せんついた」とも云ふた。これは各々唄の終りに大抵つく。

註　是等の唄は、主として母から聽取つたものである。

勞働唄

採集、武藏北多摩郡保谷村下保谷
日時、昭和三年六月

高橋文太郎

一、桑摘、茶摘、共に唄はるもの

源じよ見たさに朝起きすれば
　源じよがくしの霧がまく
可愛い男さんと松原越せば
　松のつゆやら涙やら
ほどが良いとてつん〳〵こくな
　ほどやきりうぢや飯やくへぬ
わたしやお前に首ッたけ惚れて
　いちやうば履いても届かない
思ひ出すよぢや惚れよが薄い
　おもひ出さずに忘れずに
浮名出てられ無いこと言はれ
　こんな悔やしいことはない
娘島田に蝶ちよがとまる
　とまるはずだよ花だもの
花といはれて咲かぬも悔やし
　咲いて實をもつ恥づかしさ
可愛がられて又にくがられ
　可愛がられた甲斐がない
お茶の茶の茶の茶の木の下で
　お茶もつまずに色ばなし
おばゝ何處ゆく髪ふりたてて
　嫁の在所へ孫だきに
五月六月泣く子がほしや
　おちゝやりたや田のくろて

二、麥打唄

お前さんとならば何處までも
　親をすて子をすてこの世が闇になるとも
お前さんの聲のつやのよさ
　通りちよのこもその笛の音がする
うくひすどりはホケキヨ讀む
　吉原の女郎衆は客のふみをよむ
お江戸に妻は持たねども
　お江戸から吹きくる風の戀しさ
大山さきから雲か出る

播磨の俗信　(淺田)

あの雲がかゝれば雨かあらしか
しんぞに貰つた手拭は
　ひとしぼり二しぼり新造四しぼり
としまに貰つた手拭は
　七しぼり八しぼり年增十しぼり

播磨の俗信

一　民間禁厭

(1) 百足に刺れると齒クソをつける。
(2) 火傷すれば患部へ醬油又は小便をぬる。
(3) 齒痛の時は咒文を唱へながら地藏さんの石で患部をなでる。
(4) 蛭にかまれた時には患部に血止草をはる。
(5) ハシカ流行の時には門口に「秋すんだ」と書いてはる。
(6) 不時に大小便を催した時には石を股にはさむ。
(7) 鼻血の時には「いろはにほへと」と口を噤んで云ひ「ち」と云ふ瞬間に鼻先を上向ける。
(8) 子供がシビレをきらした場合「シビレ〳〵京へ上れ」と云つて局部をなでてやる。
(9) 盜賊が脱糞して籠で蓋をして置くと家人が目を覺まさない。
(10) 盜賊の足跡に灸をすえると遠くへ逃げない。

二　次に、姫路にゐた頃の採集ノートから資料的價値ある俗信を抄出記

載して見やう。何れも青年時代中播地方で採集したものである。

(1) 挽臼をからのまま廻すと鬼が出る。
(2) 人の足の裏をかくと貧乏する。
(3) 息の吹き較べをして負けると死ぬ。
(4) 強飯を茶漬にすると嫁入する時に雨が降る。
(5) 臍のアカをとれば力がへる。
(6) 竹に花の咲くのは農作物不作の兆である。
(7) 米が豐作の年は松茸の出が惡い。
(8) 七日に出發は禁物である。

三　子供の天氣占ひ二則

イ　飾磨郡東部地方では、草履を放り上げて表が上になつて落ちれば晴、裏なら雨だと云ふ。「明日の天氣はどーやあ」「明日天氣になつとくれ」と唱へながら之を試みる。

ロ　赤穗郡地方では、水面に唾をはいてパッと直ぐ散れば晴、かたまつて居れば雨だと言ふ。

——三一・三・二七——

(淺田芳郎)

シベリヤに於けるロシヤ土俗學（上）

小島武男

革命以前に於ける、シベリヤ地方に關するロシヤ土俗學は主として其の中心點をロシヤ地理學協會東シベリヤ、西シベリヤの兩部（イルクツク、トムスク）に置かれてあつたのである。

革命第一年に於ける土俗研究の中心をなしたものはトムスク大學で、當時に於ける土俗學關係の教授としては、アドリヤノフ・ア・ヴエ、ルデンコ・エス・イ、の兩氏であり又助教授としてはテプロウホフ・エス・ア、フエリストルツプ・エフ・ア、及びイヴアノフ・ア・カの諸氏が居たのである、然しながら現今同大學にあつて教鞭を執つて居られるのはイヴアノフ氏一人で民族學と地理學を擔當して居られる。一九一七年の秋に歷史＝言語學科は土俗＝歷史＝考古學會を組織し同會よりは左の如き諸氏の論文を公にしたのである。

ボターニン・ゲ・エヌ「エルクに關する傳說」、アヌーチン・ヴエ・イ「シベリヤ土着民の俗話」、グリゴリエフ・ア・デ「シベリヤ言語考」、テプロウホフ・エス・ア「ミヌシン地方の土人の家屋について」、ルデンコ・エス・イ「ミヌシン地方に於ける土俗的研究」其他種々貴重なる報告書を刊行して居る。一九一八年より一九二二年間には僅に同會より紀要一卷を刊行して居るのみで、その中にはアザドヴスキー・エム「シベリヤ文獻考」が揭載されて居る。尙當時同大學及び其他の學會より公にされし論文には下の如きものがある、アヌーチン・ヴエ・イ「シベリヤ土語研究」、ロギノフスキー・カ・デ「極東の土着民族について」、リブスキー・ア・エヌ「シベリヤ土着民族の俗話研究」、リユボミロフ・ペ・ゲ「シベリヤ歷史＝人種學研究會の組織について」（該研究會は一九一七年に設立されしもの）グリゴリエフ・ア・デ「シベリヤに於けるロシヤ語研究より見たる移民」。

一時シベリヤ歷史＝人種學研究會に於ては以下の諸氏が、各自の專門によつて卽ちルデンコ・エス・イ氏は土俗學、アザドヴスキー・エム・カ氏は傳說の聚集、グリゴリエフ・ア・デ氏は方言研究、テプロウホフ・エス・ア氏は人種學等を擔當して居たのであるが、一九二一年に至り同會は閉鎖さるゝに至り諸氏も相次いでトムスクを去り、斯してトムスクに於ける土俗研究も暫時中止さるゝの已むなきに至つたのである。

革命以前に於ける西後バイカル地方の土俗研究は屢次衰頹の傾向にあつたが、革命當時に至り異常に充實した步調をとるに至り、オムスクにあつては一九一八年にロシヤ地理學協會西後バイカル部が復活し、ボターニン・ゲ・エヌ「キルギズ說話集」（該論文は一九一八年にキルギズ地方探檢中に蒐集せし材料を基礎とせしもの）の如きを刊行するに至つたのである。尙當時にあつて少からず人文科學方面に貢獻したものに雜誌「シビルスカヤ・ブラウダ」があり數次刊行され土俗學に關したものは「音樂＝土俗學」、「地理學協會西部シベリヤ部のサヤンスク紀行」等の如きものが揭載されて居る。一九二三年及び一九二四年に於ては左して重要なる論文も發表されずに終つたが、玆に特記しなければならないことは此の期間中、中央卽ち本國及び西歐に於ける學徒が非常なる努力をもつて西シベリヤ地方の研究に着手し斯くて一九二三年にはロシヤ學士院及びロシヤ地理學協會本部が植物學者ゴロトコフ・ベ・エヌ氏を總指揮となし土俗方面をミッソフ・エル・ベ氏が擔當する探檢隊が組織され、又一九二四年にはモスコー人類學會がオイラツト自治領域の探檢をなして居る。尙以上の探檢の結果はロシヤ博物館（レニングラードにあり）より刊行されて居る。同年の終りにベルリン大學教授マックス・クチンスキー氏が西シベリヤを探檢し主としてキルギズ族の生活狀態を研究して居るのも特記さるべきであらう。

革命當時にあつて比較的に着實なる研究を續けて居たのは、ノヴォシビルスク（以前のノヴォニコラエフスク）である。一九二〇年には土俗方面の材料を蒐集した博物館が公開され、一九二五年には土俗研究學會が組織されたのである。博物館はオルロフ・エヌ氏が管理し、活動の第一歩として西シベリヤ土着民族主としてオステヤク、ユラク族の研究の目的を以て探檢を企てたのである、この結果は同博物館より公にされて居る。其他雜誌「シビルスキエ・オグニ」が數回に亘つて土俗學に關する論文を掲載して居る主なるものにはダムビノフ・ベ「ブリヤート蒙古史詩」、ブロトニコフ・エム「ヴオグル史詩」、オルロフ・エヌ「オステヤクについて」等がある。

ロシヤ地理學協會クラスノヤルスク部は革命當時にあつて何等の影響を蒙らず一九一七年より一九一八年に掛けて研究材料蒐集の目的を以てツガリノフ・ア・ヤ、エフセニエフ・ゼ・ヴエの兩氏によつてツルハン地方の探檢が行はれ、その結果下の如き報告書を得たのである、サヴエリエフ・ア・ア「ケート河紀行」、ヴオロビエフ・エヌ・イ「チユナ河紀行」、ソボレフ・ア・エヌ「ユラク紀行」、ツガリノフ・ア・ヤ「ツルハン地方の紀行について」尙クラスノヤルスクに於ける土俗研究機關の一として雜誌「シビルスキエ・ザピスキ」がある同誌は一九一五年に創刊號を出し今日に至つて居り編輯者はクルトウスキー氏で屢々土俗學に關して貴重なる論文を掲載して居る。

イルクツクにあつてはロシヤ地理學協會東シベリヤ部が活動の中心となり又一九一八年にはイルクツク大學に歷史＝言語學科が開設され兩々相俟つて玆に土俗學上一新機軸を現出するに至つたのである、該講座中土俗學はペトリ・ベ・エ、シベリヤ言語學はセリシチエフ・ア・エム、民族文藝はポノマラエフ・エル・イの諸氏が擔當し最初三年間に同大學より公にされし論文中主なるものはセリシチエフ・ア・エム「後バイカル民族について」同「シベリヤ言語考」、オゴロドニコフ・ヴエ・イ「十九世紀以前のシベリヤ史」以上の如きものがある。

一九二二年より二三年に掛けてはアザドウスキー・エム・カ、ヴイノグラドフ・ゲ・エス、マラホフスキー・ヴエ・ア、ホロシッフ・ベ・ベの諸氏が同大學に來り一九二五年よりはシベリヤ研究の權威コジミン・エヌ・エヌ氏が來り同大學に於ける人文科學は益々その內容を充實するに至つたのである。同大學より公にされし論文中主なるものを揭ぐればペトリ・ベ・エ「北部ブリヤート族間に於けるシヤーマン教について」同「北部ブリヤート族間に於ける醫術」、ヴイノグラドフ・ゲ・エス「シベリヤ古移住民の死に對する概念」、チエルヌイフ・ベ・ヤ「マミルスク地方に於けるロシヤ語」の如きものがある。

一九二三年より東シベリヤ部が人文科學の出版をなすに至り、その代表的のものとしては雜誌「エトノチエスキイ・ブレテン」があり、同誌は純粹の土俗學雜誌でツルノフ・ア・エヌ氏が編輯の任に當つて居たのであるが第四卷刊行後廢刊さるゝに至つたのである。當時前後して發表された論文にはアザドヴスキー・エム・カ「土俗學研究會に於て發表されたる諸論文について」（該研究會は東シベリヤ部が時々開きしもの）ヴイノグラドフ・ゲ「方言字典編纂材料蒐集について」、マラホフスキー・ヴエ「シベリヤに於けるロシヤ語研究」以上の如きものがある。以上は主としてロシヤ民族に關する研究ではあるが一方土着民族に關する研究も盛んに行はれイルクック諸地方の探檢が行はれ（一九二五年）一九二六年には未だ全然知られざるツンキンスク地方の探檢が行はれたのである。前記の探檢の結果は「ブリヤート研究集」なるものが刊行されて居り主要なる論文としてはパムヴエフ・ア・カ「ブリヤート聖歌に於けるニコライ・レーニン」、マルデチユフ・エル・エス「アラル海地方のブリヤート族聖歌」の如きものがある。尚イルクックに於て土俗學に關する出版はイルクック縣統計局が管理し貴重なる論文のみを刊行して居たのである。

尚東シベリヤ部が諸地方より委員を召集して人文科學會なるものを創設し、委員約七十名中歷史＝土俗學方面の委員は二十三名で、同會より發表せられし論文はアザドヴスキー・エム・カ「シベリヤに於ける俗話研究の基礎」、同「ロシヤ移民の慣習」、ペトリ・ペ・エ「ブリヤート殖民史に關する傳說」、フロモフスキー・ア・エス「シベリヤ土着民の俗謠について」、マラホフスキー・ヴエ・ア「シベリヤの言語」、チエルヌイフ・ペ・ヤ「シベリヤ於けるロシヤ語研究」、ボロドキン・エム・ヴエ「バルグジンスク地方に於ける經濟生活」等の如きものがあり以上は東シベリヤ部紀要第六巻に掲載してあり其他バイカル地方研究書なるものも刊行されて居る。

シベリヤに於けるロシヤ土俗學（小島）

「稲羽の素菟考」を讀みて

民俗學、三ノ五、二五九頁德川氏の「稲羽の素菟考」に引かれた南洋の諸傳說は誠に面白くよんだ。小生昭和三年八月樺太敷香で、ギリヤク人桃太郎君に聞いた話が全く之と同型のものである。御參考までに直譯を記す。

狐とあざらしの話（tul' gund）

狐を鷲がつかまへて來て島に落した。狐は啼いた。あざらしが水（海）から出た。「狐よ、なぜなくか。」狐「啼いてゐるのではない。歌つてゐるのだ。あざらしよ。歌を歌ふから聲を聽きに來い。」あざらし「ふん、」皆來た。狐はあざらしを數へた。あざらしの頭の上をピヨン／＼ととんで數へた。「一つ二つ三つ一つ二つ三つ」とかぞへて（陸へ）上つた。一番陸に近く居るあざらしの眼に爪をかけて上つた。（そして狐は）わなにかゝつた。死んだ。（昭六五、二、四高橋盛孝報）

「ジョウリかくし」

「民俗學」三の三、一四九頁、栗山一夫氏報告中の「ジョウリかくし」は今より廿五六年前の予の幼時、神戸にてよくやりし樣記憶す。「ジョウリかくしくうれんぼはしの下のねづみがジョウリをくわえてチュッチュッチュッ」と歌ひたり。（○印は異る點）又草履そのものをかくし、さがす人は一方の足のみ「はだし」にてさがしたり。「ミッキ」は「マンキョ」、人により「マンチョ」と云ひ、片手にて「ジャンケン」の「はさみ」の形を作つて示しつゝ云ひたり。（高橋盛孝）

「一極めの詞」

民俗學第三巻第五號、內藤好春君の「一極めの詞」は面白かつたそ。の中、よく用ゐられたもので脫してゐるものを左に揭げて置く。意味は全く不明。

いんにく、にくにく、さんくに、しもつけ、ごんげん、てらすけちーやんの、ばぁー」

右は重に兩手を前へ出し、環狀並列の際に用ゐられて、下駄の場合は用ゐられぬ樣だ。（昭和六、五、廿六籔重孝）

紙上問答

○たとへ一言一句でもお思ひよりの事は、直に答をしたためて頂きたい。

○一度出した問題は、永久に答へを歡んでお受けする。

○どの問題の組にも、もあひの番號をつけておくことにする。

問（五五） 狂人が笹を持つ事。

元文三年板、其碩の御伽名代紙衣三の一に、「女郎狂ひする程の者に疎きは一人もなし、其賢こき奴が、……我娘には五月着物さへきせずに、太夫方への、桃の節句の小袖をしてやる抔、其道に染らぬ者の目からは、笹の葉に四手切懸て、もたせずば成まいとみゆるぞかし」。予幼時上方で娘共が舞た「おみつ狂亂」には、必ずしでを付た笹を持ち、鉢卷して出演した。享保十九年板、自笑其碩の梅若丸一代記四の三に出た班女が狂ふ畫にも、左肩にしで付た笹をかたげおる。何故狂人に笹を配するか。又今も此風行はるゝ地ありやと質問す。（四月廿五日、南方熊楠）

問（五六） 「吾か身ぢやないが」てふ詞。

元祿十四年板、自笑の傾城色三味線、大阪之卷三に「歷々の息子持し親仁、町へ讓り狀を出さるゝに、我等義もし万一自然何方に相果て候共と書かるゝ心底おかし。若し万一を百二百書かれでも、死ずに居る身ではなし、心みへて拙なし。世間に此類多し。喧嘩の咄し抔するとて、おれが事ではないが、㒵をきられてと云るは、愚かに聞ゆ。おれが事と云ば、そこに口があくべきか。然も二本差た口から猶更見苦し」云々。予幼時、和歌山の小學生抔人が斬れたとか、負傷したとかの噺しをするに、必らず先づ「吾が身ぢやないが」と前置して、扨爰をこう斬れた、これからそれ迄火傷した抔と自身の其所を指して話した。先づ自身を祓除して、後に凶事を報示するのだ。予はそんな前置きせずに、そんな咄しをする毎に、年長者から、必ずかく前置きを述よと叱られた。今も此の風が行はるゝ地方ありや。この田邊抔では全たく消滅し了つた樣だ。（四月廿六日、南方熊楠）

問（五七） 花もて胎兒の男女を占なふ事。

明治卅六年四月九日の自記に、（當時予、那智山麓、市野々てふ地の旅宿に居た）隣室え尾州知多郡大高町尾崎清右衛門（六五才）荒木杉（四八才）二人泊る、予は始終其人を見ず、晝時其話しが聞えた内に、那智の觀音堂で護符を受るに、櫻花を入れあり、其符を開いて、其花仰ぎあれば女子、伏しあれば男子を生むと。予は懸命に菌類を鏡檢し居たので、其他の言は一切耳に入らず。夜も彼等が何をしたか更に氣にとめず。翌朝詳しく護符の事を聞んと心掛たが、晩く寤た時は、旣に立去た跡だつた。潛確居類書八二に、庚闢蓍龜論曰、殊方之卜、或責三象艸木一と有て、歐米抔に、花で戀愛や婚嫁の成否をトなふ例は頗ぶる多いが、（Folkard, 'Plant, Lore, Legends and Lyrics,' 1884 p. 108）. 花で未生の子の男女を占なふ例は、右の一つの外に予は知る所ろなし。有ば敎へられよと望む。（五月十一日午前四時、南方熊楠）

問（五八） 無い物買ひ。

貞享四年板、本朝若風俗八の一、背間や俳優共が京都石垣町邊を橫行する記事中に「夜の編笠はしれものいたり床に仕掛け、伽羅のたき殼下されませいと、都なれや花車なる物貰ひ、氣を付てみしに花咲左吉也、色ある床を見に廻る爲にやと云ば、大笑ひして、今宵はみる程の人みな惡女也、同じ直段にて醜き方に床を貸すは暫しなれども因果といふ、汝が見殘し有べしと、俄かに末社の商ひ口、火桶は〳〵と、涼みの頃うるもかはり物、お慰みになる碁の相手、一番三文宛でまけに打ます、かみ樣方の白髮を月夜影にてぬきます、お若い衆に喧嘩の相手は入ませぬかと聲々喋ぎけれど、流石治まりし代の例し、誰搆ふ者もなく、合口は落さぬ樣に、扇斗りの風に身を樂しみける」とある。爲し得難い事を爲すべく賣付けたのだ。是と反對に、吾等幼時和歌山の少年等、夜分無い物買ひと云事をした。店の戸を叩いて、内より答へると、マジメ顏で「こなたに鬼の角が有りませんか」「釣鐘の虫嚢がありませんか」杯尋ねて、店の者が怒り呟やくを面白がつて迯てきたのだ。他所でも以前又近頃迄こんな事をした者にや。(五月十六日早朝、南方熊楠)

問(五九) 各地の墓地の方言。

遠野方言誌には「ランバ・墓場・卵塔場」とあり、壹岐島方言集には「センストコ墓所」とあります。津輕大戸瀨村田野澤の子供がヤンタロと云つたのは、墓場でした。ほど近い關村の老人はヤンタワラといふ語を思ひ出しました。涙岡村ではヤンタロコと云ふといひ、和德村字津賀野でも同樣の語があります。しかるに、金木町では、ヤントラといふのは、昔、人を火葬にした所を云ひます。火葬場は別にヤキバといふ語がありました。(竹內長雄)

問(六〇) 月の輪と云ふ田。

伊豫溫古錄九七頁溫泉郡の項に左の記錄あり『道後村字樋股に在り、俚諺集に云五月に至り水を引き明日苗を植ゆと云頃泥中處々に澄たる所あり、能く見れば日月星の像を顯はせり里人不思議に思ひ恐れて耕を止む、世に月の輪田といふ又三老田ともいふ。岡山縣苫田郡香々美南村にもツキノワと云ふ田がある、地主とか作人とかに引續き不幸が起るので土地代や小作料も他と比較して安い、一名外道(ゲドー)田地とも云ふて居る』(岡山文化資料二卷三號) 他にも斯る名の田地ありや御敎示を得たい。(五月十七日、桂又三郎)

問(六一) 惠美壽膳について。

東方書院發行の佛敎笑話集中に惠美壽膳の事見えたり、現在は云ふ人もないが、最近までは、大阪府下にも、この云ひつたへが殘つてゐたらしい。惠美壽膳とは、木目を横にすへる事らしいが、どう云ふわけでさう云ふのか知つてゐる人がない。その序に惠美壽がつんぼだと俗間には信じられており、惠美壽の神社に參つたものは前で拜し、又後へ廻つて拜されば聞えないとの話をきいたが、之も序に御敎示を煩はしたい。(久長興仁)

問(六二) 阿彌陀籤について。

寂照堂谷響集に觀音籤の事見えたり、然れども今は聞かず。現今にては阿彌陀籤とて籤によりて金を出しあつて物を買ふ風習あり。私の鄕里島根縣邑智郡地方では金を出しあつて飮んだり食つたりする事をメオイと云ふが、かゝる風習は處によりて名も異つてゐるだらう。阿彌陀籤の名稱のつく所以が私にはわからない。(久長興仁)

答(四五) 兒戲「レンコレンコ」

在京都市、井上賴壽君が、此拙問に左の如く答へ越れた。

オニ「デーンコノ〳〵」。大勢「たれの隣に誰がゐる」。オニ「××ちやんの隣りに、○ちやんがゐる」。大勢「ドツコイ、すべつて橋の下」。若し合た時は、大勢「ヨー合た」とて、名ざゝれた子と鬼が交代し、又「デーンコ〳〵を」初める。

伊勢山田では、オニをタカと稱す。又××ちやんとは云はず。××やんといふ。(四月廿八日午後二時半、南方熊楠)

答(四七) 狐使ひと飯綱使ひ。

此問を出して後ち、大正六年の自分の日記から次の如く見出す。云く、廣畑岩吉氏話しに、阿波屋の德といふ人、以前年々田邊え來り商なふ、此人手品をするをみるに更に手品に非ず、不思議な事多し、いづなを使ふならんと思ひ、問ひ詰しに果して然り、曾て參宮せし時、若きくらげ子(骨無し)の樣な男が家來一人つれたると道づれになり、許すに我家え來れといふ、隨ひ行くに京都吉田家の息也、因て暫く其家に宿りたり、人形を多く祀れる所え、人形を乞ひに來る者有ば、人形何れも笑ひ媚て其人に迎へ取れんと、求むと、此人いひしは、イヅナは狐と狸と鼬の間の子樣な物で、色白く猫の大さで甚美なり、常に使ふ人の懷中にあり、袖口より出入するに土足の汚れにこまる、又馳走場へゆくに、遠慮なく多く食ふ故、食品眼前に減ずる事夥しく、不體裁極まる、いかに叱りても止ます、宿屋抔に泊るに、使ふ人の不在に、其蒲團に臥し下女等に驚かさるれば、必ず復仇して之を脅やかす、常に諸處を駈廻り、世間の事を、飼主にさゝやき、何町の某は汝の事をしかゞ云り、復仇せよ抔勸むと。（五月二日午後九時、南方熊楠）

答（四三）　荷ひ桶の水はれ出るを防ぐ法。

大阪府泉北郡高取町南住，齋藤正文氏より報知に云く、「貴問にみえた、長方形の板二つを十字に組合せて水面に浮べ、水が荷ひ桶よりはれ出るを防ぐ法は、私故鄉、香川縣多度津町等、少くとも西讃一圓では、始終行はれて居ます。今は水道が行渡りましたが、町內數ケ所のみに限られた飲料井から、かなりの距離をくみ運ぶ際、水がはれ出るを防ぐ爲で、幼少から其をみなれて居る私は、現在でも、其方法は、荷ひ桶で水を運ぶ際の、當然の方法と考へて居ます。又御承知通り讃岐は製鹽地で有ます。鹽田に於て、濃鹽水を釜屋（鹽煮場）え運ぶ際は、稻葉製の二つに折曲げた形の物を右十字板の代りに用る事が有ます。目的は前に同じ。東讃地方の事は詳しく聞及ばず」と。（五月廿五日早朝、南方熊楠）

答（五三）　淡紅色の躑躅を嫌ふ。

紀伊日高郡切目村邊では、此花を家の池の中島に栽て、影が水に映ると、家內に癩人を生ずとて嫌ふ。（南方熊楠）

答（五三）

千葉縣香取郡久賀村地方では『しとめ』の花は神佛にあげません。それは眞赤で火のやうしから火事（ヒゴト）にたつと云ふ俗信から來たものらだい。（室岡善太郎）

答（五四）　夜口笛を吹くを忌む。

紀州諸處で、夜口笛ふけば蛇來るといふ。高野山で笛を忌し事古老のよく知る處である。印度の蛇つかひが笛を吹て蛇を自在に制使するより出た事らしい。（南方熊楠）

答（五四）

千葉縣香取郡久賀村地方では夜口笛をふくと泥棒を呼ぶとしてきらわれて居ります。これと同じく夜雞の鳴くまねをすると矢張り嫌ひます。かりに子供等がたはむれに雞の鳴く眞似をすればこれを叱りて犬の泣く眞似をしてこれを取消します。（室岡善太郎）

答（五四）

東京附近では夜口笛を吹くと蛇が來ると言ひます。その他明笛・尺八・をふき、ほーづきを鳴らすことなどにも、同樣なことが言はれてゐます。凡て夜の鳴り物を忌みます。（白根喜四郎）

答（五四）

一、泥棒が這入ると云ふもの。

大阪府

市內南生野町、鳳町、市內天王寺町、市內南日東町、中河內郡長瀨村、住吉區鷲合町、市內勝山通等

二、蛇が來ると云ふもの。

大阪府

市內勝山通、同細工谷町、同下寺町、同南本町、同大手通、同北山町、同中之町、同田邊町、同放出町、泉北郡高石町、南河內郡高鷲村、中河內郡松原村、三島郡高槻町等

右に據りて見るに全市・全郡兩者混交して信ぜらるゝ如し。（藪　重孝）

學界消息

○立教大學史學會講演會　は五月六日同大學校友會館に於て開會され、津田左右吉氏の『日本上代史研究について』と題する講演があつた。

○東洋文庫第十六回東洋學講座　は五月七日より約八回に亘つて毎週木曜午後六時より八時まで同文庫に於て開講され、和田清氏の『近代蒙古史概說』と題する講莚が開かれる。

○史學會第三十二回大會　は五月九、十日の兩日に亙つて開催された。先づ大會第一日は午後一時より、東大法經文第一號館第五、六、七號敎室に於て、國史、東洋史、西洋史の各部會を開き、西岡虎之助氏の『山莊に就いて』瀧川政次郎氏の『轆轤考』鳥羽正雄氏の近世に於ける林產物の移動に就いて』喜田貞吉氏の『奥羽北部に取遺された蝦夷』白鳥庫吉氏の『碑穿の意義に就いて』岩井大慧氏の『蒲鮮萬奴の國號に就いての新解釋』重松俊章氏の『宋代の均產一揆』仁井田陞氏の『唐宋時代に於ける波斯蕃客の遺產の處分』青山定男氏の『宋代漕運に於ける轉般法に就いて』鳥居龍藏氏の『遼の陵墓に就いて』武藏長藏氏の『廣東十三行』寺澤保之氏の『パウサニャスの希臘紀行に就いて』寶月圭吾氏の『起請の起原について』等の研究發表があり、同日午後六時よりは公開講演三浦周行氏の『明治時代に於ける琉球の所屬問題』及坪井九馬三氏の『フインランドの話』が行はれ、第二日には益田男爵家所藏の秘寶展觀があり、かくて夜六時より學士會館に於て開かれた總會によつて大會を終つた。

○近畿國語方言學會　の發會式並に講演會は五月十日午後一時より、京都帝國大學樂友會館に於て開かれ、新村出氏の『開會の辭並に經過報告』吉澤義則氏の『方言調査につきて』東條操氏の『近畿方言に就いて』の外柳田國男氏の講演あり、續いて有志の方言座談會があつた。其の設立趣意並會規書は別項の如くである。

○國學院大學國文學會例會は　五月十一日同大學に於て開催され、西角井正慶氏の『神遊びとその文學』と題する講演があつた。

○方言研究會　が五月十三日午後七時より東大山上會議所に於て開會された。はじめ新村博士の上京を迎へて開かれる筈であつたが、博士の東上が變更された爲、國語研究室の服部四郎氏の方言のアクセントについての話があつた。氏はまづ關東方言と近畿方言とのアクセントを比較して兩者の間に對應の法則あることを實證しこれによつて愛知、三重、岐阜の三縣の境界附近に、主として語法上よりきめられて居つた東西兩方言の境界線とは異つた、アクセントの境界線が劃されることを示し、而して若しもアクセントが語法よりも原語の型式を保存する上に有力であるといふことが許されるならば、このアクセントの境界線こそは在來の東西兩方言の境界線を訂正するものとなるのではなからうかと言及し、更に近畿方言と四國の瀨戶內海に面せし地方の方言との間にアクセントとの類似があり、又山陽道方面のアクセントと關東方言のそれとの間に比較的類似のあること、九州方言と東北方言とはアクセントの上からも特殊の地位を持つものであることをのべ、かくして今後各地方の方言のアクセントの研究が進み、諸方言のアクセント間に綿密な比較が行はれ、正確なるその對應表が造られる時が至るならば、原型日本語のアクセントをつきとめることも可能であり、さして困難ではないことを述べ非常に興味ある講演であつた。つぎに橋本進吉氏より、この九月頃方言の研究の雜誌『方言』が春陽堂より出版されることゝ、京都帝國大學に近畿國語方言學會が創設され廣島の文理科大學には東條氏の方言研究會の設立されしことについて報告があつて、十時散會した。

○民俗藝術の會　は五月廿七日日本青年館に於て岩手縣九戸郡江刈村の人々の上京を利して同村の牛追唄、山唄等を開く會を開く筈である。

○國學院大學鄉土研究會大會講演會　は六月十三日同大學に於て開會され折口信夫氏金田一京助氏中山太郎氏の講演がある筈である。

○日向鄉土志資料　宮崎縣を中心とする鄉土研究雜誌『日向鄉土志資料』が縣下の鄉土研究家の熱誠なる協力によつて生れたことは眞に喜ばしい。創刊號には松本友記氏の『高千穗の夜神樂』といふ西臼杵郡岩戸村、高千穗町、田原村、推葉村に於て舊暦の十月末日から十一月の廿日頃までに行はれる夜神樂についての調査記錄、田原重義氏の同地方の大蛇の古傳說及話をあつめた『大蛇の話』遠藤茂氏の『日向の方言』金丸豪氏の『宮崎郡穗村の方言集』日野巖氏の『木喰上人作午王寶印、妻万宮大盤若經』及同地方の鄉土玩具鳩車に關する考察が載つて居る。今のところ配布數は縣內三百縣外百の豫定である。年六回發行、他誌との交換を望むと。美濃紙大、謄寫版刷り三二枚發行所宮崎市神宮町六八八、日野方鄉土會。

○岡山文献研究會　は四月十五日岡山市に於て柳田先生を中心として土俗座談會を催した。尙その席上正宗敦夫氏の萬葉集索引に關する座談もあり、出席者は柳田國男氏、正宗敦夫氏、正宗甫一氏、佐藤清明氏、野田實氏、桂又三郎氏等十八名であつた。

○鄉土研究五ノ二
襬衣考　宮本勢助
坂田金時　松岡靜雄
肥後方言と接頭語　能田太郎
弘前の方言律詩　安成三郎
信州松本の染色法　秦秀雄
狸和尙のこと　鈴木重光
武藏坊辨慶の出生地　岡田蒼溟
伊豆內浦雜記　早川孝太郎
火吹鳥の話　宮良當壯
つとうつ　雜賀貞次郎
三峯講の話　土橋里木
越後實川村の傳說　渡邊滕
琉球妖怪變化種目　金城朝永
壹岐國テーモン集　山口麻太郎
方言覺帳から　山本靖民
『傳說集書目』補遺　後藤捷一
シュンデコ節　南方熊楠

○南方土俗一ノ一
卑南大王　幣原坦
世次を示す名字に就いて　桑田六郎
紅頭嶼ヤミ族と南方に列なる比律賓バタンの島々。口碑傳承と事實　移川子之藏
臺灣蘇鐵の分布とプイワン族　山本由松
テイモール島の幣見　早坂一郎
卑南社猿祭　安部明義
花蓮港岡山の遺跡　宮本延人
ルカイ族の信仰の一節　移川子之藏
サナサイと加禮宛　馬淵東一

○愛媛縣周桑郡鄉土研究彙報第九號
宮崎縣方言　小川新一
郡內地名異考(5)　杜迺舍
愛媛縣周桑郡石根村明穗誌　玉井正孝
埼玉縣入間郡宗岡村の方言と習俗　地ノ內好次郎
貝類の方言
佐渡外海村入川地方々言
お笑草
ジャンケン資料
風の稱呼

○愛媛縣周桑郡鄉土研究彙報第十號
肥後方言集　能田太郎
全國イタドク方言集　佐藤清明
郡內地名異考　杜迺舍
愛媛縣周桑郡石根村明穗誌　玉井正孝

○俳諧よりする狐狸表現の史的研究資料土の色
第八卷第三號第四三冊

○方言と土俗二ノ一

ドンコ方言資料　　藪　重孝
敬稱ジヨの附く肥後方言　　能田　太郎
土俗、方言研究の最近傾向　　橘　正一
平鹿辯のテニチハ　　細谷　則理
虫の名　　諸　家

○芳賀郡土俗研究會報二ノ三
芳賀郡と柳田氏　　柳田　國男
泉村昔話　　伴内　万壽
郷土雜筆　　高橋　勝利

○史苑六ノ一
民族學の文献　　岡田　太郎

○佐渡海府方言集　　佐渡民俗研究會刊

○昭和五年の國史學界　　代々木會編

○中國地方語彙　　川崎　甫

○長崎方言に於ける外來語の研究
民俗研究第廿六輯　　木山桂川著

○佐渡相川方言集　佐渡赤泊方言集
佐渡小木町　佐渡民俗研究會

○中國地方語彙　　川崎　甫

○山口縣柳井町方言集　　森田　道雄

近畿國語方言學會規約

第一條　本會ハ近畿國語方言學會ト稱ス

第二條　本會ハ近畿其他各地ノ方言ヲ採集及ビ調査シ之ニヨリテ國語ノ研究並ニ教育ト鄕土民俗ノ考察トニ資スルコトヲ以テ目的トス

第三條　本會ハ前條ノ目的ヲ達センガタメ左ノ如キ事業ヲ行フ

一　方言採集ノタメ旅行スルコト
二　適宜ノ方法ニ依リテ本會ノ進行ヲ報道シ又調査ノ結果ヲ發表スルコト
三　談和會及ビ講演會ヲ開クコト
四　方言ニ關スル文獻ヲ蒐集スルコト
五　方言採集及ビ方言學ニ關スル知識ノ普及ヲ計ルコト
六　外國方言若クハ異民族方言ノ研究ニ就キテ紹介スルコト
七　各地ノ方言研究會トノ連絡協調ヲ期スルコト

第四條　會合ハ大會及ビ例會トス
大會ハ毎年一回秋季ニ之ヲ開キ例會ハ便宜ニ依リ時々之ヲ開クモノトス

第五條　本會ノ事業ニ關係シ又ハ本會ノ目的ニ贊成スル者ヲ以テ會員トス

第六條　會員ヲ分チテ特別會員及ビ普通會員ノ二種トス
特別會員ハ本會ノ事業ヲ指導シ或ハ本會ノ費用ヲ分擔スルモノトス

第七條　本會ノ費用ハ特別會員中ヨリ醵出スル會費及ビ篤志者ノ寄附ヲ以テ支辨スルモノトス
但シ會合ニ出席スル會員ヨリ其ノ都度少額ノ實費ヲ徴收スルコトアルベシ

第八條　本會ニ左ノ役員ヲ置ク
一　理事　二　名
二　幹事　若干名

第九條　理事ハ專ラ本會事業ノ遂行ヲ計リ且ツ會計其他緊要ナル事務ヲ處理スルモノトシ其ノ就仕ハ特別會員ノ互選ニヨル
理事ノ任期ハ四ケ年トシ重任ヲ妨ゲズ

第十條　幹事ハ理事ノ囑托ニヨリ會合・通知・記錄・調査・編輯・其他須要ナル事務ヲ擔任スルモノトス
幹事ノ任期ハ一ケ年トシ重任ヲ妨ゲズ

第十一條　本會ノ事務ハ京都帝國大學文學部國語學言語學研究室内ニ於テ之ヲ取扱フ

備　考

一會員には近畿在住者のほか遠方在住者の入會をも希望し直接間接の指導と援助とを期待すれども原則として會費を徴せず、但し遠隔地の會員には特別の希望者の外に例會の通知を發せず。

一例會の通知は近畿地方内に於て時日及び開催地との關係を顧慮して適宜なる範圍の居住會

學界消息

員に止むるものとす。
但し特に出席を希望せらるる向には御申出によりて通知を發すべし。

一大會の開催は會員全部に通知し多數の會員の參集を期待す、尙ほ會員外の傍聽を歡迎す。

一例會は成るべく度々之を開き會員が方言に關する長短輕重種々の談話報告若くは研究發表を努めんとす、尙ほ會員の紹介による篤志者の臨時參會を妨げず。

一發表機關は本會として單獨に雜誌を發行する計畫なきを以て京都に於ては本年十月再興せらるべき國語國文の雜誌の紙面、東京に於ては近々創刊せらるべき由の方言專門の雜誌上、又は『民俗學』乃至『鄕土研究』等の雜誌の紙面に本會の記事及び業蹟の揭載を請はんとす。
但し本會の事業の許す限り每年約一回會報として小冊子(パンフレット)を發行し之を會員に頒布することあるべし。

一特別會員は、客員と維持員との二種とし、維持員には會費として每月一口五拾錢の醵出を求むるものとす。

一入會御希望の方は貴名住所業務を明記の上本會へ差出されたし。
住所變更の際は速に報告ありたし。

シメ繩

淸の王士禎の池北偶談二三に、閩越地方にある三都てふ小怪物を述て、術者周元大よく禹歩して厲術をなし、左合の赤索を以て木を圍み之を斫る、木仆れて其中を剖くに、三都みな化する能はず、乃ち執へて之を烹ると出づ。左合の赤索は、左りなひの赤い繩で、シメ繩に外ならぬ。元祿十五年西澤一風が出した女大名丹前能五に阿彌陀佛前之五色の絹で作った鉦の緒を奉つるべき立願した事あり。今も俗祠に紅白のシメ繩を布で作って奉ったのがある。左合の赤シメナハで木を圍こむと、木の中にすむ小怪物が、繩より外へ出る能はず。そこを木を伐て彼等を執へたのだ。一八五三年新嘉坡刊行、印度群島及東亞細亞雜誌、七卷二號、ブランデル氏マラッカ內地旅行記に、只今(同年二月)コノクワルラ、セガメットに痘瘡はやり、土地齋忌中也、二桿を立て、橫に糸を渡し之に葉を掛けて、人の近つくを戒しむと。地中海のシプルス島え一九一五年旅した人の話に、村寺を綿糸數條で圍む、村人色々と理由を述るが、惡魔の侵入を禦いで、傳染病を退治する爲なるは疑ひなしと出づ(G. Jeffery, 'Folk-Lore of Cypons,' *Notes and Queries*, 115. XII, p. 5.)シメ繩風の物が地中海島にもあるのだ。法花經見寶塔品に、裟婆世界、卽變二淸淨一、瑠璃爲レ地、寶珠莊嚴、黃金爲レ繩、以界二八道一とあるも、シメナハに近い(五月十四日午前二時、南方熊楠)

◇前號目次

△原稿、寄贈及交換雜誌類の御送附、入會退會の御申込會費の御拂込、等は總て左記學會宛に御願ひしたし。
△會費の御拂込には振替口座を御利用ありたし。
△會員御轉居の節は新舊御住所を御通知相成たし。
△御照會は通信料御添付ありたし。
△領收證の御請求に對しても同樣の事。

昭和六年六月一日印刷
昭和六年六月十日發行

定價金八拾錢

編輯發行者　小泉鐵　東京市神田區表猿樂町二番地
印刷者　中村修二　東京市神田區表猿樂町二番地
印刷所　株式會社開明堂支店　東京市神田區表猿樂町二番地

發行所　民俗學會　東京市神田區北甲賀町四番地　振替東京七二九九〇番　電話神田二七七五番

取扱所　岡書院　東京市神田區北甲賀町四番地　振替東京六七六一九番

東亞民俗學稀見文獻彙編・第二輯

MINZOKUGAKU

THE JAPANESE JOURNAL OF FOLKLORE

Published by the

MINZOKU-GAKKAI

Volume III June 1931 Number 6

Page

Articles:

Short Notes:

MINZOKU-GAKKAI

4, Kita-Kôga-chô, Kanda, Tokyo, Japan.